商务印书馆语言学出版基金
《中国语言学文库》第三辑

汉语情态词的语义地图研究

（增订本）

范晓蕾 著

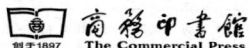

图书在版编目(CIP)数据

汉语情态词的语义地图研究/范晓蕾著.--增订本.
北京:商务印书馆,2024.--(中国语言学文库).
ISBN 978-7-100-24548-7

Ⅰ.H146.2
中国国家版本馆 CIP 数据核字第 2024JT3050 号

权利保留,侵权必究。

汉语情态词的语义地图研究
（增订本）

范晓蕾　著

商 务 印 书 馆 出 版
(北京王府井大街36号　邮政编码100710)
商 务 印 书 馆 发 行
三河市春园印刷有限公司印刷
ISBN 978-7-100-24548-7

2024年11月第1版　　开本 880×1230　1/32
2024年11月第1次印刷　　印张 16
定价:80.00元

目 录

增订本序 …………………………………………………………… 1

体例与符号 ………………………………………………………… 1

第一章 绪论 ………………………………………………………… 1

  1.1 研究现状 ……………………………………………………… 1

    1.1.1 经典的情态分类 ………………………………………… 2

    1.1.2 汉语的情态研究 ………………………………………… 7

  1.2 待解问题 ……………………………………………………… 21

    1.2.1 经典情态分类的困境 …………………………………… 21

    1.2.2 现代汉语情态词研究的不足 …………………………… 29

    1.2.3 情态语义演变的争议 …………………………………… 32

  1.3 本书方法 ……………………………………………………… 35

    1.3.1 语义地图模型 …………………………………………… 35

    1.3.2 语义特征分析 …………………………………………… 44

  1.4 材料和术语 …………………………………………………… 45

    1.4.1 材料范围 ………………………………………………… 45

    1.4.2 常用概念 ………………………………………………… 47

  1.5 章节安排 ……………………………………………………… 50

    1.5.1 重建情态类型体系 ……………………………………… 50

    1.5.2 构建情态语义地图 ……………………………………… 51

    1.5.3 汉语情态词的个案分析 ………………………………… 54

    1.5.4 情态范畴与其他范畴的联系 …………………………… 55

第二章 能力情态的类型:针对汉语的方案 ·········· 57
2.1 从普通话的"会"和"能"谈起 ·········· 57
2.1.1 "生理能力\心智能力"之别不适合汉语 ·········· 57
2.1.2 以往研究的基础及不足 ·········· 60
2.2 普通话的"会_{能力}"表达恒常能力 ·········· 64
2.2.1 技巧难度:动作的执行方式 ·········· 64
2.2.2 类指性和无条件性:能力的恒常性 ·········· 73
2.2.3 通常有潜力实现 ·········· 79
2.3 普通话的"能_{能力}"表达特定能力 ·········· 80
2.3.1 "能_{能力}"的使用条件 ·········· 80
2.3.2 "能_{能力}"的用途效能义 ·········· 84
2.4 能力情态的新分类 ·········· 86
2.4.1 普通话中"能_{能力}""会_{能力}""可以_{能力}"的区别点 ·········· 86
2.4.2 汉语的能力情态:恒常能力和特定能力 ·········· 91

第三章 评判情态与潜力情态:普适性的分类方案 ·········· 96
3.1 "非认识情态"的新分类 ·········· 96
3.2 定义及细类 ·········· 99
3.2.1 评判情态 ·········· 99
3.2.2 潜力情态 ·········· 106
3.2.3 小结 ·········· 109
3.3 语义特征:普通话内部的语法分析 ·········· 112
3.3.1 语义辖域与句法表现 ·········· 112
3.3.2 语义关系与同义变换、语义衍推 ·········· 123
3.3.3 语义特征的权重 ·········· 128
3.4 词形编码:汉语方言的外在证据 ·········· 130
3.4.1 环境情态和条件情态的对立 ·········· 131

3.4.2　认识情态词的特立独行 ………………………… 137

第四章　情态概念的辨析 ……………………………………… 142
　4.1　概述 ……………………………………………………… 142
　4.2　情态义的定位受制于语境 ……………………………… 144
　4.3　同类情态义的语义中和 ………………………………… 151
　　4.3.1　条件可能和条件必然的辨析 …………………… 152
　　4.3.2　特定能力和恒常能力的辨析 …………………… 156
　　4.3.3　条件情态和能力情态的中和 …………………… 158
　4.4　异类情态义的语用隐含 ………………………………… 160
　4.5　余论：能力词的语用特点 ……………………………… 165

第五章　能性情态的语义地图 ………………………………… 169
　5.1　功能节点 ………………………………………………… 169
　5.2　能性情态的语义地图 …………………………………… 173
　　5.2.1　核心情态义之间的关联 ………………………… 174
　　5.2.2　情态义与其他功能的关联 ……………………… 184
　　5.2.3　去语法化 ………………………………………… 191
　5.3　讨论 ……………………………………………………… 193
　　5.3.1　情态语义关联的新模式：功能细分 …………… 194
　　5.3.2　语义地图方法论的改进：形式细分 …………… 195
　　5.3.3　汉语情态语义关联的丰富性 …………………… 199

第六章　情态语义演变的共时拟测 …………………………… 201
　6.1　概述 ……………………………………………………… 201
　6.2　概念的语义特征式与语义关联 ………………………… 201
　　6.2.1　归纳和演绎的互补 ……………………………… 201
　　6.2.2　关联路径的特征解释 …………………………… 203
　　6.2.3　小结 ……………………………………………… 207

6.3 语义地图与语义演变 ·· 208
  6.3.1 共时蕴涵关系和历时语义演变 ························ 208
  6.3.2 语义演变方向的共时拟测 ································ 209
  6.3.3 语义演变方式的共时拟测 ································ 217
  6.3.4 小结 ·· 218

第七章 恒常能力的语义地图(上) ································ 220
7.1 现有情态语义地图的例外 ································ 220
7.2 普通话"会"的语义研究 ···································· 222
  7.2.1 "会"与惯常事件 ·· 222
  7.2.2 "会"与将来时 ·· 225
7.3 "会"的核心功能 ·· 230
  7.3.1 条件必然 ·· 230
  7.3.2 计划性将来 ·· 236
  7.3.3 预测性将来 ·· 239
  7.3.4 认识或然 ·· 245
7.4 "会"的边缘功能 ·· 249
7.5 "会"各个功能的联系和区别 ···························· 253
  7.5.1 三种蕴含相对将来时的"会" ·························· 253
  7.5.2 条件必然或混淆于其他意义 ·························· 261
  7.5.3 "会"的各个功能对事件类型的限制 ·············· 265
7.6 "会"的语义难题 ·· 266

第八章 恒常能力的语义地图(下) ································ 271
8.1 概述 ·· 271
8.2 基于"会"类词的恒常能力的语义地图 ············ 271
  8.2.1 七种功能同形的普遍性 ·································· 271
  8.2.2 恒常能力的语义地图 ······································ 276

8.3　历时语义演变路径 ·· 283
　　　　8.3.1　五种假设 ·· 283
　　　　8.3.2　优劣比较 ·· 287
　　8.4　结语 ·· 293
第九章　语义地图的解析度及情态范畴的不对称 ···················· 295
　　9.1　情态语义地图的完善 ·· 295
　　　　9.1.1　能力义关联路径的精确化 ································· 295
　　　　9.1.2　必然性情态义的关联路径 ································· 298
　　9.2　语义地图的解析度 ··· 304
　　9.3　语义地图的表征方式 ·· 312
　　9.4　能性情态和必然情态的联系和区别 ·························· 323
　　　　9.4.1　能性情态和必然情态的联系 ······························ 323
　　　　9.4.2　能性情态和必然情态的平行性 ··························· 325
　　　　9.4.3　能性情态和必然情态的不对称 ··························· 329
第十章　普通话情态词的个案分析 ······································ 333
　　10.1　概述 ·· 333
　　10.2　句末时体词、否定词及完句效应 ···························· 333
　　　　10.2.1　句末时体词和否定词 ······································ 334
　　　　10.2.2　完句效应 ·· 337
　　10.3　普通话的"会"与"能"：能性和必然的不对称 ·········· 347
　　　　10.3.1　同类情态义的使用限制 ··································· 347
　　　　10.3.2　同类情态义的稳定性 ······································ 351
　　　　10.3.3　语义的不对称 ·· 357
　　　　10.3.4　句法层级的高低 ··· 357
　　10.4　普通话的"会"与"要"：时制和有界的差异 ·············· 359
　　　　10.4.1　表将来和推测皆不同 ······································ 359

  10.4.2 时制差异 …………………………………………… 362
  10.4.3 情状差异 …………………………………………… 366
  10.4.4 北方方言的将来时标记 …………………………… 369
第十一章 方言情态词的个案分析 …………………………………… 375
 11.1 概述 ……………………………………………………… 375
 11.2 南北方言及普通话的"得" ……………………………… 375
  11.2.1 助动词"得":能性和必然的联系 ………………… 375
  11.2.2 能性述补式"V 得 C":肯定和否定的不对称 … 378
 11.3 东南方言的"有" ………………………………………… 387
  11.3.1 助动词"有"的语义分析 …………………………… 387
  11.3.2 "有"和"会"的平行性 ……………………………… 396
  11.3.3 "有"和"的"的平行性 ……………………………… 399
第十二章 惯常范畴:情态与时体的衔接 …………………………… 406
 12.1 概述 ……………………………………………………… 406
 12.2 惯常义的类型和特点 …………………………………… 408
  12.2.1 四种典型的惯常义 ………………………………… 408
  12.2.2 四种惯常义的区别和联系 ………………………… 412
  12.2.3 惯常义分类的难点 ………………………………… 416
 12.3 惯常标记 ………………………………………………… 419
  12.3.1 惯常标记的界定 …………………………………… 419
  12.3.2 汉语方言的惯常标记 ……………………………… 421
 12.4 惯常范畴的语义地图 …………………………………… 428
 12.5 惯常义的标记度和南北汉语的类型差异 ……………… 436
 12.6 小结 ……………………………………………………… 442
第十三章 结语 ………………………………………………………… 443
 13.1 语义地图与情态研究 …………………………………… 443

13.2　从情态词看虚词研究 …………………………………… 447
　　　　13.2.1　虚词的分布考察:注重细节 ………………………… 447
　　　　13.2.2　虚词的语义判定:依托语境 ………………………… 449
　　　　13.2.3　虚词的义项划分:辖域和断言优先 ………………… 450
　　13.3　本书缺漏与未来展望 ……………………………………… 452
参考文献 …………………………………………………………………… 461
索　引 ……………………………………………………………………… 480
后记(初版) ………………………………………………………………… 481
专家评审意见(一) ………………………………………………………… 486
专家评审意见(二) ………………………………………………………… 489

增订本序

本书的初版于 2020 年出版,是"国家社科基金后期资助一般项目"的结项成果,共十章;本次的增订本是"商务印书馆语言学出版基金"资助的学术专著,共十三章。

增订本对多个章节进行了修改和扩充。第一章"绪论"(即初版的〇绪论)有全方位的修改,增加了对以往研究的介绍。第二章是不见于初版的新内容,主要来自笔者 2021 年的一篇期刊论文。第三章和第四章是将初版的第一章拆分并增补之后的章节,第七章和第八章是将初版的第四章拆分并增补之后的章节,这些拆分后的章节在内容上较之初版的相应部分均有很大的扩充。本版后附"商务印书馆语言学出版基金"的专家评审意见,笔者在正文及脚注的一些论述中回应了这些评审意见,这些论述也增强了本书的论证。请读者注意,专家评审意见中所说的章节编号和例句编号都不适用于本书了,因为本书的章节编排不同于最初提交给出版社评审的书稿。总体篇幅上,本版较之初版增加了十三万字。

第四章、第十章、第十一章是未刊载为单篇论文的新内容。其余章节的很多论述来自笔者的已刊论文,这些章节的标题脚注都有详细说明。第三章、第七章、第八章的内容较之笔者的已刊论文有大幅度的改进和补充,本书与笔者过往论文的不同之处,会适时做出说明。

全书的主线是从宏观层面探索情态范畴和语义演变,对单个情态词的分析结论常常散布于多个章节,这可能会对关注特定情态词使用的读者造成阅读麻烦。清晰起见,书末的"索引"展示了特定情态词的研究结论散布于哪些页面,以方便读者查阅。

本书研究的主要理论工具是"语义地图模型",这种类型学工具引入到汉语研究已近二十年,多项研究实践表明:任何研究者构建的语义地图大概都不是固定不变的结论,它们随着语料的扩展往往需要被修改。事实上,不止语义地图研究,其他的理论假设或分析结论一般都存在被修正的空间,不会代表某项学术课题的终结。因此,在笔者看来,语义地图模型的最大作用或许不是精准揭示人类语言的概念空间到底存在怎样的语义关联路径,而是帮助研究者用较为系统的方式去观察跨语言/方言的语法现象,在不同语言的比较中发现特定语言的一些范畴特性,这种视角的考察必然会为语言类型学研究及特定语言研究提出很多新证据与新课题。

就本书内容来说,书中对语法形式的共时分析以及对语义演变的历时构拟均有缺漏,很多结论要等待方家来修补、改进甚至推翻。其实,一部论著的作者本人作为其研究的亲历者,有时反而比旁人更加清楚其研究的不足之处具体是在哪里。笔者的理论视野与分析能力皆有局限,目前还难以解决一些复杂的语义问题。退一步看,我们从事创作的初衷不是为了证明"我这看法是对的",而是为了探求"这世界的真相是什么",每部论著的根本作用是为日后研究进一步走近真相来铺路的。所以,一个学者最大的欣慰绝不是其论著终结了什么科研难题,而是其研究拓展了业界对一项科研难题的认知边界,从而发现可以继续前进的广阔空间。但愿本书的现象观察和理论分析能激发汉语语法学界发掘到更多有价值的问题。

本书中,笔者最有信心的语义结论是第三章重建的情态类型体系,特别是,该章综合论证了传统的情态类型中道义情态与动力情态之间的本质差异到底是什么,由此区分出环境情态、条件情态这两个过往被混同对待的情态次类。本书中很有趣的一项发现是第十一章、第十二章展示出汉语里几个看似无关的功能词其实存在很大的概念共性,助动词"会"、助动词"有"、句末助词"的"、句末助词"呢"以及焦点标记"是"在汉语方言中呈现功能交叉重叠的面貌,此现象或能启示学界深入剖析这些词的意义。在本书的各项具体研究中,笔者最不满意的部分是第七章对助动词"会"的语义分析,虽然这章基于该词各种用法的语法差异给它界定了多种功能,但"会"的各个非能力义功能都蕴含高度平行的语义特征,日后或有方家能充分证明这些功能实则是同一功能。另需提醒,第十章对于"汉语完句"的讨论只是聊备一说,这个玄妙的难题绝非一两个语法因素就能完全解释好的,因为一个句子能否完句本质上是这个句子在语篇中承担了怎样的话语功能——这决定该句能否与语境中的前后文实现自然的信息衔接,这种语篇现象的制约因素恐怕是复杂多样的,该如何分析这类现象是当前语法研究亟待开拓的领域。在此指明本书里有潜力的课题与可能欠合理的分析,是为了便于同仁来改进本研究——这是笔者期待的事。

  我对自己论著中的观点并不执着,因为一部学术著作无论写成什么样,当中的很多内容终究是要过时的,这犹如一个人最终会衰老一样。一个学者耗费大把的青春做这些工作的意义在哪里呢?电影《兹山鱼谱》倒是有一句经典台词——"如白鹤之生虽好,而兹山之污泥亦善矣"。这部书起源于我二十五岁时的硕士论文,其中的研究成果获过多个学术奖项,第七章、第八章、第十二章的内容曾以单篇论文的形式分别荣获全国汉语方言学会"青年论文比赛"冠军、中国语言学学会"罗常培语言学奖"与中国社会科学院"吕叔湘语言学奖",本书的初版也有幸得到国家教育部高等学校科学研究优秀成果奖(人文社会科学)的肯定。外界的赞誉固然给人满足感,却未给到我真正的自信。而今我处于不惑之年，经历过一场巨大的人生变故，内心深处唯一的荣耀是：在万般困苦之下不畏艰险，在九曲回肠之中坚守原则，在遭受质疑之后忠于自己。

2024 年 7 月 17 日

笔者写于北京大学人文学苑

体例与符号

1. 普通语言学的一些术语在汉语学界会出现内涵变异或翻译差异,本书的基本术语界定如下:

a) "谓语"(predicates)指任何的谓词短语,它并非传统上"主谓短语"的谓语,包括如下三种情况:(1)词汇性动词短语,它不含时体词,如"看书""喜欢他",动结式和动趋式会专门记作"VC";(2)带句中时体词的谓语,如"看了书""在写字";(3)形式语法学里的小句(small clause)。

b) "主句"指句子的核心谓语。"从句"统指句子的非核心谓语,不仅包括定语从句、状语从句、宾语从句等典型的从句,还包括从属谓语、谓词性主语、谓词性宾语等从属性的谓语。

c) "事件"(situation)是动态事件(event)和静态事件(state)的统称。"语境"指句子所在的语篇/语用环境,譬如,句子的前后文状况如何,句子是作对话的始发句还是回应句,句子需有怎样的预设信息。

d) Vendler(1967)根据 VP 词汇义的时间结构界定的四种情状类型(situation types)在本书中翻译如下:静态(states)、活动(activities)、成就(accomplishments)、达成(achievements)。正文若用到"静态VP""达成VP"等指示 VP 情状义的术语,它们一定指不含时体词的词汇性动词短语。

e) 本书认为,汉语的动结式(如"洗干净")、动趋式(如"走出去")广义上属于达成 VP,状态述补式(如"洗得很干净")广义上属于静态VP。

f) 常用术语翻译如下:现实(realis)、非现实(irrealis)、时制(tense)、体貌(aspect)、情态(modality)、完整体(perfective)、非完整体(imperfective)、惯常(habitual or generic)、反事实(counterfactual)、有界性(boundedness)、无界性(unboundness)、均质性(homogeneity)、及物性(transitivity)、衍推/蕴涵(entail)、预设(presupposition)、断言(assertion)、常规隐含(conventional implicature)、前景句(foregrounded sentence)、背景句(backgrounded sentence)、默认(by default)。

2. 本书涉及多种方言和语言的语料,在正文论述及例句标识上会用一些简称,如下所示:

g) 方言里对应于普通话里某词"M"的功能词,称为"'M'类词"。例如,东南方言里对应于普通话词尾"了₁"的时体词统称"'了₁'类词",这是基于功能对应的命名,不是说它们的语源是完尽义动词"了"。

h) 方言例句前的尖括号"〈〉"注明语料的语种。例如,"〈香港〉"表示香港粤语的语料。若无特别说明,汉语的例句和词项默认是普通话的情况。

i) 方言例句前的方括号"[ ]"注明语料所呈现的功能或句类环境。例如,"[认识可能]"表示该句里例词表示认识可能义,"[假设从句]"表示该句里例词用于假设从句。

j) 例句里句末的"♯"表示完句,句末的"*∅♯"表示不能完句。

k) 行文中"/"表示"或者"义,"\"表示"对立于"义。例如,"语言/方言"表示语言或者方言,"动态\静态"表示动态对立于静态、动态区别于静态。

3. 本书常用表格来呈现多个功能 s1、s2、s3 在方言里用同一词形 M 表达,表格的纵列分"功能项"和"例词项"两大组(参见正文的表 5.1),当中的符号说明如下：

功能项	"＋"表示例词有该功能且没有环境限制； "＋!"表示例词有该功能但限于肯定陈述句； "（＋）"表示例词有该功能但使用受限； "—"表示例词有该功能但限于否定式或疑问句； "×"表示例词没有该功能； "○"表示例词有无该功能尚不清楚或不相关。
例词项	例词的呈现方式如"'好'（上海[钱乃荣 1997:125；钱乃荣等 2007:300；许宝华等 1988:355；徐烈炯、邵敬敏 1998:168]、绍兴[调]、杭州[调:李荣 2002:1584]）"，它表示：上海话、绍兴话、杭州话的"好"有相同的多功能模式，上海话"好"的信息来源是钱乃荣(1997:125)、钱乃荣等(2007:300)、许宝华等(1988:355)和徐烈炯、邵敬敏(1998:168)，绍兴话"好"的信息来源是笔者调查，杭州话"好"的信息来源是笔者调查和李荣(2002:1584)。 对于来自他人研究的例词，专著或词典的会给出文献的页码，单篇论文的不会给页码。 例词性若记为"（空）"，表示在考察中未发现一例满足条件的词项。

4. 例句、表格、图示的编号：

a) 每章的例句均单独从"（1）"开始编号，各章之间的例句号不连续。

b) 表格的编号形式如"表 5.3"，表示第五章的第三个表格，即表格号可显示章节号。

c) 图的编号形式如"图 9.1"，表示第九章的第一个图，即图号可显示章节号。

第一章 绪论

1.1 研究现状

本书的研究对象是现代汉语的情态词。这里的"现代汉语"除了汉语标准语(普通话)之外,还包括中国境内的汉语方言(如广府粤语、冀鲁官话)以及海外华语(如新加坡华语)。汉语情态词的语法形式主要有助动词(如普通话的"可以")、副词(如普通话的"大概")和能性述补式(如普通话的"V得C")。本书致力于用现代汉语的材料从宏观角度剖析情态范畴的典型意义之间是怎样的语义关联模式,并对普通话及汉语方言的若干情态词做出语法分析,这种讨论会得出语义研究中共时分析与历时构拟相结合的一些方法原则。

普通语言学中,情态(modality)指说话者对句子传达的命题或对命题描述的情况所持的观点或态度及其在语法上的表现(Lyons 1977:452、787;Palmer 1986:16),它的语义范围很广,可以包括命令、愿望、意图、假定、潜力、义务、怀疑、劝告、感叹等(Bybee & Fleischman 1995:2),这些语义概念都是在客观命题之外附加上的主观性意义。简言之,情态本质上是有关说话人的主观态度的概念范畴。情态范畴素来是语法学界的热点和难点,相关文献汗牛充栋,谢佳玲(2002:10—45)、彭利贞(2007:9—81)、徐晶凝(2008:21—46)、巫雪如(2018:7—60)等几部专著已对国内外情态研究的脉络有完整中肯的评介,本书不予赘述。下面根据本书的主题范围,简介情态类型系统与汉语情态词两方面的研究概况,这里仅拣选我们重点参考的情态文献,由此引出本书的主题。

1.1.1 经典的情态分类

情态研究要面临的首要问题便是情态概念该如何分类。情态范畴所涵盖的概念十分庞杂,本课题的多数研究集中于情态范畴里有强度(strength)(又被方家称为"梯度""或然率""语气")上"能性\必然"对立的核心部分,即典型的情态义,这部分是本书的研究对象。即使针对情态范畴的核心部分,普通语言学界的情态类型体系也有多种方案,其中 Palmer(1979,1986,2001)的方案在汉语学界的影响力最大。大多数汉语学者提出的各种情态分类体系都未脱离 Palmer 的框架,本书的情态分类方案也会在相当大的程度上继承这套框架。Palmer 的情态分类方案确实适合汉语的情况,简介如下。

Palmer(1979)在 Lyons(1977)的基础上首次把情态分为认识(epistemic)、道义(deontic)(又译作"义务")、动力(dynamic)三大类,每个大类又可按强度分成可能性(possibility)和必然性(necessity)两个次类。Palmer(1986,2001)又精进了这一分类体系。认识情态被置于命题情态(propositional modality)之下,它关涉说话人对命题真值或事实性的主观态度,表示不确定的预测以及依赖见闻证据或常识状况的推导(Palmer 2001:24—25)。英语的认识情态句如(1)所示,认识可能是说话人不确定命题的真值,认识必然是说话人完全确定命题的真值,此外还有认识设想(assumption),它表示依据常识推导出的合理判断。

  (1) Palmer(2001:25)的认识情态句:
    a. [认识可能] John may be in his office. 约翰可能在办公室。(不确定命题的真值)
    b. [认识必然] John must be in his office. 约翰一定在办

公室。(很确定命题的真值)

c. [认识设想] John <u>will</u> be in his office. 约翰<u>应该</u>在办公室。(依据"John 的习惯特点"的合理判断)

普通话里,多数认识情态词是副词,如"大概""也许""肯定",有一些认识情态词是助动词,如"可能""应该"。Palmer(2001:70)主张,道义情态、动力情态同属事件情态(event modality),它们都是阐述未实际实现但有潜力实现的事件。道义情态与动力情态的基本区别是令事件有潜力实现的制约因素(conditioning factors)有不同(Palmer 2001:9、70)。所谓情态的"制约因素"也被一些学者称为情态的"致能条件"(enabling conditions)(Bybee et al. 1994:178)、"来源原因"(source or cause)[见彭利贞(2007:45)]或者情态事件的"内部力量与外在障碍"。道义情态的制约因素是外在于事件主语的,如(2)里导致约翰进来一事有潜力实现的因素是他人的命令。

(2) Palmer(2001:10)的道义情态句:

a. [道义可能(许可)] John <u>may</u> come in now. 约翰现在<u>可以</u>进来。(制约因素:他人的命令)

b. [道义必然(必要)] John <u>must</u> come in now. 约翰现在<u>必须</u>进来。(制约因素:他人的命令)

道义可能是许可义(permission),道义必然是必要义(obligation)。普通话里,道义情态词一般是助动词或副词,如"可以""必须",个别能性述补式也有道义情态义,如"V(不)得"。动力情态的制约因素内在于事件主语,如(3)里导致约翰说法语或为"你"做事的行为有潜力实现的因素是约翰自身的属性。

(3) Palmer(2001:10)的动力情态句:

a. [动力可能(能力)] John <u>can</u> speak French. 约翰<u>会</u>说法语。(制约因素:约翰的能力)

b. ［动力必然（意愿）］John will do it for you. 约翰要为你做这件事。（制约因素：约翰的想法）

动力可能是能力义（ability），动力必然是意愿义（volition）。普通话里，多数动力情态词是助动词或谓宾动词，如"能""要""敢"，另外，能性述补式"V 得 C（V 不 C）"也是表达能力的重要形式。我们赞同 Palmer(2001)将认识情态独立出来、将道义情态和动力情态合并为一个大类的做法，这种分类框架至少很适合汉语的情况，§3.4 就展示出，现代汉语里认识情态词在语法上特立独行，而道义情态词与动力情态词在句法及语义上密切相关。

不过，Palmer(1986,2001)区分道义情态和动力情态的意义标准"令事件有潜力实现的制约因素是怎样的情形"还需要讨论。虽然该书主张动力情态的制约因素内在于事件主语，但 Palmer(2001:10)指出，动力情态里也有制约因素外在于事件主语的环境因素，如(4a)里导致他逃跑一事有潜力实现的因素是外在条件"门没锁住"，这种情态义属于客观可能。又如(4b)，当中"can"所表达的可能性跟主语本身的能力无关，而是外在于主语的其他状况决定的客观可能性。

(4) Palmer(1979,2001)里特殊的动力情态义"中立（条件）情态"的例证：

a. ［客观可能］He can escape. 他能逃走了。（Palmer 2001:10）（制约因素：门没有锁）

b. ［客观可能］I know the place. You can get all sorts of things here. 我这个地方，在这里你能够获得各种东西。（Palmer 1979:37）（制约因素：这个地方的客观状况）

c. ［客观必要］We must have it out and use it once or twince. 我们必须把它拿出来用一两次。（Palmer 1979:113）（制约因素：周围环境和"it"的客观状况）

Palmer 对(4a)(4b)的定位类似于 Bybee et al.(1994:178)定义的根可能(root possibility),它涵盖了能力义,其致能条件(即制约因素)不止是能力义的那种内在条件,还包括社会状况或自然状况等广泛的外在条件。另外,(4c)跟(4a)(4b)的情况类似,Palmer(1979:113)认为,该句的"must"表达了外在条件决定的客观必要性,这种必要性跟说话人或社会权威施加的命令是无关的,它不属于道义情态。(4)的情态义在 Palmer(1979:37)里都被归为动力情态的一个次类"中立(条件)情态",它主要表达客观条件下的可能性或必然性。正如巫雪如(2018:150)所言,Palmer 的中立情态应该是为了安置"can"所表达的那些既不属于能力也不属于道义许可的情态意义,也是为了顾及"must"所表达的非认识情态义中存在与说话人施加义务无关的意义。Palmer 未解释为何将这种意义视为动力情态而非道义情态,这令人疑惑:他的情态分类标准"制约因素"何时起作用又何时失效呢?这个问题造成我们难以界定一些情态句的意义,见§1.2.1。

针对认识情态之外的情态概念,van der Auwera & Plungian(1998)完全贯彻了制约因素对情态分类的作用,按照制约因素分为参与者外在情态(participant-external modality)和参与者内在情态(participant-internal modality),该文的情态类型体系见表 1.1。

表 1.1 van der Auwera & Plungian(1998)的情态类型体系

可能(Possibility)			
非认识可能(Non-epistemic possibility)			认识可能(Epistemic possibility)[不确定性(Uncertainty)]
参与者内在可能(Participant-internal possibility)[动力可能、能力等(Dynamic possibility, Ability, Capacity)]	参与者外在可能(Participant-external possibility)		
	非道义可能(Non-deontic possibility)	道义可能(Deontic possibility)[许可(Permission)]	

参与者内在必要（Participant-internal necessity）[需要（Need）]	非道义必要（Non-deontic necessity）	道义必要（Deontic necessity）[义务（Obligation）]	认识必然（Epistemic necessity）[盖然性（Probability）]
		参与者内在必然（Participant-internal necessity）	
非认识必然（Non-epistemic necessity）			
必然（Necessity）			

参与者外在情态指外在于事件主语的环境因素制约了事件实现的可能性或必然性，如(5)里令乘坐66路公车的行为成为可能或必然的因素是外在于"你"的公交路线状况——这是客观环境。

(5) van der Auwera & Plungian(1998:80)的参与者外在情态句：

   a. [参与者外在可能] To get to the station, you can take bus 66. 去车站，你可以乘坐66路公车。

   b. [参与者外在必然] To get to the station, you must take bus 66. 去车站，你必须乘坐66路公车。

其中，道义情态[如(2)]是参与者外在情态的特殊小类，这样归类是依据道义情态的制约因素也是外在于参与者的客观环境，只不过，这种起制约作用的客观环境具有人为性或社会性，它指说话人的命令、社会规范或国家法律等。按照这一分类标准，(4)的客观可能义更接近道义情态，这个情态义的定位结论是有别于Palmer(2001)的结论的。van der Auwera & Plungian的参与者内在情态是内在于事件主语的可能性或必然性，它类似于Palmer的动力情态，参与者内在可能即能力义，参与者内在必然是内在需要（internal need），而非意愿，如(6)所示。

(6) van der Auwera & Plungian(1998:80)的参与者内在

情态句：

a. ［参与者内在可能（能力）］Boris <u>can</u> get by with sleeping five hours a night. 张三一天睡五小时就<u>能</u>撑过去。

b. ［参与者内在必然（需要）］Boris <u>needs</u> to sleep ten hours every night for him to function properly. 张三<u>需要</u>每晚睡十小时才能撑住。

van der Auwera & Plungian 的这项研究在国际上颇有影响，受到广泛的认可。

形式语义学界的情态分类也很注重情态制约因素的效力。Kratzer(1981, 1991) 提出的情态基准（modal base）类似于情态制约因素。根据 Kratzer(1991:646)，情态基准分为认知性的和环境性的，前者是说话人的知识思维或所持证据，后者是评价世界的相关事实。Kratzer 认为，认识情态依靠认知性的情态基准，根情态（非认识情态）凭借环境性的情态基准。可见，她区别认识情态和非认识情态十分依赖情态基准，即看重情态制约因素的语义作用。

1.1.2　汉语的情态研究

1.1.2.1　现代汉语的情态词

现代汉语的情态研究集中于普通话情态词的语法分析，当中以谢佳玲(2002)、彭利贞(2007)、徐晶凝(2008/2022)三部著作为代表。

谢佳玲(2002:46—141)采用了 Palmer(1986) 的情态类型体系，全面分析了普通话情态系统。同时，该文 49 页、67 页、102 页还定义了一个"评价情态"，它表达说话人对一个已知为真的命题持有怎样的观点或态度，普通话的副词"幸亏""难怪"就表达这种情态意义。谢氏的评价情态囊括了现代汉语的很多语气副词，这令该文里情态词的范围远超出情态范畴的典型成员,但这部分不是本书讨论的内容。

谢佳玲(2002:142—265)的句法鉴定手段值得重视。谢氏采用了单独范畴理论,主张从情态动词到情态副词不是截然二分的,而是一个语法连续统,有典型的情态动词、不典型的情态动词、不典型的情态副词、典型的情态副词等多个类型。谢氏提出这一主张的依据是:(一)否定成分、正反成分、单作答语、名宾用法都支持一个情态词有动词属性;(二)"……地"格式、语素包含"然"、语调群组的表现都支持一个情态词有副词属性。

(7) 谢佳玲(2002:253)鉴定情态词句法属性的标准:
    a. 可以与否定词"不~""没~"或"未~"组合的情态词具有动词性。
    b. 可以与正反问句中的正反成分"~不~""有没有~"组合的情态词具有动词性。
    c. 可以单独充当是非问句的答语的情态词具有动词性。
    d. 可以选择名词性成分作其宾语的情态词具有动词性。
    e. 可以带上屈折词缀"~地"的情态词具有副词性。
    f. 本身包含派生词缀"~然"的情态词具有副词性。
    g. 可以与宾语分属不同语调群组的情态词具有副词性。

谢佳玲(2001)、谢佳玲(2002:279—288、297—303、306—310)专门分析了普通话助动词"会"的句法、语义、语用方面的特征,所得结论有明确的证据,本书§7.2、§7.3在分析"会"的意义时借鉴了谢氏的成果。

彭利贞(2007)研究了现代汉语中情态范畴的核心部分,即普通话里的情态助动词和一部分副词,这与本书的关注范围基本是相合的。该研究的文献综述颇为全面精到,不仅详细介绍了西方学界的情态研究,也梳理了自《马氏文通》以来汉语情态研究的脉络。彭氏基于西方情态研究的理论框架,重点整理了普通话情态助动词的基本表义状况,界定了一个汉语的情态表义系统,参见表1.2。

表 1.2　彭利贞(2007:160)里普通话情态助动词的语义系统

情态	语义	语用及用词	语义	语用及用词	语义	语用及用词
认识情态	[必然]	[推定]必然、肯定、一定、准、得、要 [假定]要	[盖然]	[推断]会、应该(应当、应该、当)	[可能]	[推测]可能、能(能够)
道义情态	[必要]	[命令]必须、得 [保证]肯定、一定、准	[义务]	[指令]应该、要 [承诺]会	[许可]	[允诺]能、可以、准、许 [允诺]可以
动力情态	[能力](无障碍)可以 [意愿](强)要 [勇气]敢		[能力](恒定):会	[意愿](被动):肯	[能力]能	[意愿](一般)想、愿意

该书对普通话几个助动词的义项分析是本书的重要参考。比如,彭氏参考以往文献的成果将助动词"可以"的语义功能整理为动力情态和道义情态两大组,见(8),其中的一些见解很有道理。

(8) 彭利贞(2007:154—158)对"可以"的语义整理:

    a. [动力情态] ①有生主语的能力或技能,简称"能力",例句如"我完全可以养活你嘛";②主语具备某种条件去做某事,简称"条件",例句如"死亡不可避免,疼痛却是完全可以避免的";③主语多用途,简称"用途",例句如"我随身带着很多袋子,可以装东西"。

    b. [道义情态] ①许可,例句如"婚姻可以解除,协议可以撕毁,承诺可以推翻";②估价(值得),例句如"这个问题可以研究一番"。

该书156页谈到用途也是物的一种能力,该书157页提到,"可以"的估价义源自该词的许可义,这两种意义都属于道义情态。本书采纳了这些观点。彭氏在认知语言学的理论框架下分析了普通话里多个情态词的语义特征及句法表现,包括情态词与动词情状、体貌、否定的互动关系,这也是本书关注的问题,彭氏对这方面的现象观察十分全面,其理论分析也很有洞见。比如,表示能力的"会$_{能力}$"不能用否定词"没"进行否定,见(9a),表示能力的"能$_{能力}$"可以用"没"进行否定,见(9b)。

(9) 表示没能力的"没能"和"*没会":

a. *他没会游泳,下水会溺死的。

b. 他只好回家吧,虽然很后悔没能厮杀一阵。(老舍《牛天赐传》)(彭利贞 2007:340)

c. 他小时候身体很弱,*没能跑马拉松。

彭利贞(2007:332—333)对这个现象做了解释。该书认为,"会$_{能力}$ VP"不能搭配表示时空或数量的限定性成分(渡边丽玲 2000),这表明它表示的能力在内部结构上不能进行清晰的分解,具有连续量的均质性——无界性,所以"会$_{能力}$"的否定词可以用"不",不能用"没";"能$_{能力}$ VP"可以从不同角度进行限定,这表明它表示的能力可以有相对清晰的边界,是离散量的有界事态,这种语义特性令"能$_{能力}$"的否定词可以用"没"。这个解释很有启发性,但存在改进空间。一来,彭氏所用的"连续量\离散量"这组概念略显抽象,不易辨识。二来,理论上任何能力都被看作无界事态,"能$_{能力}$ VP"搭配限定性成分的现象不能直接证明它表达的能力具备有界性,只能证明它所述的能力具备非类指性及有条件性(参见§2.3.1),这种能力是一个低稳定、非恒常的状况。三来,彭氏没有解释(9c)里"*没能 VP"同样表示动力情态义却不合法的现象。本书§10.3.2 将重新解释(9)的现象。此外,彭氏还讨论了不同情态词的共现规律,本书不讨论这方面的问题。总体来看,彭利贞(2007)一书为后来的现代汉语情态研究提供了一个基础性参照,对综合观察普通话的情态系统有很高的参考价值。

徐晶凝(2008/2022)主要研究话语情态(discourse modality),这个主题统领了"情态"和"意态"两个语义范畴。根据该书的总结,情态指说话人对语句内容的主观态度或观点,如普通话副词"必须"表达的意义,这个范畴也是本书的研究对象;意态指说话人对听话人的态度,这种意义在汉语里主要靠语气助词来表达,这个范畴不在本书的研究范围。因此,徐氏一书的研究对象比本书关注的范围要大很多。我们都关注情态助动词和一些情态副词的语法作用,这是徐氏一书第六章的全部内容以及该书第七章里分析认识情态副词的部分。徐氏一书还注重情态和语用的密切关系,其第五章专门分析了句末语气词"吧""啊""呗""嘛"的意义及话语功能,其第七章还讨论"当然""的确""幸好"等评价情态副词和"偏""绝对""总算"等加强情态副词,这两个部分都不是本书的研究对象。

在语义分析上,徐晶凝(2008/2022)从话语功能角度分析了普通话情态词的"维度"差异,指出汉语的情态词按语义分"梯度"和"维向"两方面。按照该书的定义,梯度指说话人做出承诺判断的时候在态度上的强弱,包括说话人在多大程度上承诺命题为真(如"可能—应该—一定"),或者在多大程度上强制某行为被听话人执行(如"可以—应该—必须")。梯度在本书称作"强度",该分析角度在情态研究中一直是被广泛采用的,也为本书采用。按照徐氏所述,维向指"说话人对命题可能性进行推测或发出道义诉求时所采取的不同角度"(该书57—58页),比如,在普通话的认识情态域中有可能性(例词"可能")、应然性(例词"应该")、将然性(例词"会")三种维向。该书178页谈到"可能性是基于理论上的可能性而作出的推测……应然性则是基于情理规范而作出的推测……将然性则是说话人对可能事态是否成立所作出的'预言式'推测"。该书用表1.3展示了普通话里认识情态词的维向和梯度是怎样的状况。

表 1.3 徐晶凝(2008/2022:207)里普通话认识情态的维向和梯度

情态的维度		说话人的自信度	标记举例
或然率			
弱	可能性（可能）	弱	多半/大概/也许/或许/似乎＋可能
		中	可能
		强	绝对＋可能
中	应然性（应该）	弱	似乎/也许/或许/大概＋应该
		中	应该
		强	？肯定应该
强	必然性（一定）	中	一定
		强	肯定、势必、必定、想必、必然
将然性（会）		弱	可能/大概/也许/多半/大半等＋会
		中	应该会
		强	一定/肯定/必然/势必等＋会

徐氏主张,普通话的情态助动词不太突出情态梯度的对立,而是侧重于表达情态维向的不同。这一主张的依据是梯度不同的助动词可以连用,例如(10),该书提出这种句子反映出说话人同时从不同的维向来表达自己的推断。

(10) 徐晶凝(2008/2022)里不同维向的助动词连用:

　　a.［认识情态助动词］我相信那束花在最璀璨的时候陪小敏度过,小敏<u>应该会</u>很高兴吧？（该书 178 页）

　　b.［认识情态副词］哼,<u>恐怕多半</u>还是幸灾乐祸吧。（该书 201 页）

　　c.［道义情态助动词］你们情同姊妹,这一回等于我们嫁妹子,<u>应该要</u>备一份嫁妆。（该书 180 页）

d.［道义情态助动词］此事非同小可！得要从长计议。

（该书 184 页）

徐晶凝(2008/2022:178—180、184)讨论了几个认识情态词及道义情态词各是什么样的维向，比如，该书提到(10d)里"得"偏重话语取向情态，(10c)里"应该"偏重主语取向情态。本书不关注普通话情态词的连用问题，也不讨论近义的认识情态词或道义情态词究竟有哪些语义差异。我们认为，徐氏为辨析近义情态词而提出的维向角度是一个考量方向，只不过，目前对一些特定情态词所做的维向定位还需要更充足的形式证据。以笔者之见，在认识情态域里，徐氏说的将然性跟她说的可能性、应然性不在同一个层面上：将然性像是将来时，它不涉及说话人做出一个推测的依据，并非典型的认识情态义；可能性、应然性传达了说话人做出推测所依据的是什么情况，是典型的认识情态义。从这个角度看，普通话里助动词"会"和助动词"可能""应该"在意义上处于不同的概念域，情态词的连用式"应该/可能＋会"相当于"认识情态词＋将来时制词"这种搭配式，这种连用式是很自然的。

　　在句法分析上，徐晶凝(2008/2022:165—170)将普通话情态词的句法性质分为如下四类：副词(如"大概、必定、或许")、助动词(如"可能、可以、能")、准助动词(如"容易、值得、敢于")、心理动词(如"打算、希望")。该书强调它们在句法分布上表现出连续统现象，这展示出普通话的各个情态词处于多个句法层级上，这个分析跟下面要说的蔡维天(2010)的观点是相呼应的。

　　此外，刘小梅(1997)、鲁晓琨(2004)两部专著也是研究普通话情态助动词的重要参考，这两部书都发掘了很多语言事实。刘氏对一些特定情态词(如助动词"会")的语义分析颇有见地；鲁氏对情态词的意义定位很少给出形式上的证据，这导致其结论缺乏说服力。本书还会参考周小兵(1989)、渡边丽玲(2000)、郭昭军(2003)、柯理思(2006)、王晓凌(2006)等单篇论文的成果。

上述文献主要是功能认知学派的情态研究,而形式句法学派对汉语情态词的研究也有重要贡献。在形式学派的情态文献中,本书着重参考了蔡维天(2010)。蔡氏从形式句法角度论证出不同情态词的句法层级体系"知识副词＞知识助动词＞外主语＞未来时制＞义务副词＞义务助动词＞内主语＞能愿助动词",见图1.1。

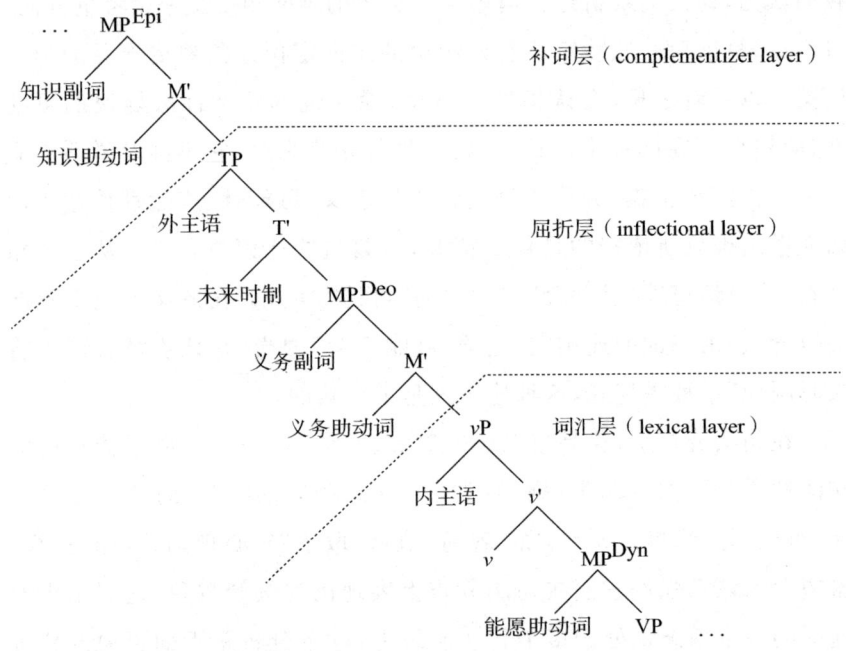

图1.1 蔡维天(2010:220)里各类情态词的句法层级

该文219页谈道:"知识模态词所处的补词层基本上是言者优先(speaker-oriented)用法的大本营[如评注性副词、言谈照应词(logophor)等]与所谓'言者主语'对现实世界的认知有密切的关联。义务模态词所处的屈折层则以句法主语为中心(subject-oriented),模态基准(modal base)来自其所处的环境条件(如伦理、法律、习性、物性等)。

能愿模态词的所在是词汇层,为主语的主体意识(subject agentivity)所节制;也因此必须处于内主语之下,以整个主语链为其域外论元。"这项研究是情态词句法分析的典范,为我们梳理各类情态词的语义辖域提供了研究基础。

1.1.2.2 古代汉语的情态词

现代汉语语法研究往往离不开相应的历时研究,古汉语的情态研究也有相当的建树,当中的成果对普通话的情态研究很重要。下面简介李明(2001/2017)、朱冠明(2008)、巫雪如(2018)在古汉语情态词方面的研究成果,这三部专著的情态语义系统都遵循了 Palmer(1986,2001)的基本模式。

李明(2001/2017)考察了历史上各时期主要情态词的发展兴衰历程,整理"能""可以""得""应该""必须"等现代汉语常用情态词在历史上的语义功能。表 1.4 是该书对助动词的语义分类,它代表了该书的情态类型体系。

表 1.4 李明(2001/2017:12)对助动词的语义分类

类型	弱语气	中等语气	强语气
认识类	可能	盖然	必然
道义类	许可	应当	必要
条件类	可能		必要
估价类			

当中的认识类和道义类基本对应于经典情态类型中的认识情态、道义情态,而当中的条件类和估价类是该书新设立的情态类型。按照该书 7—12 页的论述,条件类助动词表示客观条件下的可能性(条件可能)和客观条件许可或必要(条件许可、条件必要),其用例如(11)的"得""可""用"。

(11) 李明(2001/2017:8—10)的条件情态句:

　　a. [条件可能] 君子之至于斯也,吾未尝不得见也。(《论语·八佾》)

　　b. [条件许可] 暮际,大风浩雨,雷声电光不可视闻。(《入唐求法巡礼行记》卷二)

　　c. [条件必要] 生儿不用多,了事一个足。(《王梵志诗》卷六)

李氏认为,条件许可和条件可能的差异在于前者从受事角度叙述、后者从施事角度叙述,但二者都表述客观可能,也可归为同一种意义。不难看出,李明的条件情态类似于 Palmer(1979:37)设立的动力情态次类"中立情态"(参见§1.1.1)。估价类助动词表示对人或事物价值的估计,比如普通话助动词"值得""配",这类助动词没有语气上"可能\必要"的区分。本书赞同李氏设立这些情态概念,但我们的情态划类和具体定义会有所不同,§3.2、§3.3 和§5.1 将证明,条件可能跟能力情态属于同一上位情态类型"潜力情态",而条件许可(本书称"环境许可")、条件必要(本书称"环境必要")、估价义应该跟道义情态一起划归到同一上位情态类型"评判情态"中。而且,按照我们的定义,条件许可的特点不在于叙述的角度是受事(参见§3.2.1),(11b)的"可"不是条件许可义,而是条件可能义。

李明比较了同一类意义的助动词有怎样的内部差别及更替关系,并基于具体案例的考察,构拟了六条常见的语义演变路径:条件可能→认识可能、条件可能→道义许可、条件可能→估价、条件必要→道义必要、条件必要→认识必然、应当→盖然。这项研究不仅全面展示了汉语史上助动词的使用变化格局,也揭示了情态词语义发展的规律性,该著作是研究古汉语情态词及情态语义演变的重要文献。

朱冠明(2008)研究中古汉语佛经文献《摩诃僧祇律》的情态词。该书的情态研究着重参考了现代汉语情态词的相关成果,表 1.5 是其汉语情态词分类。

表 1.5 朱冠明(2008:28)汉语情态词分类系统

	知识情态	道义情态		动力情态	
		该允	估价	主语指向	中性(条件)
可能性	他可能到上海了。	你可以进来。	I 他不配当班长。	I 他能说德语。	从苏州一小时就能到上海。
盖然性	他应该到上海了。	你应该进来。	II 这本书值得看。	II 我愿意一个人去。	
必然性	他一定到上海了。	你必须进来。			总统必须对选民负责。

这个情态分类模式基本延续了 Palmer(1986,2001)的体系,而其动力情态中分出"主语指向"的次类又是借鉴了 Bybee et al.(1994)的情态分类标准。其动力情态的"中性(条件)"次类里的必然性情态义似有定义归属不妥的问题,当中的例句"总统必须对选民负责"一般被看作典型的道义情态,这句的情态副词"必须"明显是传达社会道义原则对主语"总统"的责任要求。这部著作的主体内容分为共时考察、历时分析两大部分,先是描写了《摩诃僧祇律》里能性情态词(如"能、得、可")、盖然性情态词(如"应、当、宜")、必然性情态词(如"必、须、要")的用法概况,然后讨论了汉语情态词在语义演变和形式发展方面的机制,最后还简述了现代汉语双音节情态词"能够""可能""应该""一定"是如何形成的。该书所得的一系列结论都对后来研究有参考价值。

朱冠明(2008)不仅构拟了一些情态词的语义发展路径,还基于《摩诃僧祇律》的语料讨论了情态语义演变的机制"转喻"和"隐喻",图 1.2 和图 1.3 是该书构拟的情态词"能""须"的语义演变路径。

能(动物) —隐喻→ 能(人) —转喻→ 身体能力 —转喻→ 综合能力 —转喻→ 中性能力 —转喻→ 认识可能
　　　　　　　　　　　　　　　　　　　　↘转喻　　　　　　　　　　　　　　↘转喻
　　　　　　　　　　　　　　　　　　　　　心理能力　　　　　　　　　　　　　道义许可

图 1.2 朱冠明(2008:132)里情态词"能"的语义发展路径

$$\text{须(中性)} \xrightarrow{\text{转喻}} \text{须(道义)} \xrightarrow{\text{隐喻}} \text{须(认识)}$$

图 1.3 朱冠明(2008:135)里情态词"须"的语义发展路径

这两个演变路径显示出：转喻机制在情态语义演变中起了主导作用,隐喻机制只在少数演变中起作用。这个演变模式符合 Bybee et al. (1994)对情态语义演变机制的看法。比如,Bybee et al.谈到英语的必然性情态词"must"从道义情态义演变到认识情态义是通过隐喻的方式,这与图 1.3 里朱氏对汉语必然性情态词"须"的演变构拟是一致的观点。本书赞同这个观点。

朱冠明一书对汉语复合式情态助动词的形成过程有细致的阐述,该书 202 页指出这类情态词有三种形成方式:(一)两个单音节情态词同义连用而凝固成词,如"应该""必须";(二)一个情态词与一个非情态的成分连用而凝固成词,如"可以""可能""能够";(三)两个非情态的成分连用而凝固成词,如"一定"。第三种形成方式很独特,它透露出,汉语里复合式的认识情态副词可以源自不涉及情态义的成分,而复合式的动力情态词及道义情态词一般源于蕴含情态义的成分。认识情态副词不仅形成方式具有独特性,其多功能模式也往往不同于动力情态词和道义情态词。§3.4.2 将展示,现代汉语方言里常用的认识情态副词往往不兼有其他的情态义,这有别于非认识情态词一般兼有多个情态义的状况。

巫雪如(2018)是研究上古汉语情态词的专著,这部著作既重视对汉语情态语义系统的探讨,也着重于特定情态词的描写分析和情态义演变路径机制的揭示,是汉语情态词历时研究的佳作。该书的情态类型包括认识情态、道义情态、动力情态三个经典类型,此外,巫氏跟李明(2001/2017)一样也设立了条件情态,只是其条件情态的所指范围扩大了很多。巫氏的条件情态除了条件可能、条件许可、条件必要,还包括条件可行、条件估价。

巫雪如(2018)一书里,条件可能是"说话者对行为或事件中客观条件下能否实现的可能性判断"(该书165页),用例如(12a)的"可"。这种语义界定跟李明的条件可能是一样的。巫氏的条件许可表示说话人对于命题或事件许可与否的态度,其用例见(12b)的"可",它的主语不具备自主执行动作的能力(该书163页)。这个语义界定跟李明的条件许可略有差异,而且,(12b)的"可"一般被归为道义许可。巫氏的条件必要表示动作或事件的必要性取决于参与者(主语)以外的客观条件,说话人对事件的实现不施加主观的义务态度,用例如(12c)的"必"(该书161页)。这种语义界定仿照了 van der Auwera & Plungian(1998)对参与者外在必要义的定义。

(12) 巫雪如(2018:161—162)的条件情态句:

  a. [条件可能] 无始曰:"道不可闻,闻而非也;道不可见,见而非也。"(《庄子·知北游》)

  b. [条件许可] 父母之年,不可不知也。(《论语·里仁》)

  c. [条件必要] 因天材,就地利,故城郭不必中规矩,道路不必中准绳。(《管子·乘马》)

  d. [条件可行] 桂可食,故伐之;漆可用,故割之。(《庄子·人世间》)

  e. [条件估价] 虽小道,必有可观者焉;致远恐泥,是以君子不为也。(《论语·子张》)

巫氏的条件可行是"说话者对于从事该行为或动作是否可行的评断态度"(该书165页),用例如(12d)的"可",它表示:说话人认为,"桂"吃了对人体有益无害,"漆"用了对物品有益无害,这两件事是可行的。这个语义阐释有些类似于范晓蕾(2009,2011,2014)对条件许可义的定义(本书§3.2.1又将条件许可改称为"环境许可"),巫氏说的"可行"在笔者的著作里都具体化为"合适,无消极后果"。但是,巫氏将条件可能与条件可行归为同一个上位类型"条件情态",笔者将这两个条件情态义归入不同的上位类型里:条件可能跟能力义属于同一个情态类型,条件许可/环境许可(即巫氏说的条件可行义)跟道义许可属于另一个情态类型。本书坚持这个分类体系,第三章会给出更详细的论证。另外,(12d)的"可"也可以解读为用途效能义,这种意义被本书§2.3.2归为能力义的一个次类,§4.2会阐释用途效能义跟环境许可义(即巫氏说的条件可行义)容易发生混淆或中和。巫氏的条件估价义就是李明(2017)的估价情态,如(12e)的"可"表示值得,而估价义被彭利贞(2007)、朱冠明(2008)归到道义情态中。不难看出,从李明(2001/2017)到巫雪如(2018),如何定位Palmer(1979)提出的中立(条件)情态素来是一个富有争议的问题。

巫氏详细地分析了先秦汉语的几个情态动词,并依据其文献考察的情况构拟了各个情态动词的语义演变路径,图1.4到图1.10是当中比较重要的演变构拟。

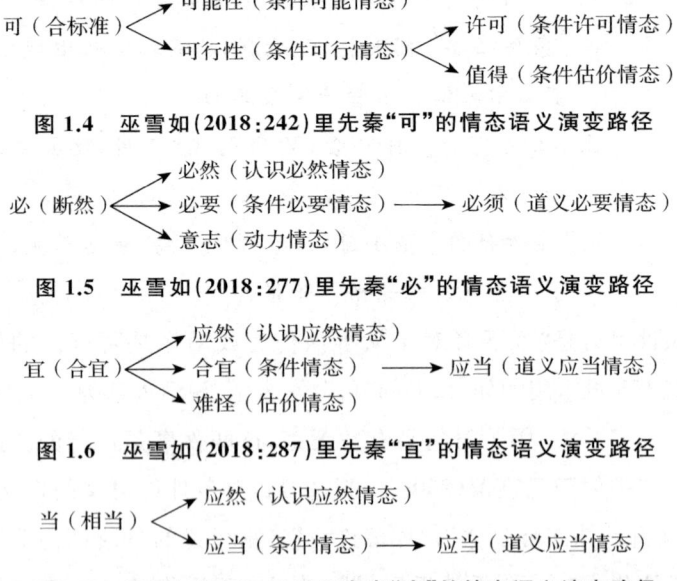

图1.4 巫雪如(2018:242)里先秦"可"的情态语义演变路径

图1.5 巫雪如(2018:277)里先秦"必"的情态语义演变路径

图1.6 巫雪如(2018:287)里先秦"宜"的情态语义演变路径

图1.7 巫雪如(2018:298)里先秦"当"的情态语义演变路径

能（强壮）──→ 主语能力（动力情态）──→ 条件可能（条件情态）┈┈→ 许可（道义情态）

图 1.8 巫雪如(2018:317)里先秦"能"的情态语义演变路径

得（得到）──→ 达成 ──→ 条件可能（条件情态）──→ 许可（道义情态）

图 1.9 巫雪如(2018:345)里先秦"得"的情态语义演变路径

敢（胆敢）⟨ 表勇气（动力情态）
　　　　　 许可（道义情态）

图 1.10 巫雪如(2018:379)里先秦"敢"的情态语义演变路径

最后，巫氏以上述情态词的演变构拟为基础，又结合 Bybee et al. (1994)和 van der Auwera & Plungian(1998)的情态类型学成果，绘制了先秦汉语情态词的若干语义地图（该书 503—532 页）。巫氏将其条件情态和道义情态一起归入 van der Auwera & Plungian 说的参与者外在情态，其情态语义地图的基本模式就跟 van der Auwera & Plungian 的（见后文的图 1.11）大体一致。本书主要以语义地图模型为理论工具（参见§1.3.1），但我们的情态分类方案不同于以往研究（见第二章、第三章），这导致本书的情态语义地图与过往的相应结论存在一些差异。

1.2 待解问题

在取得成果的同时，以往研究也留下三方面的待解问题。第一，经典的情态类型体系不能自洽地解释很多语言现象。第二，现代汉语的情态研究极少涉及汉语方言，普通话的情态词研究又有语义刻画上的不足。第三，历时语法学界对若干情态语义演变路径存在争议。详述如下。

1.2.1 经典情态分类的困境

我们认为，Palmer(1986,2001)、van der Auwera & Plungian

(1998)对认识情态的定义十分合理,按照他们的标准可以较为清楚地辨识出实际语料里的认识情态句。然而,很多非认识情态句的意义基于他们的定义是难以辨识的,这两项研究对道义情态和动力情态的界定存在很多疑点。

例如,(13)中两个"可以"句的情态制约因素是 331 路公车的运行线路和香山位置之间的关系,这种情态来源外在于事件主语"你"。

(13)　两个不同的"可以"句:

a. 坐 331 路公车,你可以去香山。

b. 去香山,你可以坐 331 路公车。

那么,这两句的情态义按照 Palmer 便都属于动力情态中的客观可能,按照 van der Auwera & Plungian 则同属于参与者外在可能。(13)的句子都谈到两个行为"坐 331 路公车"和"去香山",这两个行为在(13a)和(13b)中是完全相同的经验关系:"坐 331 路公车"是表示条件/方式的行为,"去香山"是表示结果/目标的行为,前者的执行会促成后者的实现。但是,短语"坐 331 路公车"和短语"去香山"在(13a)和(13b)里的句法地位正好是颠倒的,前一句是"去香山"被情态词"可以"统辖,后一句是"坐 331 路公车"被情态词"可以"统辖。该情况提示(13)的两个"可以"句应该是表述截然不同的命题,这就让人难以相信它们的助动词"可以"表示同一个意义。而且,(13)的两个"可以 VP"句表达客观可能义的语用必要性很不同:(13a)有必要讨论 VP"去香山"一事的实现可能性,因为此事明显不能轻易实现,并非任何人或任意交通方式都能够到达香山;(13b)没必要讨论 VP"坐 331 路公车"一事的实现可能性,因为此事默认可轻易实现,任何正常人都有能力登上 331 路公车去乘坐它。这提示,(13b)的"可以 VP"大概不会像(13a)的那样是表达 VP 所指行为的实现可能性。倘若(13)里两句的"可以"表示不同的情态义,那么这两句的情态义分别是什么意义呢? 以往研究并无答案。

再如,(14)的两个"能"句阐释的是同一情况"西红柿被人生着吃",这一情况的可能性总是取决于西红柿的内在属性"无毒无害"——这是(14a)和(14b)共同的情态制约因素。

(14) 两个不同的"能"句:
　　a. 西红柿,我们能生着吃吗?
　　b. 西红柿能生着吃吗?

但按照 Palmer、van der Auwera & Plungian 的分类体系,这两句的"能"表达不同的情态义。(14a)的主语是"我们",情态的制约因素外在于事件主语,"能"会被定为客观可能或参与者外在可能;(14b)的主语是"西红柿",情态的制约因素内在于事件主语,"能"就被定为能力义——亦即无生物的用途效能(参见§2.3.2)。这个分析结果有违人们的直觉判断,母语者难以体会到这两句"能生着吃"的语义差异是客观可能与用途效能的对立。而且,客观上人们显然能轻易实现生吃西红柿的行为(只要牙口好、会吃东西),为何(14a)就这种明显的客观可能提问又被认为是一个有必要的问题呢?这说明该句不是 Palmer 说的那种客观可能。还有(15)看上去是表达"小民"向"大人"施加道义命令,这一阐释违反社会规约,但该句是合适的表达,不会被认为是小民冒犯权威,应该如何解释这种道义情态义呢?

(15) 法官大人,你一定要为小民伸冤啊!

这些实例表明,现有的情态类型体系要么在概念归属上不完善,要么在定义标准上有问题,需要进一步澄清或改进。本书的§3.2.3 会解释(13)(14)(15)的各个句子分别表达什么情态义。

可见,Palmer(1986,2001)和 van der Auwera & Plungian(1998)的情态类型系统存在疏漏,这导致他们不能很好地解答从(13)到(15)的意义问题。这两种经典的情态分类均是首先按语义是否涉及整个命题(语义辖域)将情态的核心范畴分为"认识情态"与"非认识情态"

(Palmer 称为"事件情态")两个大类,遵循了优先依据主观性给情态分类的原则,因为语义辖域大小与其主观性高低大致对应,这是我们认可的情态分类原则。然而,Palmer 和 van der Auwera & Plungian 未将这一原则贯彻到底,他们对非认识情态的再分类变为根据事件实现的制约因素如何。由此,道义情态和根情态(root modality)就被归到一个类型——van der Auwera & Plungian 称为参与者外在情态,因为它们的制约因素都是外在于事件主语的各种境况。为何要依据制约因素的状况?他们都未给证据。

Palmer 和 van der Auwera & Plungian 的分类方案在世界语言中也碰到一些困难,他们的分类与以下三方面事实存在冲突。

第一,道义情态里事件实现的制约因素并非都是外在于事件主语的。de Schepper & Zwarts(2009)指出语言中还存在兼具"制约因素内在于事件主语"和"道义性"两个要素的道义情态概念,他们认为(16)就表达这样的意义。

(16) 荷兰语的直接性道义情态句:

Het comité *mag* Jan nomineren.
the committee may John nominate
'The committee may nominate John.'(de Schepper & Zwarts 2009,例(5a))

具体而言,(16)的道义情态内在于主语"comité"(委员会),因为委员会是许可执行该动作的道义动因,对这种许可权拥有绝对的控制力。de Schepper & Zwarts 称之为直接性道义情态(directed-deontic modality),它表示:事件在道义上被许可,同时,内在于主语的条件允许该事件的实现。荷兰语从形式上区分出了直接性道义情态,它可以用准分裂结构(pseudo-cleft construction)来表达,见(17a),而其他道义情态或参与者外在情态不能用这个结构表达,见(17b)(17c)。

(17) 荷兰语的准分裂结构与不同的道义情态：

    a. [直接性道义情态]

       Wat zij mogen is Jan nomineren.
       what they may is John nominate
       'They may nominate John'（de Schepper & Zwarts 2009,例（5a））

    b. [非直接道义情态]

       **Wat Jan mag is genomineerd worden.*
       what John may is nominated become
       'John may be nominated.'（de Schepper & Zwarts 2009,例（8e））

    c. [参与者外在情态]

       **Wat Jan kan is bus 66 nemen om bij*
       what John can is bus 66 take for near
       het station te komen.
       the station to come

       'John can take bus 66 to get to the station.'（de Schepper & Zwarts 2009,例（8d））

    第二，Palmer(2001:72—73)指出承诺决意(commissive)也属于道义情态，它包括承诺和威胁两种情况，英语用情态词 shall 来编码该意义，见(18)①。

---

① 表达决意情态的 shall 与第二人称或第三人称的主语搭配，这不同于该词限于第一人称主语的将来时标记的用法。Palmer 将(18)解释为"Here the speaker commits himself to ensuring that the event takes places, by guaranteeing to arrange that John will receive the book and that the addressee will do what is demanded."

(18) 英语的决意型情态句：

a. John shall have the book tomorrow.

b. You shall do as you are told.

承诺决意表示说话人决意确保事件的实现,其情态的制约因素总是固定在说话人"我"上。而当这种道义情态句的事件主语就是指说话人"我"时,其情态的制约因素显然不是外在于事件主语的。也就是说,在主语为第一人称"我、我们"的承诺决意句里,其情态制约因素就是内在于事件主语的,这违背了 Palmer 对道义情态的一般定义。

第三,很多句子明显不是动力情态义,但其制约因素却是源自事件主语的自身状况。(19a)里,张三是烟鬼,自然有抽烟的技能,经验上,一个会抽烟的人即使在感冒的情况下照样有能力实现抽烟的行为,所以,该句说他"不能抽烟"理应不是没能力抽烟的意思,而是说他不适合抽烟,该句的情态词"能"不是表达能力义。再看,(19a)对"他抽烟"一事做出这个判断是依据张三自身的临时状况"患有感冒"——这是内在于事件主语的制约因素,此情况又被 Palmer 和 van der Auwera & Plungian 认为是能力义区别于其他能性情态义的特点。

(19) 受制于事件主语的两种"能 VP"句：

a. 张三是个烟鬼,现在他感冒了,不能抽烟的。(前文语境:已知张三是个烟鬼,懂得抽烟。)

b. 张三能抽烟吗?——他连烟味都闻不了,当然不能抽烟了。(前文语境:不知张三是否懂得抽烟。)

那么,(19a)的情态词"能"表达何种情态义呢? §3.2.1 将指出,其情态义是接近道义许可的环境许可义(客观许可),(19a)表达张三患感冒抽烟是不合适的行为,抽烟会带来他病情加重的消极后果。与(19a)构成对比的是(19b),其谈话前文表明谈话一方不知道张三有无抽烟的能力,此句说他"不能抽烟"就是表达没能力抽烟,这种能力缺失的制约因素是事件主语自身的恒常状况"不懂抽烟",(19b)的情态词"能"正是表示能力义。总之,例(16)(18)(19)的语义诠释均表明,许可义的制约因素未必全是外在于事件主语的环境条件,也可以包含主语自身的客观状况,它与能力义的制约因素存在交集。

第四,§3.4.1将显示,"制约因素的状况决定情态类型"这个定义标准至少在汉语中尚未找到充足的形式证据,目前没有发现有哪些情态表达式在制约因素的状况上存在截然分明的差异。

§1.1.1对(4)的讨论已经显示出Palmer对动力情态的定义存在不自洽的地方,一些外在于情态句主语的条件所决定的客观可能性被归到动力情态(而非道义情态)中。汉语研究中,谢佳玲(2002:63—67)的讨论也透露出"主语之外的因素"(即情态的制约因素外在于情态句的主语)不会完全决定一个情态句表达道义情态,该文提出,普通话的句子"他能开车"的情态义有三种解读,见(20)。

(20) 谢佳玲(2002:63—64)对句子"他能开车"的解读:
    a. 他有能力开车。(动力情态)
    b. 我/情况允许他开车。(道义情态)
    c. 条件容许他开车。(中立情态)

谢氏将(20c)的解读归为"中立意义",该文谈到,这种解读的"能"表示在"某个条件"下主语具有开车的能力或潜力,这里的条件(即情态事件的制约因素)是语境中一个容许这种客观可能性的致能条件,它是说话人或句子主语之外的客观状况,如他睡饱了,他戴上眼镜,他现在有时间,这些致能条件不是道义情态的那种"允许的观点或态度的来源"。谢氏总结道"义务意义与中立意义虽然都牵涉到主语之外的因素,但是它们的语意属性是不同的"(该文65页),并进一步谈道"动力意义与……中立意义是较为相近的""中立意义……与动力意义之间的界限并不是截然区分的"(该文66页)。谢氏说的中立意义很像是Palmer

(1979)说的中立情态[参见§1.1.1对(4)的讨论],Palmer正是将中立情态(如客观可能)归为动力情态的一个次类。不过,谢氏并未对(20c)这种中立情态义的范畴归属给予形式论证。该文宣称(20b)和(20c)是很不同的情态义,主要是基于这两种解读下句子所在环境的情景阐释可以很不同,但该文没有给出具体的测试手段证明句子"他能开车"在这两个解读下有语法差异(如词项替换的不同),这种论证方式就显得说服力不足。

以Palmer(1986,2001)为代表的多数文献认为,动力情态和道义情态都表述事件实现的客观可能性。Palmer(2001)用"It is possible/necessary for…"来阐释英语道义情态句的意义,见(21),它显示,道义许可句表达动作执行的可能性,道义必要句表达动作执行的必然性。

(21) Palmer(2001:7)对英语道义情态句的解读:

  a. [道义许可]Kate may come in now. 凯特现在可以进来。(= It is possible for Kate to come in now.)

  b. [道义必要]Kate must come in now. 凯特现在必须进来。(= It is necessary for Kate to come in now.)

但笔者调查英语母语者后发现,(21a)这种道义许可句最准确的句式变换应该是"It is appropriate for Kate to come in now",这表明该句的断言重点大概不是事件发生的可能性(possibility),而是动作执行的合适性(appropriateness);实际上,"It is possible for Kate to come in now"适合阐释英语的能力句"Kate is able to come in now",这印证了动力情态确实表达了动作发生的客观可能性。英语里道义许可句和能力句的句式变换呈现出这样的不同,透露出道义情态和动力情态在表意重心上存在差异,这一点需要引起重视。

汉语情态词的多数研究基本沿用了Palmer(1986,2001)的情态类型系统,方家皆认同"认识情态、道义情态、动力情态"的分类框架。只不过,一些文献在情态小类和附加类的界定上有所不同。比如,彭利贞(2007:142)遵循 Palmer(2001)将承诺决意义视为道义情态的一个次类,李明(2001/2017:7、11)界定了条件类和估价类,这些概念不见于多数的汉语情态研究。这些情态分类方案之所以有差异或争议,一方面是因为各个方案针对西方的既有理论做了不同的调试,另一方面是因为这些语义分类没有清晰的论证过程。其实,语义分类须有语法证据,要基于句法、语义、词形编码的表现来梳理情态类型体系,这或可改进我们对情态范畴的认识。于是,本书的第二章、第三章、第四章将基于这种语义理念论证出一套新的情态类型体系。

语料上,本书主要用汉语及英语的材料来讨论如何给典型的情态义进行分类。当然,跨语言里情态表达形式的多样性和复杂度是超乎想象的,很难说哪一种情态分类方案具有全面的普适性。我们致力于发掘的方案至少要适用于相当一部分语言,尤其是汉语方言。本书虽然是依据汉语情态词的表现做情态语义分类,但我们相信,由汉语语料推导出的鉴别各个情态义的语义标准应该具有相当的普适性。特别是,本书第三章重新定义了道义情态的核心语义,这个意义标准应该适用于其他语言的道义情态句。

1.2.2 现代汉语情态词研究的不足

现代汉语的情态研究集中于普通话的情态词,如"能""会""要",这一领域虽有诸多成果,却也存在不少问题。

普通话中"会"和"能"是表达能力义的主要助动词,以往不少研究讨论如何区别这两个词的能力义,却未彻底解答问题。渡边丽玲(2000:477)指出"会"只能表示"相对永恒的能力",这个看法大致不错,只是缺乏分析性,该文未论证一项能力要具备哪些特点才算永恒的能力。鲁晓琨(2004:44)将"能"的语义构成条件分为内在能力条件、内在意愿条件、外在条件,该文对这三项条件未提出任何可验证的形式语义标准,其结论显得随文释义,无一定之规。范晓蕾(2016:220—224)提出,"会"表达高稳定的心智能力,"能"表达生理能力和低稳定的心智能力。这种语义概括不能精准地解释(22)。

(22) 普通话"会"用于能力句很受限:

  a. 婴儿天生会吃奶。

  b. 小王会解这道题。|*小王会在半小时内解五道题。

  c. 他会说流利的英语。|*他会流利地说英语。

(22a)里吃奶的行为常常被视为婴儿的生理能力,却可以用"会"表达这种能力;(22b)的两句都表达高稳定的心智能力,但一个能用"会",另一个不行;(22c)里两句所述的能力看似等同,"流利"作定语还是状语令句子用"会"的合法性有别。可见,"会"和"能"的能力义功能需要更为精准的语义刻画,本书第二章及§10.3会做这个工作。

  普通话中"会"和"要"是表达将来事件的常用助动词,如(23)的将来事件句中,这两个词可以互相替换而不影响句子的基本意义。

(23) 普通话"会"和"要"都用于将来事件句:

  a. 工作安排已经定了,他下半年<u>会/要</u>在北京工作。

  b. 他以后大概<u>会/要</u>在北京工作。

但是,在很多将来事件句中,"会"和"要"存在区别。(24a)的将来事件句只能用"会",(24b)的将来事件句只能用"要"。

(24) 普通话的将来事件句中"会"和"要"存在使用差异:

  a. 下一届竞选,他会/(*要)当上总统的。

  b. 竞选结果揭晓,他(*会)/要当上总统呢。

那么,"会"和"要"用于将来事件句的条件分别是什么?弄清这个问题直接决定如何刻画这两个词的将来义功能。以往研究讨论过这个问题。比如,郑天刚(2002b:127)提及"要 VP"比"会 VP"能自由充当更多的句法成分(如定语、主语、宾语、情态补语),该文将这一现象解释为:"要 VP"采取情势取向,侧重于条件对情况发生可能性的作用力;"会 VP"采取结果取向,是对某种情况发生的确定性予以认定。郑氏的观察很对,但他的解释既没有明确的证据,其表述又颇具个性色彩。因此,必须用更为形式化的语义表述方式来精准定位"会"和"要"的将来义功能,本书§10.4 致力于推进该问题的分析。

能性述补式是汉语重要的情态表达形式,这类格式在普通话及汉语方言里都呈现出肯定、否定不对称的现象。刘月华(1980)发现,普通话里,肯定义的能性述补式"V 得 C"使用频率偏少,它主要用于疑问句及其答句,见(25a),它很少用于主动报道信息的陈述句,见(25b),而这个能性述补式的否定式"V 不 C"却自由用于疑问句和陈述句,见(26)。

(25) 普通话"V 得 C"偏向用于疑问句及其答句:

　　a.［疑问句］张三搬得动大箱子吗?——搬得动。

　　b.［陈述句］张三力气不小,?? 搬得动大箱子。

(26) 普通话"V 不 C"的使用很自由:

　　a.［疑问句］张三搬不动大箱子吗?——搬不动。

　　b.［陈述句］张三力气太小,搬不动大箱子。

石毓智(1990,2001)提出,"V 得 C"跟"介意"类词一样,它表达一个肯定程度很低的量,其语义大致为"有点可能",这个语义特点造成"V 得 C"排斥陈述句。然而,石氏未提出"V 得 C"有程度极弱义的明显证据,其动因解释的说服力不足。本书§11.2.2 致力于为普通话的能性述补式在肯定、否定上的不对称现象寻找解释力更强的动因。

研究范围上,以往研究聚焦于普通话的情态词,而汉语方言的情态词又如何呢?这个领域的研究成果远不够丰富。在笔者看来,汉语方言学界最关注的情态助动词是东南方言的助动词"有",它可以直接带 VP 表达过去或现在的事件,见(27)。

(27) 东南方言的"有 VP"表达已然事件：
a. 〈福州话〉玻璃有拍破玻璃是打破了。（郑敏惠 2009:93）
b. 〈连城话〉佢不时都有来新泉他经常都来新泉的。（项梦冰 1997:319）
c. 〈莲花话〉老王有吃烟老王抽烟。（胡小娟 2018）

多位学者主张(27)的这种"有"表示说话者对命题的主观判断义"肯定强调"，这种意义无疑是传达对命题的一种主观态度，属于情态语气范畴。郑懿德(1985:310、311)认为，福州话"有"的重要功能是"肯定"动作行为的真实存在，或者对形容词起到"强调或申辩"作用。李如龙(1986:79)提出闽南话"有"可用来"肯定"动作的发生或性状的存在。施其生(1996:28)主张粤闽客方言的"有"都是用于"肯定"一种情况存在(有这么一回事)。但是，汉语里表示肯定强调义的功能词有很多，以往文献没有精准刻画东南方言助动词"有"的肯定强调义具体是什么，这导致外方言人难以通过这种语义描述判断出该词的用法。因此，该词的语义需要继续剖析，本书§11.3 会尝试这一工作。

综上可见，针对汉语情态词的意义，有必要提出更为形式化及系统化的语义刻画方式。尤其是，普通话的常用情态词"会""能""要"等有相似的功能，它们的使用又存在不同，那么，详细考察这些词的语法表现，通过它们的各项表现逐一推导出其语义特征，是一项重要的工作。

1.2.3 情态语义演变的争议

汉语历时语法学界对情态词的语义演变问题已有诸多成果，但很多情态词的语义演变过程仍存在争议。很多常用情态助动词(如"能""可")虽有成熟的语义演变假设，但各家在这些词语义演变路径的细节上持有不同的看法。比如，巫雪如(2018)构拟的助动词"可"的情态语义演变路径(见图 1.4)就有别于李明(2001/2017)的看法，巫氏主张的演变路径中有"条件可行"的情态义不见于李氏的情态概念系统中,这直接导致他们的演变假设出现差异。不难知道,各家定义的情态类型系统是怎样的,会影响他们构拟的情态语义演变路径是否够准确。还有一些情态词的语义演变路径,不同学者的主张存在很大差异。以助动词"会"为例,方家对它的情态语义演变过程提出不同的假设。杨秀芳(2001)提出"会"由能力义直接衍生出认识情态义;傅书灵、祝建军(2004)认为"会"的能力义和认识情态义分别来自不同的意义,两者没有衍生关系;蒋绍愚(2007)主张"会"的能力义和认识情态义是以其他意义为中间桥梁、有前后相继的衍生关系……这些观点,孰是孰非,似乎难以定夺。过往研究都是基于历史文献的考察,那么,要推进情态词的历时研究,必须采取更合理的新方法。

情态范畴向来被认为跟时体范畴有紧密的联系,但目前尚未厘清时制、体貌、情态三大语法范畴的关联细节究竟如何。汉语里,情态词和时体词在编码形式上存在很大的不同。汉语的情态词以助动词、副词的形式为主,普通话里只有"V 得 C"这种能性述补式是例外,其中的助词"得"是一种情态标记;汉语的时体词以助词为主,普通话里只有进行体副词"在"是例外。这种局面看似很难从汉语材料中发掘情态范畴和时体范畴之间的联系,实际上并不尽然,汉语方言为构建情态和时体之间的语义联系提供了空间,因为情态词和时体词的句法形式在南北汉语中存在一定的类型偏差。北方汉语里承担时体意义的句末助词很发达,这类句末助词不仅形式多样,当中的一些还兼有情态标记的功能。比如,冀鲁官话、晋方言的词尾"了"不仅是完整体标记,还是这些方言里能性述补式的情态标记(柯理思 1995)。南方汉语的助动词很发达,很多助动词兼有情态意义和时体意义。比如,普通话的助动词"会"既是能力义情态词,也是表达将来事件的重要标记,而该词的将来时制功能主要见于东南方言的"会"。再如,§1.2.2 提及的东南方言助动词"有"被汉语方言学界看作情态词,而该词无疑牵涉了时体意义,因为多数东南方言的"有 VP"主要表达过去或现在的非将来事件,以至于一些著作将这种"有"看作过去时标记(张洪年 1972/2007:393)或完成体标记(Chappell 1992:75)。既然如此,对汉语的情态词、时体词进行跨方言考察或许有希望厘清时体态三个范畴的衔接情况,本书第十二章将尝试这一工作。

汉语的情态语义演变问题应该跟世界语言的情态语义演变问题是相关的,历时语言学的研究往往联系着语言类型学所关心的跨语言共性课题。汉语的情态词和世界语言的情态词存在哪些共性和差异呢?这个领域没有获得足够的关注。其实,汉语方言里情态词的多功能模式常常表现出跨语言/方言的平行性。例如,北京话、福州话和英语都有情态词兼有能力、许可及推测等多个情态义,如(28)(29)(30)所示。

(28) 北京话"能"的用法:

a. [技能]张三能看懂藏文。

b. [体能]张三能举起这块石头。

c. [许可]学生不能违反纪律。

d. [推测]天这么晚了,他能来吗?

(29) 福州话"解"的用法:

a. [技能]伊解开汽车 他会开汽车。

b. [体能]我骹肿 我脚肿了,鱠行路 不能走路。

c. [许可]伊有胃病 他有胃病,医生讲伊鱠食酒 医生说他不可以喝酒。

d. [推测]明旦解遘雨 明天会下雨。

(30) 英语"can"的用法:

a. [技能] She can speak French. 她能说法语。

b. [体能] He is so tall that he can touch the ceiling. 他很高,能摸到天花板。

　　　　c. ［许可］You can't play football here. 你不能在这里打
　　　　　　篮球。
　　　　d. ［推测］This can't be true. 这不可能是真的。
可见，几个情态义由同一个形式负载，是一种跨语言/方言的普遍现象。而且，有些情态词不仅在多义模式上平行，各个意义的句法限制也展示出跨语言/方言的平行性。例如，北京话的"能"和英语的"can"表达认识可能义时都倾向用否定式或疑问句。这些现象绝不是偶然的，我们要考虑如何解释它们。另外，汉语的情态词有不同于其他语言的个性。例如，汉语的获得义动词"得"既可作助动词，也可构成述补结构，兼表能性情态义和必然性情态义，这是一个存在于东南亚语言中的区域性现象(Enfield 2001)。如何解释汉语情态词的这些特点，是一个值得深究的问题。而且，普通话"得"有两个读音 dé（例如"不得随地吐痰"）和děi（例如"我们得按时上班"），前者承载能性情态义，后者表达必然情态义，这个有趣的语音与语义的对应模式是需要解释的。

　　根据上述现象和问题，本书致力于汉语方言情态词的考察比较，发掘汉语与世界语言在情态范畴上的共性和差异，整理出情态和时体范畴的衔接细节，还会对汉语特定情态词的共时语法特点或历时演变路径给予分析。

1.3　本书方法

1.3.1　语义地图模型

　　在一个研究主题上要有新发现，就需要引进新方法和新视角。本书将采用语言类型学的方法，以"语义地图模型"(semantic map model)为理论工具来考察汉语方言的情态词。我们的分析兼有共时考察和历时构拟两个维度。

1.3.1.1　核心理念及操作原则

语义地图理论是研究多功能词的语义模式的新工具（Haspelmath 1997,2003;Croft 2003;张敏 2010;吴福祥 2011），它的基本理念是"某种语法标记若具有多重意义/用法，而这些意义/用法在不同语言也有以同一个形式负载的现象，则其间的关联应该绝非偶然，应是有系统的、普遍的，可能反映了人类语言在概念空间的一些共性"（张敏 2010:10），通过在概念空间（conceptual-space）的地图上标注出可用相同形式负载的概念、用法、功能来展现它们之间的关联模式。该理论的核心假设是"语义地图的连续性假设"（semantic map connectivity hypothesis），即：

> 与特定语言或者特定结构有关的任何范畴都会投射在概念空间的一片连续的区域上。（Croft 2003:96）

张敏（2010:11）对这一理论工具做了如下的简介。若形式 M 在某语言里具有 s1、s2、s3 三种功能，则三者的关联在一个非矢量的空间里具有三种排列可能：（I）s1—s2—s3；（II）s1—s3—s2；（III）s2—s1—s3。在跨语言考察中，某些语言的 M 只有 s1、s2，则（II）项可排除；另一些语言的 M 只有 s1、s3，则（I）项可排除。由此可得出反映语言共性的判断：（III）是最为合适的语义关联模式，在共同的 s2—s1—s3 空间里，不同的语言/方言里的相关语法形式均可划分出区域相连的语义地图来。

语义地图理论有别于传统的跨方言比较法，有方法论上的突破。构建语义地图，所用材料不限于同源词，凡是有语义平行性的任何词形都可拿来构图。因为语义地图代表了反映语言共性的概念空间，不只是个别词的语法化路径，非同源词亦会走相同的语义演变道路，所以，方法论上可以不限制词形的来源，有语义平行性的多功能形式皆可统一对待。于是，通过考察跨语言的多功能词，根据各功能的共时蕴涵关系(即功能的同形模式)就可构建语义地图。汉语方言中的多数情态词是虚词,常用情态词往往具有多种意义,语义地图模型就成为本研究最好的理论工具。

　　弄清多功能词有哪些语义功能是构建语义地图的第一步。在语义地图理论中,语义功能(semantic function)(简称"功能")大致对应于传统术语"义项",但在语义地图的研究中,它不仅包括传统上词的固有意义(sense/meaning),有时还包括词的用法(use)。用法主要指词形出现的句义环境。比如,Haspelmath(1997)的不定代词的语义地图就将词形出现的句义环境(如条件从句、疑问句、否定句)跟词形本身的意义(如特指、非特指)统一对待,皆立为不定代词的功能。这种将词的意义和用法同等对待的方式有其理论依据。第一,基于探求跨语言共性的目标,该做法符合语言事实,词的意义和用法不能截然分开,从临时的用法到稳固的意义是一个连续统。高频的用法都有潜力凝固为词义——如语境义吸纳(absorption of context)导致的语义演变(Bybee et al. 1994:297),A语言里某词的用法经常是B语言里对应词的意义(Haspelmath 2003)。第二,看似意义相当的两词可出现的语境类型若迥异,严格来讲就不能算作两词"语义相同",将二者处理为"功能有别"更为恰当。这是因为词能出现的语境范围的变化(扩大或缩小)是其语义发展的一个方面。语义地图应包含这类信息,毕竟,该分析模型关注的是不同用法之间的演化关系以及概念之间的内在关系。第三,该做法符合跨语言比较的实际情况。比较研究要面对纷繁复杂的众多语言,多数是研究者陌生的语言,我们常常很难定位某用法中的功能词表达何种意义,也不易分辨某意义是由词本身还是由句义环境承担。若参照语法语境定位词的功能,就能减少研究者的主观分析带来的偏误,而且,对语义采取粗线条的分析才可使比较研究进行下去。当然,并非词形的所有句类环境均要纳入考虑,一般只将词的高频句类义——称之为"优势用法"(pragmatically privileged uses)——设立为其功能[参见 van der Auwera et al.(2009)的附注 7]。总之,本研究定位词形的功能以跨语言图景为参照系,有时会异于单一语言内部做词义分析的结论。

　　语义地图里功能节点的设立有一套基本原则:功能必须满足基元性(primitives)和独有性(uniques)(Haspelmath 2003;de Haan 2004,2010)。简言之,两个可能的意义/用法 s1 和 s2 若在一个语言中用不同形式负载,二者就要设立为不同的功能;若 s1 和 s2 在所有语言中皆编码为同一形式,二者只能合并为同一个功能。语义地图研究中所设立的某个功能如果违反了这两方面之一,便是不满足基元性的。换言之,语义地图中的功能有如下的形式依据:不同的功能在具体语言中有形式差异。这就可减少单纯的语义分析带来的偏误。我们认为,语义地图研究中的"形式"除却指负载功能的词形,还包括该词的句法表现,比如可否省略、可否替换为其他词、是否要求某类词与之共现。

　　功能节点的设立是语义地图研究中的重中之重,它是成功构图的基础。在不同语法范畴的语义地图研究里,功能节点的定位难度不同。题元角色(即格功能)是跨语言里平行性极高的范畴,方向格、目的格、接受者、受益者等功能节点在界定难度上很小,该范畴的语义地图是语义地图理论重要的先期成果(Haspelmath 2003)并非偶然。相反,时体范畴的跨语言比较是执行难度极高的项目。俄罗斯科学院 Vladimir Plungian 教授(私人交流)根据多年考察发现,时体范畴的跨语言差异大而复杂,以至于难以设立符合功能基元性要求的时体意义节点,所以,至今没有人构建出跨语言的时体语义地图。赵世开、沈家煊(1984)就显示普通话的"了$_1$"谓语对译于英语的过去时、现在时、将来时、完成体、进行体等多种时体形式,这足见跨语言里时体形式在功能对应上的错乱。

　　至此可以回应彭利贞老师的一项评审意见。彭老师谈到,本书第五章的语义地图里,情态功能"禁止"(如普通话助动词"别"的意义)可以分解为"否定＋许可"两个意义,情态功能"否定可能"(如普通话副词"未必"的意义)可以分解为"否定＋可能"两个意义(参见§5.1),这种复合了多个意义的功能节点不同于道义许可、认识可能等其他的功能节点。这里强调,按照语义地图的操作原则,功能节点不必都是完整一致的语义概念,一个语义地图中的功能节点可以兼有单纯概念和复合概念,也可以兼有词自身的意义和词所在环境的意义,只要这些功能节点符合基元性原则即可。彭老师还提出,本书对看似有平行性的现象似乎没有做一致的分析,比如,第五章将情态词"别(不要)""要是"甚至"别是"都当成单独的语法形式,却未将情态表达形式"不敢"和"敢是"当成单独的语法形式,而是将其中的语素"敢"单独看作一个语法形式。事实上,用于构建语义地图的多功能形式,既可以是一个包含多个语素的语法形式,也可以是该形式中的单个语素,到底选择哪个作构建语义地图的材料是根据研究需要来定的。特别是,语义关联路径的构建依赖于多功能形式,单一功能的形式无法用于确定两个功能之间的关联。本书将"别""要是""别是"分别看作不同的语法形式,是因为它们三个都是多功能的,有助于构建语义地图。相比之下,"不敢"(表示禁止、不许可)和"敢是"(表示认识可能)都是单一功能的组合式,它们无法构建任何语义关联路径,而它们都包含了语素"敢",该语素在这两个组合式中贡献了不同的意义,可视为多功能形式。所以,本书用词形"敢"来帮助确定许可义和认识可能义之间是否存在语义关联。

1.3.1.2 情态方面的研究

情态范畴的语义地图在构建难度上应该介于题元角色语义地图和时体语义地图之间。一方面,情态义的界定存在一定难度,情态类型如何划分就是一个有争议的问题,合理地设立情态功能节点是构图成功的关键。另一方面,情态义的跨语言变异度低于时体义,比如,汉语和英语的情态编码就有相当的一致性。而且,单一语言内典型情态义的大致界定一般不是太大的难题。因此，情态语义地图还是大有希望被构建出来的。

　　用汉语方言的语料构建情态语义地图，或者说，采用语义地图理论考察汉语方言的情态词，在语言类型学研究上有两项难得的方法论优势。第一，比之世界语言，汉语方言材料显然是汉语研究者熟知且易得的，研究者可以做出更为精到的语法分析，从而定位更合理的情态功能节点，这是成功构图的关键所在。第二，构建语义地图所依据的语言材料可以偏重汉语方言，非汉语的材料较少且囊括的语种不丰富，也不会影响语义地图反映语言共性的效力。张敏(2010:4)谈道：

> 对单个语言（譬如汉语）的深入研究，从中不仅能看到个别语言的属性，也能看出语言共性，一如汉语成语"见微知著、因小见大"，佛家智慧中的"一花一世界"及英国诗人威廉·布莱克的名句"从一粒沙看世界"所言……语义地图模型理论完全可以转化为不必、不愿，或因条件限制而无法进行大规模跨语言比较研究的个别语言的研究者发掘语言共性，并在其基础上更深刻地认识语言个性的一种使用起来极为方便的研究工具。换言之，从我们最熟悉的汉语这粒沙里有机会看到世界（即共性）。

目前学界在语义地图方法论上的共识是采用自下而上(bottom-up)的工作方式(de Haan 2010)，先从部分语言开始构建一个语义地图，再扩大语料范围来验证或修正该图。这是一个操作性较强的工作方法，针对汉语的做法是：只要方言中几个词的多功能模式有足够大的差异，便可据此构建语义地图。汉语的研究实践已证实该做法的效力，仅靠汉语方言构建的几个语义地图与基于世界语言的语义地图往往大致相合，至少它们的基本模式不会相去甚远(张敏 2009；张定 2010)。

　　van der Auwera & Plungian(1998)以 Bybee et al.(1994)的结论为基础，首次构建了情态语义地图，即图1.11，它被视为代表世界语言共性的情态语义关联模式。

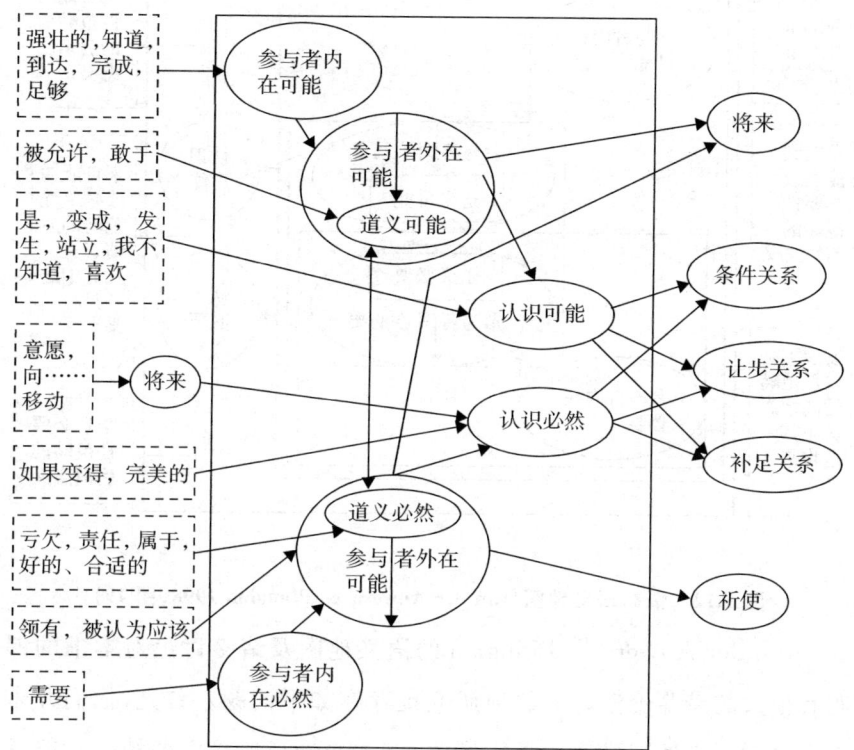

图1.11 情态语义地图(van der Auwera & Plungian 1998,图18)

【图解】每个圆圈是一个功能,实线大方框是各个情态概念。左侧的虚线方框囊括多个功能,是情态概念的词源义(premodal meaning);右侧的圆圈是后情态意义(postmodal meaning)。

图1.11中的情态功能节点可以参看§1.1.1的介绍。这个情态语义地图又被表征为图1.12,它展示了前情态义、情态义、后情态义三方面的信息。van der Auwera & Plungian 区分了四种能性概念和四种必然性概念;他们的前情态义、后情态义都有三个次类,某意义归为哪个次类取决于其语义演变的终点是能性范畴、必然性范畴还是兼有两者。这个地图如同 Bybee et al.(1994)描述的各个语义演变路径,它被认为是在共时和历时两个维度上都具有普遍性的语义关联模式。

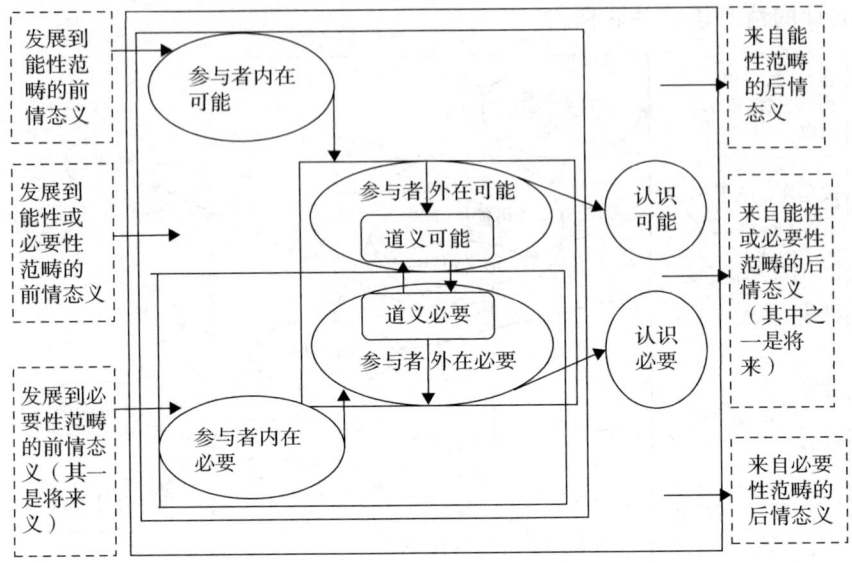

图 1.12　情态语义地图(van der Auwera & Plungian 1998,图 19)

　　van der Auwera & Plungian 的语义地图及诸多讨论对本书的课题有很大的借鉴价值。但这项研究也存在如下问题。首先,他们并未完全遵循语义地图模型的操作模式,该文未论证所设立的情态功能是否符合基元性要求。本书§1.2.1 已展示,van der Auwera & Plungian 的参与者内在情态和参与者外在情态在划分标准上缺乏合理性,也有违语言事实。那么,我们若修正这个情态语义地图,先要重新设立一套合理的功能节点。第二,van der Auwera & Plungian 一文严重依赖印欧语资料,汉语的材料只有普通话和粤语,语言材料的不平衡性有可能(虽非必然)会影响研究结论的准确性,或许不能完全揭示人类语言共性的全貌。汉语不仅在语言类型上不同于印欧语,它的情态表达形式和语义模式也有自身的特点,汉语的情态词也许包含着尚未发掘的情态语义关联。海外类型学界的相关研究要么未涉及汉语,要么限于西方学者了解稍多的普通话和粤语。汉语拥有悠久的文献记载史和丰富多样的方言,古今汉语及汉语方言的语义地图研究必将对世界语言共性的研究给予反哺性的贡献。第三,van der Auwera & Plungian 的结论不能解释汉语的一些现象。例如,汉语的获得义动词"得"既可作助动词,也可构成述补结构("V 得 C""V 得"),该词兼有能性情态义(表达能够、许可、可能的意义)和必然性情态义(表达需要、必须、一定的意义),并且,这种复杂的情况属于东南亚语言的区域性现象(Enfield 2001)。就"得"展现的多义模式而言,能性范畴和必然范畴之间的情态语义关联应该不是图 1.11 展示的那样简单。再如,汉语情态词"会"的多功能模式是一个异类,一般认为,助动词"会"有能力义和推测义,没有客观可能、道义许可等其他情态义(Li 2003;范晓蕾 2011;柯理思 2016),"会"的这种多功能模式就构成了图 1.11 的反例或例外。因此,有必要基于汉语方言来构建一个情态语义地图,从而验证或改进已有的情态语义地图。

我们致力于构建基于汉语方言的情态语义地图,这必将推进情态范畴的研究。从语言类型学角度研究情态范畴的多为国外学者。Bybee et al.(1994)依据所收集的语料,分析了各种情态概念的来源义,并构拟了几条情态语义演变路径,为我们构拟汉语情态词的语义演变路径提供了参照。Palmer(2001)从跨语言的类型学视角详细介绍了情态的类型和特点,是我们了解世界语言情态范畴的重要文献。针对汉语情态语义关联的研究,以往学者主要探讨特定情态词的历史演变路径,偶尔采用跨语言/方言比较的方式。比如,郑萦(2003)研究情态词的历史演变用到方言材料,涉及台湾"国语"、闽南语和客家话三种汉语方言。再如,吴福祥(2009)考察东南亚语言"得"义语素的多功能模式,已成功构建了一个小型语义地图。即便如此,单点方言的情态词研究也较为少见,汉语情态词的跨方言比较更未形成气候。因此,以类型学比较的方式考察汉语方言的情态词显得十分必要,这可发掘新的语言现象,揭示汉语的个性,还会反哺世界语言的情态研究。

1.3.2 语义特征分析

传统的语义地图构建是语料主导(data-driven),通过跨语言考察,根据功能的蕴涵关系构建语义关联,这种构图方式属于归纳法。de Schepper & Zwarts(2009)还讨论了语义地图的另一种构建方式,即空间主导(space-driven)或语义主导(meaning-driven),通过分析概念的性质、按照语义演变规律推导语义关联,这是语义特征分析的思路,这种构图方式属于演绎法。这两种方式是各自独立的,因而能相互补充验证,使语义地图的研究更具准确性。语料主导的语义地图是依据参差不同、数量有限的语料归纳出来的,它是否适于未考察到的其他语言,是否能代表人类语言的概念空间呢?这就需从概念的内部性质来判断语义地图的合理性,即诉诸语义分析——这是不受语料限制的。语料归纳出的语义地图若符合语义分析的推导,那么,这个地图不仅得到解释,也得到验证。若语义地图和语义分析有矛盾,就要重新考量:是什么地方出错了,还是有什么特殊的演变案例?

其实,构建语义地图之前和之后都依赖对概念的语义特征分析。构图前要设立合理的语义功能节点,这常常需要精确定位各个功能的语义特征(semantic features)。语义特征和语义功能是相互联系的两个术语。通俗地说,语义功能是一个语法形式在某类用法中固定承担的语义作用,它相当于传统上说的"义项";语义特征指一个语法形式的某个语义功能所具备的意义要素,虚词的一个功能"S"可能包含多个语义特征"s1+s2+s3"。§1.3.1.1谈到,一个语义地图能否构建成功,很大程度上取决于功能节点是否合理,它们是否适于跨语言/方言的平行比较。对单一语言内情态词的精确分析便是设立情态功能节点的第一步。因此,我们会参考既有研究,界定出普通话情态词各种用法的句法语义特征,由此划分出一套合理的情态概念类型作为情态语义地图的功能节点。在此基础上,我们再用跨语言/方言的语料检验这套功能节点是否具备基元性和独有性。一般而言,若单一语言内情态词的语义分析是合理的,所定位的情态功能也会符合基元性和独有性的要求,具有跨语言/方言的可比较性。根据跨语言/方言材料构建出语义地图之后,如何解释当中的语义关联模式便成为下一个问题,这只能从概念的语义特点入手。根据语法化的渐变原则(Meillet 1912)和滞留原则(Hopper 1991),相关联的两个功能应该是语义特征极其相似的。因此,我们会根据各个情态义的语义特征式,来检验相关联的两个意义之间是否符合语义演变规律。总之,"归纳+演绎"相互结合,是贯穿本书的方法论主线。

1.4 材料和术语

1.4.1 材料范围

本书的语料包括了七十余地的汉语方言,语料来源有两种。第一,已有的方言研究著作。第二,笔者做的田野调查,主要包含如下方言:

[北方方言] 邢台、保定、平遥、太原、离石、西安、兰州、鄂尔多斯

[南方官话] 扬州、望江、重庆、成都、宜宾、武汉

[吴语] 上海、苏州、杭州、宁波、绍兴、天台

[闽语] 福清、泉州、潮州、莆田

[粤语] 香港、肇庆、新会

本研究的方言例词更多地来自南方汉语,这是因为汉语的情态词以助动词为主,而南方汉语的助动词比北方汉语的要丰富很多(§12.5)。

我们考察的汉语情态表达形式是已发生语法化的形式,不是纯词汇形式,这包括助动词、副词、能性述补式,本书将它们统称为"情态词"。能性补语式如普通话的"V 得 C"式(例句"他拿得动这个箱子吗?"),它在汉语方言里有两种形式。一种是带能性结构助词的述补式,主要有南方方言的"V 得 C"式和北方方言的"VC 了"式,闽南方言还有"V 解 C"式,当中的"得""了""解"都是能性标记;另一种是虚化动词作补语的述补式,主要是南方方言的"V 得"式,补语"得"是语义已虚化的动词。

本书的情态词不包括可传达情态义的句末助词。比如,普通话的句末助词"吧"用于揣测问句里可帮助传达认识情态义,如"没到下班时间,他还没回家吧_{他应该没有回家}",但它被排除到本研究的范围之外。这种传达主观态度义的句末助词被称为语气词(mood particles),语气范畴跟情态范畴的紧密关联是不言自明的,理论上可以统一研究。然而,语气词是功能词里虚化程度最高的,其语义分析和功能界定无疑是虚词研究里最难的课题。虽然徐晶凝(2008/2022)推进了这一课题的进展,但目前学界对普通话的语气词还难以做出清晰有效的功能分析,尤其是不能给予语义特征式的精确界定,遑论考察各大方言语气词的功能。相比之下,助动词、副词、能性述补式等已经语法化但程度尚未过高的语法形式,无论在普通话中还是方言中,都有较成熟的语法结论和分析方式,也便于方言考察的实施,是跨方言比较研究的理想材料。

本书对汉语方言情态词的考察是以跨语言共性为背景的,可以从材料、理论方法、比较范围等多个方面对汉语情态研究提供新的推动力。第一,在材料上,建构语义地图的语料不仅是目前多数方言调查报告所提供的那种突显某方言有别于普通话的特点或举例说明式的材料,更要包括相关语法现象的穷尽式记录和描写。这项研究的进行可将方言语法的调查朝更深更广的方向推进。第二,在理论方法上,以往的方言比较研究在对相关现象进行解释分析时,大多着眼于接触(方言之间或普通话与方言之间的接触影响、方言的不同层次、南北非汉语相关的区域特征等)和语法化(方言中虚词的来源及演变途径等)这两个角度;本书在此之外引入"概念层面的普遍关联"角度,借以考核、验证已有的说法或提出新的观点,深化对汉语方言里各种多功能形式的认识。

1.4.2 常用概念

本书常用到"非现实"(irrealis)一词,它指事件的已然实现未得到谈话者的确认,这个范畴包括典型成员和不典型成员。典型的非现实谓语表达某状况不存在于现实世界的特定时间,如道义情态中的事件、将来事件、被否定的事件都属于典型的非现实事件,这种事件不会是过去或现在已然发生的事件。汉语表达典型的非现实事件是排斥时体词的,如(31)所示。

（31）普通话的很多非现实句不能用时体词：
a. ［道义情态］每天应该按时吃(*了)早饭。
b. ［动力情态］他能举起(*了)这个箱子。
c. ［将来事件］他明年考(*了)大学。
d. ［否定式］他昨天没吃(*了)早饭。

不典型的非现实谓语表达某状况的真实性未得到确定,其事件的已然实现是被质疑的,它可以表达过去或现在已然发生的事件。假设条件句、推测主句(认识情态句)、疑问句所述的非将来事件就属于不典型的非现实事件。汉语表达不典型的非现实事件可以用时体词,如(32)所示。

（32）普通话的一些非现实句可以用时体词：
a. ［假设从句］要是他已经吃过早饭了,为啥现在还这么饿呢？

b. [推测句] 他昨天一定吃(了)早饭了。

c. [疑问句] 他昨天吃(了)早饭了吗?

非现实范畴的典型成员和不典型成员是有联系的。一方面,根据 Givón(1985/2001)、Comire(1985:39—40)、Mithun(1999:173)等,现实(realis)通常指现实世界已经实现(含正在进行)的事件,通常是被直接感知到的,表达上是断言一个直接见识到的事实;非现实主要用来描述只在想象中出现和感知的情境,一般指的是可能世界中可能发生或假设发生的事情。那么,将来时、道义情态、动力情态所描述的事件是普通语言学里公认的非现实状况。另一方面,Palmer(2001)认为现实和非现实的概念是非情态与情态的重要分野,可区分事实断言的直陈句和有主观态度的情态句。这样的话,任何情态句都属于非现实范畴(Tsang 1981:12—13;彭利贞 2007:79),包括"他可能已经到学校了"这类陈述过去事件的认识情态句。不难看出,"现实\非现实"的定义兼容了客观的事件时制和主观的情态语气两层意思,情况已然发生还是尚未发生属于事件的时制义,说话人对情况的真实性是否确定属于说话人的主观态度。这样定义的兼容性令这对概念在跨语言中的具体表现存在很大变异,一些语言的现实性划类主要取决于事件是否已然发生,另一些语言的现实性划类优先取决于说话人是否确定事件的真实性。一个语言的现实性划类要基于该语言中具体的语法形式有哪些表现。石毓智(2001:47—51)和周韧(2015)从说话人对事件真实性的态度上界定汉语的"现实\非现实",其依据综合了普通话的数量 NP、副词及特定结构式的语法表现。而数量 NP、副词、结构式在语法化及范畴化的程度上远低于时体词,我们更赞同郭锐(1997)的思路:汉语谓语的现实性状况集中体现在时体词的使用上。范晓蕾(2021a:84—103、328—329)又主张:(一)普通话里成熟的时体词都编码了相对非将来时(relative non-future),这个时制义囊括了绝对非将来时(现在时或过去时),它大致对应于汉语学界的传统术语"已然";(二)汉语里谓语的现实性状况优先决定于所述事件的相对时关系,现实谓语总能诠释出相对非将来时,典型的非现实谓语不蕴含相对非将来时。本书延用这个主张。因此,若非特别说明,本书里汉语的"非现实谓语""非现实句"默认指(31)这种不能用时体词的情况,这类谓语要么无法诠释出任何时制义,例证如(31a)(31d)的"吃早饭"及(31b)的"举起这个箱子",要么可诠释出相对将来时(relative future)的意义,例证如(31c)的"考大学"。(32)里这种带时体词的句子被看作汉语的现实句,它们的谓语都蕴含了相对非将来时的意义。

我们的语义分析常涉及"语境",它是"语篇环境"(discourse context)的简称,指句子上下文的信息情况,类似于马真(2004/2016)说的"语义背景"。我们认同屈承熹(1998/2006)篇章语法的研究思路,不再将语法研究局限在单句范围里,因为"句法和篇章的关系密不可分。篇章有赖于语法标记以显示其组织,而许多句法手段却又植根于篇章。可以说,不考虑篇章就无从深刻地理解语法"(屈承熹 2006:8)。情态词的分布条件和语义特征,往往依据该词的语篇环境来论证和界定。一方面,情态词一般是多义的,消除歧义须取决于特定的语境,参见第四章如何区别几个近似的情态义。另一方面,词的情态语气义势必导致句子有特别的语篇表现,我们定位一个词的情态义需要观察它给句子带来的语篇限制,§11.3.1 界定"有"的情态义便体现了这一点。另外,本研究会涉及某些情态词可促成完句的情况,本书赞同范晓蕾(2018:425、430)、范晓蕾(2021a:47—48)的看法,主张汉语的完句现象是一个语篇/话语层面的问题,见§10.2.2。

1.5 章节安排

本书共十三章,主要内容分四大部分:(一)第二章到第四章依据普通话的语法分析及汉语方言材料,论证出一个新的情态类型体系;(二)第五章到第九章基于汉语方言语料,逐步构建出一个完整的情态语义地图,同时讨论情态范畴和语义地图模型的具体理论问题;(三)第十章到第十一章对普通话及汉语方言里的一些特定情态词做出语法分析;(四)第十二章通过分析惯常范畴讨论情态范畴和时体范畴的关联。情态范畴的复杂性尽人皆知,语义地图又需要丰富详细的跨语言/方言材料,要构建情态语义地图并探索情态语义的理论问题,这是一个繁复的工作。为清楚有序地呈现我们的各项发现,本书在章节安排上遵照循序渐进、承前启后、环环相扣的模式。

1.5.1 重建情态类型体系

任何概念范畴的研究都以合理的语义分类体系为基础,本书用三章来逐步论证一个新的情态类型体系。这部分是全书的重要内容。

第二章从普通话的能力情态词"会"和"能"入手来给能力情态分次类,提出汉语里能力义可以细分为恒常能力和特定能力。普通话里助动词"会"和"能"是表达能力义的主要语法形式,这两个词的异同点也在普通话语法学界有过很多讨论,只是这两个词一直没有得到清晰的语义刻画。我们在以往研究的基础上,将助动词"会"的能力义拆分为心智属性、技巧难度、类指性、无条件性等多个语义特征,将助动词"能"的能力义拆分为可实现的潜力、非恒常性(低稳定性)两个语义特征,由此更为精准地刻画了这两个词的能力义,也界定出了恒常能力、特定能力这两种适用于汉语的能力类型。

第三章提出一个情态类型的新体系,我们将情态的核心区域分为认识情态、评判情态、潜力情态。评判情态和潜力情态是本书提出的两个新术语,评判情态囊括了以往研究中的道义情态,潜力情态包含了以往研究中的动力情态(主要是能力情态)。该章在情态类型体系上的主要贡献是重新定义了以往研究中道义情态和动力情态的区别标准:包括道义情态在内的评判情态旨在评判一个事件的合适性,包含能力情态在内的潜力情态旨在陈述一个动作实现的客观可能性。情态范畴的这个定义标准及分类结果改进了西方理论中经典的情态分类系统,也为情态语义地图设立了核心的功能节点。该章着重论证了评判情态和潜力情态的分类依据,这个新情态类型体系的合理性有两方面证据,一是普通话情态词的句法语义特点,二是跨方言情态词的词形编码方式。

第四章用普通话的语料来辨析第二章、第三章设立的各个情态义,因为一些情态义之间容易彼此混淆,不少句子看似可以解读为两种情态义。该章举例说明了句子表达哪种情态义在很多时候受制于语境信息,并整理出同类情态义之间的语义中和现象和异类情态义之间的语用隐含现象,这些讨论都有助于在研究实践中准确定位一个情态词或一个情态句的意义。这部分的讨论也涉及了普通话的情态词"能""会"表达特定情态义(如条件可能义、条件必然义)的一些语法限制。章末补充阐述了能力词的语用特点,也是探讨普通话里能力词"会"和"能"的语用共性。

1.5.2 构建情态语义地图

本书用五个章节来构建基于汉语方言的情态语义地图,并讨论语义地图模型的方法论该如何改进。

第五章以之前章节整理的各个情态概念为功能节点,基于汉语方言材料先构建出能性情态语义地图,提出语义地图模型在"形式细分"

上的改进方案:常常负载于同一词形 M 上的两个功能 s1 和 s2 至少在一部分语言/方言中可出现在相同的句法环境下,这样才能建立 s1 和 s2 之间的关联。第五章还从语言类型学角度简析了汉语情态词的特点。该章的讨论初步展示了构建情态语义地图的过程,所得的能性情态语义地图是后续构建整个情态语义地图的起点。

第六章依据第五章里能性情态语义地图的信息,探讨语义演变的共时拟测方式。通过跨语言/方言材料构建语义地图是构拟语义关联路径的一种方式,这属于归纳法。构拟语义关联路径还有另一种方式,即通过语义特征的分析来推导各个语义功能之间的近似度,这属于演绎法。该章展示出基于汉语方言材料构建出的能性情态语义地图和基于语义特征分析得出的情态概念近似度模式是一致的,这是归纳法和演绎法的相互验证。构建出语义地图后,就可以用一定的方式在语义地图上添加表示语义演变方向的箭头,这是语义演变的共时拟测,是共时分析和历史考察的相互结合。该章讨论了在语义地图上推导语义演变方向的两种方式。方式一是依据跨语言/方言里对应语素的功能蕴涵关系,这属于归纳法;方式二是依据概念的语义特征式和语法化的一般规律,这属于演绎法。这两种方式透露出,语义演变的共时拟测可以采取归纳法和演绎法相结合的思路。综合看来,第六章展示了语义地图的两种构建方法"语料主导"和"意义主导"的互补效应,它表明语义地图研究在相当的程度上依赖于准确的语义分析。

第七章从普通话情态词"会"的多功能模式违反以往的情态语义地图这一现象出发,着手分析"会"的各个语义功能。普通话的"会"是一个颇具争议的情态词,它的能力义如何区别于"能",它究竟有几个情态义,它是情态词还是时制词……这些问题一直处于争论之中。于是,第七章深入分析汉语助动词"会"的句法语义特征,除却第二章所说的恒常能力外,该词的语义功能还包括条件必然、计划性将来、预测性将来、认识或然、高质能力、惯常倾向。这些语义分析的结论都为进一步构建情态语义地图设置了新的功能节点。这一章的末尾阐述了普通话里一些"会"句的"会"存在语义刻画的难点,这个难题有待日后研究来破解。

第八章以第七章对汉语助动词"会"的功能分析为基础,参考跨语言/方言材料构建出基于"会"类词的"恒常能力的语义地图",它表明普通话助动词"会"的多功能模式不是情态语义地图的例外或反例。我们通过恒常能力的语义地图拟测出"会"的历时语义演变路径。汉语助动词"会"的语义演变路径在学界有多种假设,此章综合比较了以往研究中各种假设的优劣点,展示出语义地图在历史演变研究上的效力。此章构建的恒常能力的语义地图在相当的程度上补充了以往的情态语义地图。值得注意的是,词源义为"晓悟、知道"义的情态词(即"会"类情态词)在表示认识情态义时普遍呈现出一个限制:偏向于用来推测将来事件,只在否定式或疑问句中才容易用来推测非将来事件。这种使用限制具有跨语言的平行性。

第九章继续完善能力义的关联路径,又补充了必然性情态义的关联路径,最终构建出基于汉语方言的情态语义地图的全貌。这一章全面比较了 van der Auwera & Plungian(1998)的情态语义地图与本书的情态语义地图之间的异同点和预测力,由此讨论了语义地图的解析度和表征方式,在一定程度上改进了语义地图理论。这一章的末尾梳理了能性情态和必然情态之间的联系和区别,特别指出,能性情态和必然情态在概念特征及语义关联模式上都是不对称的。要强调的是,我们所得出的情态语义地图只代表一个阶段性结论,日后随着语料的丰富、语义分析的改进可不断修正这个地图。其实,任何语义地图都处于完善发展的过程中,不宜视为一成不变、板上钉钉的结论。

1.5.3 汉语情态词的个案分析

现代汉语情态研究要解决的关键问题是：那些常用情态词的使用条件是什么？它们表达了怎样的意义？第十章和第十一章就转入对特定情态词的个案分析。

第十章主要是比较普通话的助动词"会""能""要"的语法特点，并简述了一部分北方方言里句末助词"也/呀"标示将来时的功能。我们发现，普通话"会"和"能"不同类型的情态功能呈现出不同的差异，"会$_{能力}$"比"能$_{能力}$"语法化程度略低，"会$_{条件}$"比"能$_{条件}$"语法化程度略高，"会$_{认识}$"比"能$_{认识}$"语法化程度要高很多。另外，第二章已指出"会"的恒常能力义在稳定性上要高于"能"的特定能力义，而这种稳定性的差异也延续到这两个词的条件情态义上，即"会"的条件必然义在情态强度上高于"能"的条件可能义。普通话的"会"与"要"都用于表达将来事件，但"会"是一个编码了相对将来时、统辖核心谓语的助动词，"要"是一个不涉及时制义而只表示"趋近于发生……"的谓宾动词，这种句法属性的核心差异导致"会"和"要"有一系列的使用差异。第十章及第十一章对特定情态词的很多讨论依据笔者对汉语完句效应的提议：动态事件句的完句依赖于编码了相对时制义的功能词，静态事件句的完句没有这一要求。

第十一章继续做特定情态词的个案分析，主要分析汉语方言中特定情态形式的语法特点。这一章简要解释了南北方言助动词"得"为何兼有能性情态义和必然情态义，依据汉语方言材料初步构拟了该词的历时语义演变路径。我们还对普通话的能性述补式"V得C""V不C"所呈现的"肯定\否定"不对称现象给予了动因解释，这个现象主要归因于"V得C"格式在语义性质上接近于形容词，这导致在陈述句里该格式作核心谓语时难以促成完句。该章重点讨论了东南方言里特殊情态词"有"的语义性质,我们主张该词的典型功能融合了情态(即肯定凸显,近似于普通话"是"的确认义)、时制(即相对非将来、现实)、体貌(即存在体)三个概念范畴的意义。另外,东南方言里助动词"有"与助动词"会"、句末助词"的"呈现出很多的语义共性和功能对应性,我们做了初步的整理分析。

1.5.4 情态范畴与其他范畴的联系

本书的收尾部分简要探讨了情态范畴与其他概念范畴的联系,这就聚焦在世界语言里语法表现缺乏一致性的惯常范畴上。

第十二章通过考察汉语方言中惯常句的表达形式初步构建了惯常范畴的语义地图,从而揭示出惯常意义衔接了情态范畴和时体范畴,惯常范畴促成了"时体态"形成一片连续的概念区域。该章划分了惯常范畴的语义类型,它的主要类型包括频率惯常、条件必然、功能习性、静态性质。这四种惯常义在情状动态性和时间稳定性上存在一定的差异。这一章还逐一梳理了汉语方言表达这些惯常义的几种语法形式,它们有可标示非现实意义的零形式、可标示将来时的助动词、可表达能力义的助动词、可标示肯定存在义的助动词及句末助词、可标示持续体的助词等。基于汉语方言里这些具有多种功能的惯常标记,我们初步构建了惯常范畴的语义地图。汉语方言的惯常表达形式显示,南方方言是情态范畴显赫的汉语,其惯常标记往往来自于情态标记,而北方方言是时体范畴显赫的汉语,其惯常标记往往来自于时体标记。南北汉语在惯常标记上的类型差异应该还肇因于南北汉语在语序类型上的差异,南方汉语更接近于 VO 型语言,其表示时体态意义的助动词(位于 VP 之前)较为发达,而北方汉语更接近 OV 型语言,其表示时体态意义的句末助词(位于 VP 之后)较为发达。

第十三章总结本书的主要发现,讨论我们所运用的虚词语义分析法,并简述了汉语情态词存在多项待解的难题。

综上可见,本书的情态研究具有多个维度:材料上,既有汉语跨方言的横向比较,也有普通话内部的具体分析;方法上,既有自下而上的"语料主导",也结合了自上而下的"意义主导";结论上,既有共时规律的概括,也有历时脉络的梳理,既有宏观的理论建构,也有微观的细节描写。因此,这项研究的参考价值不仅在于现代汉语情态词的语法分析,也在于汉语情态语义演变的历时构拟,还会关涉世界语言里情态范畴的理论建构。

第二章 能力情态的类型：针对汉语的方案[①]

2.1 从普通话的"会"和"能"谈起

我们需要构建一个适用于汉语的情态类型体系，本章从争议最小的"能力情态"谈起。能力义在概念上很容易辨识，却也存在复杂之处，因为很多语言表达能力义的形式不止一种，如英语就有"can""may""be able to"等数个语法形式。这类现象说明能力情态可以划分细类，本章将从普通话里两个能力词"会"和"能"的意义辨析入手来整理一个适合于汉语的能力义分类方案。

2.1.1 "生理能力\心智能力"之别不适合汉语

以往研究常常将能力分为生理能力（physical ability）和心智能力（mental ability）两种类型。Bybee et al.(1994:190)就是这样分析能力义的，van der Auwera & Plungian(1998:82)也提出"参与者内在可能义还可分为习得的和固有的——或者更好的表述是'心智的和体力的'"。范晓蕾(2016)沿用这组术语来界定普通话助动词"会"和"能"的能力义，该文主张，"能$_{能力}$"用于表达生理能力和低稳定的心智能力，"会$_{能力}$"只能表达高稳定的心智能力。

[①] 本章的大多数内容来自范晓蕾(2021b)，只有§2.2.1里对"技巧难度"的定义和对"会$_{能力}$VP"带数量短语的讨论是新内容。

生理能力和心智能力之分虽然在概念辨别上很清楚,却不能全面解释汉语的事实。以普通话为例,表达能力义的主要词汇是助动词"能_{能力}"和"会_{能力}",(1a)显示这两个词在生理能力的表达上泾渭分明,"能_{能力}"可以表达生理能力[1],"会_{能力}"无法表达生理能力。但是,"能_{能力}"和"会_{能力}"在心智能力的表达上出现交叉,(1b)显示它们均能用于心智能力句,(1c)显示有些心智能力句只能用"能_{能力}"而不能用"会_{能力}"。

(1) 普通话的能力义助动词:
  a.[生理能力]他能/(*会)举起一百斤的重物。
  b.[心智能力]他能/会说法语。
  c.[心智能力]他能/(*会)把法语说得很流利。

吴芸莉(2018:84、86)提出,普通话里"能_{能力}"和"会_{能力}"的区别并不在于生理能力、心智能力的差异。这个说法有其合理性,但有些绝对。这两个词在生理能力的表达上确实截然不同[见(1a)],本章还将阐明,"会_{能力}"所涉及的动作虽然需要生理因素的参与,如句子"他会游泳"的"游泳"是一种肢体运动,但"会_{能力}"句总是重在断言主语的心智能力"懂得"。准确而言,"能_{能力}"和"会_{能力}"的差异包括生理能力与心智能力的对立,但不止于此,它们还存在其他的语义差异。

生理能力、心智能力之别同样不能全面解释汉语方言里能力词的语义问题。多数方言的能力词至少有两种形式。根据笔者的调查,重庆万州话用"V得C(包括'V得了')"和"V得来"两类能性述补式来分别表达普通话"能_{能力}"和"会_{能力}"的意义;浙江绍兴话的能力助动词有"好"和"会",广州话的能力助动词有"可以"和"识",福建泉州话的能力助动词有"有法通"和"解",每个方言的两个能力词在用法分工上跟普

---

[1] 许和平(1993:83、84)将普通话助动词"能"所表达的生理能力称为"体能"。

通话的"能_{能力}"和"会_{能力}"之别较为对应(虽然不是完全对应)。既然大多数方言都至少有两个表达能力义的语法形式,这两个形式又在使用上跟普通话的"能_{能力}"和"会_{能力}"各有相当的对应性,那么,这些方言中不同的能力义形式在语义区别上应该都难以完全用生理能力与心智能力的对立来解释。这种语料状况说明,汉语各方言的能力情态类型存在相当的一致性,其分类不只是以生理能力、心智能力之别为界的。

本章就来探讨,对于汉语而言,能力情态该如何分次类。要解答这一问题,可以从辨析普通话的助动词"能_{能力}"和"会_{能力}"的语义入手,这两个词的能力义差异在很大程度上可以代表汉语的能力情态类型。§1.2.2 指出,普通话"会_{能力}"和"能_{能力}"有怎样的词义差异仍是一个待解的问题。这两个词在表达能力义时,有时可以互换,互换后句义大致相当,如(2a)。但更多能力句只可用"能_{能力}",用"会_{能力}"不合法,如(2b)。

(2) "能_{能力}"和"会_{能力}"使用上的异同点:
    a. 哑巴不会/能说话。|老鼠的儿子会/能打洞。
    b. 我能/(*会)跑五千米。|出了事儿,他也能/(*会)担得起责任。

许和平(1993:84)认为,普通话的"能_{能力}"可以自由地替换"会_{能力}";渡边丽玲(2000:477—480)、鲁晓琨(2004:40—41)的论述都显示,在表达能力义时"能_{能力}"的使用范围远远大于"会_{能力}"。既然"会_{能力}"的使用更为受限,那么,就要弄清哪些能力句不能用"会_{能力}"。再者,虽说很多能力句用"会_{能力}"或"能_{能力}"皆可,如(3a),但两词的使用常常会存在语境限制的不同,例如,(3b)(3c)的能力句均是偏向用"会_{能力}",很排斥用"能_{能力}"。

(3) "会_{能力}"和"能_{能力}"互换后有差异:
    a. 现在有个法国游客问怎么去故宫。——张三会/能说法语，让他来吧。

b. 我们公司需要聘请一个法语口译员。——张三会/(？能)说法语，让他来吧。

c. 我们公司需要聘请一个法语口译员。——张三会/(*能)说法语，只是他现在嗓子哑了，一时说不了法语。

这说明短语"会说法语"和短语"能说法语"还是存在语义差异的，以往文献未说清该差异是什么，而解答这一问题对于精准刻画"会_{能力}"和"能_{能力}"的能力义至关重要。本章便来辨析普通话"会_{能力}"和"能_{能力}"的意义，由此得出适用于汉语的能力情态分类。

补充一点，普通话里能力义助动词不止"会"和"能"，"可以"也用于表达能力，例句如"他可以举起一百斤的箱子"。本章不详细讨论"可以_{能力}"的意义，§2.4.1将指出，普通话里"可以_{能力}"在使用上跟"能_{能力}"十分接近，这两个词的细微差异只是源于它们的方言来源存在差异，并不反映它们的核心语义有什么差异。

2.1.2 以往研究的基础及不足

以往研究的一些结论是本章的基础。吕叔湘（1980/1999：278、414）、文炼（1982：6）、周小兵（1989：74、75）提出，"会_{能力}"还能作以 NP 为宾语的及物动词，如句子"他会汉语"，而"能"是纯粹的助动词。这个观察成为学界共识，我们也同意。由于"会_{能力}"的使用限制更多，对它的讨论必须要偏重一些。渡边丽玲（2000：477）指出"会_{能力}"只能表示"相对永恒的能力"，鲁晓琨（2004：138—140）也谈到，"会_{能力}"（该书称"会_1"）表示"施事具有某种本领"，该词"表示的'本领'是超时空的，不因特定时间空间而变化"。彭利贞（2007：330—333）进一步谈到，"会_{能力}"所指的能力具有均质性，它在内部结构上不能进行分解，具有连续量的无界特征,而"能_{能力}"所指的能力有相对清晰的边界,它可以是一种离散量,从而具备有界的特性。范晓蕾(2016:220—224)又提出,"会_{能力}"表达高稳定的心智能力,"能_{能力}"表达生理能力和低稳定的心智能力。

我们同意上述结论,但它们仍需改进。渡边丽玲(2000)、鲁晓琨(2004)对"会_{能力}""能_{能力}"的语义描述缺乏分析性,这两部文献未论证一项能力要具备哪些特点才算是永恒的能力。而且,渡边和鲁氏的部分结论存在偏误,详见本章的随文述评。彭利贞(2007)基于渡边丽玲的成果将"会_{能力}"的语义特征分解为恒定性、习性、均质性,但这三个特征相似度颇高,它们存在这样的推导关系:事物的"习性"是默认"恒定"的静态属性,静态属性都是"均质"的。这样看来,彭氏的这种特征分解或许有些同语反复。范晓蕾(2016)将"会_{能力}"描述为高稳定的心智能力义,这种语义概括不能精准地解释(4)。

(4) "会_{能力}"用于能力句很受限:

  a. 婴儿天生会吃奶。

  b. 小王会解这道题。|*小王会在半小时内解五道题。

  c. 他会说流利的英语。|*他会流利地说英语。

(4a)里"婴儿吃奶"常常被视为生理能力,却可以用"会_{能力}"表达这种能力;(4b)的两句都表达高稳定的心智能力,但一个能用"会_{能力}",另一个不行;(4c)里两句所述的能力看似相同,形容词"流利"作定语还是状语令句子用"会_{能力}"的合法性有别。以往文献解释过(4b)的情况,吕叔湘(1980/1999:415)提出"会_{能力}"不能表示达到某种效率,其例证是"小李会刻钢板,一小时能/(*会)刻一千多字"[类似于(4b)],彭利贞(2007:331)谈到该例证的后半句不能用"会_{能力}"是因为它强调数量上的变化,所述的能力不具有恒常性。但我们认为,这种表达效率的能力句仍是指主语的恒常能力,并没有彭氏说的数量变化义,这种能力句不用

"会_{能力}"的原因仍需探讨。

以往文献曾提出"会_{能力}"后 VP 的一些句法限制,渡边丽玲(2000:479—480)谈到"会_{能力}"后的 VP 不能带数量短语、状语、补语或介词结构等附加性句法成分,其例证见(5)。

(5) 渡边丽玲(2000:479—480)中"会_{能力}"的 VP 无法带附加性成分:

　　a. [带数量短语]一天(*会)/能走二十里|(*会)/能干二十年

　　b. [带结果补语]刚(*会)/能站起来,他就想出去。

　　c. [带状态补语](*会)/能洗得干净|(*会)/能说得好

　　d. [带描写性状语](*会)/能独立开展研究。|(*会)/能努力学习

　　e. [带介词短语](*会)/能在海里游泳

(5)呈现的现象很有价值,彭利贞(2007:332)将这种现象阐释为"会_{能力}"所指的能力不允许从不同的角度做限定。彭氏还提出一个现象补充了渡边的观察,该书 332 页谈到,"会_{能力}"后面的 VP 可以含有数量短语,只不过,这个数量短语不能指向动词(例证如"*他会唱三个小时英文歌""*他会唱三次英文歌"),却可以指向动词的宾语(例证如"他会唱三首英文歌")。但是,吴芸莉(2018:85—86)发现,真实文本中"会_{能力}"的 VP 可以含有数量短语(可指向动词)、状语、介词结构这些附加性成分,其例证见(6)。

(6) 吴芸莉(2018:85—86)中"会_{能力}"的 VP 可带附加性成分:

　　a. [带数量短语]……而她对法文也几乎是一无所知。不过钢琴倒还会弹两下……

　　a. [带状语]……上海人讲究的男孩穷养,女孩富养,女

孩要会大方温婉地交际或者撒娇……｜中班了，我们会用筷子吃饭喽。

b. ［带介词短语］对于敌人方面的高层人士，更要会与他们周旋并取得他们的信任。许多重要情报都是在舞场、饭桌和娱乐场所获得的。

这个观察扩展了本题的分析视野。我们也自拟了几个"会_{能力}"后 VP 含有各种附加性成分的典型例证，见(7)，这组例句完全不同于(5)的现象。

(7) "会_{能力}"的 VP 可带附加性成分：

a. ［带数量短语］小张学美术出身，还是会写几笔毛笔字的。

b. ［带结果补语］小王会用代数方法解完这些题。①

c. ［带状态补语］这个瑜伽师有个绝活，她会把两腿盘得跟麻花一样。

d. ［带描写性状语］这个小偷不仅会攀爬防盗网，还会不漏一丝声响地撬开门锁。

e. ［带介词短语］这个杂技演员会在钢丝上单腿站立。

然而，(5)的现象确实存在，吴芸莉(2018)未解析(5)和(6)的"会_{能力}VP"在带附加性成分上为何呈现出不同的限制，该文只谈到"会_{能力}"表示"一般的或常规的能力"，并未刻画出能力的一般性或常规性这种概括的语义特点究竟指什么。对于(5)与(6)(7)这两组现象，必须弄清楚"会_{能力}"后的 VP 何时不能带附加性成分、何时能带附加性成分，这样才能准确解析"会_{能力}"的意义。

总结起来，"会_{能力}"的使用限制比"能_{能力}"更多，这说明"会_{能力}"的语

---

① 该能力句可用于这样的语境"小王会用代数的方法解完这些题，我只会用几何的方法"。

义内涵更为复杂,它是本题分析的重点。一方面,"会_能力_"确实表示相对永恒、稳定性很高的能力,但能力的永恒性、高稳定性还需要有精准的特征刻画。另一方面,"会_能力_"后的 VP 带附加性的句法成分(数量短语、状语、补语)应该依赖于一些语法条件,必须剖析出这些语法条件是什么,才能更充分地推导"会_能力_"的语义特征。

2.2 普通话的"会_能力_"表达恒常能力

吕叔湘(1980/1999:278)指出普通话的"会_能力_"表示"懂得怎样做",朱德熙(1982:62)和鲁晓琨(2004:138)称之为技能、本领。笔者同意这些意义概括,但"技能""本领"都是笼统的术语,要彻底刻画"会_能力_"的意义,就必须将这种概括性的语义术语拆解为若干可辨识性更强的语义特征。本书初版 93—99 页对"会_能力_"的词义予以特征分解,但很多讨论还不够充分。其实,吕叔湘(1980/1999)所言的"懂得怎样做"可以分为三个特征:①"懂得"表明该词断言心智属性,它决定了所述能力的恒常性;②"做"表明所懂得的一定是涉及肢体动作(如动手、动嘴)的事项,不包括"西方哲学"这种抽象的理论思想;③"怎样"表明该词关注动作的执行方式,也说明动作有技巧难度。它们都是"会"能力义的特征,特征①②容易理解,下面详解特征③,并阐述"会_能力_"的能力义还有类指性和无条件性,且包含通常有潜力实现的意义。

2.2.1 技巧难度:动作的执行方式

上文已根据吕叔湘(1980/1999:278)的语义描述主张,普通话的"会_能力_VP"重在断言心智能力"懂得"。情理上"懂得"要针对有难度的事项,所以"会_能力_"后 VP 所述的行为一定有肢体执行上的技巧难度,这种行为的实现需要手脚口耳等肢体器官运用到一套特定的动作方式,而某种特定的动作方式一般被默认为是不容易掌握的,这种难掌握的动作方式就被看作"技巧"。例如,短语"会游泳"里游泳的动作需要手脚正确地划水,也要口鼻胸腔协调呼吸换气;再如,短语"会说英语"里说英语不仅需要头脑掌握英语语言知识,还需要口舌、声带把这种语言知识实现为标准英语的语音形式。相反,有些 VP 所指的行为无论怎样都难以识解出肢体执行上的技巧方式。例如,"去博物馆""回家""来这里"等位移 VP 所指的位移运动虽然不是轻易能实现的行为,但其实现难度只在于头脑要具备认路的知识,不在于肢体要采取难掌握的执行方式,这种行为即使会动用手脚,也不会被认为是涉及技巧难度的。所以,表达这些位移行为的能力就很难用上"会$_{能力}$",见(8a)(8b)。

(8) "会$_{能力}$"的 VP 所指动作必有技巧难度:

    a. 你不用担心我迷路,*我会去博物馆。

    b. 奶奶的老年痴呆症越发严重了,*现在不会回家了。

    c. (*会)/能对他负责 | (*会)/能干二十年(渡边丽玲 2000:480)

普通话及北方方言若要表达(8a)(8b)里"会"句的意思,一般是说"知道怎么去博物馆""不知道怎么回家"。这样看来,对于词汇性短语"知道怎么 VP"来说,其 VP 所指行为的执行难度可以只在于执行人头脑中的知识够不够,它的肢体动作可以是没有难度的,即该行为的执行可以无需技巧。"会$_{能力}$VP"比这个短语多出来的语义要求就是:其 VP 所指的行为若要成功实现,必须依赖于肢体正确运用一套特定的动作方式,即依赖于技巧。再看,渡边丽玲(2000:480)提出,(8c)不能用"会$_{能力}$"是因为后面的 VP 含介词短语"对他"和数量短语"二十年"。但我们认为,(8c)的现象归因于当中的动作"负责""干"不涉及技巧方式,这导致短语"会负责""会干"本就无法表示能力。

朱德熙(1982:62)谈到"会$_{能力}$"多半表示经过学习或练习获得的技

能;周小兵(1989:73)提出"会_能力_"后面的 VP 表示通过学习才能做到的动作;鲁晓琨(2004:138—139)也主张,"会_能力_"所表示的本领是通过学习获得的,它排除生来具有的本能。这种习得说有不少反例[又见吴芸莉(2008)],如(9)里"会"后面的词汇性 VP 均不指主语学习到的动作,它们都可以用"会_能力_"表达能力。

(9) "会_能力_"的 VP 所指动作必有技巧难度:
  a. 婴儿天生会吃奶。("吃奶"需要正确地吮吸奶嘴才能吸出奶液)
  b. 鸟会飞,青蛙会游水。("飞"要拍动翅膀而不落地,"游水"要口鼻呼吸及肢体划水而不溺水)
  c. 老鼠儿子会打洞("打洞"需要手脚用工具打穿土地墙面并且不让执行者受伤)。

按照本节的分析,(9)可用"会_能力_"的根本原因是它们的行为"吃奶""飞""打洞"有技巧难度,这类行为需要靠肢体运用特定的动作方式才能做到[见(9)中每个例句后的"()"],这不排除有些生物无须学习、天生就懂得如何执行这类动作。或有方家提出一个反例"每个人生来就会呼吸",该句里动作"呼吸"并没有技巧难度,却也用"会_能力_"表达种能力。其实,人们之所以将"呼吸"这种动作表达为能力,正是认为这个动作需要肢体(口鼻、胸腔)采取特定的协调方式来执行才能不窒息——如我们有"呼吸方式"这个概念,既然需要肢体采取特定的执行方式,这种动作就是有技巧难度的。所以,表达呼吸的能力可以用"会_能力_"。

又或有方家提出,"解数学题""做四川菜"这类行为的执行难度主要在于执行人头脑中是否具备相应的知识,而不在于肢体上要运用特定的动作方式,但它们的能力表达式也能用"会_能力_",即短语"会解数学题""会做四川菜"。这个现象值得深思,我们要继续思考如何准确阐释"技巧"的含义。一方面,"解数学题""做四川菜"这类行为是需要肢体参与的,解题要手写验算公式(属于写字),做菜要用手切菜、颠勺及放适量的作料,这类肢体行为还是涉及特定的动作方式的,它在一定程度上符合上文对技巧的定义。另一方面,这类行为所依赖的头脑知识默认需要长期训练才能习得,这倒是在一定程度上符合周小兵(1989)等文献针对"会$_{能力}$"提出的习得说。这意味着,有肢体参与且默认依赖于习得才做到的行为很容易被看作涉及难掌握的技巧方式,这种行为的能力表达式就可以用"会$_{能力}$"。综上可见,"会$_{能力}$"的习得说所说的语义要求虽不是用"会$_{能力}$"的必要条件,却是用"会$_{能力}$"的充分条件。

这样看来,"会$_{能力}$"所辖的VP虽然都指有肢体器官(手脚口舌)参与的动态行为,但这些行为的执行难度所聚焦的主要方面还存在一定差异。由此,"会$_{能力}$VP"表示的技能可分为两类:(一)肢体技巧型能力,例如"会游泳""会吃奶",其执行难度主要在于肢体上要运用一套特定的动作方式;(二)习得知识型能力,例如"会说英语""会解数学题",其执行难度主要在于头脑要具备一套复杂的知识,而这套知识默认是通过学习获得的。回看(8a)(8b)的"去博物馆""回家"这种位移运动,其执行难度虽然聚焦在头脑是否具备认路的知识,但这种知识一般不被认为是执行人通过学习训练才获得的,它至多是通过简单记忆获得的。所以,这种位移运动的能力很难被人们识解为习得知识型能力,其表达就不能用"会$_{能力}$"。

从根本上讲,一种能力中的行为到底有无技巧难度,并非一成不变的绝对事实,而是谈话人对该行为如何进行主观识解的问题。(9)表达的能力是大多数情境下都容易被人们意识到其行为有技巧难度的。还有一些能力只在少数的特定情境下才会被人们意识到其行为有技巧难度,这就要注意言语表达的"情境变量"会影响"会$_{能力}$"的使用。有些VP在特定条件下才能诠释为有技巧难度的动作,它们用于"会$_{能力}$VP"的合法性需要视乎语境。蒋绍愚(2007:3、5)提出"会$_{能力}$"后的VP必须表示类指性动作。按照蒋老师的分析,(10a)合法是因为"开车"这个短语通常不指开某一辆车,而指开所有车,它表达了一个类指性动作,这有别于短语"开门",后者一般指开某一扇门,它不表达类指性动作,所以(10b)不合法。

(10) "会_{能力}VP"的技巧难度义要视乎语境:

    a. 小王会开车。

    b. ??小王会开门。

    c. 这个一岁的小孩儿会开门了。

我们认为,短语"开门"也能表示类指性动作,(10b)里它难以搭配"会_{能力}"归因于该动作对于成人而言是默认无需技巧的。若换个情境,开门对一岁的小孩儿来说就有技巧难度,此时便可以用"会_{能力}"表达能力,见(10c)。

蒋绍愚(2007:3、5)用"某一辆车"和"所有车"之别来阐释"会_{能力}"后VP所指的动作具有类指性,这相当于说"会_{能力}"后VP的客体论元必须是类指NP。但事实并非如此,"会_{能力}VP"可以含有指涉个体的定指NP,特别是在对比语境里,如(11a)(11b)。

(11) "会_{能力}VP"不限制客体NP的状况:

    a. 小王只会开这辆车,不会开那辆车,你说他怪不怪?

    b. 我会开这辆车,不会修这辆车。

    c. 小王会解这道题。

    d. *小王会在半小时内解五道题。

带定指宾语的(11c)无对比焦点也很自然,因为解题一般被识解为有技巧难度的行为。相反,(11d)同样是描述解题方面的能力,但该句重在凸显解题的速度快慢,而非解题的技巧高低,所以它不能用"会_{能力}"。

(11d)也许会被一些同行解释为许和平(1993:85)、渡边丽玲(2000:478、480)所述的"会_{能力}"的一项句法限制:它的VP不能含有数量结构,例证有(12)。(12a)(12b)是数量短语作 VP 的准宾语,(12c)是数量短语作 VP 中宾语的定语,这些能力句一旦变换成没有数量短语的形式,确实就可以用"会_{能力}"了。

(12) "会_{能力}VP"有时排斥数量短语:

　　a. [数量 NP 作准宾语] 一天(*会)/能走二十里(渡边丽玲 2000:480)(对比:会走路)

　　b. [数量 NP 作准宾语] 他(*会)/能游一千五百米。(吴芸莉 2018:84)(对比:他会游泳)

　　c. [数量 NP 作定语] 他(*会)/能游两个来回的蝶泳。(对比:他会游蝶泳)

　　d. [数量 NP 作定语] 他一天(*会)/能走 80 里路,气不喘,脚不疼。(许和平 1993:85)

不过,§2.1.2 谈到渡边丽玲说的这个句法限制遭遇了不少反例,吴芸莉(2018:85)发现有些"会_{能力}VP"的 VP 是含有数量短语的,如(13a),我们再给出两个含数量宾语的"会_{能力}"句,见(13b)(13c)。

(13) "会_{能力}VP"不限制客体 NP 的量化义:

　　a. [数量 NP 作准宾语] ……而她对法文也几乎是一无所知。不过钢琴倒还会弹两下……(吴芸莉 2018:85)

　　b. [数量 NP 作定语] 小张学美术出身,还是会写几笔毛笔字的。

　　c. [数量 NP 作定语] 李大厨会做两百道菜。

(12)(13)同样含有数量短语,却在"会_{能力}"的使用上很不同,我们认为,其根本原因是它们所牵涉的行为在技巧方式的凸显度上很不同,而数量短语有时会降低技巧方式的凸显度,有时则不会。

在短语"能力词+V+无定数量 NP"中,动词 V 之后的无定数量短语一般是语篇中的新信息,它默认是整个 VP 的信息焦点,这种数量短语表达对行为的量化义,行为的量"次数、幅度、时长"直接关涉行为所需的体能(生理能力)。所以,普通话里"能力词+V+无定数量 NP"的表义重点往往是行为所需的体能,这就会干涉技巧方式的凸显度。(12a)中 VP 的动量宾语"二十里"正是在凸显该行为所需的体能之大,它很难断言走路的技巧方式及心智因素"懂得"。(12b)(12c)都是说游泳,这虽然是一项要运用技巧方式的行为,但当中词汇性 VP 的量化性成分"一千五百米""两个来回"将整个句子的表义重点转到了游泳的距离上,这就是在凸显游泳所需的体能,句子的解读上不关注游泳所运用的肢体技巧。总之,(12)所述的能力不关注行为所需的技巧方式,这导致句子不会断言心智能力"懂得",于是,它们不能用"会$_{能力}$"表达能力。

不过,有一些特别的数量短语不影响一个能力义短语凸显其行为所需的技巧方式。(13a)(13b)能用"会$_{能力}$",这不仅是因为当中的行为"弹琴""写毛笔字"有技巧难度,还因为这些句子里的数量短语"两下""几笔"属于约数,它们并未真正起到量化行为的作用,其数量义不是整个词汇性 VP 的表义重点。所以,短语"会弹两下(钢琴)""写几笔毛笔字"的表义重点在于弹琴、写毛笔字的技巧方式,这符合"会$_{能力}$"的语义要求。(13c)能用"会$_{能力}$",除却源于该句所述的"做菜"一事总被识解为有技巧难度的行为,还源于该句里词汇性 VP 所含的数量短语"两百道"是说明种类的种属量,它不像(12)的数量短语"二十里""一千五百米""两个来回"那样是表达实际数目、可以测量动作进程的渐进性论元①。种属量不是凸显行为所需的体能,而是凸显行为的覆盖范围之大,这跟"会$_{能力}$"的语义要求并不冲突。种属量与"会$_{能力}$"相结合,就是表达某种能力的覆盖面广,如(13c)表达了做菜的技艺是足够广泛的。

---

① "渐进性论元"(incremental themes)的定义来自 Tenny(1994),它是动词的一种客体论元或旁格论元,可以对动作有计量(measure out)的作用,这种论元的产生、消耗或某方面的变化可以衡量动作进行的阶段,为动作过程划定终结点。

"会_能力VP"可含有数量短语的具体条件还需要进一步的考察。目前发现,"会_能力VP"中的数量短语一般是作定语,很少是 VP 中宾语的中心语,如(13b)(13c)。即使(13a)看似是"两下"作 VP 的唯一宾语,它后面也可以补出另一个宾语"钢琴",即"会弹两下(钢琴)"。在"会_能力VP"中,数量短语有这种句法倾向性的动因大概是:定语的位置会降低量化义的凸显度,也就是降低体能义的凸显度,这令 VP 的表义重点更容易落在行为的技巧方式上。

"会_能力VP"经常是整个 VP 承载技巧难度义,如(9)(10a)(11c),这里将它们抄录为(14),这些"会_能力VP"句也是整个 VP 作格式的自然焦点。

(14) "会_能力VP"有整个 VP 承载技巧难度义的:
　　　　a. 婴儿天生会吃奶。|鸟会飞,青蛙会游水。|老鼠儿子会打洞。[例(9)]
　　　　b. 小王会开车。[例(10a)]
　　　　c. 小王会解这道题。[例(11c)]

有的"会_能力VP"是 VP 中的个别成分"w"承载技巧难度义,例如(11a)(11b),这里抄录为(15)。(15a)的宾语"这辆车""那辆车"蕴含二者驾驶上的技术要求不同,(15b)的动词"开""修"蕴含执行上的技术难度不同,它们均是承载技巧难度义的成分,且是对比焦点。

(15) "会_能力VP"有 VP 中的个别成分承载技巧难度义的:
　　　　a. 小王只会开这辆车,不会开那辆车,你说他怪不怪?
　　　　　　[例(11a)]
　　　　b. 我会开这辆车,不会修这辆车。[例(11b)]

概言之,"会_能力VP"里承载技巧难度义的 w 必是格式的信息焦点——自然焦点或对比焦点,w 的状况如何会决定"会_能力VP"的合法性。

"会_能力VP"里承载技巧难度义的 w 必是格式的信息焦点,这一点有助于解释"会_{能力}"后 VP 对于结果补语的句法限制。§2.1.2 提到"会_{能力}"后的 VP 很少能含有结果补语,见(16),我们认为这是因为结果补语默认是 VP 的自然焦点,它用于能力句会凸显动作的特定结果,但不会凸显动作的技巧难度,这就偏离"会_{能力}VP"的语义要求。

(16) "会_{能力}"的 VP 不能自由带结果补语:

  a. 小王会解(*完)这些题。

  b. 小李会包(*出)花形饺子。

然而,(17a)(17b)虽然含有结果补语,却可以用"会_{能力}"。仔细来看,(17a)着重断言小王会用代数方法,它可隐去动结式"解完这些题",(17b)可以不用结果补语"成"变换成"小李会包花形饺子",这表明它们的结果补语"完""成"不是信息焦点。

(17) "会_{能力}"的 VP 有条件地容纳结果补语:

  a. 小王会*(用代数方法)解完这些题。(=小王会用代数方法。)

  b. 小李会把饺子包*(成)花形。(=小李会包花形饺子。)

  c. 小王会用(*上)代数方法解这些题。

(17)两句里 VP 承载技巧难度义的成分是"用代数方法""花形",它们是信息焦点,并且不含结果补语,这就保证了整个 VP 可凸显动作的技巧难度义,所以它们能搭配"会_{能力}"表达能力。可见,"会_{能力}VP"含有结果补语的条件是当中的结果补语不属于 VP 里承载技巧难度义的成分w。其实,(17a)的末尾短语"解完这些题"只是补充了前面短语"用代数方法"起作用的领域,(17b)的结果补语"成"是为满足把字式对动词结果性的句法要求,这些成分都与本句所述动作的技巧难度义无关。相反,(17c)的焦点成分"用上代数方法"有结果补语"上",它凸显了动作的结果,此结果是整个 VP 的信息焦点,这就违背了"会_{能力}VP"的语义要求,故而不合法。换言之,"会_能力_VP"只要求当中承载技巧难度义的焦点成分 w 未被限制特定结果,而 w 以外的其他成分在句法上不受限。

2.2.2 类指性和无条件性:能力的恒常性

渡边丽玲(2000:477)提出普通话"会_能力_"后的 VP 指在非特定时间里"反复进行"的动作,彭利贞(2007:332)认为"会_能力_"应该保持"习性"的特点。这两个说法都跟蒋绍愚(2007)讲的"会_能力_"后 VP 指"类指性动作"存在相通性。我们将蒋老师的说法改进为:"会_能力_VP"须是表述"类指性能力"。能力的类指性跟动作的类指性紧密相系,默认指类指性动作的 VP 最容易构成表示类指性能力的句子。类指性动作和类指性能力又不等同,一个 VP 即使带个体论元以致偏向于非类指性的诠释,如短语"解这道题",它构成的能力句也可能表达类指性能力,如句子"他会解这道题"是表达类指性能力。那么,类指性能力要具备哪些语法特点呢?本节来剖析这一问题。

§2.2.1 谈到"会_能力_VP"里承载技巧难度义的焦点成分 w 不能被限制特定结果,其实,这个特点也可以归因于"会_能力_"对能力的类指性要求。VP 一旦被限定结果,便偏向诠释为特定情形,这种默认指非类指动作的 VP 不易促成能力句的类指性意义。不含任何附加性成分的VP 最偏向于类指性的诠释,它构成的能力句可以表达"泛化能力",例证如"会骑自行车""会盘腿",这是"会_能力_"的典型搭配式。"会_能力_"后的 VP 也有包含状语(描摹性状语或介词短语)、状态补语的情况,例证如"杂技演员会在钢丝上骑自行车""瑜伽师会把两腿盘得跟麻花一样"。这种"会_能力_"句一般表达"特色能力"。特色能力同样有类指性,只不过它外延较小,是相应泛化能力的下位次类,指技巧难度更高的绝活——这属于经验中少见的情形。下面阐释"会_能力_VP"允许 VP 含有状语、补语从而表达特色能力的条件。

普通话中,"会_能力"后的 VP 在很多情况下难以接受状语。(18a)以不加状语"流利地"为宜①,这应该源于这个附加性成分起不到为"说英语"这种行为分次类的作用,因为句子去掉"流利地"变为"小王会说英语",所述的能力在类型上不变,均指泛化能力。

(18) 表泛化能力的"会_能力 VP"排斥 VP 含状语:
  a. 小王会(??流利地)说英语。
  b. 我爸爸会(*飞快地)开摩托车。
  c. *会努力学习|*会在海里游泳(渡边丽玲 2000:480)

经验上,中国人说英语达到流利的程度并不少见,它难以被识解为特色能力。不给能力分次类的附加性成分只会影响能力的类指性,由此被"会_能力"句排斥。(18b)里开摩托车的默认情形是"飞快",状语"飞快地"没有给这种能力分次类的作用,所以难以进入"会_能力"句。(18c)不合法也是同理,学习"努力"和游泳"在海里"都是常见情形,难以看作特色能力。

考察发现,"会_能力"后的 VP 若可以含有状语,该状语要令 VP 指经验中少见的情形,由此可为动作的技巧方式分次类,这就满足能力的类指性。一种情况是状语作 VP 的信息焦点。(19a)里的状语"像 BBC 主播那样"承担了技巧方式义,它令整个 VP 表示一种特色性的"说英语",即说英语如同 BBC 主播那样的模式。

(19) 表特色能力的"会_能力 VP"里状语是焦点:
  a. 小王会<u>像 BBC 主播那样</u>说英语,他可以作电台英文节目的主播。

---

 ① 目前发现,东南方言的母语者容易接受(18a)加"流利地"。这或源于一些南方方言里"会_能力"的能力义更宽泛,如吴语、赣语、闽语的"会_能力"类词可以有条件地表达生理能力(范晓蕾 2016:224—225)。

b. 这个小偷不仅会攀爬防盗网,还会<u>不漏一丝声响地</u>撬开门锁。

c. 这个杂技演员会<u>在钢丝上</u>单腿站立。

同样道理,(19b)(19c)里的状语"不漏一丝声响地""在钢丝上"是承载技巧难度义的信息焦点,(19b)的撬门锁一事被强调能够不漏一丝声响,(19c)的单腿直立一事被突出能够在钢丝上实现,这些状语令整个 VP 指所有"撬门锁""单腿站立"中具有特色的次类情形。这类特色能力是少有人掌握的绝活,它们的外延虽小,但不失类指性,故而可以用"会_{能力}"表达。"会_{能力}"后 VP 能含有状语的另一种情况是"会_{能力}"后 VP 整体作信息焦点,它也能表达特色能力。(20a)里,对于"日本人"来说,说粤语达到流利的程度极为少见——此点由该句的副词"甚至"凸显出来,这令此事偏向被识解为特色能力。

(20) 表特色能力的"会_{能力}VP"里整个 VP 是焦点:

a. 那个日本人说了一口标准的普通话,他甚至还会<u>流利地说粤语</u>。

b. 这个法国人到中国不过一个月,已经会<u>熟练地用筷子</u>了。

(20b)是同理,外国人被默认为即使会用筷子也很少达到熟练的程度,于是,"法国人"用筷子达到熟练的地步会被看作特色能力,具有类指性。所以,(20)可以用"会_{能力}"表达能力。

普通话"会_{能力}"后的 VP 在大多数情况下确实会排斥状态补语式"V 得 C",见(21)。(21a)将说英语描摹为一个具体情形,由此失去类指性。要证实这一点,可以去掉当中的"会_{能力}",句子变为"小王把英语说得像 BBC 主播那样流利",此句默认描述某个情境下发生的特定事件,不像句子"小王说英语"那样表述惯常事件。

(21) 不合法的"会_能力＋V 得 C"里补语 C 是焦点：

    a. *他会把英语说得像 BBC 主播那样流利。

    b. ??这个演员会站得跟僵尸一样纹丝不动。

    c. *会洗得干净｜*会说得好（渡边丽玲 2000:480）

状态补语式"V 得 C"被朱德熙（1982:125）看作组合式述补结构，状态补语 C 有一定的句法独立性，接近于从属谓语，有很强的陈述性，一般是整个述补式的自然焦点，如短语"洗得干干净净"的焦点默认是补语"干干净净"。加之状态补语是表述主宾语的特定状态或动作的具体情状，于是，状态补语式"V 得 C"侧重表述动作执行后的特定情形，它所述的动作缺乏类指性。因此，(21)里"会_能力"后的 VP 难以诠释为类指性动作，这种能力句也就不容易被解读为类指性能力，这造成它很排斥"会_能力"。

"会_能力"后 VP 含状态补语式的案例很少，目前发现的这类案例都是整个 VP 作信息焦点，不单是补语作焦点，如(22)①。

(22) 合法的"会_能力＋V 得 C"里整个 VP 是焦点：

    a. 他正经的本事没有，只会把歪理说得天花乱坠。（叶述冕例）

    b. 这个瑜伽师有个绝活，她会把两腿盘得跟麻花一样。

(22a)里"会_能力"后的宾语"歪理"和补语"天花乱坠"都属于焦点信息，也就是说，这个"会_能力"句断言了两项能力：他有能力说歪理且有能力说得天花乱坠。相反，(21a)"*他会把英语说得像 BBC 主播那样流利"预设他有能力说英语——这是谈话双方预先知道的旧信息，该句所断言的能力只是说得像 BBC 主播那样流利，即"会_能力"后的 VP 里只有补

---

① 值得提醒的是，这类用例需要更多的材料考察，希望未来研究能改进或修正我们这里的分析。

语作焦点,这导致句子不合法。(22b)跟(22a)一样是"会$_{能力}$"后VP的每个成分都处于句子的焦点域内,这个"会$_{能力}$"句断言了"她有能力盘腿"且"有能力盘得跟麻花一样"两项能力。当VP里的其他成分跟"V得C"共同作焦点,整个VP就不是专门凸显动作执行后的特定情形,它可以诠释为一种类指性动作,由此能用"会$_{能力}$"表达特色能力。

VP的另一种附加性成分"定语"往往也是谓词充当,但"会$_{能力}$"后的VP对定语没什么限制,如(23)。

(23) "会$_{能力}$"的VP自由容纳描摹性定语:
 a. 小王会说一口流利的英语。
 b. 赵老师会弹奏好听的变奏曲。

(18a)"小王会(??流利地)说英语"和(23a)的合法性差异正展示出"会$_{能力}$"对状语的限制多过对定语的限制。我们认为,这源于定语很难干扰到VP所述动作的类指性。定语位置的谓词内嵌于"的$_3$"字短语,"的$_3$"是名词化标记(朱德熙1961),那么,定语上的谓词有很强的指称性,缺乏陈述性,它不易成为VP的焦点,这就不影响VP被诠释为一种类指性动作。所以,"会$_{能力}$"后的VP不排斥定语。

不止VP排斥修饰限制性的成分,"会$_{能力}$VP"整体也同样排斥这类成分,它前面一般不能出现表示时间或条件的状语成分。渡边丽玲(2000:477)发现,能力句若有特定时间或条件的限制,便不能用"会$_{能力}$","会$_{能力}$"表示非特定时间或条件下的能力。鲁晓琨(2004:140)也谈到"会$_{能力}$""不能进入与具体时空相连的句式",如(24a)。

(24) "会$_{能力}$VP"之前排斥时间条件义的状语:
 a. *你今天会游泳吗?(鲁晓琨2004:140)
 b. ??小王闭着眼睛也会开车。(范晓蕾2016:222)
 c. 小王会闭着眼睛开车。(范晓蕾2016:222)

渡边和鲁氏所说的特点被范晓蕾(2016:222)精简为"无条件性",即

"会_能力"表示的能力不受制于外在的情境性条件,该文的例证如(24b)。这可对比(24c),此句将状语成分"闭着眼睛"移到"会_能力"之后的 VP 上,这里的短语"闭着眼睛开车"指一项绝活,它使"会_能力 VP"表示特色能力,这属于类指性能力,于是句子便合法了。不过,在对比语境里"会_能力"之前可以有表示时间条件的状语,如(25a)。

(25) 对比语境下静态性质句允许时间条件义的状语:
  a. 难道小王闭着眼睛会开车,睁开眼睛就不会开车了?
  b. 小张在科研问题上很聪明,在朋友关系上就不聪明了。

其实,(25a)要另当别论。默认无条件的事件(如静态性质)置于对比语境里都能加上条件,例如,静态性质句"小张很聪明"默认是无条件的,但可以给它加上条件义成分说(25b)。

  能力的类指性排除动作发生的特定情形,能力的无条件性是说任何情境下都具备该能力,这两点可统一为以往研究说的恒常性或高稳定性,普通话"会_能力"的能力义可称为"恒常能力"(constant ability)。其实,"会_能力"能力义的各个特征存在密切的关联。第一,懂得义和技巧难度义相互依赖,因为人们需要懂得的必是有难度的事,动作的难度重在技巧性的执行方式——它才是懂得义关涉的对象。第二,懂得义代表主体稳定不变的心智属性,它默认不因时间条件而变,这就蕴含了无条件性。第三,论及技巧方式,通常要针对动作类(type)而非动作例(token),因为人们不关心临时发生的特定动作有怎样的技巧,若考量技巧便默认覆盖一类行为,这样的经验结论方有普适性的实用价值。所以,技巧难度义联系着动作的类指性。总体而言,懂得义和技巧难度义是"会_能力"恒常能力的核心特征,它们可以推导出无条件性和类指性。

  注意,"会_能力 VP"能否被视为技巧性的恒常能力,往往还取决于能力主体的状况,这是一个情境变量。比如,(10c)"这个一岁的小孩儿会开门了"里"会开门"对"一岁的小孩儿"来说才是技能,(20b)"这个法国人到中国不过一个月,已经会熟练地用筷子了"里"会熟练地用筷子"对"法国人"而言偏向识解为特色能力,这两个"会_{能力}"句换为其他的主语就未必成立了。

2.2.3 通常有潜力实现

既然普通话的"会_{能力}"表示懂得怎样做,那么"会_{能力}VP"应该能衍推"懂得怎样做 VP"。的确如此,如(26a)里"会_{能力}"和"不懂"就产生了矛盾。

  (26) "会_{能力}"不同于"懂得":
    a. 这个冒牌帮主是会武功的,*但一点武功也不懂。
    b. 王语嫣懂得怎样用武功,自己却不会用武功。(=……,却不能实施武功。)

不过,吕叔湘(1980/1999:278)对"会_{能力}"的语义描述还不充足,因为"懂得怎样做 VP"并不能衍推"会_{能力}VP",即使懂得怎样执行动作,自身也未必能实现该动作。比如,丁健博士(私下交流)提出,金庸小说《天龙八部》的人物王语嫣深谙各种武艺的奥妙和制衡关系,她懂得指导别人如何用武功,自身却无法执行任何一种武功招式。(26b)同时用"懂得"和"不会"恰当地表述了这种情形,当中"不会"主要表示自身无法执行。所以,"会_{能力}"不仅表达懂得怎样做,还表示自身有潜力实现。可见,"会_{能力}"虽然保留有动词性,意义上还是比典型的动词更虚化,它确实是动力情态词。

综上可知,普通话"会_{能力}VP"的恒常能力义应该拆解为三组特征:(一)重在断言心智属性"懂得",该属性不因条件而变,它直接决定了能力的恒常性;(二)VP 所述的动作有技巧难度和类指性;(三)蕴含通常情况下①有潜力实现 VP 所述的动作的意思,这是动力情态的基本意义。这种能力义综合表述为:懂得执行某类动作的技巧方式,并且通常有潜力实现该动作。这样界定"会_能力_"的能力义要比以往的说法更精确。

2.3 普通话的"能_能力_"表达特定能力

2.3.1 "能_能力_"的使用条件

概念上,恒常能力应该对立于"特定能力"(specific ability)。特定能力表示有潜力实现某个特定动作,这种能力可以指特定时间下的临时能力,其动作实现的具体状况可以随着不同情境而变化,它有非恒常性(或曰低稳定性、易变性)。这正是普通话"能_能力_"的能力义类型。

首先,普通话中"能_能力_"后的 VP 也指动作类事项,但这种动作不要求有技巧难度,因为"能_能力_"不断言心智属性"懂得"。普通话里,能力所述的行为若不涉及技巧,一般就用"能_能力_"表达这种能力,如(27a)。

(27) "能_能力_"不关注技巧方式:
  a. 我说过的话,我能负责。("负责"默认无技巧方式)
  b. 小李能跑马拉松。("跑马拉松"是纯粹的生理能力)

再如(27b),短语"跑马拉松"所指的行为默认不需要技巧,只需要体力,执行这种行为的能力属于纯粹的生理能力,普通话表达生理能力的助动词只能是"能_能力_"和"可以_能力_"。范晓蕾(2016:221、223)指出,有生物的生理状况容易变化,生理能力有非恒常性,所以"能_能力_"表示低稳定性的能力。

再者,渡边丽玲(2000:477—478)显示,普通话"能_能力_"所述的能力

---

① 这里强调"通常情况下",因为"会_能力_"的能力义允许在特定时刻暂时无法实现所述的动作,见(3c)。

可以表现独特状况或强调数量上的发挥,可以有特定时间或条件的限制。这其实是说该词的能力义允许非类指性和条件性,详述如下。"能$_{能力}$"可以表达"会$_{能力}$"无法表达的那些心智能力,如(28)①,这些能力句都对动作的特定结果、具体情形给予描摹,令动作具有"非类指性"。换言之,"能$_{能力}$"对动作的结果、情状、量化等因素没有限制。

(28) "能$_{能力}$"可以表达非类指的能力:

  a. 小王能解完这些题。("解这些题"被限制了结果"完")

  b. 小王能流利地说英语。("说英语"被描摹了具体情形"流利")

  c. 小王能把英语说得很流利。("说英语"被限制到特定程度"很流利")

而且,"能$_{能力}$"所述的能力不限制时间、条件、频次的情况。它既可以不牵涉任何外在条件,见(27)(28),也可以受制于特定的时间条件或被量化到具体的频率次数[参见鲁晓琨(2004:38)],(29)显示"能$_{能力}$VP"之前可以有表示时间、条件或频次的状语,这表明"能$_{能力}$"所述的能力允许"条件性"。

(29) "能$_{能力}$"所述的能力允许条件限制:

  a. 小王闭着眼睛也能开车。("闭着眼睛"规定了能力成立的条件)

  b. 他厨艺凑合,偶尔能把菜做得好吃好看。("偶尔"规定了能力成立的频率)

能力的非类指性和条件性是能力"非恒常性"的具体表现。注意,"能$_{能力}$VP"只是"允许"非类指性和条件性,它表达的能力不是总有这

---

① 许和平(1993)提出"能$_{能力}$"强调体能,此说法不准确。

两个特性,因为该格式也可以不带任何附加性成分,如(27)。

总之,普通话"能_{能力}VP"的特定能力义可分解为两组特征:(一)只断言某个动作有实现的潜力,不关注动作的技巧方式和所需的心智因素;(二)这种潜力有非恒常性/低稳定性,这表现为它允许条件性和非类指性的解读。相比于"会_{能力}"的恒常能力义,"能_{能力}"的特定能力义内涵简单一些,这造成"能_{能力}"的使用限制较少,难怪其分布范围远大于"会_{能力}"。

至此可知,"能_{能力}VP"重在表达某个动作的可实现性。可是,鲁晓琨(2004:35)提出,"能_{能力}VP"的语义重心不是 VP 所指行为的实现,因为该格式可以表达已然事件,例证如"今天能遇见你,我特别高兴"。鲁氏的理据不成立,"能_{能力}VP"是公认的动力情态句,当中的 VP 必指可能性动作,不是已然性动作。只不过,在适当的语境下"有潜力实现 e"语用隐含了现实事件义"已然发生 e",这源于回溯推理(aduction):由于有前提性事理"若已然发生 e,则必有潜力实现 e",谈话便可以用本义为"有潜力实现 e"的格式来传达"已然发生 e"的意思。回溯推理令能力句可以语用隐含已然事件的信息,这具有跨语言的普遍性,英语的能力词"can"也能这样用。因此,"今天能遇见你"本义指客观可能的事件,它在特定语境里有"已然遇见你了"的解读只是该句的语用功能。

鲁晓琨(2004:35、39)主张,普通话"能_{能力}VP"表达主语具备行为"VP"实现的条件。但这种语义阐释未见任何形式验证,缺乏说服力。比如,鲁氏宣称普通话的句子"只有学生有钱,能够按月交房租……"表达学生具备按月交房租的条件(该书 36 页),这是误将句式义归为"能_{能力}"的词义,因为此例里交房租的条件是前面"只有"句传达的,不是后面"能够"句传达的。理论上,能力所需的条件分为主体的内在条件(如生理、心智、客观属性)[①]和环境上的外在条件(如天气、地理、时

[①] 鲁晓琨(2004:39)将"能_{能力}"能力义的内在条件分为"能力条件"和"意愿条件",这两个术语都不合适,"能力条件"所指不明,"意愿条件"是任何能力词都有的语用特点(见本书§4.5)。

间)。任何能力都需要主体具备实现某动作的内在条件,如短语"能/会游泳"所述的能力均依赖于主体自身有游泳的体能及心智条件。所以,内在条件是所有能力词的默认特征,不必凸显在特定能力词的语义里。外在条件通常是句子的状语或语境传达的意义,"能_{能力}VP"只是允许这些条件性成分的修饰,它亦可脱离这些成分。所以,外在条件不是"能_{能力}"语义里的必要因素。因此,鲁氏将"能_{能力}"的语义重心落脚到"条件"上恐怕不合适。

有同行提出,(28)(29)的句子跟句子"小王能游一千米"一样都表示某种程度的能力,只是它们程度的表现方式不同。此说法中"程度"未给出具体定义,它应该不同于学界的常规看法。普通语言学里"程度"一般指"很、更、最"等程度副词的意义,它是对性质的量化,不针对动作。除了(28c)含"很流利"这个形容词短语外,(28)(29)的其余"能_{能力}VP"句均不含程度义的词汇,它们的 VP 皆指动作,不会牵涉程度。依循学界共识,大多数动作难以衡量出程度,只能够被限定量化出次数、时长、频率或幅度。所以,同行的上述说法或可改进为:(28)(29)表示动作被限定量化出具体值(包括结果、情状)的能力,只是量化方式各异。这个新说法大致等同于我们说的非类指性和条件性。非类指性规定了"能_{能力}"后的 VP 有怎样的形式特点,条件性规定了整个"能_{能力}VP"可以被状语修饰,这样的特征分解有助于精准预测"能_{能力}"的使用情况,要好过用单一标签"程度"或"量化"来概括该词意义的做法。

吕叔湘(1980/1999:415)、周小兵(1989:77)指出,普通话表达恢复某种能力只用"能_{能力}"而不用"会_{能力}"。我们认为,周氏提出的这个现象不仅因为恢复的能力常常指生理能力,如(30a),更是源于一种能力失去后再恢复的情形本身就指示了这种能力的低稳定性。

(30) 表达恢复能力只能用"能_{能力}":

  a. 他腿好了,能/(*会)走路了。

b. 病愈出院后,他又能/(*会)打棒球了。

实际情况中,生理能力丧失时主语也可以在心智上始终懂得动作的技巧,如(30b)预设他一直懂得打棒球的技术,这很好地彰显了特定能力和恒常能力的核心差异。

2.3.2 "能_{能力}"的用途效能义

吕叔湘(1980/1999:414)给助动词"能"还设立了一个义项"表示有某种用途",例证见(31a)。"能"的这种用法代表了无生物的用途效能义(practical function)。汉语表达用途效能义一般要用可表达能力义的语法形式。例如,普通话的能力词"可以"也能表达用途效能义,见(31b)。

(31) "能 VP""可以 VP"表达用途效能:

a. 大蒜<u>能</u>杀菌。(吕叔湘 1980/1999:414)(主语是 VP 的主体,即"大蒜把细菌杀死")

b. 棉花<u>可以</u>织布,棉籽还可以榨油。(吕叔湘 1980/1999:337)(主语是 VP 的受影响者,即"棉花被用于织布")

c. 这间屋子<u>可以</u>住四个人。(吕叔湘 1980/1999:337)|礼堂<u>能</u>坐 500 人。(许和平 1993:85)(主语是 VP 的处所,即"四个人住在这间屋子""500 人坐在礼堂")

再看(31c)这种表示空间容纳量的"能/可以"句,以往文献对当中的助动词"能""可以"做过多种义项定位。吕叔湘(1980/1999:337)主张,(31c)的"可以"表示可能,它跟句子"你明天可以再来一趟吗?"的"可以"是同一个意义;许和平(1993:85)提出(31c)的"能"表示效能;彭利贞(2007:153、155)指出,(31c)这类句子表述了主语的容量,它属于物力范畴,是一种条件意义。我们基本赞同许氏和彭氏的看法,本书主张

(31c)的助动词"能""可以"是表示用途效能的,因为这种句子表述一个处所在使用上的效力有多大。

　　用途效能跟有生物的能力一样都指有潜力实现某事。比如,(31a)可诠释为"大蒜有潜力把细菌杀死",(31b)可诠释为"对于棉花,织布具有实现的可能性"。可见,用途效能义和一般的能力义不仅往往编码为同一词形,还有核心的语义共性。依据这种形式及语义的共性,用途效能义应该归到能力情态中。彭利贞(2007:150、156)就谈到,用途是事物的一种"能力",属于动力情态的意义。由于用途效能针对无生物,它不涉及主语的心智因素,这一点大异于"会$_{能力}$"的恒常能力,许和平(1993:85)就指出普通话的助动词"会"不能表示用途效能,如(31)这些用途效能句中的"能""可以"都不能替换为"会"。普通话里,可表用途效能义的助动词"能""可以"都有特定能力义。语义上,用途效能的确跟特定能力最为近似,两者的实现潜力均取决于参与者的物质因素,用途效能是无生物的理化属性,特定能力是有生物的生理状况。从这个角度看,用途效能是无生物的"特定能力"。

　　用途效能句不同于一般能力句的地方是,它的主语除了可以是句中的词汇性 VP 所指动作的主体施事,如(31a),也可以是句中的词汇性 VP 所指动作的受影响者——如受事或工具,如(31b),它的主语还可以是句中的词汇性 VP 所指动作的处所,如(31c)。综合这些主语的情况来看,用途效能句"能/可以＋VP"并非表达主语具备"执行 VP"的能力,而是表达主语具备令"VP 实现"的潜力,这个潜力依赖于一个客观条件——主语的物质属性。从这个角度看,用途效能更接近于§3.2.2要谈的条件可能义。用途效能不仅语义上相似于特定能力、条件可能,它在汉语方言中的形式编码也同形于特定能力、条件可能,所以,用途效能大概不宜看作一个独立的语义功能,本书的情态语义地图不将它设立为单独的功能节点。

2.4　能力情态的新分类

2.4.1　普通话中"能_能力""会_能力""可以_能力"的区别点

许和平(1993)、渡边丽玲(2000)、鲁晓琨(2004)先后发现,普通话中"能_能力"的使用范围大于"会_能力","会_能力"对它后面的 VP 有更多的词汇句法限制(参见§2.1.2)。这个现象其实反映出,"能_能力"的语法化程度高于"会_能力","会_能力"比"能_能力"编码了更多的词汇意义,因为一个词的语法化进程是该词扩大其使用范围的进程,一个词的词汇义主要限制了该词在句中所能搭配的其他词汇的范围(范晓蕾 2021a:347)。具体而言,词 M 的语法化程度越低,亦即 M 的词汇义较多,那么 M 所能搭配的其他词汇就越受限,这直接导致 M 的使用范围偏小。上文已证明,"会_能力"的词汇义确实比"能_能力"更多,"会_能力"编码了懂得技巧义和通常有潜力实现义,"能_能力"只编码了有潜力实现义。举例来说,短语"会打网球"表示懂得打网球的技巧且通常有潜力执行此动作,短语"能打网球"表示在某时某刻有潜力实现打网球这一事项。"会_能力"和"能_能力"词汇义的多寡差别印证了文炼(1982)等对这两个词的句法判断:"会_能力"保留了动词性,"能_能力"是语法化程度偏高的助动词。

许利英(1987:116—117)、周小兵(1989:75)先后提出,"会_能力"(该文称为"会₁")后面的 VP 具有事物性,像一个体词性成分。这两篇文章对此给出多项证据,我们赞同他们的如下三项证据。证据一是"会_能力"后面的 VP 可以用"什么"提问,见(32a);证据二是"会_能力"后面的 VP 有时能替换为体词性成分,见(32b);证据三是"会_能力"后面的 VP 能与名词性成分组合成同位短语,见(32c)

(32)　"会_能力"所辖的 VP 性质上类似于 NP:

a. 在八岁的时候,他会什么?——在八岁的时候,他已会唱好几出的老生戏。(许利英1987:116)("唱好几出的老生戏"由体词性代词"什么"指代)

b. 他不会种菜,他不会开茶叶公司,不会做出口生意,就会一样:"喝茶!"(曹禺《北京人》)(周小兵1989:75)("种菜""开茶叶公司""做出口生意"对应于名量短语"一样")

c. 我只会搭棚这点手艺。(许利英1987:117)("搭棚"用体词短语"这点手艺"来复指)

许氏、周氏的上述证据很好地证明了"会$_{能力}$"所统辖的VP语法属性接近NP。陈振宇(2020:27)在文炼(1982)、许利英(1987)、周小兵(1989)的基础上结合朱德熙(1982)的理论框架指出,"会$_{能力}$"后面的VP具有指称性,"能$_{能力}$"后面的VP具有陈述性。我们同意陈氏的这个说法,它相当于变通地表述为"会$_{能力}$"所辖的VP类似于体词性成分,"能$_{能力}$"所辖的VP保留了谓词性成分的核心属性。"会$_{能力}$"后的VP与"能$_{能力}$"后的VP在语法属性上的这种差异正对应于恒常能力和特定能力的语义区别。具体而言,指称性是NP的核心特点,NP指涉事物,事物在概念上具有恒常性,它默认不因时间而发生变化;相反,VP指涉事件,事件在概念上默认有动态性或曰非恒常性,会因时间而变化,这大概是VP陈述性的本质特点。因此,当一个VP在句法上被诠释为有指称性的成分——即名物化(nominalization)的VP,它就在语义上带上了恒常性,偏向指抽象层面的类指性动作,这符合恒常能力的类指性。陈述性的VP侧重于表述动作的具体实现,其可实现性会因时间、条件而变化,这属于非恒常的状况,符合特定能力的非类指性。

彭利贞(2007:332—333)从无界和有界的角度区分了这两个能力词,该书主张,"会$_{能力}$"所指的能力具有连续量的无界特征,而"能$_{能力}$"

所指的能力可以是一种离散量,从而具备有界的特性。这个说法有其道理,我们进一步认为,"能力词+VP"式所指能力的"无界\有界"之别跟 VP 语法上的"指称(名物化)\陈述"之别存在相当的对应性,VP 的指称性会促成"能力词+VP"偏向指一个无界事态,VP 的陈述性令"能力词+VP"更容易指一个有界事态。

笔者主张,普通话"会$_{能力}$"和"能$_{能力}$"表示能力的各项差异本质上是恒常能力与特定能力之间的对立。陈振宇(2020:26)从主客观角度区分这两个能力词,该文提出,"会$_{能力}$"是客观的描写,而"能$_{能力}$"与主体的意愿、主观能动性、临时的条件、事件的变化有关,是更为主观的描写。我们不同意此说法,陈氏的"客观\主观"不符合普通语言学里的定义。虽然"会$_{能力}$"的语法化程度低于"能$_{能力}$",但这不代表前者的主观性一定弱于后者,语法化程度的差异还可以有其他动因。能力代表事物的客观属性,它属于动力情态,这是无主观性的情态类型[参见彭利贞(2007:49、326—327)、徐晶凝(2005/2022:5)]。理论上,动力情态里的各个意义没有主观性的差异。

除却"会$_{能力}$"和"能$_{能力}$",普通话里助动词"可以"也能表达能力义,如句子"他是杂技演员,会/能/可以走钢丝"。我们认为,"可以$_{能力}$"跟"能$_{能力}$"一样表示特定能力,这两个能力词绝对区别于表示恒常能力的"会$_{能力}$"。不少研究从主动发出力量、外部障碍消除等角度区分"能$_{能力}$"和"可以$_{能力}$"的意义。鲁晓琨(2004:80—88)认为,"能$_{能力}$"(该书称为"能$_n$")强调一项行为的实现条件很充分,"可以$_{能力}$"(该书称为"可以$_1$")表示行为的实现没有障碍。彭利贞(2007:156、334—337)谈到,"能$_{能力}$"是从主语主动的角度来表述能力的,"可以$_{能力}$"是从无障碍的角度来表述能力的。侯瑞芬(2009:276—277)提出,"能$_{能力}$"表示主体克服外部障碍而获得能力,"可以$_{能力}$"主要是从外部障碍消失的角度来看某种能力。这些文献在阐释"能$_{能力}$"和"可以$_{能力}$"存在能力障碍上的区别时,主要是举例阐述一些合法句的语篇意义,其意义阐释往往倚重于母语者的语感体会,极少有文献用例句对照组的形式证据来证明这些能力句所谓"主动克服障碍"或"外部障碍消失"的意义是句中助动词"能能力"或"可以能力"的语义贡献。如此看来,这些文献在"能能力"和"可以能力"词义辨析上的观点缺乏说服力。

鲁晓琨(2004:66、79、152—154)考察普通话的语料,得出一个统计数据:近90%的"可以能力"可换为"能能力",近66%的"能能力"可换为"可以能力",见(33);在能力句中,"会能力"只有近10%可以换为"能能力",这两个词可以互换的情况很有限。

(33) "能能力"和"可以能力"往往可互换:

    a. 她能/可以说三种外语。|这个房间能/可以住三个人。(鲁晓琨2004:66)

    b. 爸爸,我之所以能/可以获奖,与妈妈的辅导是分不开的。|我看看李白玲,她总是能/可以很快缩短和一个男人的距离。|二强子本来能/可以自己挣饭吃,那两个弟弟也能/可以对付着去俩人拉一辆车……(吴芸莉2018:89)

吴芸莉(2018:88—89)得出同样的考察结论,该文总结指出,"能能力"和"可以能力"常常可以互换,而"会能力"和"能能力"不能随意互换。鲁晓琨谈到,"能能力"和"可以能力"互换后一般是说得通的,该情况说明这两个词在语义上有很多的相似点。我们进一步认为,普通话里"能能力"和"可以能力"意义几近相同。

尽管"能能力"和"可以能力"在普通话里存在一些使用差异[参见鲁晓琨(2004:81—87)①],但这种差异大概不能反映出这两个词有什么

---

① 鲁晓琨(2004)的语料观察很充分,但我们认为,该书对一些例句里"能""可以"的义项定位是错误的,书中某些句子的合法性判断也有疏漏,这些问题值得注意。

本质上的词义差异。笔者推测,普通话的助动词"能"和"可以"是来自不同方言的词汇。晋语、冀鲁官话等北方方言的助动词有"能"而没有"可以",而西南官话的助动词没有"能"而常用"可以"。照此看来,"能"是来自北方方言的词汇,"可以"应该是来自南方方言(如西南官话)的词汇。那么,两词进入普通话后会进行自组织分工,产生一些细微的使用差异。句法上,"能$_{能力}$"和"可以$_{能力}$"的一个主要差异是,前者可以受"不""没"的否定,如(34a)(34b)所示,后者不能进入否定式[参见吕叔湘(1980/1999:337)、彭利贞(2007:328、330、334)],如(34c)(34d)所示。

(34) "能$_{能力}$"和"可以$_{能力}$"进入否定式的差异:

a. 他体力差,<u>不能</u>跑马拉松。

b. 她<u>没能</u>把门撞紧,便昏倒在地。(刘心武《一窗灯火》)(彭利贞 2007:328)

c. 以他的体力看,可以慢跑,但好像<u>不能/(*不可以)</u>长跑吧。

d. 大白菜可以生吃,小白菜<u>不能/(*不可以)</u>生吃[①]。(吕叔湘 1980/1999:337)

我们推测,在普通话"能$_{能力}$"和"可以$_{能力}$"的句法差异上,韵律因素很可能会起作用[②]。观察发现,在普通话的一个句子里,核心谓语的前面部分(状语、助动词、主要动词)偏向是简单音节(单音节、双音节)的节律单位,较为排斥多音节的节律单位,汉语句子的这个韵律模式符合一个句子越往后越重的普遍趋势。"能$_{能力}$"是单音节的助动词,它进入否定

[①] 经调查,一些母语者认为这句话用"不可以"也行。我们认为,此句若用"不可以",则应该诠释为环境许可义(侧重表达"小白菜生吃后会引发消极后果"),而"可以$_{许可}$"是能够进入否定式的。

[②] 彭利贞(2007:334、346)将"能$_{能力}$"和"可以$_{能力}$"可否用于否定式的差异解释为这两个词所表示的能力存在量的差异,但该书未就这个观点提出有效的形式证据。

式后便构成双音节韵步"不能""没能",这种否定式置于句中很符合汉语句子的韵律模式;"可以$_{能力}$"是双音节的助动词,它进入否定式后便构成三音节韵步"不可以",这种否定式置于句中在一定程度上违反汉语句子的韵律模式。所以,一个句子的谓语用"不能 VP"比用"不可以 VP"更符合汉语句子的节律倾向。照此推理,"不能"理应是更常用的搭配式,而"不可以"未必是完全不合法的搭配式,它只是较少使用罢了。

相比之下,普通话里"会$_{能力}$"和"能$_{能力}$"的语义分工是另外的情况,两词存在于绝大多数的北方方言中,它们的能力义差异应该是二者的词源义差异引发的必然结果。"会$_{能力}$"的词源义"晓悟"(属于心理活动)引向了聚焦于心智属性的恒常能力义。关于"能$_{能力}$"的词源义,一般参照《说文解字》的说法"能,熊属。……能兽坚中,故称贤能;而强壮,称能杰也",这表明该词的本义是一种似熊的动物,从动物到人的引申过程凸显的是"坚中"(骨节坚实)和"强壮"的特点,这些特点属于动物或人的生理状况(力量大)。因此,"能"从其本义发展出的能力义势必首先是生理能力,生理能力再扩展为不关注心智属性的特定能力。共时上,"会$_{能力}$"和"能$_{能力}$"这两个词的语义差异及使用区别都是显而易见的,汉语母语者很容易识别出句子"他会走钢丝"和"他能走钢丝"意义明显不同。但是,我们难以察觉到句子"他能走钢丝"和"他可以走钢丝"有什么差异。这种现象印证了普通话里"会$_{能力}$""能$_{能力}$""可以$_{能力}$"三个词在语义区别度上存在悬殊。普通话研究中,"能$_{能力}$"与"可以$_{能力}$"的词义辨析较之"会$_{能力}$"与"能$_{能力}$"的词义辨析,并不在一个等同的层面上。

2.4.2　汉语的能力情态:恒常能力和特定能力

本章基于普通话的情况,将能力分为特定能力和恒常能力,这至少适用于汉语,总结如下。

特定能力表示有潜力实际地执行某个动作,动作的执行状况往往具有临时性,所以这种能力的稳定性偏低。本章(1a)的句子"他能举起一百斤的重物"所关涉的动作"举起一百斤的重物"受制于主语"他"的生理因素,它会因主语的身体状况而改变。(1c)的句子"他能把法语说得很流利"所关涉的动作"把法语说得很流利"受制于主语"他"的心智因素,它描述了说法语的特定情形"很流利",这种太过具体的结果状态也不稳定,因为难免有说外语磕绊、不流利的情况。所以,特定能力包括了所有的生理能力,并包括心智能力临时性发挥的情况。特定能力句即使表达说法语一类的心智能力,也重在表示动作的实现状况,而非凸显主语的心智属性。§2.3.2指出,特定能力还包括无生物的用途效能,用途效能相当于无生物的特定能力。

恒常能力侧重表示懂得执行某种动作的特殊方式(技巧)。"懂得"属于心智属性,而人的心智状况默认不因时间条件而变化,所以恒常能力的稳定性较高。本章的例证(1b)"他会说法语"表示他懂得法语的语言知识并有口头运用的能力,这是他默认不变的内在属性,不考量他说法语的具体情形。恒常能力句所述的动作一般还需要生理因素的参与,如句子"他会游泳"所关涉的动作"游泳"要动用四肢,但动作在生理上的实现情况不是该句的断言重点,该句主要表示懂得游泳的肢体技巧。可见,恒常能力句纵然涉及肢体运动,也重在断言主语的心智属性,它一定是表示心智能力的。

特定能力和恒常能力有时会出现语义中和,本章的例证(2a)"哑巴不会/能说话""老鼠的儿子会/能打洞"是典型的用"会$_{能力}$""能$_{能力}$"皆可的能力句,两词只造成句义的细微差异。这种中和现象源于恒常能力常规隐含了相应的特定能力,因为"会$_{能力}$"的恒常能力义蕴含"通常情况"下有潜力实现某类动作的意义(参见§2.2.3),这就隐含了"特定状况"下默认有潜力实现该动作的解读。至此可解释本章例证(3)(抄录如下)的能力句用"会_{能力}"和"能_{能力}"为何不同。

(3) "会_{能力}"和"能_{能力}"互换后有差异:

a. 现在有个法国游客问怎么去故宫。——张三<u>会/能</u>说法语,让他来吧。

b. 我们公司需要聘请一个法语口译员。——张三<u>会/(?能)</u>说法语,让他来吧。

c. 我们公司需要聘请一个法语口译员。——张三<u>会/(*能)</u>说法语,只是他现在嗓子哑了,一时说不了法语。

(3a)是谈话时刻存在法语交流的临时问题,当前情境需要说法语的特定能力,故而可用"能_{能力}"表达能力;恒常能力常规隐含相应的特定能力,所以该情境也可用"会_{能力}"传达相当的意思。(3b)里前文"聘请一个法语口译员"强调一个人长期担任某工作的恒常能力,此时的能力句自然会排斥表示特定能力的"能_{能力}",只可用"会_{能力}"。(3c)里后文"现在嗓子哑了""说不了法语"否定了动作在当前时刻的可实现性,这跟"能_{能力}"的特定能力义相矛盾;"会_{能力}"重在断言心智上的懂得义,它只表示通常有潜力实现义,这容许在特定时刻暂时无法实现所述的动作,所以该情境要用"会_{能力}"表达临时无法实现的恒常能力。

普通话里,表达特定能力要用情态词"能_{能力}""可以_{能力}"或"V得C",表达恒常能力要用情态词"会_{能力}"。表 2.1 展示出,汉语各大方言几乎都将这两种能力义编码为不同的语法形式。

表 2.1　各大方言中恒常能力与特定能力的形式对应

	恒常能力	特定能力
普通话	会	能,可以,V 得 C
冀鲁官话、晋语、兰银官话	会	能,VC 了,V 得 C
粤语、湘语	会	V 得,V 得 C,可以
江淮官话、吴语、赣语	会,会得,V 得来	好,V 得 C,可以,有处
闽语	解,解得	解,有法度(通),有变

能力稳定性的高低对应于动作实现的可能性和必然性。这意味着能力情态也存在"能性\必然"的强度差异,可以这样理解本文对能力情态的分类:恒常能力因其高稳定性而属于必然强度,特定能力因其低稳定性而属于能性强度。这样一来,能力情态跟道义情态、认识情态一样有平行的强度分类模式,这种分类又符合汉语的实情。

"恒常能力\特定能力"的对立跟"心智能力\生理能力"的对立有很大的平行性。心智能力的稳定性高,通常不因时间或场合的不同而改变,如说法语、游泳的意识性技巧一般不会丢失。生理能力的稳定性低,会由具体情境的不同而改变,因为人的生理状况不稳定,如说话、游泳的体力会由某日喉咙发炎或饥饿等原因而减弱。范晓蕾(2016:223)指出,语言表达上,谈话者可以在肯定主语有某项恒常的心智能力的同时,否定他执行该动作的生理能力,如(35a),但人们不可在肯定主语有某项生理能力的同时,又否定他有相应的心智能力,如(35b)。

(35) 范晓蕾(2016:223)里语言中心智能力和生理能力的稳定性差异:
  a. 张三会说英语[心智能力],不过他现在嗓子哑了,说不了英语[生理能力]了。
  b. 张三今天体力这么好,准能游泳[生理能力],(*/? 可是他不会游泳[心智能力],因为还没学过呢)。

这种逻辑关系应该是跨语言普遍的,它说明心智能力的稳定性高过生理能力。所以,恒常能力限于心智能力,生理能力只能是特定能力。不过,"恒常能力\特定能力"和"心智能力\生理能力"不完全对应,因为受制于特定条件的心智能力也属于特定能力。总结起来,恒常能力等于高稳定的心智能力,特定能力包括所有的生理能力以及低稳定的心智能力。

能力情态的哪种分类模式更具有跨语言的普遍性?这尚待语料考

察。能力义接近于词汇性意义,其语法化程度偏低,理论上它的内部次类很可能缺乏跨语言共性。我们只能断定,"恒常能力\特定能力"之分适用于普通话及多数汉语方言的能力情态。

第三章 评判情态与潜力情态：普适性的分类方案[①]

3.1 "非认识情态"的新分类

第二章讨论的能力情态一般被归为普通语言学中的动力情态，其概念识别和范畴归属均无太多争议。而§1.2.1已展示，Palmer(1986，2001)、van der Auwera & Plungian(1998)依据"情态所涉及的事件可实现有怎样的制约因素"这一参数将"非认识情态"简单分为动力情态（参与者内在情态）、道义情态（参与者外在情态），这种分类方案碰到了一系列难以解释的语料问题。非认识情态该如何分类，需要重新探讨。

Palmer、van der Auwera & Plungian 对非认识情态的分类之所以遇到诸多问题，根本原因是非认识情态的各个情态意义存在主观性的差异，任何情态意义都必须优先依据它们的主观性特征来分类，而情态意义里制约因素的状况不涉及主观性，这种语义因素就不宜作为重要的分类参数。研究现状上，学者们至今广泛接受 Palmer 等的情态分类标准，普遍认同道义情态、动力情态的区别在于情态的制约因素是外在于事件主语还是内在于事件主语，这一学界现状不仅源于 Palmer 等经典文献树立的这个区别是两组情态义呈现的典型差异，恐怕也是因为这个区别作为某种情态义的鉴定标准是容易被方家辨识的。然而，典

[①] 本章内容的核心观点来自范晓蕾(2014)及范晓蕾(2012b)，但此次成书对整体内容做了全面的改进，本书的相关结论更为清晰，论证过程更为完整。

型差异不等于本质差异,辨识标准的方便性更不能作为划分概念类型的理由。理论上,严格遵循语法形式的句法表现和语义特征,才是划分概念类型的硬性指标。本章将证明,非认识情态内部的各个意义存在断言重点和语义辖域的差异,基于这两个标准分出的情态类型可以清楚地解决很多问题,是更为合理的情态分类方案。

本书和 van der Auwera & Plungian(1998)都是构建情态语义地图,而我们界定了一个新的情态类型体系,它较之 van der Auwera & Plungian(1998)的情态类型差异总结为表3.1。

表 3.1 两种情态类型体系的比较

本书的情态类型		例句	van der Auwera & Plungian (1998)	
认识情态	认识可能	张三可能在办公室。	认识可能	认识情态
	认识必然	张三一定在办公室。	认识必然	
评判情态	道义许可	你可以在走廊抽烟。	道义许可	参与者外在情态
	道义必要	晚上9点前游客必须离开园子。	道义必要	
	环境许可	从中国去美国,你可以坐飞机。	参与者外在可能	
	环境必要	要活着,人必须喝水。	参与者外在必然	
潜力情态	条件可能	钥匙找到了,我们可以进门了。	参与者外在可能	
	条件必然	哈尔滨冬天会下雪。	参与者外在必然	
	特定能力	他力气很大,能举起这块石头。	参与者内在可能	参与者内在情态
	恒常能力	他会说法语。	参与者内在可能	

本书的情态分类同样遵循"能性\必然"的强度差异,这种差异确实存在于情态范畴的核心部分。我们认同 Palmer、van der Auwera & Plungian 等对认识情态的定位,但笔者对认识情态之外的情态概念提出不同的分类策略,非认识情态的各个情态意义被我们分为评判情态(appropriate modality)和潜力情态(potential modality)两大类。表3.1显示,评判情态不仅包括 Palmer 的道义情态,还包括过去未曾注意的"环境必要""环境许可";潜力情态涵盖了 Palmer 的动力情态,它还包括其

他学者已提及的"条件可能"和范晓蕾(2009,2016,2017a)界定的"条件必然"。得出这一分类方案源于我们的情态分类忽略了情态制约因素的作用,而是采取另一分类标准"断言重点"——它指情态词针对其所辖的谓词性成分表述了哪方面的信息:有的情态词是推断命题存在的真实性,有的情态词是评判事件实现后的合适性,还有的情态词是表述动作潜在的可实现性。详见下文。

　　有必要简述本书的情态分类方案与笔者过往研究的差异点。第一,对于能力义的划分,本书未采用范晓蕾(2016,2017b)的生理能力、心智能力之别,第二章已根据汉语事实和一定的语义标准划分出特定能力和恒常能力,能力情态的这个新分类对汉语而言更为清晰明确。第二,表 3.1 对非认识情态的分类模式跟范晓蕾(2009,2011,2014)相同,但术语有不同①。本书舍弃了"义务情态""动力情态"等传统术语,使用"评判情态""潜力情态"两个新名词。评判情态的次类"环境情态"等同于范晓蕾(2011,2014)的条件许可、条件必要。这套新术语能更好地区别于内涵不同的传统术语,也更能彰显它们各自的核心特征。第三,本书里情态概念的语义特征式不同于范晓蕾(2012b)的方案,§3.3 对情态概念的语义特征式做了详细的句法论证,这是较之以往研究的一大改进。最后要说明,情态强度是一套梯度性连续统,所谓"能性\必然"的二分是一个粗略的区分,本书把彭利贞(2007)里中等强度的盖然(probability)默认归入必然范畴。比如,助动词"应该""会"的推测义属于中等强度,一般被本书称作认识必然义。本书只在需要时单独讨论情态义中的盖然强度。

　　如果说第二章提出的能力情态分类只是适用于汉语的方案,那么,本章分出的评判情态、潜力情态应该是具有跨语言普遍性的情态分类

---

① 笔者采纳了彭利贞老师针对本书情态类型的"术语名称"给予的评审意见,本书新造了"评判情态"和"潜力情态"两个术语。

方案。§3.2详细介绍评判情态、潜力情态的定义及其次类,§3.3从普通话情态词的语法表现上证明这种情态分类方案的合理性,§3.4从跨方言材料上证明这种情态分类方案具有相当的普适性。

3.2 定义及细类

3.2.1 评判情态

方家熟知的道义情态被我们归入"评判情态",评判情态是说话人对事件 E 的合适性做评判。比如,道义情态句"我们必须说实话""你不能在厕所抽烟"本质上是说话人评判了"说实话""在厕所抽烟"这种行为是否合适。评判情态的事件 E(Event)指特定主语执行某种动作,这里的动作是类指性的,可包含特定的时间、地点或方式,但不能含有具体的时体状况。事件的合适性有赖于说话人的知识判断,这意味着评判情态含有一定的主观性。合适性是一个抽象的概念,我们给予这样的鉴别标准:事件 E 很合适,指 E 的实现至少不会引发消极后果,它甚至会产生积极效果。也就是说,评判事件的合适性本质上是表述事件的实现是否产生消极后果或积极效果,对消极后果、积极效果的关注是评判情态词的核心语义①。

道义情态是评判情态的典型次类,可称为"道义型评判情态"(appropriate modality based on deontic rules)。该类情态就事件 E 是否符合人为性的规则或意志(社会规范、道德原则或说话人指令)做出评判,E 如果符合这些规则、意志,那它便是合适的。这种评判必定会涉及消极后果"受人为的处罚或谴责"。例如,(1a)是道义许可句,它的事

---

① 范晓蕾(2009,2011,2014)以及本书初版的第 24 页对评判情态(含义务情态)的定义都是只提到这种情态关注消极后果,本次增订本指明"积极效果"同样是评判情态关注的内容。

件"你在走廊抽烟""你在院子里抽烟"均符合社会规章对抽烟的具体要求,不会受到处罚,那么,这种行为就是合适的,也就得到了许可。

(1) 道义型评判情态(道义情态)的例句:

  a. [道义许可] 你可以在走廊抽烟,也可以在院子里抽烟。(制约因素是人为规范)

  b. [道义必要] 公园规定,游客必须在晚上6点到9点离开园子。(制约因素是公园管理规范)

(1b)是道义必要句,它的事件"游客晚上6点到9点离开园子"是公园规章对游客离园时间的规定,执行这种行为是合适的,同时,不遵循这个规定就会受到处罚或造成不良后果,这导致该行为的执行具有必要性。

  对于评判情态句来说,所评判的事件E在执行上是可选性的还是强制性的,决定了句子表达的是评判许可还是评判必要。(1a)的事件"你在走廊抽烟"与事件"你在院子里抽烟"是并存的,它们均是符合规范的合适性事件。行为的多选性意味着当中的任一行为都只是可选的(非强制),对于(1a)所述的命题来说,"你不在走廊抽烟"或"你不在院子抽烟"未必会受到处罚,因为也许"你在院子外抽烟"同样是符合规范、被许可的事件,不会受到处罚。可以说,道义许可表示所评判的事件E是所规定的多种合适性事件之一。这种事件E具有执行上的可选性,它实现后不会导致受到人为的处罚或谴责等消极后果,但不实现也未必有消极后果。再看(1b)这种道义必要句,它意味着:游客若不遵循这项规定,在晚上6点之前或者9点之后离开园子,则一定会受到人为的处罚。所以,道义必要指所评判的事件E不仅符合规范命令,而且它是所规定的唯一合适的行为,事件E具有执行上的强制性。换言之,道义必要里的事件E若不实现,则必定导致受到处罚之类的消极后果。对于道义情态句,决定事件合适性(有无消极后果或积极效果)的人为规范正是其情态的制约因素,它一般是外在于事件主语的社会规范或人为指令,如(1)的事件合适性受制于抽烟规范、公园管理规范。

Lyons(1977)将说话人施加义务或给予许可的道义情态称为"主观性道义",该书认为,这种道义情态的主观性更强,其余的道义情态是客观性道义。源于说话人指令的道义确实常常有不同的词形编码,如汉语里有些道义情态词只用于祈使句,如普通话的助动词"敢_{许可}"(例句"不<u>敢_{不可}</u>乱说话")。理论上,说话人的道义情态可以单独立为一个次类,但为了分类系统的简约性,我们暂时不这样做。本书的道义情态不包括Palmer(2001)、彭利贞(2007)所说的承诺决意功能,因为它没有评判情态所要求的合适性含义。我们认为,承诺决意在汉语里至多实现为情态词(多为认识情态词)的语用义,§9.1.2将论述"认识必然—承诺决意"的语义关联。

我们的评判情态还包括一种情况:事件的合适性无关乎人为意志的规定,而是受制于不可控的自然环境和社会环境。这可称为"环境型评判情态"(appropriate modality based on circumstances),简称"环境情态",它是说话人就事件E是否适应自然环境或社会环境的客观模式(自然规律、生存需求、物质属性、社会民情)做出评判。E如果适应于这些客观模式,那么E的实现就不会引发消极后果,甚至会产生积极效果,于是,这个E便可被评判为合适的。环境情态仍可依据强度分为环境许可(又称"条件许可")和环境必要(又称"条件必要"),这两种环境情态义的语义模式平行于道义许可和道义必要。例如,(2a)是环境许可句,它的事件"去美国你坐飞机""去美国你坐轮船"是可选性的合适事件,这受制于中美之间的地理交通状况,属于外在性的制约因素。

(2) 环境型评判情态(环境情态)的例句:

  a. [环境许可]从中国去美国,你<u>可以</u>坐飞机,也<u>可以</u>坐轮

　　　　　船。(制约因素是中国和美国之间的地理交通情况)
　　　b. [环境必要]要活着,人必须喝水。(制约因素是人体
　　　　　的生理状况)

(2b)是环境必要句,它的事件"为了活着,人喝水"是强制性的合适事件,这受制于人体自身的生理状况,属于内在性的制约因素。环境情态跟道义情态一样,它断言事件的合适性意味着事件牵涉到消极后果或积极效果。(2a)有这样的隐性意义:倘若你去美国不坐飞机,也不坐轮船,就有可能产生消极后果"你未能从中国到美国"。(2b)涉及消极后果"人无法活着",它表示人不喝水就必定引发这一消极后果。决定事件 E 合适性的自然环境条件是环境情态的制约因素,这些自然环境条件既有外在于事件主语的环境条件,如(2a)的情况,也有内在于事件主语的物质属性,如(2b)的情况。

　　已有方家提及过类似于环境许可、环境必要的概念,只是对它们的特征定义不够清晰。朱德熙(1982:63)给普通话的助动词"能"设立过义项"表示环境或情理上许可",这便是将环境许可和道义许可合并,我们的看法与之几乎相同。再如,吕叔湘(1980/1999:415)为"能"设立过义项"表示环境上许可",例句如(3)。

　　(3)　吕叔湘(1980/1999:415)的环境许可句:
　　　a. 公园里的花怎么能随便摘呢?
　　　b. 这儿能不能抽烟?——那儿可以抽烟,这儿不能。
　　　c. 这衣服不能再瘦了,再瘦就没法穿了。

按照我们的定义,(3a)(3b)表示道义许可,(3c)表示环境许可。吕叔湘(1980/1999)虽未准确定位(3)里各个"能"句的语义差异,但该书的语义描述已有区分"情理上许可"和"环境上许可"的意识,本书区分道义情态和环境情态的做法也是这种意识。李明(2001/2017:7—11)设立与认识情态、道义情态并列的"条件类情态",它指受制于客观条件的情

态义,表示"客观条件下的可能性"以及"客观条件许可或必要"。该书的第12页将条件类情态分为条件可能和条件必要。李氏的条件必要相当于本书的环境必要,而李氏的条件可能既包括本书的环境许可,也包括本书§3.2.2定义的条件可能。李氏定义条件类情态的标准其实是按情态来源或制约因素的状况给情态分类,跟我们的情态分类原则及分类结果都是迥异的。

范晓蕾(2009)首次从情态句关注事件消极后果的角度重新定义了道义情态,并指出条件许可、条件必要(即本书的环境情态)这组制约因素外在于事件参与者的情态义跟道义情态属于同一大类。本书沿着这一思路定义出评判情态,笔者界定评判情态主要基于情态句的断言重点是事件的合适性,再依据制约因素是人为规范还是自然环境给它分次类。可见,本书的这种定义不考虑制约因素是否外在于事件主语,这是大异于Palmer(1986,2001)界定道义情态、van der Auwera & Plungian(1998)界定参与者外在情态的主要方面。

Portner(2009:135、184—185)定义出优先情态(priority modality),它包括道义情态、愿望情态(bouletic modality)、目标情态(teleological modality),如(4)所示。

(4) Portner(2009:135、184—185)的优先情态句:

a. [道义情态] The rich must give money to the poor. 富人必须捐钱给穷人。

b. [愿望情态] You should try this chocolate. 你应该试试这种巧克力。

c. [目标情态] John can take the subway. 约翰可以搭乘地铁。

这种情态类型在范围上基本相当于本书的评判情态。(4a)(4b)表达道义原则和说话人指令,它们被我们归为道义情态;(4c)表达约翰搭乘地铁是适应于交通线路的合适行为,属于我们的环境情态。Portner将(4c)称为目标情态,应该是根据该行为有其目标"到达某地"。不过,Portner对优先情态的定义有别于本书对评判情态的定义。Portner认为,优先情态总是关涉一种情况优先于另一情况的动因,这种动因编码为情态词的环境情态基准(circumstantial modal base)和排序来源(ordering source)。Portner未阐释其"优先"和"动因"的内涵,其定义不甚明确。从其文意看,该书所说的"优先性"或许类似于我们说的合适性,因为优先的选择理应是合适的事件。该书所说的"优先动因"应该指的是规范、愿望和目标,大致相当于我们说的制约因素。本书定义评判情态的优点是用事件的消极后果或积极效果作标准来衡量合适性,这不仅令意义的辨别更具有可操作性,而且揭示出优先、合适等词的本质特征。而且,本书更强调断言事件的合适性是这类情态的核心语义,我们认为,决定事件合适性的制约因素究竟如何并非评判情态的重要特征。

情态强度上,道义许可、环境许可属于"评判可能(许可)",道义必要、环境必要属于"评判必然(必要)"。评判情态的强度差异本质上是所评判的事件 E 在行为实现上的可选性和强制性很不同。根据上文的例释,评判可能里事件 E 是多种合适性事件之一,它在行为实现上是可选的,不实现 E 不会引起消极后果,实现了 E 之外的事件 E′ 也未必产生消极后果;评判必然里事件 E 是唯一的合适性事件,它在行为实现上是强制的,不实现 E 必定引发消极后果。

上文对(1)(2)的诠释显示,评判情态所关涉的事件 E 不仅包括动作,还包括事件的主语。例如,(1a)"你可以在走廊抽烟,也可以在院子里抽烟"这个道义许可句的事件 E 是"你"在走廊抽烟和"你"在院子里抽烟,(2b)"要活着,人必须喝水"这一环境必要句的事件 E 是人喝水。这表明评判情态词的语义辖域通常是一个主谓短语"S+VP",§3.3.1会论证这一点。

第三章 评判情态与潜力情态：普适性的分类方案

这里要纠正以往文献的一个观点。Palmer(2001)等多部文献认为，道义情态跟能力情态一样都是谈论某事件在客观上实现的可能性，例如，道义许可句"职员可以在洗手间抽烟"会被诠释为职员在洗手间抽烟一事具备客观的可实现性。其实，这个看法不符合事实。现实生活中，很多得到许可的事件有时并不具备实际执行的客观条件，它们就成为合理合法但无法实现的事。例如，(5)的"必须"句和"可以"句都是道义情态句，它们关涉的事件都是所在语境中无法实现的事。

(5) 评判情态的事件 E 可以是无法实现的：
   a. 那次马拉松比赛上，张三只跑到第十名，而他<u>必须</u>跑进前三名才会有奖金。
   b. 根据规定，我确实<u>可以</u>在走廊抽烟，但我根本不会抽烟。

(5a)先表明事件"张三跑进前三名"实际上未实现，后文又用评判情态词"必须"引出这一事件；(5b)中评判情态词"可以"所引出的事件"我在走廊抽烟"在后文被否认了其实现的可能性，因为句子"我根本不会抽烟"衍推了"我"客观上不可能抽烟。可见，评判情态(含道义情态)并不关注事件 E 的实现可能性，E 既可以是客观上有潜力实现的事件，也可以是客观上难以实现的事件。评判情态所关涉的事件 E 未必有潜力实现，这是它区别于下文要谈的潜力情态之处。评判情态的这一特点很好理解，尽管人们更为关注那些客观上可实现的事件是否合适，但也有必要谈论一些无法实现的事件是否合适，后一种意义编码为评判情态句是符合语言表达需要的。

上文所列的评判情态义都是典型概念，它们的合适性状况均取决于事件 E 相关联的消极后果是怎样的。§5.1 将介绍，评判情态还包括一个边缘性意义"估价"，该情态义侧重于关注事件实现后的积极效果是怎样的。

3.2.2 潜力情态

学界熟知的能力情态被我们归入"潜力情态"。潜力情态用于陈述动作 A (Action) 实现的客观可能性(或曰实现的潜力)。这里的"动作"A 指不含主语而可以含有时间、地点、方式的某种动作,一般由不含时体词的 VP 表示。所谓"客观可能性"指动作实现的潜力,它是潜力情态词的核心语义,是我们命名该情态类型的缘由。潜力情态按照制约因素的不同分为能力型潜力情态、条件型潜力情态。

能力型潜力情态(potential modality based on ability)就是能力情态,其动作的实现潜力受制于主语自身的状况,其制约因素是内在于动作主语的生理心智因素。第二章阐明了普通话"会_{能力}"和"能_{能力}"的本质差异,并根据汉语的情况将能力情态分为恒常能力、特定能力两小类。能力义的稳定性大小代表其情态强度的高低,恒常能力属于必然性的能力,特定能力属于可能性的能力。这里就不再详述这种潜力情态了。

条件型潜力情态(potential modality based on circumstances)简称"条件情态",可以诠释为:由于有条件 X,主语客观上便<u>可能/必然</u>实现动作 A。(6)是条件情态句的例证。

(6) 条件型潜力情态(条件情态):
    a. [条件可能] 只有找到钥匙,他才<u>可以</u>进门呢。
    b. [条件可能] 门没锁,任何人都<u>能</u>随便进房间了。
    c. [条件必然] 哈尔滨冬天<u>会</u>下雪。
    d. [条件必然] 闻到这种味道,任何人都<u>要</u>咳嗽个不停。

条件情态义中,动作的实现可能性受制于特定的环境条件,这个环境条件就是动作 A 实现的制约因素,它一般外在于动作的主语。例如,(6a)的动作"进门"依赖于特定条件"找到钥匙",这个特定条件外在于动作主语"他";再如,(6c)的动作"下雪"依存于特定条件"冬天",这个条件同样是外在于动作主语"哈尔滨"。条件情态按强度差异分为条件可能(objective possibility)和条件必然(objective necessity)。条件可能可以释义为"有潜力实现……",汉语学界曾用不同的表述定义过这一概念(刘月华 1980;朱德熙 1982:62—63;吴福祥 2002b;李明 2001/2017:7—9)。刘月华(1980:247)指出,普通话"V 得 C""能/可以"可表示"具备某种客观条件,或客观条件容许实现(某一动作或变化)",举例如"今天气温很低,水能结成冰""只要控制饮食,你就能瘦下来"。吴福祥(2002b:30)为能性概念设立了一个义项"具备实现某种动作/结果的客观条件(记作'可能[条件]')"。刘氏和吴氏所说的这些义项正是条件可能义。普通话的助动词"能""可以"和能性述补式"V 得 C"都有条件可能义。条件必然是范晓蕾(2009,2016)提出的情态概念,它可释义为"惯常上必然……",如(6c)(6d)所示,普通话里主要是助动词"会""要"可表达条件必然。§7.3.1、§12.2 将详解条件必然的设立依据和语义特征。

条件可能、条件必然的强度差异本质上是事件主语对动作 A 能否实现的自主选择权不同。条件可能表示:纵然有特定条件,主语对动作 A 的实现也有自主选择权,若主语愿意执行 A,则 A 必然实现,若主语不愿意执行 A,则 A 不会实现。例如,(6b)表示在门没锁时,如果有人愿意,必会进到房间里,但情况可以是没有一个人进过房间,根本没人想进去。条件必然表示:只要有特定条件,主语对动作 A 的实现没有自主选择权,无论主语是否愿意执行 A,A 都必然实现。例如,(6d)表示在闻到这种味道时,必然有人咳嗽不止,这不受个人意愿的控制。

§1.1.1 谈到,Palmer(1979,2001)设立了动力情态的一个次类"中立(条件)情态",该情态包括客观可能和客观必要。本书的条件情态看似等同于 Palmer 的中立情态,其实不尽然。我们的条件可能确实相当于 Palmer 的客观可能 [参见§1.1.1 的(4a)(4b)],但我们的条件必然不是 Palmer 的客观必要。客观必要的例句如§1.1.1 的(4c)"We must have it out and use it once or twince(我们必须把它拿出来用一两次)",该句被我们认定为评判情态中的环境必要义,因为这个句子蕴含了不把它拿出来用一两次就会引发消极后果的意义,句义涉及事件的消极后果或积极效果是评判情态的核心特点(参见§3.2.1)。也就是说,Palmer中立情态内部的两个情态义不是同质的,其客观可能和客观必要在本书里分属于不同的上位情态类。

Enfield(2003:125—132、292—306)研究东南亚语言里词源义为"获得"(come to have)的语法形式,提出了一种混合了些许时体意义的情态义"先事结果"(result of prior event),这个意义表示:先前的其他事件促成了某个行为有潜力发生,并且该行为或许真实发生了。Bisang(2004:119)指出这个意义蕴含了三重推理义:(一)情态上,所述的行为由于是被期待的而有潜力发生;(二)时制上,所述的行为已然发生于过去;(三)所述的行为是真实的。Sybsema(2008:235)认为,广州话的助动词"有得"(否定式为"无得/冇得")就有Enfield(2003)说的先事结果义,如(7)。

(7) Sybsema(2008:235)里广州话的"有得"用例:

a.[过去事件]我有得去中国(因为某些因素)现在我得以去中国。

b.[将来事件]我哋今日有得食kaviar今天我们将有机会吃到鱼子酱。

c.[未然事件]妈咪无得做嘢(由于某种状况)妈妈无法做工作。

笔者也调查到,广府粤语的"有得 VP"除了表示行为"VP"能够发生,还暗含该行为的发生是有前因的,这确实符合先事结果义的特点。郭必之老师在评审意见中谈到,Enfield 的先事结果义很像是本书的条件可能义。我们同意这个看法,先事结果义的"先事"(前因条件)就是条件可能义的外在条件,(7)的"有得"在本书里被界定为条件可能义。尽管 Bisang 主张先事结果义里的行为可以是已然发生的过去事件,这看似违背潜力情态里的行为只是客观可能的特点,但我们认为,像(7a)这种

"有得VP"可以指已然事件的用法只是潜力情态句允许的一种语用意义，§4.4将阐释条件可能义"有潜力实现某事"可以语用隐含一个现实事件义"已经实现某事了"。在笔者看来，(7a)的"有得去中国"本质上是断言有潜力去中国，它表达一种客观可能。

我们界定潜力情态是依据它的断言重点为动作实现的客观可能性，制约因素是否外在于动作主语仅作为划分这种情态的两个次类"条件情态""能力情态"的标准。简约起见，本书未将胆量义（表示敢于）、意愿义（表示想要）、需要义计入情态范畴，尽管将它们纳入潜力情态亦可。潜力情态对概念的容纳度较自由，因为这种情态并非真正的情态概念[参见Tsang(1981)对动力情态的阐述]。比如，能力属于事物的内在属性，条件可能表达了事物的客观状况，它们不传达主观意义，这不符合经典文献对情态的定义。学界普遍将能力、意愿等意义纳入情态范畴，更多是基于这类概念跟认识情态、道义情态有直接的语义关联（彭利贞2007:49）。我们推测，潜力情态的次级类型在跨语言里有很高的变异性，远不如认识情态、评判情态的次类体系来得一致。§2.4.2就指出，特定能力、恒常能力之别主要适用于汉语的能力情态词，未必适用于其他语言的能力义形式。

3.2.3 小结

综上所述，评判情态统辖包含主语在内的完整事件E，它断言了E的合适性状况是怎样的；潜力情态统辖抽象的动作行为A，它断言了A的实现性状况是怎样的。具体而言，评判情态表述事件的实现是否合适，这是对事件性质的评判，涉及说话人的主观态度。比如，它的典型概念"指令"(directive)从道义源上讲就是表达说话人的观点，它有一定的主观性。潜力情态是表达事件主语的自然属性，不涉及说话人的主观评判。比如，它的典型概念"能力"表述事物的物理属性，这是纯客观的意义。因此,评判情态的主观性要强于潜力情态。

以 Palmer(1986,2001)为代表的多数文献认为,动力情态和道义情态都表述事件实现的客观可能性。现在看来,事件实现的客观可能性只是动力情态的意义,它不适用于道义情态。规范上不许可的非道义性事件常常是可轻易实现的,比如,道义情态句"不许随地吐痰"的"随地吐痰"在大街上常有发生。规范上强制必要的道义性事件往往是难以实现的,比如,道义情态句"你必须考满分"的"考满分"远不是必然会实现的事。因此,道义情态的断言重点不在于事件客观上实现的可能性如何,它关注的是事件实现后在道义评判上受认可的情况。道义评判的可能性和事件实现的可能性并不存在对应关系。一种事件在道义上被认可,它可能容易实现,也可能难以实现;一种事件的道义价值被否认,它实现的可能性同样是两可的。

依据本章提出的情态类型,§1.2.1 的例证(13)(14)(15)[抄录为本章的(8)]可以得到恰当的意义定位。

(8) 普通话中难以界定情态义的句子:

　　a. 坐 331 路公车,你可以去香山。

　　b. 去香山,你可以坐 331 路公车。

　　c. 西红柿,我们能生着吃吗?

　　d. 西红柿能生着吃吗?

　　e. 法官大人,你一定要为小民伸冤啊!

(8a)和(8b)都是用"可以 VP"式,但这两句的助动词"可以"对其所辖的 VP 做出不同方面的意义判定。(8a)里"可以"统辖了短语"去香山",该句是讨论"你去香山"一事的实现可能性,因为此事明显不能轻易实现,并非任何人都有能力走到香山,也并非乘坐任何一辆公车都会到达香山,所以,语用上谈话人有必要去判断此事实现的客观可能性。那么,该句的情态词"可以"就是表达潜力情态里的条件可能义,它断言了去香山有潜力实现,这句话只关注去香山可能实现与否,它不涉及去不去香山会引起什么消极后果。相比之下,(8b)里"可以"统辖了短语"坐 331 路公车",而该句不是讨论"你坐 331 路公车"一事的实现可能性,因为此事默认可轻易实现,任何正常人只要想坐 331 路公车,都有能力登上 331 路公车来乘坐它,语用上谈话人无须去专门判断此事实现的客观可能性。(8b)其实是讨论"你坐 331 路公车"一事的实现是否符合既定目标"去香山"的要求,其情态词"可以"表达评判情态里的环境许可义,它断言了"你"坐 331 路公车是合适的,这样做能达到去香山的目标,这句话涉及了坐 331 路公车是否会引起无法到达香山的消极后果。(8c)表达环境许可,它实际上是关注我们生着吃西红柿有无毒害身体的风险,该句断言了此事件是合适(安全)的,不会引起风险。(8d)的情态义诠释存在两种情况。它可以诠释为环境许可,它断言了西红柿被生着吃是合适的,不会有消极后果;它也能诠释为特定能力中的用途效能,它断言了西红柿有被生着吃的客观可能性,亦即描述它的内在属性。(8d)的这种歧义性很微妙,§4.2 将继续阐释句子"西红柿能生着吃"的语义问题。(8e)表达道义必要,它并非小民向大人施加命令,而是表达大人为小民伸冤是唯一合适的事件,不执行必定会引发消极后果"小民蒙冤",这是礼貌合理的请求,故而没有小民冒犯权威的意味。

对于非认识情态的各种意义,我们不太考虑情态义的制约因素如何,主要考虑情态义的断言重点如何,重在看某个情态句所断言的是事件的合适性还是动作的实现性,由此清楚地界定了很多句子的情态义。Palmer(1986,2001)、van der Auwera & Plungian(1998)的情态分类之所以遇到很多情态句意义归属不定的难题,是因为他们将制约因素的状况(外在于还是内在于事件主语)视为很重要的分类标准,但这两项研究并未给出有效的证据说明为何选择这一特征来划分情态类型。

给一个概念范畴分类在逻辑上存在多种选择,只有核心特征才是有效的分类标准,而哪些语义特征具有核心地位是需要论证的。也就是说,合理的情态类型体系需要证明,分类标准选择哪些语义特征必须有句法语义根据。§3.3、§3.4将通过句法表现、语义分析、词汇编码来逐步推导出各个情态类型,以证明我们的情态类型体系更为合理。

3.3 语义特征:普通话内部的语法分析

本节整理情态概念的语义特征式,每个情态概念的语义特征式包括"语义辖域"和"语义关系"两组语义特征。情态词的语义辖域指情态概念所描述的对象,具体而言,情态词所统辖的是含全句话题的完整命题,还是含施事在内的完整事件,抑或是不含主语的动作行为。情态词的语义辖域往往对应于情态词的句法辖域。语义关系主要指情态概念的断言义,这包括断言重点、情态强度、制约因素等。下面用可操作的形式证据逐步论证各个情态概念的语义特征式,同时也是论证本书情态类型体系的合理性。

3.3.1 语义辖域与句法表现

首先要确定不同情态概念的语义辖域,也就是弄清各个情态词所统辖的对象是什么。情态词的语义辖域常常会体现为情态词的句法辖域,这可由情态词的句法表现展示出来。

蔡维天(2010)论证了普通话几个情态词在形式句法树上的层级位置,由高到低是"知识副词>知识助动词(按:认识情态词)>外主语>未来时制(按:将来时制)>义务副词>义务助动词(按:道义情态词)>内主语>能愿助动词(按:动力情态词)",见图1.1(抄录如下)。

第三章 评判情态与潜力情态：普适性的分类方案　113

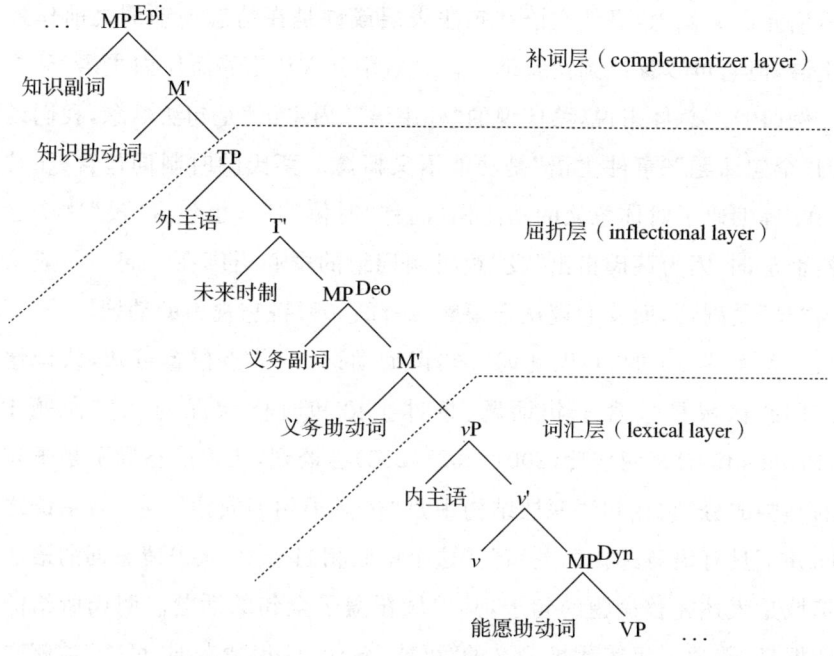

图 1.1　蔡维天(2010:220)里各类情态词的句法层级

按图1.1，认识情态词在外主语和时制词之上；道义情态词在外主语和时制词之下，但在内主语之上；动力情态词位于动词词组的边缘位置，在内主语之下。尽管我们不全然同意蔡氏对特定情态词的分析，但我们认同该文的基本结论。下面依照蔡维天(2010)的研究模式来审视认识情态、评判情态、潜力情态的语义辖域，届时要将该文形式句法的术语转换为功能语法的术语——而这两组术语的所指范围不是完全对应，只是大部分重合。蔡氏说的外主语(outer subject)常常是通常所说的"全句话题"，但全句话题的所指范围要大于蔡氏说的外主语，比如，蔡维天(2010:210)的例(9a)"这次有两个人必须要来"一句中，"两个人"是蔡氏说的外主语，却不是我们说的全句话题，"这次(情况)"才是全句话题。蔡氏说的内主语(inner subject)一般都是情态词所辖的核心VP的主体论元，而这种主体论元被本书称为"事件主语"——它是论元语义概念，事件主语在句法表层或许是在情态助动词之前作外主语，但它可以移位到情态助动词之后跟其 VP 相邻而作内主语，见下文例(10)。总体来说，蔡氏说的"外主语""内主语"是句法概念，我们说的"全句话题""事件主语"是功能语义概念。蔡氏的时制词包含"了₁""在"等编码了时体意义的功能词(简称"时体词")，也包含"没"这个已然否定词，因为蔡氏指出"没"跟时制词组的中心语绑在一起。一般认为"没"是副词，而我们遵从朱德熙(1982:200)将它视为助动词。

参考图 1.1 的"知识副词""知识助动词"的节点位置可知，认识情态词的辖域是包含全句话题、事件主语和时体状况的完整命题 P (Proposition)。谢佳玲(2001:252—253)已谈到，认识情态词不是子句的必要成分，它在句法深层结构中是"选择子句为宾语"，它"与主语之间并不具有语意选择的关系"。这个论断相当于说，认识情态词的语法辖域是表述完整命题的句子，其辖域覆盖了全句的话题。谢氏所给的证据是，普通话里表达推测义的"可能"句中，认识情态词"可能"被删去后不影响句子的合法度，而且，句内的很多成分都可以移到助动词"可能"之前担任句子的话题，例句如"<u>可能</u>他在年轻时较多愁善感""在年轻时<u>可能</u>他较多愁善感""他在年轻时<u>可能</u>较多愁善感"。我们同意谢氏的论断及其证据，下面再以(9)里情态副词"大概"为例来进一步阐释认识情态词的辖域。

(9) 认识情态词"大概"的句法特征：

  a. 这件事_(全句话题)张三_(事件主语)大概没说实话。

  b. [包含全句话题] 大概这件事张三没说实话。

  c. [包含事件主语] 这件事大概(是)张三没说实话。

  d. [接纳时体词] 这件事张三大概说<u>了</u>实话<u>了</u>。

"大概"可以位于全句之首，后面有全句的话题，见(9b)；"大概"句还可以用判断动词"是"将事件主语置于"大概"之后，见(9c)。这组现象表明，认识情态词的辖域很大，它覆盖了表述一个完整命题（含话题、主语）的句子。再看(9a)(9d)，认识情态词"大概"之后的谓语可以含助动词"没"和时体词"了₁"。Alleton(1994)提到，汉语中只有认识情态词可以后接带有"着""了""过"等体貌词的 VP。彭利贞(2007:220—224)指出，多义情态词凡是与"了₁"共现的通常是表示认识情态义的，这样的情态词不会是承担道义情态义或动力情态义。以往文献的这些论断已说明，只有认识情态词的辖域包含事件的时体状况。概言之，典型的认识情态词是针对一个完整的特定命题做判断，其语义辖域是"[命题(+话题,+事件主语,+时体状况)]"。

上段所述代表了汉语里认识情态词的典型情况。普通话中典型的认识情态词如"大概""或许""说不定""恐怕""估计"，它们可以用来自由表达过去、现在、将来、惯常等各种类型的事件，这些情态词可以位于全句的话题之前。普通话也有少数的认识情态词不能在话题之前，只能位于句子的主语之后，"应该""一定""肯定""保管"等词就是这样，例如，普通话不能说"*一定这件事张三没说实话"，这些词作为认识情态词的典型性就略低些。还有的认识情态词几乎没有上述句法特征。比如，谢佳玲(2001:274—277)谈到，普通话里表示预断（预测将来事件）的助动词"会"虽然在意义上属于认识情态，但它的句法行为有一部分类似道义情态词，还有一部分类似于表能力义的动力情态词。§5.2.1、§7.3.4、§10.3.1 将介绍，普通话的助动词"会""能"表示认识情态义时都是限于否定疑问的语法环境，如句子"她会不会怀了孩子了？""父母能害自己的孩子吗？"，这两个词不能用来自由地表达非将来事件，它们的语义辖域就更小一些。这样看来，认识情态词的语义特征式不能一概而论①。为了更清楚地探讨，本章仅用典型的情况做阐释，后续章节

---

① 这里的论述回应了彭利贞老师的一项评审意见："以情态词的移位来证明不同类情态的辖域……看起来只是'有限有效'的……又比如，'可能''要''会'都有'认识情态'义，但三者只有'可能'可以提升为'可能明天下雨.'"

会详解特定情态词的语义特征式。

参考图 1.1 中"义务副词""义务助动词"的节点位置可知,评判情态词的语义辖域是能够包含事件主语[如蔡维天(2010:210)说的"内主语"]在内的完整事件 E,这个 E 不是包含全句话题的完整命题。(10a)是评判情态词"必须"的例证,(10b)表明"必须"的后面不能有全句的话题,该词之后至多有事件主语,见(10c)。

(10) 评判情态词的句法特征:

a. 这次事故(全句话题)张三(事件主语)必须汇报给领导。|明天的事(全句话题)今天(时地状语)可以先考虑好。

b. [拒绝全句话题] *必须这次事故张三汇报给领导。|?可以明天的事今天先考虑好。

c. [包括事件主语] 这次事故必须张三来汇报给领导。|明天的事可以今天先考虑好。

d. [排斥时体词] *这次事故张三必须汇报了领导。|*这件事张三必须没汇报给领导。

注意,有些评判情态词的语法化程度偏低,它们若后接事件主语,就要依赖动词"是"。如句子"这次事故可以*(是)组长汇报给领导,也可以*(是)副组长,但不能*(是)一般组员"①,当中的情态词"可以"是评判许可义的助动词,它后面的成分只能是不含主语的 VP,不能是含主语的小句,所以,"可以"后面需要动词"是"来引出事件主语,这就构成一个复杂形式的 VP。评判情态词所辖的 VP 一般不能带有"了$_1$""没"等时体词,见(10d)。也就是说,评判情态词所统摄的事件 E 通常无关于具体的时间过程,它属于抽象意义上的事件类(event type)。

---

① 这里的论述回应了彭利贞老师的一项评审意见:"以情态词的移位来证明不同类情态词的辖域……看起来只是'有限有效'的。比如,同样的道义'评价',可以说'他们家里必须张三负责这件事。'但是,不说'??他们家里可以张三负责这件事。'"

不过,评判情态词的辖域状况和带时体词的状况有一些需要解释的地方,如下所述。

例(10c)的句子"这次事故必须张三来汇报给领导"显示,在普通话的评判情态句中事件主语可以移位到评判情态词之后,这表明评判情态词的辖域可以囊括事件主语。但是,不是任何评判情态句中事件主语都处于评判情态词的辖域之内的。有的评判情态句无论如何变换句式,都不能让事件主语处于情态词之后。例如(11a),它原本的时间状语"晚上9点前"可以移位到情态副词"必须"之后,见(11b),但该句原本的事件主语"游客"不能移到"必须"之后,见(11c)。(11a)的事件主语"游客"正是蔡维天(2010)说的外主语。

(11) 一些评判情态句的变换局限:

    a. 公园规定,晚上9点前(时间状语)游客(事件主语)必须离开园子。

    b. [状语后移] 公园规定,游客必须晚上9点前离开园子。

    c. [主语后移] 公园规定,*晚上9点前必须(是)游客离开园子。

这种现象其实跟评判情态句的焦点位置有关。评判情态句有其评判焦点(judging focus),这个焦点是关涉事件是否有消极后果或积极效果的成分,亦即决定事件是否合适的成分。评判情态句的评判焦点可以是事件主语,见(12a);句子的评判焦点也可以是表示时间、地点或行为方式的状语,见(12b);句子的评判焦点还可以是评判情态词所统辖的谓语 VP,见(12c)。

(12) 评判情态句里焦点的位置:

    a. [焦点在主语] 这件事,你可以跟领导说,但我不能跟领导说。(=跟领导说这件事的人可以是你,但不能是我。)

b. [焦点在状语] 本科生在大四下学期之前必须修完所有的学分。(＝本科生修完所有的学分必须是<u>在大四下学期之前</u>。)

c. [焦点在 VP] 越是在危急的情况下越是要沉得住气。(＝在危急的情况下"沉得住气"是合适的做法。)

汉语的评判情态句,无论它们的评判焦点落在哪个句法成分上,这些句子的核心语法表现都很一致(参见§3.3.2),它们的情态义可归为同一个情态类型。评判情态句的评判焦点自然处于评判情态词的辖域之内。(12)显示,普通话里评判情态句的焦点成分一般能移位到评判情态词之后用焦点标记"是"引介。一部分评判情态句在句式变换的类型上会出现一定的局限,(11)就反映了这种情况。这是因为在汉语的评判情态句里,原本位于评判情态词之前的句法成分(状语或主语)若要移位到情态词之后,这个成分必须是句子的评判焦点。也就是说,倘若一个评判情态句的状语或主语不是句子的评判焦点,这个状语或主语就不能移位到评判情态词之后。(11a)重在评判游客离开园子一事的合适时间,这个句子的评判焦点不是主语"游客"而是状语"晚上 9 点前",所以,只有"晚上 9 点前"这个时间状语可以移到情态词"必须"之后。

准确而言,评判情态词的语义辖域只是"可以"(并非"总是")覆盖事件主语,倘若事件主语不能作句子的评判焦点,该主语就未落在评判情态词的语义辖域之内。返回头来看(8a)"坐 331 路公车,你可以去香山"和(8b)"去香山,你可以坐 331 路公车",§3.2.3 谈到,(8a)表示条件可能义,(8b)表示环境许可义。或有方家提出质疑:这两个句子中的情态词"可以"均是统辖其后的词汇性 VP,其辖域都不包括主语"你",这该如何主张(8b)的"可以"是表示语义辖域更大的环境许可义呢?我们认为,(8b)里"可以"的语义辖域确实不包括主语"你",该句不能说"*可以是你坐 331 路公车",这是因为决定该句中行为合适性的评判焦点不在事件主语上。(8b)的"可以"存在这种辖域局限并不影响说其情态义属于评判情态义,毕竟,在(11a)这种公认的道义情态句中,评判情态词"必须"的语义辖域也不包括事件主语。可见,在一些具体案例中,评判情态词的语义辖域有时会跟潜力情态词的一样,它只统辖词汇性 VP 而不涉及事件主语。也就是说,同一个评判情态词,它在各种评判表达中会有语用情况不同的评判焦点,该词的语义辖域就会因为评判焦点的位置变化而存在一定的浮动性,不会总是包含事件主语在内的完整事件 E。因此,在定位一些非认识情态句的情态义时,不能只依据情态词的语义辖域范围来判断该词是承担评判情态义还是表示潜力情态义,§3.3.2 将介绍定位情态义的更多依据。

例(10d)的句子"*这次事故张三必须汇报给了领导"表明评判情态词所辖的 VP 一般不能带上时体词,其实,这种一般趋势存在例外的情况。普通话的道义情态词"必须""要""可以"如果表示对过往经历的规定要求,它们后面的 VP 不仅可以带已然副词"曾经""已经",还可以带时体助词"过_{经历体}"及其否定式"从来没 V 过",如(13)所示。

  (13) 道义情态词搭配"曾经""过_{经历体}""没":

    a. 我们要求月嫂一定要(曾经)生养过小孩儿。

    b. 按照这个相亲活动的规定,参与的嘉宾可以离过婚。

    c. 要想进入面试,你必须从来都没考过不及格。

一部分母语者认为,一些评判情态词之后有副词"已经"时,评判情态词所辖的 VP 可以含有句尾时体词"了$_2$",见(14a)。这种情况依赖于"已经"的出现,这种评判情态句去掉"已经"后便不能用"了$_2$"了,见(14b),副词"已经"是学界公认的很偏向搭配"了$_2$"的成分。

  (14) 道义情态词搭配"了$_2$":

    a. 要竞选系主任,候选人必须/可以已经是系领导班子的成员(了)。

b. 要竞选系主任,候选人<u>必须/可以</u>是系领导班子的成员(*了$_2$)。

可见,评判情态词所辖的 VP 含有"了$_2$"属于一种特殊情况,总体趋势上这个 VP 仍是排斥"了$_2$"的。因此,评判情态词所辖的时体成分至多包含"过$_{经历体}$"及其否定式。普通话里"过$_{经历体}$"不同于其他时体词,多位学者主张它所述的事件不是特定时间上的某次事件,而是指具有可重复性的一个事件类(Yeh 1996;Smith 1997:268)。例如,短语"离了婚"指离一次婚,而短语"离过婚"指离一次婚或离多次婚皆可。这样看来,"V 过"在语义上跟带有其他时体词的 VP 并不一致,它跟不含任何时体词的词汇性 VP 有相当的语义一致性——它们都指可以包含多个成员、无关特定时间的事件类。因此,很多环境中的"V 过"在语法表现上近似于纯词汇性的 VP。

综上所述,任何评判情态词都是针对一个抽象的事件类做评判,其语义辖域是"[事件$_{(-话题,+事件主语,±时体状况)}$]"。这里的"±时体状况"表示:这种情态句所述的事件一般没有时体编码,只是在特殊情况下也能容纳个别时体词(如"过$_{经历体}$")。注意,这个"事件"在句法上不止是情态词之后的核心 VP,还可以包括情态词之前的主语或状语。例如,在(11a)"公园规定,晚上 9 点前游客<u>必须</u>离开园子"里,情态词"必须"所辖的事件是"晚上 9 点前离开园子",状语"晚上 9 点前"在它的语义辖域里。§3.3.2 会通过同义变换式证明评判情态的语义辖域包含情态词之前的状语成分。

接下来看潜力情态的情况。参考图 1.1 的"能愿助动词"的节点位置可知,潜力情态词的语义辖域只是抽象的动作 A(即词汇性 VP 的所指),这个 A 既不涉及事件主语,也没有任何的时体编码。如(15)所示,助动词"能$_{能力}$"后面从来不能带全句话题或事件主语,它所辖的 VP 不能含有"了$_1$""着""没""过$_{经历体}$"等时体词,这个 VP 完全撇开了时体编码。

(15) 潜力情态词的句法特征:

a. 这块石头(全句话题)张三(事件主语)能举到头顶上。

b. ［拒绝全句话题］*能这块石头张三举到头顶上。

c. ［拒绝事件主语］*这块石头能是张三举到头顶上。

d. ［拒绝时体词］*这块石头张三能举到<u>了</u>头顶上。｜*这块石头张三能<u>没</u>举到头顶上。｜*以前张三能举起<u>过</u>这块石头。

周小兵(1989:74)观察到"会_{能力}"后面的 VP 不能含有时体助词,举例如"他会说(*了)英语""妈妈会做(*过)四川菜"。这个观察也是证明普通话里能力义情态词所辖的 VP 不能带时体词。(15)的这组现象表明潜力情态词是针对一个抽象的动作类做断言,其语义辖域是"［动作_(−话题,−事件主语,−时体状况)］"。注意,这个"动作"句法上仅是情态词之后的 VP,不包括情态词之前的成分。例如,在句子"哈尔滨冬天会下雪"里,当中情态词"会"的辖域仅是"下雪",不是"冬天下雪",因为状语成分"冬天"不在"会"的辖域内。

范晓蕾(2021a:328)参考以往文献后指出,普通话的时体词都有相对非将来时(相对已然)的特征,这造成它们普遍偏向用于现实谓语。评判情态词和潜力情态词所辖谓语的核心 VP 都是指非现实事件,这种 VP 就十分排斥时体编码。不过,这两种情态词有时看似可以自由搭配"了$_1$"或"没",如(16)。

(16) 评判情态词、潜力情态词搭配"了$_1$"或"没":

a. 你不能好了伤疤就不记得疼。

b. 他做数学题,常常可以在别人还没看清题意时给出答案。

(16a)的助动词"能"表示道义许可义,(16b)的助动词"可以"表示特定能力义。这两个助动词之后的谓词性成分虽然含有时体词,但请注意,当中的时体词"了$_1$"或"没"所在的单个 VP 只是"能""可以"所辖的整个谓语里的从属性 VP，不是这整个谓语的核心 VP。例如，(16a)里短语"好了伤疤"从属于后面的动词短语"不记得疼"，(16b)里短语"还没看清题意"处于状语"在……时"内，它修饰后面的动词短语"给出答案"。在(16)里，动词短语"不记得疼""给出答案"才是助动词"能""可以"所辖谓语中的核心 VP，这两个动词短语并不含有"了$_1$"和"没"。一个谓语里核心 VP 的语法属性决定了整个谓语的基本属性，因此，(16)里情态词"能""可以"所辖的谓语并未真正地蕴含时体意义，这种例子不是上文结论的反例。再看，尽管汉语的时体词难以用于非现实谓语，但非现实谓语中的从属 VP 相对容易带上时体词，这是因为这种从属 VP 所指的动作往往相对于后面核心 VP 所指的事件是已然实现的，这种从属 VP 就具备相对已然的意义特征，由此符合汉语时体词的语义。

不过，评判情态词、潜力情态词所辖的核心 VP 确实可以有条件地带"了$_1$"，如(17a)，但这个"了$_1$"并非成熟的时体词，而是接近动相补语（phase complement）的成分（马希文 1983；木村英树 1983；Sybsma 1999:72、76；范晓蕾 2021a:168—171）。

(17) 评判情态词、潜力情态词所辖的 VP 带"了$_1$""着"：

　　a. 你必须放了那只羊。｜他能吃了那碗饭。

　　b. 今天学生都得穿着校服。｜他腰扭伤了，现在不能躺着。

　　c. 我爸要活着。｜他必须看着天空。｜人就不会总想着老家了。｜我得看着你。｜不要哭丧着脸。｜只能默默地抽着烟。（彭利贞 2007）

彭利贞(2007:299—308)展示出，动相补语性的词尾"了"（该书称为"了$_3$"）可以匹配于各种类型的情态词。后文但凡谈及"时体词"，皆是指成熟的时体词，不包括接近动相补语性的"了"。此外，木村英树(1983)、郭锐(1997)认为，搭配附着义动词（例词如"挂、贴、拿、提、穿、戴、站、躺")的词尾"着"表示状态的持续,它具有动相补语的性质。这种具有动相补语性的"着"同样可以出现在评判情态词、潜力情态词所统辖的核心VP里,例句见(17b)。进一步看,评判情态词、潜力情态词似乎不是太排斥体助词"着"。彭利贞(2007:239—243、275—281)给出的很多语料表明,普通话里评判情态词"得 děi""要""应该"以及潜力情态词"能""会"之后的VP可以是"非附着义动词＋着",例句见(17c),当中的"着"所搭配的个别词汇性VP(如"抽烟")表示具有一定动态性的行为,这种"着"并非木村英树等说的那种补语性"着"。可见,这个现象并不是那么简单。

3.3.2 语义关系与同义变换、语义衍推

确定好语义辖域之后,就要弄清:针对这个辖域,情态义要断言什么,或曰相应情态句的核心语义是什么。根据我们对各个情态类型的定义,认识情态词的断言重点是命题的真实性,评判情态词的断言重点是事件的合适性,潜力情态词的断言重点是动作的可实现性。三类情态义的基本语义特征式如(18)。

（18） 三类情态义的基本语义特征式:
  a. 认识情态［命题$_{(＋话题,＋主语,＋时体)}$,真实性］
  b. 评判情态［事件$_{(－话题,＋主语,±时体)}$,合适性］
  c. 潜力情态［动作$_{(－话题,－主语,－时体)}$,实现性］

这三类情态的语义特征模式是以典型情况为准,具体到特定词汇就要单独分析,甚至另当别论。每类情态都有多个下位概念,这些下位情态概念的分类主要受制于情态强度(可能还是必然)、事件的制约因素(人为规范还是自然环境、特定条件还是主语状况)等语义要素。语义特征式往往需要落实到具体情态词上,(19)是几个例词的语义特征式。

（19） 普通话部分情态词的语义特征式:

a. "大概"[命题(+话题,+主语,+时体),真实性;可能]

b. "一定"[命题(+话题,+主语,+时体),真实性;必然]

c. "可以环境"[事件(-话题,+主语,±时体),合适性;可能;自然环境]

d. "必须道义"[事件(-话题,+主语,±时体),合适性;必然;人为规范]

e. "能条件"[动作(-话题,-主语,-时体),实现性;可能;特定条件]

f. "会能力"[动作(-话题,-主语,-时体),实现性(懂得方式);必然;主语状况]

之后的章节还会谈到一些特定情态词的语义特征式。要论证这些语义特征式必须借助各类情态句的同义变换模式以及语义衍推状况。

情态句的同义变换模式有助于梳理情态类型。如(20)所示,认识情态词令句子有这样的同义变换:命题 P 可能/必然是真实的。决定这种同义变换模式的语义特征是认识情态词的语义辖域"命题 P"和断言重点"真实性",影响这种同义变换式的具体用词"可能"或"必然"的语义特征是认识情态词的情态强度为可能还是必然。

(20) 认识情态句的同义变换:

a. [认识可能]命题 P 可能是真实的。例如,句子"张三大概上大学了"⇨"张三上大学了,这可能是真实的"。

b. [认识必然]命题 P 必然是真实的。例如,句子"张三一定上大学了"⇨"张三上大学了,这必然是真实的"。

评判情态句的同义变换模式是:事件 E 是多个合适的选择之一(允许的),或唯一合适的选择(强制的)。例证见(21)。决定这种同义变换模式的语义特征是评判情态词的语义辖域"事件 E"和断言重点"合适性";影响这种同义变换式的具体用词"合适的选择之一"或"唯一合适的选择"的语义特征是评判情态词的情态强度为可能还是必然。

（21）评判情态句的同义变换：

a.[道义许可] 事件 E 是合适的选择之一（规范允许的）。例如，句子"你<u>可以</u>在走廊抽烟，也<u>可以</u>在院子里抽烟"⇨"你在走廊抽烟，或在院子里抽烟，这是规范允许的"。

b.[道义必要] 事件 E 是唯一合适的选择（规范强制的）。例如，句子"公园规定，晚上 9 点前游客<u>必须</u>离开园子"⇨"晚上 9 点前游客离开园子，这是规范强制的"。

c.[环境许可] 事件 E 是合适的选择之一（环境允许的）。例如，句子"从中国去美国，你<u>可以</u>坐飞机，也<u>可以</u>坐轮船"⇨"从中国去美国，你乘坐飞机或轮船，这是合适的选择之一"。

d.[环境必要] 事件 E 是唯一合适的选择（环境强制的）。例如，句子"要活着，人<u>必须</u>喝水"⇨"要活着，人喝水，这是唯一合适的选择"。

潜力情态句的同义变换模式是：动作 A 是可能/必然实现的。例证见（22）。决定这种同义变换模式的语义特征是潜力情态词的语义辖域"动作 A"和断言重点"实现性"；影响这种同义变换式的具体用词"可能"或"必然"的语义特征是潜力情态词的情态强度为可能还是必然。

（22）潜力情态句的同义变换：

a.[条件可能] 动作 A 是可能实现的。例如，句子"找到钥匙，我们才<u>可以</u>进门"⇨"如果找到钥匙，我们进门是可能实现的"。

b.[条件必然] 动作 A 是必然实现的。例如，句子"哈尔滨冬天<u>会</u>下雪"⇨"如果在冬天，哈尔滨下雪是必然实现的"。

c. [特定能力] 动作 A 是可能实现的。例如,句子"他力气很大,能举起一百斤的重物"➪"他举起一百斤的重物是可能实现的"。

d. [恒常能力] 动作 A 是必然实现的。例如,句子"他会说法语"➪"他懂得说法语是必然存在的"。

上述的同义变换模式证明,评判情态和潜力情态的本质差异在于两者的断言重点是"合适性"和"实现性"的不同。不过,针对汉语"会"表达的恒常能力,其断言重点应该是"懂得"(参见§2.2),为简约起见,本章对此暂不区分。

不同的情态义有不同的语义衍推模式。普通话里,评判情态词的典型成员是道义情态词"可以""必须",它们令评判情态句有这样的语义衍推模式:如果主语不执行事件的内容,那么就可能/必然会有消极后果,如(23)所示。

(23) 道义情态词的衍推义:

a. [道义许可] 句子"你可以在走廊抽烟,也可以在院子里抽烟"可衍推:如果你在走廊、院子以外的地方抽烟,可能会受到处罚。

b. [道义必要] 句子"公园规定,游客必须在晚上6点到9点离开园子"可衍推:如果游客离开园子不是在晚上6点到9点(而是在晚上6点之前或者9点之后),必然会受到处罚。

普通话的情态词"可以""必须"在承担环境情态义时,其句子有平行的语义衍推模式,例证见(24)。

(24) 环境情态词的衍推义:

a. [环境许可] 句子"从中国去美国,你可以坐飞机,也可

第三章 评判情态与潜力情态：普适性的分类方案

以坐轮船"可衍推：从中国去美国，如果你乘坐飞机、轮船以外的交通工具（如"火车"），可能会达不到目的（到不了美国）。

b. ［环境必要］句子"要活着，人必须喝水"可衍推：要活着，如果人不喝水，必然会有消极后果（死掉）。

再看普通话的潜力情态词"能""会"，它们无论表示条件情态还是能力情态，相应的句子都没有上述的语义衍推模式，见(25)(26)。

(25) 条件情态词缺少特殊的衍推义：

a. ［条件可能］句子"找到钥匙，我们才能进门"无法衍推：如果我们不进门，*可能会有某个消极后果。

b. ［条件必然］句子"哈尔滨冬天会下雪"无法衍推：如果哈尔滨不下雪，*必然会有某个消极后果。

(26) 能力情态词缺少特殊的衍推义：

a. ［特定能力（生理）］句子"他力气很大，能举起一百斤的重物"无法衍推：如果他不举起一百斤的重物，*可能会有某个消极后果。

b. ［恒常能力（心智）］句子"他会说法语"无法衍推：如果他不说法语，*必然会有某个消极后果。

这种通过语义衍推模式区分评判情态和潜力情态的方式是范晓蕾(2009)首次提出的，该文用此方式来证明：环境许可和道义许可属于同一个情态大类，它们绝对区别于条件可能和内在能力。

　　情态句的同义变换模式和语义衍推关系很好地证明，道义情态和环境情态是语义更相似的，条件情态和能力情态是语义更相似的。环境情态、条件情态虽然都是制约因素外在于事件主语，但这两种情态义有不同的断言重点使它们分属不同的情态类型。因此，断言重点是比制约因素更重要的情态分类标准，本书分出评判情态和潜力情态是合理的情态分类方案。

3.3.3 语义特征的权重

情态词的语义结构包含多项语义特征,有必要考量各个特征项的语义权重(weight)。特征项的权重代表该项特征在语义结构中的核心度,也就是这个特征项的具体取值能在多大程度上决定概念的基本性质。一个概念的语义特征式中,各个特征项的权重往往不同,权重大的特征项决定概念的基本类属,是核心特征;权重小的特征项对概念性质的定位没有太大作用,是次要特征。理论上,语义特征的权重等级表现为该项特征在多大程度上影响情态词的句法表现、同义变换、语义衍推,语义特征在这些方面的影响力越大表明该项特征的语义权重越大。

在情态语义特征式中,语义辖域、断言重点是权重最大的特征项,因为它们决定了情态词的句法表现、同义变换模式、语义衍推关系,所以,语义辖域和断言重点直接决定了情态义的类型归属。这两个特征项的重要性符合语义分析的推导。情态本质上是有关说话人主观态度的概念范畴,那么,情态类型理应优先根据情态概念的主观性状况来界定,首要一步是根据语义主观性的差异划分出情态的基本类型。情态词的语义辖域、断言重点正规定了情态义的主观性。功能词的语义辖域大通常对应于该词的主观性高,各个情态词的断言重点所说的"命题真实性""事件合适性""动作实现性"也表明了这些情态词主观性的高低。语义辖域、断言重点对于情态概念的定性作用是不言自明的。

情态概念里权重其次的语义特征是情态强度。情态强度会影响情态句的同义变换式和语义衍推式里的具体用词,如"可能/必然"或"合适/强制"。这项特征决定了同一情态类型内部的细节差异,并常常决定情态词的编码形式。语言中表达道义许可、道义必要通常会用不同的情态词,如普通话的评判情态词"可以"和"必须"就呈现出这种意义对立。

情态概念里权重最次的语义特征是情态意义的制约因素,如上文所示,它几乎不影响情态词的句法表现和语义衍推模式。而且,情态意义的制约因素很少影响到情态词的编码形式。道义情态和环境情态的唯一差异是它们的制约因素有不同,§3.4.1 的语料会显示,这两种情态概念在汉语方言里大多编码为同一形式,汉语里,表示道义许可和环境许可的一般是同形情态词,表示道义必要和环境必要的都是同形情态词。

我们应该依据语义特征的权重大小来给情态范畴分类。权重最大的特征项是情态概念的一级分类参数,因此,应该首先依据语义辖域、断言重点分出情态的基本类型——认识情态、评判情态、潜力情态,这三类情态概念的语义辖域和断言重点皆不同。情态概念里权重其次的语义特征"情态强度"就是情态概念的二级分类参数。在分出情态的基本类型之后,就可以依据每个情态类型下各个概念的强度特征分出每个情态类型的下位概念,比如,认识情态分为认识可能和认识必然,评判情态分为评判许可和评判必要。最后,可以按照制约因素的状况差异给情态的基本类型分一些细类,比如,评判情态被分为道义情态和环境情态,潜力情态被分为条件情态和能力情态。

情态语义特征式中各个特征项的权重等级也反映在具体案例分析的难易度上。根据情态词的断言重点分出的认识情态义、评判情态义、潜力情态义,彼此之间有很高的区别度,较少发生意义混淆。比如,母语者很容易判断出(27)里三个句子的助动词"能"表达了三种不同的意义,(27a)的"能"表示推测事件真假的可能义,(27b)的"能"表示对一个行为的允许义,(27c)的"能"表示事物的用途义。

（27） 普通话的三种"能"问句：
   a. [认识情态] 这天气能下雨吗？
   b. [评判情态] 这里能抽烟吗？
   c. [潜力情态] 这个药能治感冒吗？

母语者一般能准确地做出这个判断，主要是因为(27)的三个"能"句在断言重点上的差异是显而易见的。再看，情态意义的制约因素对于一个情态概念的语义属性影响很小，基于制约因素分出的情态细类在区别度上就很弱，这部分是研究者分析情态句的意义时最容易出现意义混淆的地方。§4.3.3将展示，潜力情态下的条件情态和能力情态常常会发生语义中和，其原因主要是：在非认识情态句中，制约因素内在于事件主语与制约因素外在于事件主语，这两种情况不是完全对立互斥的关系，这两种制约因素的作用可以同时存在于同一个情态表达中。既然一个语义特征项的各个取值并非对立互斥的关系，那么这个特征项对于概念的分类作用就不那么大了。

诚然，界定情态词的语义辖域、断言重点等情况需要复杂的句法变换和语境分析等操作流程，这不如判断情态制约因素与事件主语之间是外在关系还是内在关系来得简单。然而，语义判别标准之复杂是概念连续性及模糊性带来的必然结果，语义分析不可能是简单的事，其精彩之处也正是在看似模糊的意义里找到明确的本质特征。重要的是，尊重证据事实比操作的简单性更为关键。

3.4　词形编码：汉语方言的外在证据

我们的情态类型体系还有词形编码方面的大量证据，这些证据主要是汉语方言情态词的多功能模式。语义地图理论中，de Haan

(2004)对概念空间的功能提出了基元性要求(参见§1.3.1.1),依据该要求,若两个情态义在大量语言中编码为不同的词形,它们应该分为不同的情态概念。下面便据此检验本章的情态分类方案是否合理。

3.4.1 环境情态和条件情态的对立

我们将非认识情态分为评判情态和潜力情态,这是对传统看法的主要修正。修正之处是分离出环境情态、条件情态,尽管它们的情态制约因素都是外在于事件主语,但环境情态跟道义情态相同,条件情态接近能力情态。汉语方言的多功能情态词便可证明这一点。

在汉语中,道义情态、环境情态通常用同一词形表达,条件情态、能力情态往往用同一词形表达,但这两组情态义常常编码为不同的词形。必然性情态词里,有仅表达道义情态、环境情态的,也有仅表达条件情态、能力情态的,普通话的副词"必须"和助动词"会"就很好地例释了这种功能对立。如(28)(29)所示,"必须"兼有道义必要义和环境必要义,它不能表达条件必然及恒常能力的意义,而"会"正相反,它兼有条件必然、恒常能力的意义,不能表达道义必要义和环境必要义。

(28) 普通话"必须":

  a. [道义必要] 公园规定,晚上9点前游客必须离开园子。

  b. [环境必要] 要活着,人必须喝水。

  c. [*条件必然] *哈尔滨冬天必须下雪。

  d. [*恒常能力] *他必须说法语。

(29) 普通话"会":

  a. [*道义必要] 公园规定,*晚上9点前游客会离开园子。

b. [*环境必要] 要活着，*人会喝水。

c. [条件必然] 哈尔滨冬天会下雪。

d. [恒常能力] 他会说法语。

在能性情态词里，有一些词只能表达道义情态义和环境情态义，它们没有条件可能义，如（30）中汕头话的助动词"好"；也有一些能性情态词只能表达条件情态、能力情态的意义，它们没有任何评判许可义，如（31）中普通话的能性述补式"V得C"。

(30) 广东汕头话"好"：

a. [道义许可] 你好在楼道吸烟，唔好在教室吸烟。

b. [环境许可] 去美国，你好可以坐飞机去，唔好不可以坐火车去。

c. [*条件可能] *个门个锁无用去门锁坏了，个犯人好逃走噢能够逃走。

(31) 普通话"V得C"：

a. [*道义许可] 按公司规定，*楼道里头抽得了烟。

b. [*环境许可] 到香山去，*你坐得了331路车。

c. [条件可能] 坐331路车，去得了香山，去不了故宫。

d. [特定能力] 这么沉的箱子，他举得动吗？

总之，道义情态跟环境情态偏向同形，条件情态和能力情态偏向同形，而这两组情态概念常常区分为两种词形。再看，这几种情态概念的上述词形区分还呈现数量上的优势，这就进一步证明它们的形式区分并非偶然现象，如下所述。表3.2展示了四种能性情态义在汉语方言中的同形状况，有大量情态词仅有特定能力义和条件可能义，有一批情态词仅有环境许可义和道义许可义，极少数情态词仅有条件可能义和两种许可义。

表 3.2　四种能性情态义的词形编码

特定能力	条件可能	环境许可	道义许可	汉语例词的比例
+	+	+	+	大量例词： "可以"（北京）；"能"（邢台、平遥）；"V得"（广州）；"好"（上海、绍兴）；"解"（福清）
+	+	×	×	大量例词： "有法通"（泉州）；"有变"（汕头）；"V得倒"（广州）；"VC咾"（邢台、平遥）；"V将来"（朔州）；"V解C"（福清）；"V得"（上海）
×	×	+	+	一批例词： "通"（泉州、厦门）；"好"（香港、潮州）；"V得"（扬州）
×	+	+	+	极少数例词："得"①（古汉语）

这些数据足以证明：道义情态、环境情态同属一个情态类型，条件情态、能力情态在概念上彼此更接近。综上可见，环境情态与条件情态虽然皆受制于外在于事件主语的客观因素，却是完全不同的情态意义。

各项证据都表明道义情态、环境情态是高度一致的，母语者却常常难以感知到二者的相似性。人们往往难以判断(32a)和(32b)的助动词"可以"是否属于同一类意义。

(32)　普通话"可以"的两个评判许可义：

　　　a. ［道义许可］游客可以在走廊里抽烟。

　　　b. ［环境许可］感冒的人可以吃这种药。

其实，(32)里两句的"可以"均表示评判情态中的许可义，它在前一句中表达受制于社会规约的道义许可，它在后一句中表达受制于病情和药

---

① 古汉语助动词"得"早期兼有条件可能和两许可义而无能力义，参见 Li(2003)、van der Auwera et al.(2009)。

性的环境许可。我们区分出道义情态和环境情态,这有一些词形编码上的证据。汉语方言里很多词形区分了道义许可和环境许可。例如,北方方言的助动词"敢"以命令句"不敢 VP"的形式表示否定性的道义许可义"不允许、不要",它不能在陈述句里表示环境许可义。再如,刘月华(1980:255)指出,普通话的能性述补式"V 得""V 不得"可以表示情理上是否许可,举例如(33a)。该句的情理许可义属于我们说的环境许可义。

(33) 刘月华(1980:255)里"V 得""V 不得"的功能:
  a.[情理上许可]一个人去不得,看掉在沟里。
  b.[命令上准许]*没有我的命令你走不得。

刘氏又谈到,"V 得""V 不得"不能表示命令上的准许与否,例如(33b)。而命令上的准许属于本书说的道义许可义。不过,我们尚未找到有词形区分道义必要和环境必要的案例,比如,普通话的情态副词"必须""得 děi"及助动词"要""应该"都是兼有这两种评判必要义。汉语方言或其他语言有无词形区分这两种评判必要义,是日后考察要关注的问题。

  条件情态和能力情态是高度一致的,母语者也容易感知到二者的相似性。尤其是,条件可能和特定能力常常出现语义中和、难以分辨的状况,详见§4.3.3。区分出这两类情态概念也有词形编码上的证据,汉语方言很多词形区分了条件必然和恒常能力。例如,广府粤语的助动词"会"只有条件必然义,无恒常能力义,而广府粤语的助动词"识"和北方方言的助动词"会"只有恒常能力义,无条件必然义。不过,我们尚未找到词形严格区分出条件可能和特定能力,这两个情态义的词形编码证据是日后研究需要注意的方面。

  彭利贞老师在评审意见中谈道:"在对具体的情态词进行分析时,

是同一个节点,还是分属两个节点,着眼点不同,会有不同的分析结果。"彭老师提出,虽然(34)的两个"可以"被本书定位为不同的情态义,(34a)的是条件可能,(34b)的是环境许可,但是,(34b)的"坐飞机""坐轮船"也是使得去美国这一事件成真的致能条件。

(34) 普通话的两个"可以"句:

　　a. 钥匙找到了,我们可以进门了。

　　b. 从中国去美国,你可以坐飞机,也可以坐轮船。

本书承认这两个句子的情态义都有外在于事件参与者的致能条件(即制约因素),这是条件情态义和环境情态义常常呈现出的语义共性。但是,两个用法 s1 和 s2 有某个共性不足以成为将二者合并为一个意义 s 的充分条件,不同的语法意义存在一定的共性是常态。如果 s1 和 s2 还存在一些差异,并且这些语义差异导致处于 s1 用法的词 M 和处于 s2 用法的词 N 存在很多语法差异,那么至少在语义地图研究中要将 s1 和 s2 区分为两个意义。在很多时候,意义的分合不能按照所谓的"着眼点不同"来制定灵活可选的方案(否则语义分析会有主观任意性),而是要根据具体的语法表现进行判断。上文已为"条件情态\环境情态"的分类提供了足够的语法论证,特别是,语义辖域、断言重点是情态语义特征式中权重最大的特征项(参见§3.3.3),而条件情态、环境情态在这两项语义特征上很不同,因此,这两类情态义必须区别开来,不能合并在一起。§3.3.3谈到情态概念里权重最次的语义特征是情态意义的制约因素——即彭老师说的"致能条件",本章强调这种语义特征在情态义的定位中是可忽略的。细看(34)的两个"可以"句,它们的句式都是涉及致能条件关系的复句形式"XP+可以 VP",但这两句里 XP 和 VP 之间的条件关系是模式相反的:(34a)里是 XP"钥匙找到了"作 VP"进门"的致能条件,(34b)里是 VP"坐飞机"作 XP"从中国去美国"的致能条件。情态词"可以"是对其所辖的 VP 做出某方面的意义判定,那么,该词在(34a)里是对条件关系中的结果性行为("进门")做判定,该词在(34b)里是对条件关系中的条件性行为("坐飞机")做判定。这种差异提示"可以"一词在这两个句子中必定是表示不同的意义。本书的分析是:在(34a)里,它判定了结果性行为在条件性行为的作用下是否有潜力实现;在(34b)里,它判定了条件性行为对于目标中的结果性行为来说是否合适,而一个条件性行为被判定为"合适",是指其执行会使目标中的结果性行为顺利达成。其实,(34a)和(34b)在语义解读上平行于本章(8a)和(8b)[即第一章的例(13)]的情况,本书对(8a)(8b)的论述也可参照来看。退一步讲,如果要将本书主张的条件情态和环境情态合并为同一种情态类型,那么就要解释(8a)和(8b)[或(34a)和(34b)]中两个"可以 VP"句的几方面差异是如何产生的,这些差异包括:它们要表达"VP"客观可实现性的语用价值很不同(§1.2.1、§3.2.3),它们跟各自的前一小句是模式相反的条件关系,它们有不同的语义衍推模式及同义变换模式(§3.3.2),等等。只有这些差异能被归结为是某些普适性的语用规则引起的,(8a)和(8b)的"可以"方可被看作表示同一种情态义。

我们承认,在另一些情况下,意义的分合确实存在可选性的空间。彭利贞老师在评审意见中谈到,普通话的助动词"应该"属于盖然强度,副词"必须"属于必然强度,两个词的强度差异如句子"你<u>应该/(*必须)</u>去,但也可以不去"所示。我们同意这个语义判定,不过,本书的情态语义地图研究将"盖然"归入宽泛意义上的"必然"是可行的。情态强度这种特征项在情态语义结构中权重较小(参见§3.3.3),情态强度又是一个连续统,其分类的界限就具有一定的可选性。

3.4.2 认识情态词的特立独行

认识情态被 Palmer(2001)归为独立于其他情态义的"命题情态",这一分类的合理性得到语料中词形编码状况的印证。汉语表达认识情态义往往会用不同于评判情态、潜力情态的词形。很多认识情态词没有其他的情态义,如普通话的副词"一定""或许""大概"只有认识情态义。即使一些有评判情态、潜力情态义的情态词兼有认识情态义,如普通话的助动词"能"和"会",它们的认识情态义也不成熟,这两个词要表达认识情态义,通常只能在否定式、疑问句里陈述非现实事件(参见§5.2.1、§7.3.4、§10.3.1)。根据笔者的共时考察,汉语方言中典型的认识情态词不是源自其他的情态义,而是从各种词汇义逐渐演化而来的,它们按词源义可分为如下四类。

第一,很多方言中,表达感知或心理活动"看见、说、猜想、估算、担心"等词汇义的动词还能作表示认识可能义的副词,见(35)(36)和表3.3。其中,源于担心害怕义的认识情态副词一般用于推测说话人不希望或不愿意相信的事件。

(35) 上海话"只怕""特怕""独怕":
  a. [害怕] 只怕伊勿晓得,事体就吭没结果了。(许宝华等 1991:323)
  b. [认识可能] 现在银行只怕$_{也许}$打烊勒,勿要去伐。(许宝华等 1991:323)

(36) 邢台话"约莫":
  a. [估计(动词)] 我约莫着他有四十岁。
  b. [认识可能(副词)] 天约莫要下雨了。

表 3.3 感知心理义与认识情态词

词汇性义	方言的情态词（例词）
看，说，问	"咧看"（晋江[调]）；"亻厓看"和"将问"（永定客话[李小华 2006]）
预测，猜想	"想是"（北京[调]）；"想必"（北京[调]、武汉[李荣 2002:4741]、南昌[李荣 2002:4741]）；"想是"（银川[高葆泰、林涛 1993:153]、同心[张安生 2000:181]、中宁[黄伯荣 1996:430]）；"壳张"（吴语[吴连生等 1995:201]、上海[许宝华等 1991:320]）
估算	"估计"（北京[调]）；"约莫"（邢台[调]、河南浚县[辛永芬 2006:148]、平遥[侯精一 1995:195]、长治[侯精一 1985]、忻州[温端政 1985:108]、敦煌[刘伶 1988:192]）；"拍算"（台湾闽南[杨秀芳 1991:252]）；"量来"（上海[许宝华等 1991:320]）
担心，害怕	"恐怕"（北京[调]、临清[张鸿魁 1990:144]）；"怕不得"（临清[张鸿魁 1990:144]）；"许怕"和"生怕"（中宁[李树俨 1989:142]）；"怕"（长沙[鲍厚星等 1999:263]、衡山[彭泽润 1999:238]、常德[易亚新 2007:209]）；"怕的"（扬州[黄伯荣 1996:430]）；"只怕""特怕"和"独怕"（上海[许宝华等 1991:323]）；"惊"（中山[甘甲才 2003:216]、福清[冯爱珍 1993:207,211]、珠江三角洲[詹伯慧等 1988:432]、斗门[詹伯慧等 1988:432]、江门[詹伯慧等 1988:432]、中山隆都[詹伯慧等 1988:432]）；"恐惊"（台湾闽南[张振兴 1983:125]）；"惊怕"（梅县[谢永昌 1994:161]、宁化客话[张桃 2004:172]）；"慌住"（顺德[詹伯慧等 1988:432]）；"慌"（三水[詹伯慧等 1988:432]）；"恐"（宜章土话[沈若云 1999:186]）；"怯要"（沅陵[杨蔚 1999:171]）；"担怕"（彭州[杨绍林 2005:251]）

第二，汉语方言中，很多表示认识可能义的情态词在形式上表现为否定义的能性述补式，见(37)(38)和表 3.4。

(37) 北京话"说不定""说不准"：

　　a.[能力"不能说准"]我说不准他什么时候回家。

　　b.[认识可能]他说不定已经在办公室了。

(38) 常德话"搞得不好"：

　　搞得不好他不得来哒。（郑庆君 1999:216）

否定义的能性述补式应该代表这类认识情态词的词源，那么，这些情态词反映出一个语义关联"不能做到某事—认识可能"。其中，来源于"不能保证""不能搞好"两个意义的认识情态词（如"保不住""搞不好"）倾向于推测说话人不希望或不愿意相信的事件。

表 3.4　否定义能性述补式与认识情态词

词汇性义	方言情态词（例词）
没看见，没想到	"不见得"（北京[调]）；"未见得"（武汉[李荣 2002:773]、长沙[李荣 2002:773]）；"没见起"和"不见起"（陕西户县[孙立新 2001:436]）；"未见(起)"（哈尔滨[李荣 2002:773]）；"不见其"（青州[董绍克等 1997:499]、寿光[董绍克等 1997:499]）；"勿见得"（上海[钱乃荣 1997:167]）；"未量"（神木[邢向东 2002:551]）
不能说定，不能算准	"说不定"和"说不准"（北京[调]）；"说勿定"和"话勿出"（上海[钱乃荣 1997:167]）；"吃勿准"（上海[许宝华等 1991:320]）；"讲不定"（上海[许宝华等 1991:326]）；"算不倒"（江永[黄雪贞 1993:181]）
不能保证	"保不住"（银川[高葆泰等 1993:119]、江永[黄雪贞 1993:181]）；"保不齐"（北京[调]）；"保不准"（邢台[调]）
不能搞好	"搞不好"（武汉[调]）；"搞得不好"（湖南常德[郑庆君 1999:216]）
不能阻挡，不能避免，不能放下	"挡不住"（邢台[调]、寿光[张树铮 1995:186]）；"备不住"（北京[调]、德州[董绍克等 1997]、桓台[董绍克等 1997]、寿光[董绍克等 1997]、莱阳[董绍克等 1997]、青州[董绍克等 1997]、枣庄[董绍克等 1997]、阳谷[董绍克等 1997;董绍克 2005]）；"者不了"（郯城[邵燕梅 2005:204]）；"脱不了"（寿光[张树铮 1995:186]）；"搁不住"（邢台[调]、洛阳[曾光平等 1987:70]）

第三，汉语方言中，很多表示认识必然义的情态词往往兼有词汇义"保证、稳固、可靠、准确"等，见（39）（40）和表 3.5。认识必然表达有完全把握的推断，推断的内容通常是绝对准确可靠的信息，"稳固""可靠""准确"这三个词汇义正符合这一意义特点。

（39）　山东郯城话"保准"：

　　a.［动词，保证］我保准他今天能来。（邵燕梅 2005：204）

　　b.［认识必然］他保准又上他二姑家了。（邵燕梅 2005：204）

（40）　上海话"板"：

　　a.［动词，被干后硬结之物凝结住］衣裳浪浆糊板勒一大

块。(许宝华等 1991:314)

b. [认识必然] 伊晓得我板─定勿会拿错个。(许宝华等 1991:316)

表 3.5 稳固可靠义与认识情态词

词汇性义		方言情态词(例词)
保证肯定		"保准"(莱州[钱曾怡等 2005:292]、郯城[邵燕梅 2005:204]);"敢保"(静乐[李建校 2005:319]);"保定""保证"和"保险"(上海[许宝华等 1991:316]);"包"(嘉定[汤珍珠等 1993:184]);"管保"和"管许"(洛阳[李荣 2002:5170,5171])
稳固		"板""板数""板定""稳"和"准定"(上海[许宝华等 1991:316]);"稳定""固定"和"稳"(泉州[林连通 1993:239]);"定准儿"(莱州[钱曾怡等 2005:292]);"定着"(厦门[谭邦全等 1996:145]);"稳""必定""定规""定坚""板""板定"和"板数"(嘉定[汤珍珠等 1993:183]);"定予"(徐州[李申 1985:268]);"实"(澳门[调])
可靠	认识可能	"靠得住"(湘潭[伍云姬 2007:36]);"靠撞"(溆浦[贺凯琳 1999:234])
可靠	认识必然	"靠住把儿"(洛阳[曾光平 1987:70]);"靠实"和"靠得实"(娄底[伍云姬 2007:180]);"靠数"(常德[郑庆君 1999:217])
准确		"准准"(长治[侯精一 1985:98]);"准起"和"准定"(徐州[李申 1985:267]);"准"(嘉定[汤珍珠等 1993:183]、北京[调]、邢台[调]、泉州[林连通 1993:239]、上海[许宝华等 1991:316])

第四,汉语方言中,表示"高频率、惯常、比例大、大约、差不多"等高概率意义的副词常常兼有认识可能义,而且这种副词的认识可能义是强度较高的"很可能、大概"义,见(41)(42)和表 3.6。

(41) 金华话"作兴":

a. [惯常"流行,作为习惯的"] 城里人也作兴清明日到外头踏青。(李荣 2002:1828)

b. [认识可能] 作兴今日儿有客人来。(李荣 2002:1828)

(42) 江苏吕四话"大面"：
    a. [大部分]（无例句）
    b. [认识可能] 天色丑作,大面要落雨咯,带把伞。(卢今元 2007:438)

表 3.6　频率比例义与认识情态词

词汇性义	方言情态词（例词）	
高频惯常	认识必然	"终（总）"（上海[许宝华等 1991:320]）；"宏总"（零陵[伍云姬 2007:330]）
	认识可能	"总"（耒阳[伍云姬 2007:267]、同心[张安生 2000:181]）；"可多"（永定[李小华 2006]）；"一样"和"照常"（扬州[黄伯荣 1996:429]）；"作兴"（金华[李荣 2002:1828]、嘉定[汤珍珠等 1993:182]、舟山[方松熹 1993:145]、上海[许宝华等 1991:320]）；"总是"（常德[易亚新 2007:208]）
比例大,大部分		"大面"（吕四[卢今元 2007:438]）；"（一）多半"（常德[郑庆君 1999:217]）；"八成"和"多半"（北京[调]）；"八分儿"和"八成"（郯城[邵燕梅 2005:204]）；"大概"（寿光[张树铮 1995:185]）；"大模子"（同心[张安生 2000:181]）
大约,差不多		"大约"和"约约乎"（上海[许宝华等 1991:316]）；"大约"（江永[黄雪贞 1993:181]）；"差不多"（晋江[调]）

认识情态词在编码方式上常常特立独行,而评判情态、潜力情态常常彼此同形,这印证了认识情态与另外两种情态概念存在较大的语义差异。§1.1.2.2 谈到朱冠明（2008:202）主张的汉语复合式情态词的三种形成方式里有一种独特的情况"两个'非情态'的成分连用而凝固成词",其唯一的案例就是认识情态副词"一定",这也透露出:汉语的认识情态副词在语义发展过程中往往没有其他情态义作中间桥梁。总之,现代汉语的共时状况和古代汉语的历时过程都说明,Palmer（2001）将认识情态归入命题情态而独立于其他情态概念的分类方案是很合理的做法。

第四章 情态概念的辨析

4.1 概述

第二、三章详细论证了本书的情态类型体系,并刻画了每个情态概念的语义特征和句法特点,以便从语料分析中准确地定位特定情态词的意义。然而,无论情态分类方案给出多么清晰可操作的鉴别标准,在研究实践中仍然有一部分情态义容易彼此混淆,不少句子看似可以解读为两种情态义。很多情态句究竟表达哪种情态义,往往很难界定,情态语义刻画的争议也颇多。情态范畴容易出现语义辨识的困境,主要有三个原因。第一,很多情态句在不同的语境下表达不同的情态意义,很多时候一个句子的情态义定位受制于语境。第二,同一个情态类型下的次类概念相似度很高,两个次类概念偶尔会出现语义中和的现象(即句子诠释为哪个意义都一样)。第三,一个情态义往往语用隐含了另一个情态义,这造成一些情态句看似同时表达了两种情态义。本章将逐一分析这三种原因造成的情态语义辨识困境,最后补充能力词的语用特点。

这里先行澄清一个语言事实:情态句里词汇性 VP 的情状类型不会绝对制约句子表达哪种情态义。一些著作会讨论句子的情态义与句内词汇性 VP 的情状类型有什么关联,彭利贞(2007:177—184)、徐晶凝(2008/2022:173)就主张:一个情态词所辖的 VP 若是静态动词或非自主动词,这个情态词通常表达认识情态义,它难以表达道义情态或动力情态的意义。事实上,这只是一个大概率倾向,不是绝对的规律。彭利贞(2007:184—190)给出一些"非认识情态词+静态VP"式的语料,我们也找到一些例句,见(1),当中的情态助动词或情态副词都是搭配词汇性的静态VP,这些情态句明显不是表达认识情态义。

(1) "非认识情态词+静态VP"式的用例:

  a. [特定能力] 现实生活中有多少人<u>能像她这样儿</u>?(彭利贞 2007:188)

  b. [条件可能] 现在他等着上手术台,一天天日子实在难堪,终于明白,一天是<u>可以等于二十年的</u>。(彭利贞 2007:189)

  c. [环境必要] 如果把书比作美女,她<u>应该有内在的气质(内容)、外在的体态(印刷、装帧)和精心的打扮(编辑加工)</u>。(CCL语料库)

  d. [道义必要] 教育要做到"三个面向",就<u>必须是一个开放的体系</u>,实行开放办学。(CCL语料库)

按照本书的分析,(1a)的"能"可以诠释为有能力做到某事,这是特定能力义;(1b)的"可以"句相当于说一天客观上有潜力(在一些时候)等于二十年,这是条件可能义;(1c)的"应该"句表示被看作"美女"的书客观上需要有内在的气质等要素,这是环境必要义;(1d)的"必须"句相当于说教育被强制要求做成一个开放的体系,这是道义必要义。彭利贞提出(1)这种非认识情态句里的静态动词可以诠释出动态意义,这一看法有其道理。但我们认为,潜力情态词和评判情态词之所以不完全排斥词汇性的静态VP或非自主VP,是因为潜力情态表达有潜力做某事,评判情态表达做某事是合适的,这种两种情态义跟静态事件或非自主行为并没有绝对的概念冲突。语言中不仅有大量的"认识情态词+静态VP"式用例,也存在一些"潜力情态词/评判情态词+静态VP"式用例。因此,本章的情态语义辨析不会关注情态句的词汇性 VP 是怎样的情状类型。

4.2 情态义的定位受制于语境

弄清一个句子具体表达哪个情态义需要考虑很多因素,我们认为当中最重要的因素是语境信息。理论上,一个句子的意义要匹配所在语境的状况,于是,句子的前后文信息会在很大程度上决定句子的断言重点,而一个情态句的断言重点直接决定该句表达了哪一种情态义。本节初步阐释句子的情态义与语境信息之间的关系。

语境信息包含当前谈话的会话目标(如关心什么问题)、所述事件的基本状况(如默认能否轻易实现)、谈话双方的身份角色等特定语境中临时出现的变量状况。所谓"定位句子的情态义要重视语境信息",不是说句子的情态义包含着语境赋予的临时语用义,而是说:一个理论上具有多种情态义的句子,在实际使用中会表达哪种情态义,是受制于语境信息的。学界熟知,一个句子即使自身具备多种意义(即有歧义),而它一旦用在特定语境中,通常也只有一种意义。特定语境能够消除句子的歧义性,这是因为任何句子在使用中都有伴随前后文的具体语境,一个句子所表达的意义必须要符合当前谈话的交际目的,它要跟前后文的信息形成合情理的自然衔接,而一个句子往往只有一种可选的语义诠释符合这种会话要求。所以,一个歧义句在实际使用中会诠释为其已有的哪个意义,就决定于它的哪个意义能匹配于所在语境的前后文信息。例如,句子"老王可以抽烟"有能力、许可两种情态义,它表达哪个意义是随语境而变的,其前后文可能是关心人的能力,也可能是关心行为的合适性。建立起这个认识后,就可以讨论一些多义情态词的语义定位是如何受语境信息制约的。

以往研究未能清楚地区分环境情态和条件情态,即使范晓蕾(2009,2011,2014)用形式和语义证据论证出条件许可(即环境许可)和条件可能的区别之后,该情态分类方案也未得到多数研究的采纳。方家不取环境情态、条件情态之分大概源于二者的相似度较高,在具体例释中极易混淆。环境许可和条件可能难以区分开来,这有两方面的原因。第一,尽管评判情态所关涉的事件 E 未必有潜力实现(参见§3.2.1),但评判情态的事件 E 常常是有潜力实现的。比如,评判许可往往语用隐含了条件可能,被许可的事件经常也有客观上的可实现性。例如,道义许可句"你可以进来"一般默认"你"客观上有潜力进来,环境许可句"去香山可以坐 331 路公车"中"坐 331 路公车"的行为在经验上很容易实现。第二,同一个情态句往往有环境许可、条件可能两种解读,它具体表达哪个意义会因语境信息而定。

上面所说的第二个原因"语境信息"尤为重要。以句子"我们可以出门"为例,当中的行为"出门"常常受制于外在于事件主语的客观条件。在(2a)中,可实现出门的外在客观条件是"门锁打开了",如果门锁没开,确实不能实现出门。在这个语境中,句中的"出门"与前面"没法出门"形成对照,"可以出门"句重在表达出门具有实现的潜力。所以,句中的"可以"表示条件可能。

(2) 情态句的语义受制于语境:

  a. [条件可能] 刚才门锁打不开,没法出门。现在门锁打开了,我们可以出门了。

  b. [环境许可] 下雨天出门会淋雨的,等到雨停了,不会淋雨,我们才可以出门。

在(2b)里,可实现出门的外在条件是"雨停了",而事实上,即使雨没停下,任何人只要手脚完好,都能够实现出门的行为——此行为的实现潜力在语用上可以是无须讨论的。(2b)里执行出门的行为之所以受制于"雨停了",是因为该语境中谈及了下雨时出门的消极后果"淋雨",这表明"可以出门"句重在表达出门是合适的行为,不会引发消极后果。句中的"可以"应该定为环境许可义。

环境情态和条件情态高度相似,它们是评判情态和潜力情态之间的过渡阶段,不过,这不代表二者相同。很多汉语方言中,能性述补式可以用于(2a),排斥用于(2b)。例如,北京话表达(2a)的"可以出门"可以换用短语"出得了门",北京话表达(2b)的"可以出门"则不能换用"出得了门"这一短语,而是可以换用短语"合适出门"。倘若按照Palmer等学者的情态分类标准,依据情态的制约因素状况来划分情态类型,那么,(2)的"我们可以出门"只能有一个情态义(根可能或参与者外在可能),这不仅解释不了(2a)和(2b)在汉语中的用词差异,更解释不了这两句的真值语义差异。具体而言,(2a)里出门行为的客观实现完全取决于外在条件"门锁打开",没有这个条件,无法实现出门的行为。相反,(2b)里出门行为的客观实现并不受制于外在条件"雨停了",下雨之时我们也能够实现出门一事,只要手脚能动的人都能跑到房子外。那么,为何(2b)还会谈论出门的"可以与否"呢?本书的情态分类给出答案,这是因为(2b)不关注出门的客观实现性(它默认必能实现),而是重视出门后会否产生消极后果"淋雨",(2b)的情态义就不同于(2a)。总之,应该根据形式表现及逻辑语义将环境情态和条件情态区分开。同时可见,情态句的语义解读要注重语境情况,因为语境信息彰显了情态句的断言重点,同一个情态句在不同的语境中会表达不同的情态义。

再看一个句子"刚才下雨,没法出门。现在雨停了,我们可以出门了",其情态词"可以"的情态义定位大概会让人困惑。一方面,该句的信息模式跟(2a)完全平行,只是出门一事的制约因素从"门锁打开"变换为"雨停止",按照常规推导,其"可以"的情态义应该跟(2a)的一样是条件可能；另一方面，这个句子的制约因素"雨停止"跟(2b)的完全一样，如上文所述，即使雨不停，任何人也有潜力冒雨出门，该行为的可实现性好像是无须讨论的，这似乎又意味着上述句子的"可以"可能是表示(2b)的那种环境许可义。情态义模糊的案例需要跟情态义没有争议的典型情况相比较，看看该案例更接近哪种情况。我们认为，这个句子的"可以"承担条件可能义，形式证据是这个句子的"可以出门"能像(2a)的那样变换为能性述补式"出得了门"。该语义结论的语篇依据是这个句子的前文信息"没法出门"表明其谈话关心的问题是有没有办法出门，这是谈论行为的实现潜力，这一会话目标直接决定其"可以"句的断言重点是行为的可实现性。需解释的是，"下雨时出门"这种行为的可实现性虽然就客观实情来说无须讨论——因为冒雨出门在一般经验上是能实现的，但这种可实现性可以被特定谈话从主观上识解为有必要讨论的事，所以，此行为匹配于潜力情态义在语用上也还合乎情理。本段的讨论显示，对于一个自身有歧义的情态句，语境中谈话的会话目标大概最能决定这个情态句的断言重点，也就是决定它的情态义定位。

潜力情态中很像条件可能义的用途效能义（§2.3.2）更容易混淆于环境许可义，这主要发生在中动结构——主语是 VP 的受事论元的句子。谢佳玲（2002:63）谈到句子"这部车能坐六个人"有两种解读，解读一是主语具备某种潜力，该句相当于(3a)，解读二是语境中某个条件允许主语具备这种潜力，该句相当于(3b)。

(3)　句子"这部车能坐六个人"的情态解读：
　　　a.[用途效能]这部车有潜力坐六个人。
　　　b.[环境许可]条件容许这部车坐六个人。

我们认为，(3a)的解读属于用途效能义，这由当中的词汇"有潜力"体现出来，此时该句用于解答这部车的承载量是怎样的；(3b)的解读可以阐释为环境许可义，这由当中的词汇"容许"体现出来，其典型的使用语境如"这部车看着是让咱们六个人都坐下了,但是它超载了吧?车开起来安全吗?——放心,这部车能坐六个人的,很安全,因为它的承载量是十人",当中的"能"句主要表达这部车坐上六个人以后不会有安全隐患。苏若阳(2017:100)认为用途效能应该视为条件许可(即环境许可)的特殊情况,苏氏的这个观点其实源于用途效能句通常语用隐含了相应的环境许可义,说"事物 S 有用途 VP"会隐含"对 S 加以 VP 无消极后果"的意思。我们认为,用途效能和环境许可分别属于不同的情态类型,因为这两种情态句针对句中词汇性 VP 的断言重点不同,用途效能义断言了 VP 所指行为的可实现性,环境许可断言了 VP 所述事件的合适性。一个句子的断言重点到底如何,要根据语境信息来定夺,这直接影响它的情态义。典型情况是句子"西红柿能生着吃"的歧义性,它侧重诠释为哪个意义取决于语境。该句在(4a)中宜诠释为用途效能义,因为当中的动作"生着吃"对立于后文的"用来织布"这种无法实现的动作,这正凸显出(4a)的每个"能"句都是表达动作的客观可实现性,这属于潜力情态义。(4a)的语境表明,句子"西红柿能生着吃"重在断言动作"生着吃"是可实现的,该句用来陈述西红柿的用途效能等内在属性。

(4) 用途效能、环境许可受制于语境的例子:

  a. [用途效能]西红柿能生着吃,也能做盆景,但不能用来织布。

  b. [环境许可]西红柿能生着吃,不会毒死人的,但它不能跟地瓜一起吃,常吃容易得结石病。

(4b)中句子"西红柿能生着吃"可以诠释为环境许可,其语境表明,该句是用来说明事件"西红柿被生着吃"会否引发消极后果"毒死人",它涉及了事件有无消极后果的问题,应该属于评判情态句。特别是,(4b)中有事件"西红柿跟地瓜一起吃容易得结石病"做对比,这正表明当中的句子"西红柿能生着吃"重在断言事件的合适性。该句的情态制约因素又是主语"西红柿"的自然属性,所以(4b)中该句的评判情态义应该精确化为环境许可。

在(4a)和(4b)这两种语境中,句子"西红柿能生着吃"的语义差异非常小,以至于母语者难以体认到这种差异。日后若找到有语言在词形编码上区分出(4a)和(4b)的"西红柿能生着吃"的意义,便是更好的证据了。从另一角度看,用途效能和环境许可存在相当的共性,其实,(4b)的短语"能生着吃"诠释为用途效能、环境许可都可以。各种语义概念之间是连续统,高度相似的两个意义在具体用例中容易产生诠释上的模糊性,很多句子的两个解读不会造成句子使用上的过大差异,这类不同解读的区分就不太紧要。不过,我们必须对各个情态义的异同点有清晰的认识,因为或许在另一些句子中,同样的两种情态解读会引发句子的实际使用呈现差异。

谢佳玲(2002:62)还提出句子"他得以自己开诊所"有两种情态解读,解读一是他有能力自己开诊所,解读二是条件容许他自己开诊所,这种"条件"包括当了十年的学徒、得到一大笔遗产、取得医师执照等,这两种解读被一些文献都归为动力情态义。谢氏对该句的语义剖析怕是不太准确,普通话的助动词"得以"应该只有条件可能义,没有能力义或任何许可义。我们可以参考谢氏的解读来分析一个类似的句子"他可以自己开诊所",这个句子确实会因前面的条件不同而诠释为不同的情态义,如(5)所示。

(5) 句子"他可以自己开诊所"的情态义诠释:

    a. [特定能力] 当了十年的学徒,他可以自己开诊所。(十年的学徒生涯让他自身具备了诊治病患的内在知识)

    b. [条件可能] 得到一大笔遗产,他可以自己开诊所。(遗产令他具备开诊所的外部资金)

　　　　　　c. [道义许可/条件可能] 取得医师执照，他可以自己开
　　　　　　　诊所。(医师执照让他开诊所不会受到工商部门的处
　　　　　　　罚;医师执照令他具备开诊所的外在资格)

(5)里每句之后"( )"内的阐释显示,一个"可以"句之前的条件是怎样的,会决定这个"可以"句侧重表达哪方面的内容,而表示条件的成分正是这个情态句的语境信息,它制约了该句的情态义是什么。

　　上文展示,一些情态句的意义辨析很微妙。两种情态意义若是概念类型不同却蕴含一定相似性,那么,它们各自的典型案例一般区别明显,而它们的非典型案例往往难以截然分开,因为语义概念是连续统式的,有相似性的两种意义又容易存在演变关系,这两种意义之间通常就不是边界分明的,而是存在过渡段的——此乃语法化的渐变性使然。本节的各组例证基本上都是潜力情态和评判情态的非典型案例,它们很好地反映出潜力情态和评判情态之间的过渡段状况是怎样的,这种过渡段状况或许代表了两种情态义相互衍生的桥接语境（bridging context)[此术语参见 Heine (2002)的介绍],也就是说,如果一些情态句的情态义诠释为意义 s1 或意义 s2 皆可,那么这些句子很可能代表语义演变"s1—s2"的发生环境。

　　本节的讨论表明,对于带多义情态词的句子(即歧义型情态句),语境信息的状况是给这类情态句做意义定位的重要因素,我们不能脱离语境而局限于单句去分析这类句子的情态义。Kratzer(1981)曾强调,情态词的言谈背景(笔者按:接近于"语境信息")在很大程度上决定了其语义解读,很多所谓的"多义情态词"往往不是这些词编码了多个类型的情态义项,而是它们只固有一个语义模板,这一语义模板会因为言谈背景选取的不同而引发多种语义解读。虽然本书主张很多情态词自身就编码了多个类型的情态义,即我们并不持有 Kratzer 的这种激进的"言谈背景制约论",但笔者赞同,一个情态句的某些语义解读不完全

来自句中情态词的固有意义,这些解读是句子自身的情态义结合特定的语境信息在普适性的语用原则或语义规则的驱动下临时产生的。比如,下文将展示(21)中的"回溯推理"原则能令一些潜力情态句在特定语境里传达出事件已然发生的临时语用义。同时注意,句子的固有意义也涉及语境信息,一场谈话之所以会选用编码了某种语义的表达形式,自然是因为其固有语义符合当前的语用需求。比如,某个语境下是选择用词义为"心理上懂得"的词,还是选择用词义为"生理上有体能"的词,这首先取决于本语境需要表达哪种具体意义。所以,一个句子的某种语义解读即使被发掘出其特定的语境需求,也不足以证明该语义解读一定是临时的语用义。一个句子的临时语用义必定有普适性的语用原则或语义规则起作用,这种原则或规则一般要具有跨语言的普遍性,它能使各个语言/方言中蕴含同一固有意义的句子在同样的语用条件下都会产生这个临时语用义,这意味着各个语言/方言中固有意义完全相同的句子所适用的语境范围也是相同的。如要句子的某种语义解读无法诠释出是什么样的原则或规则如何起作用的,那么就不能轻易将这个语义解读看作临时的语用义。因此,一个句子有多种语义解读,这既可能源于句中虚词自身固有多种意义,也可能源于句子的同一种意义配合上不同的语境信息会临时激活不同的语用义。准确地区分临时的语用义和稳固的词形义,避免将临时的语境义随意归为情态词自身的意义,这对情态词的语义分析至关重要。未来情态语义分析的重要工作是弄清楚什么样的语用原则或语义规则在统一制约着情态句的语义解读,这样才能识别出情态句的临时语用义。

4.3 同类情态义的语义中和

情态句容易出现语义界定的困难,原因之一是相似的两个情态义没有截然分明的界限。两个情态义在典型情况中区分很明显,但在某些句子里会出现"语义中和":同一个句子诠释为哪种情态义都可以,两种诠释不会导致句子的使用差异。这种情况主要见于同一基本情态大类之下的两个情态义,二者的语义共性较多,它们的少数差异容易在特定句子中被消解掉。下面探讨条件情态、能力情态各自在次类差异上的模糊性,这集中体现在普通话助动词"能"和"会"的使用纠葛上。

4.3.1 条件可能和条件必然的辨析

§3.2.2 显示,普通话的助动词"能"和"会"都有条件情态义,"能"表示条件可能,"会"表示条件必然。既然"能$_{条件}$""会$_{条件}$"在语义上蕴含事件实现的客观条件,无怪乎它们经常用于条件复句的结果主句,见(6)。

(6) 条件可能、条件必然通常区别明显:
    a. 如果四点提前下班,我们就能/(*会)赶上同学聚会。
    b. 只要路上一堵车,我们的车就(*能)/会错过登机时间。
    c. 哈尔滨冬天(*能)/会下雪。

(6)的各个句子要么只用"能$_{条件}$",要么只用"会$_{条件}$",这两个词在这些句子中无法互换。可见,"能"和"会"的条件情态义存在明显区别。下面逐一解释(6)中各句用"会"或"能"的限制是怎样的动因,从而进一步剖析这两个词的语义特点。

(6a)"如果四点提前下班,我们就能/(*会)赶上同学聚会"句的结果主句要用助动词"能"而不用"会",这是因为在假设条件"四点提前下班"下,结果性事件"(我们)赶上同学聚会"只是成为一种潜在可能,不是必然要发生的事。比如,即使出现四点提前下班的情况,"我们"也可能直接回家,不去同学聚会。所以,(6a)的条件从句和结果主句所述的事件之间只是可能性的联系,无法诠释为必然性的联系,这导致句中的结果主句只能用条件可能义的情态词"能",不能用条件必然义的情态词"会"。

(6b)"只要路上一堵车,我们的车就(*能)/会错过登机时间"句的结果主句必须用助动词"会",它不能用助动词"能",这归因于"能"要求它的 VP 必须指不违背主语意愿的动作。许和平(1993:86)、郑天刚(2002a:145—148)、宋永圭(2007:64—65)等研究指出,助动词"能"后的 VP 一般不能指消极性的行为,见例句"*我能辜负你的关怀",这个 VP 有积极性特征或曰合意性倾向。我们发现,承担潜力情态义的助动词"能"所辖的 VP 不限于指积极性、合意性的动作,它还可以是中性色彩的动作。例如(7)中,"能"后的动词短语"毁掉刚长出的青苗"所指的行为对于无生命的主语"倒春寒"来说无所谓合意不合意。

(7) 开春的倒春寒也能毁掉刚长出的青苗。

一个 VP 所指的动作具有合意性或中性的特点,这种特点可以合并为"不违背主语意愿"(主语愿意执行),这是"能$_{能力}$"和"能$_{条件}$"对所辖 VP 的共同语义要求。"会$_{能力}$"通常也要求它后面 VP 所指的动作不违背主语意愿(参见§4.5),但"会$_{条件}$"对所辖的 VP 没有这样的语义要求。"能$_{条件}$"和"会$_{条件}$"对其所辖 VP 的语义要求存在这样的差异,就造成两词的互换限制。(6b)的结果主句中"错过登机时间"是违背主语意愿的动作,所以该句只能用"会$_{条件}$",不能用"能$_{条件}$"。

再看(6c)"哈尔滨冬天(*能)/会下雪"句,其助动词之后的 VP"下雪"并不违背主语意愿,该句却只能用"会$_{条件}$",不能用"能$_{条件}$"。表达(6c)的意义若要用"能",可以说(8)。

(8) 哈尔滨冬天能<u>下上几场大雪</u>。

(8)跟(6c)的语法差异在于当中的词汇性 VP 有不同,(8)的短语"下上几场大雪"属于达成情状(achievements)的 VP,(6c)的短语"下雪"是活动情状(activities)的 VP。由此可见,"能_条件"所搭配的 VP 偏向是达成情状的,"会_条件"对其所辖的 VP 没有这样的情状限制。

然而,普通话中"能_条件"和"会_条件"也有相互替换后句义大致不变的情况,见(9)。

(9) 条件可能、条件必然也有语义中和:
  a. 从东门直走到尽头,我们就能/会走到聚会的场地。
  b. 只要路上不堵车,我们的车就能/会按时到机场。
  c. 哈尔滨冬天能/会下上几场大雪。

这两个词之所以会有使用中和的情况,根本上源于条件可能、条件必然只在情态强度上存在差异,这两种条件情态义就容易出现语义中和的现象。上文又指出"能_条件"和"会_条件"还存在语法差异,从中可推导,它们的语义中和至少要满足以下三个要件。

(9a)"从东门直走到尽头,我们就能/会走到聚会的场地"句的条件从句和结果主句之间是直接性的必然联系。具体而言,它的条件性事件"从东门直走到尽头"必然引发结果性事件"走到聚会的场地",这个条件是该结果的充分条件,因为主语"我们"无须执行更多动作来实现该结果。直接必然性的充分条件关系正是条件必然的意义,(9a)的结果主句自然可用"会_条件"。条件必然逻辑上衍推了条件可能义,因为"必然有 B"衍推"可能有 B",所以,条件复句的结果主句只要能用"会_条件",往往也能用"能_条件"。总结起来,如果条件复句表达直接性的必然联系"若有条件 A,必有结果 B",这属于充分条件关系,那么,结果主句用"能_条件"与用"会_条件"才可能是语义等值的。这是这两个条件情态词能够互换的首要前提。

重审(6a)"如果四点提前下班,我们就能/(*会)赶上同学聚会"句,它的条件从句和结果主句是间接的可能性联系:若有条件 A,仅是有潜力实现 B,亦可能不实现 B。具体而言,(6a)的条件性事件"四点提前下班"只是句子的结果性事件"赶上同学聚会"的条件之一,主语还要执行其他动作"开车到聚会场地"等来实现该结果。也就是说,在可能性的条件关系中,条件 A 是实现结果 B 的诸多条件之一,要真正实现 B 往往还需要 A 之外的其他条件。这属于非充分条件的关系,正是条件可能的意义,它不满足条件必然的要求。在这种情况下,结果主句只可用"能_{条件}",不可用"会_{条件}"。

(9b)"只要路上不堵车,我们的车就能/会按时到机场"句的关联副词"只要……就……"表示条件和结果之间的直接性必然联系,代表充分条件关系,这符合条件必然义的特征,所以,当中的结果主句可以用"会_{条件}"。如上文对(9a)的阐释,条件必然逻辑上衍推了条件可能义,在这一点上(9b)跟(9a)相同,它们的结果主句都有可能允许用"能_{条件}"。上文谈到,条件复句的结果主句最终能否用"能_{条件}"还取决于其他条件,因为"能_{条件}"要求其 VP 指不违背主语意愿的动作。(9b)中结果主句的词汇性 VP"按时到机场"符合主语意愿,这满足了"能_{条件}"对 VP 的语义要求,所以,该例的结果主句还可以用"能_{条件}"。

(9c)"哈尔滨冬天<u>能/会</u>下上几场大雪"句表示惯常规律,其条件"冬天"和结果"下上几场大雪"是必然联系,它的结果主句自然可用表示条件必然的"会_{条件}"。这个结果主句的词汇性 VP"下上几场大雪"指不违背主语意愿的活动,符合"能_{条件}"对其所辖 VP 的语义要求。在条件关系和 VP 语义上,(9c)跟(9a—b)是一样的,按理说,它的结果主句应该也允许用"能_{条件}"。结合(6c)的情况可知,(9c)的结果主句最终可用"能_{条件}"还取决于它搭配的 VP 是达成情状而非活动情状。

允许用"能_{条件}"的其他几个条件情态句(6a)(9a)(9b)也是"能_{条件}"带达成情状的词汇性 VP。达成情状的 VP 通常明确标示出主体或客体的结果状态。比如,(9c)"哈尔滨冬天<u>能/会</u>下上几场大雪"句的"下上几场大雪"这类动结式就是依靠结果补语明确指示出结果状态。

(9b)"只要路上不堵车,我们的车就能/会按时到机场"句的"到机场"是用达成动词"到",这个达成动词蕴含了主体的结果状态"在机场"。此外,位移 VP 难以看作达成情状,但它也可搭配"能$_{条件}$",见(10)。

  (10) "能$_{条件}$"可以搭配位移 VP:
    a. 只要找到钥匙,我们就能进家门。
    b. 晚上下班早的话,我才能来参加聚会。

其实,位移 VP 蕴含了主体的结果状态"到达某地"。这就有必要改进上文的说法,"能$_{条件}$"要求其所辖的 VP 意义上蕴含主体或客体的结果状态,蕴含这种意义的 VP 偏向是达成 VP,也可以是位移 VP。那么,"能$_{条件}$"的精确语义是:客观上有潜力实现某种结果状态。总结起来,"能$_{条件}$"要求其 VP 所指的动作不违背主语的意愿并且蕴含着一个结果状态,"会$_{条件}$"对其所辖的 VP 没有任何语义要求。

  综上所述,一个条件情态句如果用"会$_{条件}$"和"能$_{条件}$"皆可,它必须满足三个条件:(一)条件和结果之间是必然性联系,属于充分条件关系;(二)结果主句的词汇性 VP 指不违背主语意愿的动作,这包括中性色彩的行为;(三)结果主句的词汇性 VP 在意义上蕴含了主体或客体的结果状态。

4.3.2 特定能力和恒常能力的辨析

  第二章详解了普通话中"会"的恒常能力义和"能"的特定能力义有哪些语义特征。"会$_{能力}$"表示懂得执行某类动作的技巧方式,并且在通常情况下有潜力实现该动作;"能$_{能力}$"表示有潜力实现某种动作,它可以指在一个特定时刻有潜力实现该动作。事实上,恒常能力和特定能力也容易出现语义中和,表现为很多能力句的"会$_{能力}$"可以换为"能$_{能力}$",替换后几乎不改变整句的意义,如(11)。

  (11) 特定能力、恒常能力有语义中和:

　　　　a. 哑巴不会/能说话。
　　　　b. 老鼠的儿子会/能打洞。
"会_{能力}"通常可以换为"能_{能力}",这不仅因为特定能力和恒常能力所关涉的动作都需要主语动用肢体动作等生理因素,还源于恒常能力语用隐含了相应的特定能力,即"惯常地懂得如何执行 VP"隐含了"特定状况下默认可实现 VP"(参见§2.4.2)。

　　不少研究也指出,普通话中"能_{能力}"使用上更为自由,它常常不能换为"会_{能力}",见(12)。

　　(12)　特定能力、恒常能力也有明显的对立:
　　　　a. 他力气很大,能/(*会)举起一百斤的重物。
　　　　b. 他能/(*会)把英语说得像母语一样流利。
§2.3.1 已谈到,"能_{能力}"的使用范围之所以大于"会_{能力}",是因为"会_{能力}"的语义特征比"能_{能力}"更多,"能_{能力}"的内涵较为简单。

　　根据第二章的结论,可知一个能力句用"会_{能力}"和"能_{能力}"皆可的条件有两项:(一)词汇性 VP 所指的动作可以诠释出技巧难度,执行这一动作需要主语动用心智因素;(二)这个 VP 可以诠释为类指性的动作。这两项条件实际上是"会_{能力}"比"能_{能力}"多出来的语义特征。(11)的两个能力句同时满足这两项条件,所以它们用"会_{能力}"和"能_{能力}"皆可。(12a)的词汇性 VP"举起一百斤的重物"指缺乏技巧难度的生理能力,它不满足条件(一);(12b)的"把英语说得像母语一样流利"不是类指性动作,它不符合条件(二)。这就解释了(11)(12)的各个能力句用"会_{能力}"和"能_{能力}"的差异。

　　尽管很多能力句用"会_{能力}"和"能_{能力}"均可,这两个词还是会造成句义差异。比如,短语"会打网球"表示懂得打网球的技巧且通常有潜力执行此动作,短语"能打网球"表示在某时某刻有潜力实现打网球这一事项(参见§2.4.1)。这组例子的语义差异归结于这两个词的断言重点不同，"会_能力"主要表示懂得义，"能_能力"旨在表达有潜力实现义。再如，短语"会说法语"可以指当下的时刻暂时无法说法语，而短语"能说法语"只能指当下的时刻足以说出法语来（参见§2.4.2）。这组例子的语义差异归结于"会_能力"的有潜力实现义适用于通常情况下，"能_能力"的有潜力实现义限于语境所指的特定情况下。

4.3.3　条件情态和能力情态的中和

条件情态和能力情态都描述主语的客观可能性，理论上，这两种潜力情态义之间应该会出现语义中和的现象。

我们不必讨论条件必然和恒常能力的中和问题，这两种潜力情态义没有互相混淆的情况。"会_条件"和"会_能力"总是很容易区分开来。"会_条件"要诠释为假设条件复句"如果有条件 C，必有情况 R"，见(13a)，"会_能力"要诠释为"懂得如何……"，见(13b)。所以这两种"会"不存在解读混淆的现象。

(13)　条件必然和恒常能力总是区别明显：

　　　a.［条件必然］哈尔滨冬天会下雪。（＝如果是冬天，哈尔滨就下雪。）

　　　b.［恒常能力］小王会说法语。（＝小王懂得如何说法语。）

然而，条件可能和特定能力时而有解读混淆的情况。先看二者有明显区别的两种情况。第一，条件可能句的主语未必是谓语 VP 所指动作的主体论元，如(14a)的主语"这种病"不是之后的词汇性 VP"治好"的施事，而特定能力句的主语通常是谓语 VP 所指动作的主体论元，如(14b)的主语"王医生"是之后 VP"治好这种病"的施事。

(14)　条件可能句和特定能力句的主语常有不同：

　　　a.［条件可能］有王医生在，这种病就能治好。

b.［特定能力］王医生能治好这种病。

第二,条件可能句所关涉的动作在实现可能性上可以无关主语的内在因素,如(15a)的动作"进门"取决于条件句所述的"找到钥匙",跟主语"我们"无关。特定能力句所关涉的动作在实现上要取决于主语的内在因素,如(15b)的动作"看清最小的那行字"取决于主语"他"的眼力。

(15) 条件可能句和特定能力句的制约因素常有不同:

a.［条件可能］只要找到钥匙,我们就能进门。

b.［特定能力］他眼力好,能看清视力表最小的那行字。

条件可能和特定能力出现中和的现象发生于这样的情况中:动作实现的客观可能性除了依靠主语的内在因素之外,同时还依凭一定的外在条件。具有这样意义特点的句子,就不易分辨它表达的是特定能力义还是条件可能义。普通话中助动词"能$_{能力}$"和"能$_{条件}$"就常常出现解读混淆的情况。(16a)可解读为依赖特定条件"戴上眼镜"的条件可能,也可解读为主语在视力状况上的特定能力;(16b)既能看作受制于外在条件"天气暖和"的条件可能,也可诠释为主语有动弹起来的特定能力。

(16) 条件可能和特定能力的中和:

a.他戴上眼镜就能看清黑板上的字。

b.天气暖和了,他的老寒腿才能动弹起来。

一个动作的客观可实现性同时取决于客观环境一类的外在条件与主语自身的内在因素,这种情况属于条件可能和特定能力之间的过渡阶段。理论上,条件可能和特定能力是无法截然二分的。

概言之,情态义的中和混淆最常发生于同一情态大类下两种近似的次类概念上。这很自然,语义本就是一个界限模糊的连续统,语义演变也以渐变为主。因此,共时上很难说两种有衍生关系的情态义在哪个特征值上是一分为二的,这是研究者必须面对的事实。

4.4 异类情态义的语用隐含

不同类的两个情态义虽然差异很大,但常常发生"同形歧义"现象,这容易令人误判句子的情态义。歧义误判的现象主要发生在条件情态和认识情态之间。比如,普通话中,助动词"能"的条件可能义容易混淆于它的认识可能义,助动词"会"的条件必然义容易被判定为认识情态义。尤为特别的情况是多义情态词"能"和"会"的认识情态义都局限于否定式、疑问句中,在这类语法环境中,如何判定这两个词的情态义常常出现困境。

按照我们在第三章中对各个情态概念的定义,(17a)的"能"句客观描述了进家门这个行为的不可实现性,这属于条件情态义,(17b)的"能"句主观推测了他害咱们一事的发生可能性,这属于认识情态义。

(17) "能"的条件情态义和认识情态义:

    a. [条件可能] 没找到钥匙,他们不<u>能</u>进家门了。(≈[认识情态] ……,他们不可能进家门了。)

    b. [认识可能] 他可是我的亲兄弟,不<u>能</u>害咱们吧。

但凭母语者的直觉判断,很难区分出这两句中的情态词"能"表达了不同的情态意义。特别是,(17a)的"能"换为典型的认识情态词"可能"之后,看似不会引起太多的句义变化,于是一些母语者认为(17a)的"能"句跟(17b)的"能"句一样都表达认识可能义。这种语义辨析的困难也见于普通话的情态词"会"。例如,(18a)客观陈述一个惯常规律,当中的"会"表示条件必然义,(18b)主观推测一个特定事件的发生可能性,当中的"会"贡献了认识情态义。

(18) "会"的条件情态义和认识情态义:

    a. [条件必然] 北方的河冬天<u>会</u>结冰。(≈[认识情态]

北方的河冬天一定要结冰的。)

　　b. [认识情态] 他不会没去上班吧？

母语者难以感受到这两句表示不同的情态意义，(18a)的"会"换为典型的认识情态词"一定要"之后，看似不会引起太多的句义变化。

　　条件情态和认识情态容易混淆，源于它们的两个相似点。第一，这两种情态义都蕴含特定的时间或条件。条件情态描述受制于"特定条件"的结果状况，认识情态句常常陈述"特定时间"发生的具体事件。第二，条件情态句和认识情态句的词汇性VP都可以指非现实事件。条件情态词所辖的词汇性VP指未实现的动作，认识情态词所辖的谓语VP指实现状况不确定的动作，它常常是未实现的行为。这两个相似点使得一些条件情态句可以承担认识情态句的话语效果，下面用条件可能义的语用隐含情况来阐释这一点。

　　肯定性的条件可能义（"有潜力实现 VP"）在适当的语境中语用隐含了认识必然义（"一定实现 VP"），认识必然义是很多条件可能句的默认隐含义。如(19)所示，句子的原义"（客观上）这种病能治好"可以用于传达说话人主观认为这种病一定会治好的意思，但这种原义从不能传达说话人主观认为这种病可能会治好的意思。

　　(19)　肯定性的条件可能义可隐含"一定 VP"：

　　　　a. 放心，这种病能治好的。

　　　　　≈放心，这种病一定会治好的。

　　　　　≠放心，这种病可能会治好的。

　　　　b. Don't worry, the disease is curable.

　　　　　≈Don't worry, the disease will be cured.

条件可能句所隐含的这种认识必然义限于一定的语境，该隐含义可以被附加的信息取消掉，如(20)所示。

　　(20)　以现在的技术，这种病是能治好的，但遇上庸医，就未必会给你治好了。

我们认为,肯定性的条件可能义与认识必然义之间的语用隐含关系源于回溯推理(aduction)①,推理过程如(21)所示。

(21) 条件可能义和认识必然之间的回溯推理:
　　i. 事理(大前提):如果有认识必然义"一定实现VP",那么就有条件可能义"有潜力实现VP"。
　　ii. 事实(小前提):句子的字面意义是条件可能义"有潜力实现VP"。
　　iii. 结论:句子的话语意义是认识必然义"一定实现VP"。

(21)显示,回溯推理所依据的"事理"是一种逻辑衍推关系,其原理是:信息量较大的意义 s1 蕴含了信息量偏小的意义 s2,s2 一般是 s1 意义的一部分。但是,回溯推理的"结论"是一种语用推理关系,其原理是:一个表达形式只编码了信息量偏小的意义 s2,该形式在话语中往往被用于传达信息量更大的意义 s1,s1 就是该形式的临时语用义。历时演变中,一个语法形式常伴的语用隐含义往往会变为该语法形式的固定意义。所以,回溯推理会造成一个语法形式从信息量较小的旧意义中发展出信息量更大的新意义。那么由(21)可知,语言中应该存在语义演变"(肯定性)条件可能→认识必然",但我们尚未发现支持这个演变路径的具体例证。

另外,条件可能义"有潜力实现 VP"也可以语用隐含一个现实事件义"已经实现 VP 了",普通话的助动词"能"就常常呈现出这种语用法。"能"自身的客观意义只能指尚未实现的未然事件"有潜力实现……",但"能 VP"在话语使用中经常指一个已然状况。例如,句子"今天能见到你,我很高兴"中的"能"句显然指一个已然事件"今天已经

---

① 回溯推理的定义可参见蒋严(2002)、沈家煊(2004)的介绍。

见到了你";再如,一个人坐在黑板前看上面的字,他可以用句子"我能看清黑板上最小的那行字"来表示"我"看见了黑板上最小的那行字的意思。这种语用隐含关系也源于回溯推理,它依据的事理是:如果有现实事件"已经实现 VP 了",那么就有条件可能义"有潜力实现 VP"。于是,人们可以用本义是条件可能的情态词来叙述一个已然发生的现实事件。看来,一个命题义是条件可能的句子不仅会按照本义表述有可能实现的事件,还有两种语用法:用于表达谈话者确定已实现的事件,或用来表达说话人主观推断必定会实现的事件。那么,一个条件可能句何时承担认识必然句的话语效果,何时又用来指一个现实事件呢?这就要在具体语境中看句子的词汇性 VP 所指的动作是否成为已知的现实事件,若已知这个 VP 所指的不是现实事件,这个条件可能句便是表达预测将来状况的认识必然义"一定会实现 VP"。

否定性的条件可能义("没潜力实现 VP")会语用隐含一个否定性的认识可能义("不可能实现 VP")。例如,(22a)的短语"不能"表达了否定性的条件可能义"客观上没有潜力实现……",将它换为表示否定性认识可能义的短语"不可能"之后,全句并未改变基本的话语意义。当然,短语"不能"所传达的这种认识情态义在另外的语境中是可取消的,见(22b)。

(22) 否定性的条件可能义隐含"不可能 VP"(即"一定不 VP"):

a. 昨天丢了钥匙,他不<u>能</u>进家门。(≈……,他不可能进家门。)

b. 昨天丢了钥匙,他<u>不能</u>/(*不可能)进家门,只好找了一个锁匠撬锁进门了。

否定性条件可能义和否定性认识情态义之间的语用隐含关系不像是回溯推理,没有这样的事理"如果有认识情态义'不可能实现 VP',那么,就有条件可能义'没潜力实现VP'",因为"不可能实现VP"的动因除主语的客观可能外还可以是其他的条件因素。比如,一个句子推测说"他不可能进家门"可以依据这样的情况:他虽然有钥匙,有潜力进家门,但他害怕被父母打骂,情理上不愿意进家门。那么,"没潜力实现VP→不可能实现VP"这种语用隐含关系的形成机制应该是情理推导,即"情理上没潜力实现VP"引起的大概率后果是"实际上不可能实现VP",所以谈话可以用短语"不能VP"来传达"不可能VP"的意思。

条件可能词和认识可能词虽然有意义上的语用隐含关系,它们还是有形式差异的。一方面,这两种情态词跟认识情态词连用的能力很不同。条件可能词之前可以加上任何认识情态词。例如,(23a)的短语"不能"承担了条件可能义,它之前加"大概""或许""应该""一定"等典型的认识情态词皆可。

(23) 条件可能词和认识可能词:

  a. [条件可能词] 没找到钥匙,他们<u>大概/或许/应该/一定</u>不能进家门了。

  b. [认识可能词] 他可是我的亲侄子,<u>应该/(*大概/*一定/*或许)</u>不能骗咱们吧。

只有一部分认识情态词之前可以容纳有限的认识情态词,没有哪个认识情态词之前可以随意加认识情态词的。例如,(23b)的短语"不能"承担了认识可能义,它之前只能加上认识情态词"应该",不能加其他的认识情态词。这个现象很好解释,条件可能词的句法层级在认识情态词之下,这两种情态词之间的搭配就是自由的;各个认识情态词有句法层级相同的,也有句法层级不同的,它们彼此间的连用必然很受限。另一方面,这两种情态词用于假设从句的情况很不同。条件可能词可以用于假设从句,见(24a),但认识可能词有主句倾向,不同程度地排斥假设从句,见(24b)。

(24) 条件可能词和认识可能词：
a. [条件可能词] 要是他们<u>能</u>进家门了，应该是找到钥匙了。
b. [认识可能词] 要是他们(*可能)进家门了，应该是找到钥匙了。|要是亲兄弟不(*能)害你，那父母就更不会害你了。

这是因为条件情态义是客观意义，认识情态义是主观意义，假设从句这种非直陈句会排斥主观性很强、辖域覆盖完整命题的功能词。

希望本章提出的语义衡量标准能助益于方言情态词的考察。精确分析情态词的意义非常重要，语义界定的错误会导致所构建的语义地图或语义演变路径变得不可靠。比如，陈曼君(2019)研究了闽语情态词"有通"及其否定式"无通"的历时演变，且不谈该文为"有通"构拟的语义演变路径有四个之多有违常理，文中对"有通"等词的功能界定是需要商榷的。陈氏说过"'有通'的知识情态(按：认识情态)义还处在发展之中，如果要让'有通'单纯表知识情态，也总是要借助'不拢'之类表估测、判断的词语，方能把其只是情态义凸显出来"(该文44页)，这表明"有通"不足以表认识情态义，跟它组合的情态词"不拢"才表达认识情态义，"有通"应该表示了条件可能义。那么，陈氏为"有通"构拟的语义演变路径就需要修改。

4.5 余论：能力词的语用特点

第二章探讨了普通话的能力义助动词"会$_{能力}$"和"能$_{能力}$"的语义差异，我们也有必要整理出能力词的语用共性，这对考察汉语的能力情态句很重要。本节以普通话为语料来探索这一问题。

无论哪种能力词，它的 VP 默认指符合主体意愿的行为，这常常是公认的积极行为,见(25a)。这种"合意愿性"是"会$_{能力}$"和"能$_{能力}$"能力义的共同特点。常规情理上,能力一般被看作主语所需要的积极属性,积极行为默认是主体愿意执行的,违背主体意愿的行为难以联系到能力上。注意,这种VP可以指违背说话人意愿的行为,如(25b)的"说歪理""胡扯"是主语"他"愿意做而说话人讨厌的行为,此时结构式往往受副词"只"修饰。

(25) 能力词所带的VP默认符合主体意愿:
  a. 他很会给自己找<u>借口</u>/(*麻烦)。|他英语能考<u>满分</u>/(*不及格)。
  b. 他没正经本事,只会说歪理。|他不懂行,也只能跟你胡扯了。

不过,合意愿性只是能力词的语用偏向,它存在反例。例如,(26)里"会$_{能力}$/能$_{能力}$"句的前后文明确表达了"整那些虚空的理论""下床干活儿"违背主语"我""他"的意愿。既然合意愿性具有可取消性,它就不是能力词的语义特点。

(26) 能力词的合意愿性可取消:
  a. 做学术啊,我也会整那些虚空的理论,但我不乐意这么干。
  b. 这小子一直躺着装病,其实他早就能下床干活儿了。

(25)(26)的共性是能力词后的VP都指符合某种需要、带来某个好处的行为。比如,(26a)的"整那些虚空的理论"可以给"我"带来学术名利,(26b)的"下床干活儿"符合集体生存的需求。所以能力词还有"合需求性"的特点。

合需求性同样是能力词的语用偏向,它也可以取消,如(27)的"会$_{能力}$/能$_{能力}$"句接受"给自己找麻烦""考不及格"这种违背任何需求的消极义VP。(27)的能力句有话语独特性,它们带感叹或反问等强语气,其谈话目的不是报道主语的客观属性,而是传达说话人这样的主观评价:能力句所述的情况不合常规,违背了情理规范或惯常状况。

(27) 能力词的合需求性可取消:
    a. 他真会给自己找麻烦啊!|你咋这么会给自己找麻烦?管这样的闲事。(罗乙童例)
    b. 他在英国长大,英语都能考不及格,还有哪门能及格?|一个英语老师,考研英语居然能考不及格?

例如,(27a)的"会$_{能力}$"句传达了说话人讽刺责备的态度,旨在评价主语"他""你"自讨苦吃,这不合情理。可以说,这组句子的本义表示给自己找麻烦是主语愿意做的事。这样看来,(27a)虽然违反合需求性,却满足能力词的合意愿性。(27b)的"能$_{能力}$"句表达英语考不及格违背常规概率、极为少见,即这是一个难以实现的事。行为的"难实现性"是能力句的默认特点,做到一项不易实现的事才会被视为"有能力"。因此,(27b)里英语考不及格虽然违背了合意愿性和合需求性,但此事的少见性尚可被解读为难实现性,这促成它编码为能力句。可见,不合常规的能力容易满足难实现性,所以它可以违背意愿或需求。

合意愿性和合需求性都是能力词默认的语用特点,它们存在紧密的联系——符合需求的行为往往符合主体的意愿,所以二者可解释的现象有相当的交叉性。难实现性也是能力词默认的语用特点,具有可取消性。比如,当"会$_{能力}$/能$_{能力}$"被副词"只"修饰,如(25b)的句子"他没正经本事,只会说歪理""他不懂行,也只能跟你胡扯了",它们的词汇性VP就表达容易实现、不值一提的行为。话语上合适的能力句至少具备上述三个语用特点之一,通俗地说,当某项行为符合主体意愿、满足某种需求或者难以实现时,此行为就可以被看作一种能力。

下面便纠正过往研究的疏漏之处。渡边丽玲(2000:478)认为,当强调能耐不大或不好的习性时不用"能$_{能力}$",例如(28)。鲁晓琨(2004:

39、41)也提出"能_能力"能力义的内在条件包含了"意愿条件",即有生命者自身的意愿。渡边和鲁氏暗示"能_能力"不表达消极性能力或违反主体意愿的能力。上文表明这种结论不准确,它遭遇到(25b)(26)(27a)等反例。(28)拒绝用"能"另有原因。

(28) 渡边丽玲(2000:478)的例句:

    a. 这只狗会/(*能)咬人。

    b. 他呀,只会/(*能)喝茶闲聊,别的就不能。

(28a)不是能力句,因为狗有能力咬人是无须明言的常识,此句旨在表达"这只狗"在平时或将来极可能咬人,这是相较于很多宠物狗通常不咬人的情形。除表能力外,"会"还用于描述惯常状况或预测将来事件(吕叔湘 1980/1999:278—279;柯理思 2005/2007;范晓蕾 2016;等等),这类功能适合于(28a),而肯定陈述句里"能"几乎无法表示预测,难以表达(28a)要表达的惯常状况或将来事件的意义。(28b)是能力句,它排斥"能_能力"是因为此句的语境强调主语的惯常技能,不是特定能力。短语"能喝茶聊天"在一定语境里也成立,如例句"他被安排到闲职上,只能喝茶聊天,管不了正事",只不过此处的"能"更像是表示条件可能义。总之,(28)用"会"、不用"能"是出于具体语境里表达特定意义的语用需要,不直接反映这两个词的能力义特点。

综上可知,一个能力句用"会_能力"还是"能_能力"受制于语义、语用两重因素,能力义又容易混淆于其他情态义,我们解释一个能力词的使用状况要综合考量各种因素。

第五章 能性情态的语义地图[①]

5.1 功能节点

第二章到第四章重建了一个情态类型体系,相当于论证出一套情态功能节点,这为构建情态语义地图打下基础。情态语义地图较为庞大,我们基于汉语方言材料来逐步构建它的全貌。本章先构建情态语义地图的"能性范畴"部分,它是整个情态语义地图中最复杂的部分,是后续几个情态语义地图的基础。

在第三章的情态分类方案中,能性情态概念包括特定能力、条件可能、环境许可、道义许可、认识可能。§3.4 显示这几个能性情态义的区分有汉语方言里的词形编码方式作支撑,这说明它们符合语义地图对功能的基元性要求,应该作为情态语义地图中的功能节点。除却典型的情态义之外,汉语的情态词往往兼有一些边缘情态义和其他范畴的意义,这些意义都有编码为特定词形的例证,因此这些意义应当作为情态语义地图中的功能节点。简介如下。

第一个边缘情态义是"估价",它一般被表述为值得义,例证见(1)。我们认为,估价义本质上是表示:事件不仅无消极后果,还会产生积极效果(有益处)。普通话有词形"值得""配"专门表示估价义,这说明估价义有资格作独立的功能。

[①] 本章的内容主要来自范晓蕾(2011)。

(1) 普通话"可以""应该"可表估价义:
    a. 这本书不错,可以_值得_看看。
    b. 这个生意很赚钱,应该_值得_做。

汉语方言里,不少表示许可义或必要义的情态词兼有估价义的功能。例如,北京话的助动词"可以"、吴语的助动词"好"、粤语的述补式"V得"都是兼有许可义和估价义的语法形式。这种现象表明估价义跟情态范畴有很深的联系。Palmer(1986)谈到少数语言的情态系统包括了估价义,李明(2001/2017:11—12)将估价义设立为与认识情态、道义情态并列的一种情态类型,彭利贞(2007:157)、朱冠明(2008:28)认为估价义属于道义情态。细究起来,估价义表达了说话人对一种事件值得与否的主观评价,这确实符合情态义的核心特点;再看,估计义所述的情况不是特定时间发生的实际事件,而是潜在的可能事件,它应当属于 Palmer(2001)规定的事件情态。因此,估价义确实属于一种情态义。我们认为,估价义不足以跟认识情态、潜力情态这种基本的情态大类并列起来,它属于本书里评判情态的一个次类,即估价义跟道义情态、环境情态属于同一个情态大类。本书对估价义的这个范畴定位跟彭利贞(2007)、朱冠明(2008)的做法具有一致性,下面给出我们的理据。句法上,估价义情态词位于认识情态词的后面,如普通话的句子"这本书也许值得看",这表明估价义情态词的句法辖域小于认识情态词;语义上,估价义旨在评判一种事件的积极效果,这正是表述事件的合适性,属于评判情态的范畴。同时,估价义又比其他的评判情态义多出一个断言义"事件会产生积极效果"。比如,普通话的句子"这个生意可以做"存在两种评判情态义的诠释:它若重在断言这个生意是合法的,没有受处罚的风险,便是表达道义许可;它若已预设这个生意合法,该句重在断言这个生意会很赚钱,便是表达估价。可见,许可和估价的相同点是所述的事件没有消极后果,不同点是估价义还表示事件会产生积极效果。

第二个边缘情态义是"禁止",它指否定性命令,属于评判情态中的道义情态,普通话的副词"别"就有这一功能,见(2)。

(2) 普通话"别"表禁止:
a. 别乱扔东西!
b. 别太晚了!

一般认为"别"是"不要"的合体。汉语方言中常有类似"别"的合体字,足见该用法的独立性,可以单独设为一个功能。

第三个边缘情态义是"否定可能",它指否定性的认识情态义"不一定"或"不可能",见(3),这个意义在某些方言里编码为一个特定词形,它有资格设立为一个独立的功能。

(3) 普通话"未必""不会"表否定可能:
a. 他未必愿意帮你。
b. 写匿名信的人不会是小王的。

情态范畴还关联着其他的概念范畴,情态语义地图会包含一些非情态义作功能节点。首先是"反问"和"揣测问"这一组语气意义,它们跟情态义的联系是不言自明的。揣测问是以疑问句的形式表达肯定性的推测,属于偏向问的范畴,它广义上又属于认识情态。汉语里有的反问副词、禁止义副词兼有揣测问的功能,见(4)。

(4) 普通话的揣测问句:
a. [反问副词"难道"表揣测问] 办公室灯还亮着,难道有人在里面?
b. [禁止副词"别"表揣测问] 屋里冒烟了,别是着火了吧?

或有方家认为揣测问是整个句子的意义,至多是这些反问副词、禁止义副词的语用义。不过,用于揣测问句是这些词极为常见的用法,这些词在揣测问句中不表示反问、禁止,那么即使揣测问仅是这些反问副词、禁止义副词的用法义,也应当视为独立的功能,因为在语义地图理论中,用法义和词汇义不能截然分开(参见§1.3.1.1)。值得一提的是,表示揣测问的情态词常常要搭配判断动词"是",如普通话的"别是""该不是"常用来表达揣测问,这应该是因为很多情态词的揣测问功能起源于类似"是不是……"格式的偏向问句。

其次,汉语方言里表示认识可能义或条件可能义的一些情态词还兼作假设条件标记,所以"假设条件"也是情态语义地图的功能节点之一。如果某个语法形式可以标记出假设条件句的句式义,那么这个语法形式就是假设条件标记,它有标示假设条件的功能。如(5)所示,普通话里连词"要是"、句尾"的话"都是典型的假设条件标记。

(5) 普通话标示假设条件的功能词:
  a. [假设连词"要是"] 要是他回来晚了,我们就不等他了。
  b. [假设助词"的话"] 他不愿意的话,也别勉强人家啊。

此外,有两个词汇义也被本书定为情态语义地图的功能节点,即"能干的"和"合宜的",它们是一些情态词去语法化后作形容词的用法。

需要强调,本书界定了一系列的语义功能,但这些功能标签只是概括性的意义,适用于跨语言/方言的比较,它们不是专门用来刻画特定词的意义的。比如,广州话里助动词"有得"(参见§3.2.2)和能性述补式"V得C"都有本书说的条件可能义,这说明这两个情态词有相当的语义共性,但它们必定还有语义差异。若要准确刻画出"有得"的意义,必须找到该词除条件可能以外的语义特征。同理,普通话的近义情态形式"必须"和"一定要"都表示评判必然义,它们却存在不少使用差异,因为这两个情态形式还有各自独特的语义特点,这些特点是语义分析工作需要弄清楚的。

5.2 能性情态的语义地图

我们参考上文界定出的各个功能节点,考察了汉语方言的情态词,由此构建了一个能性情态语义地图,见图5.1。

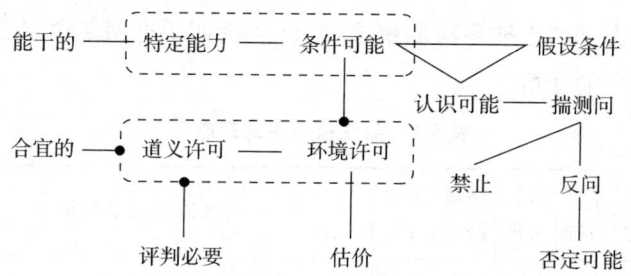

图 5.1　基于汉语方言的能性情态语义地图

【图解】虚线框内的功能同属同一个上位概念,"特定能力"和"条件可能"属于潜力情态,"道义许可"和"环境许可"属于评判情态。由于"条件可能"和"评判必要"均与道义许可、环境许可组成的上位概念有直接关联,我们用末端为圆点的加粗线条表示这种语义关联。

下面分三个小节论述支持图5.1各个语义关联路径的具体例证。需要说明的是,本书的助动词"会"指与"会合"之"会"同源的词,官话、吴、粤等方言的情态词"会"即是此字。方言材料记录的情态词"会"还有另一来源,闽语的助动词"会"本字是"解"(Norman 1989;Lien 1997;梅祖麟1999;等等),本书一律将它写为这个本字。本章构建能性情态语义地图用到闽语"解",几乎不涉及其他方言的"会",是因为"会"代表另外的情态语义关联模式,且待第七章、第八章来详论。另外,闽语"解"的否定形式记作方言俗字"獪",这个否定词被方家认为是否定词和助动词"解"的合音形式①。

---

① "獪"在福州话中读作[ma²⁴²](陈泽平1997:175),在汕头话中读作[boi³⁵](施其生1996:29),在泉州话中读作[bue²²](李如龙1986:79)。

5.2.1 核心情态义之间的关联

本节论证图 5.1 里核心的能性情态义之间的关联路径。图 5.1 里能性情态义之间的关联路径主要有两条:"特定能力—条件可能—认识可能"和"条件可能—{环境许可—道义许可}"。表 5.1 展示了汉语方言能性情态词的十种多功能模式,它已经论证了这两条语义关联。下面阐释当中的详情。

表 5.1 能性情态词的情态义

类型	特定能力	条件可能	认识可能	环境许可	道义许可	汉语方言的例词
1	+	+	+	+	+	"好"(上海[钱乃荣 1997;125;钱乃荣等 2007;300;许宝华等 1988;355;徐烈炯、邵敬敏 1998;168]、绍兴[调]、杭州[调][李荣 2002;1584]、宁波[调][李荣 2002;1584]);"解/会"(福清[调][冯爱珍 1998;26—27]、福州[陈泽平 1997;176]、厦门[李荣 2002;4902;周长楫等 1998;376]、漳州[陈正统等 2007;203]、温州[调][马贝加 1996])
2	+	+	—	+	+	"能"(北京[调]、太原[调]、平遥[调]、邢台[调]);"V 得倒"(贵州[王贵生 2007;212])
2	+	+	×	+	+	"管"(杞县[苏若阳 2017];"V 得"(益阳[崔振华 1998;250;徐慧 2001;214;夏俐萍 2017]、成都[张一舟等 2001;379]、长沙[张大旗 1985]、洞口[胡云晚 2001]、常德[易亚东 2007;300—307;郑庆君 1999;308—309]、扬州[张其昀 2005]、徐州[李荣 2002;3875]、金坛、金华[李荣 2002;3878;曹志耘 2001]、休宁[李荣 2002]、永定[李小华 2009]、香港[调]、广州[彭小川 1998;李荣 2002;3879])
2	+!	+!	×	+	+	"可以"(上海[调]、温州[调])
3	+	+	—	×	×	"V 得了"(北京[调];"V 得倒"(宿松[唐爱华 2005;236;黄晓雪 2010]、宜宾[调]、成都[调]、香港[调]、广州[彭小川 1998;调]);"V 了了"(晋城[沈慧云 2003]、武乡[史素芬 2002;145]、平遥[调]、邢台[调]、神木[邢向东 2002;631])
3	—	—	×	×		"得"(溆浦[贺凯林 1999;249]、长沙[张大旗 1985])

续表

4	+	+	×	×	×	"有法（通）"（厦门[调]、泉州[调]）；"有变"（潮州[调]、汕头[调]）；"V解C"（福州[陈泽平1997;177;李荣2002;4902]、泉州[李如龙2007;166;林华东2008;145;林连通1993;260;调]）；"V得C"（香港[张洪年1972;119—120]、北京[调]、上海[钱乃荣1997;126;钱乃荣等2007;308]、成都[张一舟等2001;389]、益阳[夏俐萍2017]、永定[李小华2009]、武汉[调]）；"VC了"（西安[孙立新2007;263]、户县[孙立新2001;72]、敦煌[刘伶1988;220]、晋城[沈慧云2003]、武乡[史素芬2002;145]、娄烦[郭校珍2008;86;张宪平等2005]、平遥[侯精一1999;408;调]、邢台[调]）
5	×	+	×	+	+	"好"（温州[调]、金坛）；"管"（山东沈丘[董绍克等1997;421]、阳谷[董绍克等1997;421;董绍克2005]）
6	×	+	—	×	×	"有通"（泉州[调]、漳州[陈正统2007;507;陈曼君2004;李如龙2007;167]）；"得"（望江[调]）；"有得"（广州[彭小川1996]、香港[陆镜光1999]）
6	×	+	+	×/—	×/—	"得"（洞口[胡云晚2005]、丹江[苏俊波2007;136—143]、巢县[黄伯荣1996;546]、庐江[周元琳2006]）
6	×	—	—	×/—	×/—	"得"（西安[李荣2002;3876]、益阳[徐慧2001;259—260;夏俐萍2017]、宜丰[邵宜2007]、南京[李荣2002;3875]、扬州[李荣2002;3875]、武汉[李荣2002;3875]、潜江[调]、重庆[杨月蓉2006;调]）
7	×	×	×	+	+	"通"（泉州[调]、漳州[陈正统等2007;288;陈曼君2004]、厦门[李荣2002;3490]）；"V得"和"V得来"（绍兴[调]）；"解使/会使"（台湾[杨秀芳1991;299,237]、厦门[李荣2002;4903]、泉州[调]）；"解VC得/会VC得"（厦门[李荣2002;4904;周长楫1998;184]、泉州[李如龙2007;166;陈法今1992;调]）
8	×	×	+!	×	—	"敢"（平遥[侯精一1999;385—386;调]、台湾闽语[郑萦2000]、厦门[冯爱珍1998]）；"作兴"（扬州[李荣2002;1828]、长沙[李荣2002;1828]）

续表

9	×	×	×	×	×	"识"(广州[调]、澳门[调]、香港[调]);"解晓"(福州[调]、福清[调]);"V将来"(平遥[调]、朔州[调]、洪洞[乔全生1992]);"V得来"(常德、郑亚新2007:307;郑庆君1999:299]、上海[许宝华等1988:350;徐烈炯、邵敬敏1998:163]、宿松[唐爱华2005:236;黄晓雪2010]、重庆[调]、成都[张一舟等2001:390])
10	×	×	×	×	—	"让""许"和"准"(北京[调]);"叫"(邢台[调])

面对众多方言语料,我们不仅考察一个情态词有哪些功能,还关注一个情态词在承担某个语义功能时有没有形式上的限制。例如,普通话的助动词"能"兼有上述五种能性情态义,见(6)。

(6) 普通话"能":

 a.[特定能力]他力气很大,能举起这块石头。|他脚肿了,不能走路了。

 b.[条件可能]明天放假,我就能去看你了。|他车子在路上坏了,不能按时来了。

 c.[环境许可(否定疑问)]从中国去美国,不能坐火车的。(对比:从中国去美国,*能坐火车。)

 d.[道义许可(否定疑问)]按公司规定,我们不能在办公室抽烟。(对比:下班了,??你能走了。)

 e.[认识可能(否定疑问)]小王在外地,昨天来找我的人不能是他。|你看这大晴天的,能下雨吗?(对比:屋里灯还亮着,*小王能在里面。)

但是,"能"的这些情态功能有不同的使用限制,它表示特定能力、条件可能义时没有句法限制[见(6a)(6b)],但它表示环境许可、道义许可或认识可能义时一般要限于否定式、疑问句这样的语法环境[见(6c—e)]。这个事实已见于以往文献的观察,吕叔湘(1980/1999:415)谈到

"能"表示情理上许可(即道义许可)、环境上许可(即环境许可)时多用于疑问句或否定句,周小兵(1996:15)、渡边丽玲(2000:484)、彭利贞(2007:152)指出普通话的助动词"能"表达认识情态义时会限于否定疑问的环境。"能"表示环境许可、道义许可的情况主要见于肯定式陈述句,这种情况限于该词搭配副词"只""才"的时候或者该词用在肯定否定对举的环境下。例如,普通话的句子"你得有硕士文凭才能考博士呢"和"他能在办公室抽烟,为啥我就不能呢?"就是助动词"能"在肯定陈述句中表示道义许可的例子,前一句的"能"搭配了副词"才",后一句的"能"用在了对举环境中。

事实上,汉语方言里很多能性情态词都存在跟普通话"能"一样的使用限制,这些能性情态词表示特定能力、条件可能的时候没有句法限制,它们表示环境许可、道义许可、认识可能的意义要限于否定疑问的语法环境,例证见(7—10)。

(7) 厦门话和漳州话"有通":

a. [条件可能] 有通分对象_{能够分东西},无通赞助朋友_{没能赞助朋友}。

b. [认识可能(否定疑问)] 单位的困难补助是无通着到伊_{不可能轮到他}。

(8) 香港话"有得":

a. [条件可能] 太好啦!听日有得同靓女食早餐_{明天能够跟美女吃早餐了}。

b. [认识可能(否定疑问)] 佢食得咁少_{他吃得这么少},无得肥架啦_{不会胖的}。

(9) 广州话"V得倒":

a. [特定能力] 芳芳打得毛衣倒_{芳芳能打毛衣}。(彭小川1993)

b. [条件可能] 佢今日会去到_{他今天去得了}，但系听日返唔倒嚟_{但明天回不来}。

c. [认识可能（否定疑问）] 佢日日食肥猪肉都肥唔倒_{他天天吃肥肉都胖不了}。

（10）湖北洞口话"V 得"[例句均来自胡云晚（2005）]：

a. [特定能力] 我吃得困得_{我能吃能睡}，样样做得_{每件事都能做}。

b. [条件可能] 打我也去□[n²²]得_{打我也去不了}。

c. [环境许可（否定疑问）] 其在个里发烧_{她在发烧}，打不得防预针_{不能打预防针}。

d. [道义许可（否定疑问）] 其有婆娘哩_{他有老婆了}，你讲你同其结得结不得婚_{你说可以跟他结婚吗}？

可见，有特定能力义或条件可能义的很多情态词，它们若兼有环境许可、认识可能等其他能性情态义，那么这些词承担后一组情态义时往往要限于否定疑问的环境，这种使用表现具有跨方言的普遍性。情态功能这种共时上平行的句法表现提示了如下的语义演变方式：这种多功能情态词的环境许可、道义许可、认识可能三个功能应该是情态词在否定疑问的环境中衍生出的功能。这一共时推断得到历史研究的支持。第一，古汉语里，助动词"能""得"有条件可能义的功能，这两个词用于反诘问时就会诠释出认识可能义（朱冠明 2008:131；李明 2001/2017:25—26、28、185）。第二，古汉语里，反诘语气使表示条件可能的情态词"能""好"附加上情理色彩，从而发展出许可义（李明 2001/2017:186—189）。第三，助动词"得"在早期以表示条件可能义为主，该词表达许可义要限于反问句或否定式，到汉代它的许可义才摆脱了句法限制（李明 2001/2017:29、51、189）。这些材料都提示，情态语义演变路径"条件可能→认识可能""条件可能→许可"发生于否定式或反问句中。§9.4.2 会简要解释语义演变"条件可能→认识可能"为何容易发生于否定疑问的环境。

表 5.2 的情态词论证了语义关联"{道义许可—环境许可}—评判必要"。至于评判必要是直接关联着环境许可,还是直接关联着道义许可,这个问题依靠目前的语料还不能确定。

表 5.2　评判可能(即许可)范畴的情态词

环境许可	道义许可	评判必要	估价	其他情态义	汉语方言例词
+	+	+!	+	+	"好"(上海[钱乃荣 1997;125;钱乃荣等 2007;300;许宝华等 1988;355;徐烈炯、邵敬敏 1998;168]、绍兴[调]、杭州[李荣 2002;1584]、宁波[调;李荣 2002;1584]、哈尔滨[李荣 2002;1582]、金坛[调];"V得"(益阳[崔振华 1998;250;徐慧 2001;214;夏俐萍 2017]、常德[易亚兴 2007;300—307;郑庆君 1999;308—309]);"V得得"(黄冈[陈淑梅 2000])
+	+	+!	×	+	"得"(丹江[苏俊波 2007;136—143]、潜江、武汉[李荣 2002;3875]、南京[李荣 2002;3875]、重庆[杨月蓉 2006]);"V得"(洞口[胡云晚 2005]、成都[张一舟等 2001;379])
+	+	×	+	+	"可以"(北京[调]、温州[调]、上海[钱乃荣 1997;125,129,132;钱乃荣等 2007;300;徐烈炯、邵敬敏 1998;168]);"能"(北京[调]、邢台[调]、平遥[调]);"V得"(柳州[李荣 2002;3876]、萍乡[李荣 2002;3879]、长沙[张大旗 1985]、益阳[崔振华 1998;250;徐慧 2001;214]、常德[易亚新 2007;300—306;郑庆君 1999;308—309]、香港[调])
+	+	+!	×	×	"中"(菏泽[董绍克等 1997;421]、桓台[董绍克等 1997;421]、青岛[董绍克等 1997;421]);"好"(扬州[李荣 2002;1582;调]);"V得"(黄冈[王贵生 2007;211])
+	×	×	+	×	"V得了"(武乡[柯理思 1995,2000a]、平遥[调]、昌黎[调])

需注意的是,兼有许可义和必要义的能性情态词,它们的必要义一般是中等强度的评判盖然(对应于普通话助动词"应该"的评判情态义),不是高强度的评判必然(如普通话的副词"必须"表达评判必然义)。而且,这种能性情态词表示评判必要义时要限于肯定式,它常见于针对听

话人的建议句中,如(11)(12)所示。

(11) 上海话"好":

a. [道义许可] 我好进来哇_我可以进来吗_?(李荣 2002:1584)

b. [评判必要(肯定性环境)] 侬好去来_你该走了_,再晏火车要赶勿上勒_再晚就赶不上火车了_。(李荣 2002:1584)

(12) 成都话"V得":

a. [道义许可] 山里没得_没有_老虎,我们去得_可以去_。|那里有危险,我们去不得_不能去_。(张一舟等 2001:380)

b. [评判必要(肯定性环境)] 这个工作你抓紧得_必须抓紧_。(张一舟等 2001:380)

这些跨方言的平行现象提示:这种能性情态词的必要义产生于肯定式。这个共时推断得到了历时研究的支持,贝罗贝、李明(2008)就指出语义演变"许可→必要"发生于肯定式。

Sweester(1990:§3.3.2)认为道义许可、认识可能之间有对应性,即"现实物理世界可理解为认知世界,现实世界中障碍的取消意味着说话人由前提到结论的推理过程中障碍的取消"。如此一来,语义关联"道义许可—认识可能"看似是天经地义的。但图5.1并未构建语义关联"道义许可—认识可能",因为汉语方言的考察不见支持该关联的确凿证据,这种证据的缺失可分为三个方面。第一,许可和认识可能固然常用同一个词形表达,但这不能推出两者一定有语义关联,因为兼有这两个情态义的情态词一般还有其他意义,这些其他意义被证实直接关联着认识可能。例如,北京话的助动词"能"、上海话的助动词"好"、闽南语的助动词"解"等都是兼有许可义及认识可能义,此外,它们还能表示条件可能义,而语义关联"条件可能—认识可能"已经得到广泛的证明。第二,有人指出汉语的助动词"许"是兼有许可义和认识可能义而无其他情态义的情态词,但就目前考察来看,汉语各个方言里助动词

"许"表示许可义一般出现于否定式"不许"(如普通话的句子"不许随地吐痰"),该词表示认识可能义时一般不单独成词,只作合成词的构词语素(如处于副词"也许""许是""兴许"中)。从共时现象看,表示许可的"许"和表示认识可能的"许"在语法身份和出现环境上都不同,这不是支持语义关联"道义许可—认识可能"的坚实例证。第三,汉语方言确实存在情态义只包含许可义和认识可能义的情态词,如晋语及闽语的助动词"敢"和吴语、湘语、江淮官话的副词"作兴""兴"(见表5.3)。

表5.3 无例词支持语义关联"道义许可—认识可能"

道义许可	认识可能	其他情态义	词汇义	汉语方言例词
—	+!	×	流行	"作兴"(扬州[李荣 2002;1828]、盐城[调]、金华[李荣 2002;1828]、绩溪[李荣 2002;1828]、上海[李荣 2002;1828]、崇明[调]、吕四[卢今元 2007;438]、娄底[李荣 2002;1828]);"兴"(武汉[李荣 2002;1828,5734]、常德[易亚新 2007;197—198;郑庆君 1999;216]、牟平[李荣 2002;5733—5734]、哈尔滨[李荣 2002;5733])
—	+!	×	有胆量做	"敢"(神木[邢向东 2002;553;邢向东 2000]、志丹[王鹏翔 2009]、绥德[马晓琴 2004]、娄烦[李会荣 2008]、长治[侯精一 1999;385—386]、万荣[郭校珍 2008;41—47]、太原[调]、平遥[调]、台湾[杨秀芳 1991;252,257;杨秀芳 1999;郑黛 2000]、漳州[陈正统 2007;219]、厦门[冯爱珍 1998]、建瓯[李荣 2002])
—	×	×	流行	"兴"(福州[李荣 2002;5734]、邢台[调])
×	+!	×	流行	"作兴"(嘉定[汤珍珠等 1993;182]、苏州[李荣 2002;1828]、长沙[李荣 2002;1828]、宁波[李荣 2002;1828]);"兴"(成都[张一舟等 2001;313])
×	+!	×	有胆量做	"敢"(北京[调]、徐州[李申 1985;273;李荣 2002;4071]、浚县[辛永芬 2006;148]、漳州[陈正统 2007;219])

以这些词为材料,按照传统的语义地图操作方法,理应构建出语义关联"道义许可—认识可能",但我们未这样做是因为这些词的许可义和认识可能义都出现于不同的句法环境。具体而言,这些方言的情态词

"敢""作兴""兴"表达许可义时限于否定式,它们表达认识可能义时限于肯定式。那么这些只包含道义许可义和认识可能义的情态词也不能支持"道义许可—认识可能"。总之,如果负载于同一语法形式上的两个功能 s1 和 s2 所出现的句法环境是互补的,而且这种分布互补的现象具有跨方言的平行性,那么便不宜据此构建语义关联"s1—s2"。

这里详述第三方面的证据缺失。先说助动词兼副词的"敢",晋语和闽语的"敢"兼有道义许可义和认识可能义,此外再无其他能性情态义,例证如(13)(14)。

(13) 山西娄烦话"敢":

a. [道义许可] 你可不敢乱说啊 你不要乱说啊。(李会荣 2008)

b. [认识可能] 明儿你敢不上班哇 明天你应该不上班吧?(李会荣 2008)

(14) 厦门话"敢":

a. [道义许可] 不敢食 不能吃,侬客还无来 客人还没有来。(冯爱珍 1998)

b. [认识可能] 即粒冬瓜敢有二十斤喽 这个冬瓜可能有二十斤啊。(冯爱珍 1998)

这些方言里"敢"的这两个情态义总是出现于不同的句法环境。汉语很多方言的"敢"都有认识可能义,表示认识可能义的"敢"是副词,它一般只能用肯定式,常常出现在揣测问句中;一部分方言的"敢"兼有许可义,表示许可义的"敢"是助动词,它限于否定式"不敢",用于表达劝诫的祈使句,古汉语的"敢 许可"亦如是(王锳 1995)。跟"敢"类似的有吴语、湘语、江淮官话的情态词"作兴"及很多方言的情态词"兴",它们是常用的表示许可义或认识可能义的词汇,例证见(15)(16)。

(15) 上海话"作兴":
   a. [道义许可] 勿作兴搿能作个_不能这么矫情做作_。(李荣 2002:1828)
   b. [认识可能] 搿歇还勿曾来_这么久还没来_,作兴勿会来勒_大概不会来了_。(李荣 2002:1828)

(16) 山东牟平话"兴":
   a. [道义许可] 只兴官家放火_只让当官的放火_,不兴民家点灯_不让百姓点灯_。(李荣 2002:5733)
   b. [认识可能] 他兴来_他可能来_,兴不来_可能不来_。(李荣 2002:5733)

绝大多数方言里,"作兴""兴"表示认识可能义时只能用肯定式,它们表示许可义时要用于否定式、疑问句或者肯定否定的对举环境中。

总之,汉语方言里情态词"敢""作兴""兴"的道义许可义与这些词的认识可能义出现于不同的句法环境中,这个现象具有跨方言的一致性。这种功能分布趋势的平行性预示,历史上同一情态词表达这两个功能时所在的句法环境是不同的。能出现在相同句法环境下的两个意义才可能有衍生关系,那上述材料透露出道义许可和认识可能不大可能有直接的衍生关系,因此表5.3的情态词难以支持语义关联"道义许可—认识可能"。我们认为,这些词的道义许可义和认识可能义要么经由其他意义作中介而存在间接的衍生关系,要么由这些词的其他意义分别衍生出来(即多重语法化)。江蓝生(1990)指出,表示许可义的情态词"敢""可"用于反问句时表达"岂敢""岂可",后来它们沾染上句子的反诘语气而发展为反问副词,进而发展出带有认识可能义的揣测问功能。我们推测,情态词"作兴""兴"由词汇义"时兴、流行"发展出认识可能义,由词汇义"按风俗习惯允许"发展出许可义。

表5.2的情态词也论证了语义关联"环境许可—估价"。有估价义

的情态词一般兼有多种情态义,例证见(17)。

(17) 香港话"V 得":

a. [环境许可] 哩的药水有毒_{这些药水有毒},唔掂得驾_{不能碰啊}! (陆镜光 1999)

b. [道义许可] 而家响室内唔食得烟啦_{现在教室里你就不能抽烟了}。

c. [估价] 呢出戏睇得下架_{这出戏可以看吗}?(陆镜光 1999)

较特别的是很多北方方言的能性述补式"VC 了",它一般不能表示许可义,只有在它的补语 C 为特定成分(如"得/的")的时候,"VC 了"没有特定能力、条件可能等意义,只能表示环境许可义和估价义,例证见(18)。

(18) 山西武乡话"V 的唠":

a. [环境许可] 宰东西吃的吃不的_{这东西能不能吃}?——吃的唠_{能吃}/吃不的_{不能吃}。(柯理思 1995)

b. [估价] 宰种布买的买不的_{买这种布合算不合算}?——买的唠_{可以买}。(柯理思 1995)

5.2.2 情态义与其他功能的关联

图 5.1 的右端主要是能性情态义和其他概念范畴之间的语义关联,这类关联路径集中于认识情态与其他概念范畴之间的联系。下面依次详述当中的证据。

我们先来论证语义关联"禁止—揣测问—认识可能"和"否定可能—反问—揣测问—认识可能"。表 5.4 显示出,汉语方言里有反问、禁止等否定义的副词经常还用于表示揣测问、认识可能等肯定性推测义的句子,这些现象说明否定性意义和肯定性意义之间存在一定的联系。

表 5.4 能性情态和疑问、否定范畴的语义关联

反问	揣测问	认识可能	禁止	否定可能	汉语方言例词
+	+	+	×	×	"想是"（银川[高葆泰等 1993;153]、中宁[黄伯荣 1996;430]）；"敢"（台湾闽语[杨秀芳 1991;252,257;郑縈 2000]、厦门[冯爱珍1998;周长楫 2006;329,283,513;周长楫 1998;372]、内蒙古西部[邢向东、张永胜 1997;87]、娄烦[郭校珍 2008;41—47;李会荣 2008]、绥德[马晓琴 2004]）；"敢是"（北京[调]、万荣[李荣 2002;4072]）
+	+	×	+	×	"不"和"莫"（常德[易亚新 2007;203]）；"莫"（吉首[李启群 2002;210]、成都[调]、冷水江[调]）
×	+	×	+	×	"别（是）"（北京[调]）；"奥要"（海门[王洪钟 2008;33]）；"勿可"（绍兴[调]、宁波[阮桂君 2006;§3.1]）；"嫑"（绍兴[调]）；"莫"（重庆[调]、长沙[李荣 2002;3084]、黎川[李荣 2002;3084]、宁波[阮桂君 2006;§3.3]）；"白"（微山[殷相印 2006;89]）
×	+	+	×	×	"莫""莫须"和"莫是"（徐州[李荣 2002;3086]）；"岂是"（汕头[调]）
+	+	×	×	+	"未必"（中宁[黄伯荣 1996;430]、武汉[李荣 2002;772]、长沙[李荣 2002;773]、益阳[崔振华 1998;209]、衡山[彭泽润 1999;240]、贵阳[李荣 2002;772]、常德[郑庆君 1999;217]、成都[李荣 2002;773;张一舟等 2001;295]）；"繪[boi]"（汕头[调]）；"解无讲"（福清[调]）
+	+	×	×	×	"难道"（北京[调]）；"好是"（银川[高葆泰等 1993;118]）；"莫兴"（吉首[李启群 2002;209]）；"唔通"（广州[李荣 2002;3170]）；"莫非"（牟平[李荣 2002;3085]、崇明[李荣 2002;3085]）；"莫是"（武汉[李荣 2002;3085]、建瓯[李荣 2002;3085]）；"莫必"（银川[李荣 2002;3084]）；"莫得"（萍乡[李荣 2002;3086]）；"莫过"（贵阳[李荣 2002;3085]、柳州[李荣 2002;3086]）

很多反问副词、禁止义副词常用于表达揣测问，带这些副词的揣测问句所推测的事件通常是反常理或消极性的状况，例证见（19）（20），由此可以建立语义关联"反问—揣测问—禁止"。

(19) 湖南吉首话"莫兴"：

a. [反问] 喊你打, 莫兴打死人难道要打死人吗？（李启群 2002:209）

b. [揣测问] 都十点钟了, 莫兴没开会了莫非不开会了？（李启群 2002:209）

(20) 江苏海门话"奥要"（也作"奥""弗要"）：

a. [禁止] 叫夷赌铜钿叫他不要赌钱了, 夷弗听个呀他不听的呀！（王洪钟 2008:33；王洪钟 2011:65）

b. [揣测问] 即先特也弗来这时候还不来, 奥要汽车坏脱特哦别是汽车坏了吧？（王洪钟 2008:33；王洪钟 2011:65）

一些有揣测问功能的副词还能用于无疑问语气的直陈句, 例证见(21)(22)。

(21) 厦门话"敢"：

a. [揣测问] 有人拍门有人敲门, 敢着是阿妈莫非是妈妈？（周长楫 2006:384）

b. [认识可能] 即粒冬瓜敢有二十斤喽这个冬瓜可能有二十斤啊。（冯爱珍 1998）

(22) 徐州话"莫"：

a. [揣测问] 老王咋没来, 莫他病了吧莫非他病了吧？（李荣 2002:3081）

b. [认识可能] 莫他早走了可能他早走了。（李荣 2002:3081）小张回家了吧？——莫可能是。（李荣 2002:3081）

(21b)(22b)显示, 带揣测问副词的这些直陈句同样是推测事件的, 只是它们不再像原本的揣测问用法那样限于推测反常理或消极性的状况, 它们可以表达中性的状况。这种现象表明, 这种蕴含推测义的直陈句是典型的认识情态句, 当中的揣测问副词已经发展出成熟的认识可能义。这些语料就支持了语义关联"揣测问—认识可能"。此外,一些方言里,表示否定可能义的情态副词还有反问功能或揣测问功能,例证见(23)(24)。

(23) 汕头话"媷":
 a. [否定可能] 他下个月媷来_{他下个月不会来的}。
 b. [反问] 我媷是会害你_{我难道会害你吗}?

(24) 成都话"未必":
 a. [否定可能] 他未必要去_{他不一定会去}。
 b. [反问] 你是他老子,未必还不晓得他的毛病哇_{难道还不知道他的毛病吗}?(张一舟等 2001:295)
 c. [揣测问] 这个人看起来好面熟,未必是小李哇_{莫非是小李吗}?(张一舟等 2001:295)

参考这些语料后,我们又考虑到否定性概念衍生出反问义在跨语言中具有相当的普遍性,最终构建出语义关联"否定可能—反问"。

  依据上面的语料,最终总结出两条关联路径"禁止—揣测问—认识可能"和"否定可能—反问—揣测问—认识可能"。这两条路径中,左端的"禁止""否定可能"都属于否定范畴的概念,右端的"认识可能"是肯定性的意义,"反问""揣测问"这种疑问范畴用法是连接否定义和肯定义的中间桥梁。从中可见,否定性意义和肯定性意义之间的转化要通过疑问这种环境来实现。这是因为说话人做推测时有一种矛盾的心理:客观情理迫使说话人推测出命题 P,但说话人又不愿意相信这个命题。换言之,说话人客观上肯定了命题 P 的可能性,但主观上否定了它的合理性。如何在肯定和否定这两个极性概念之间达到平衡呢? 揣测问正是合适的表达形式,它是带有怀疑的陈述,断言程度正处于肯定义和否定义之间。

  下面看假设条件与情态范畴的联系,这涉及两种情况:一种是表示认识可能义的情态副词,另一种是具有多种情态义的能性述补式。首先,一些表示认识可能义的情态副词还有作假设连词的用法,具体例证见(25)(26)。

(25) 宁波话"作兴":

a. [认识可能] 渠到该晌还勿来_{他到这时候还不来},通知作兴无收到_{大概没收到通知}。(李荣 2002:1828)

b. [假设条件] 作兴_{假如}我晏_晚回来,侬先吃饭好雷_{你先吃饭好了}。(李荣 2002:1828)

(26) 吴语《海上花列传》"倘忙":

a. [认识可能] 第六回"耐勿要怪俚,倘忙_{或许}时转局。"(吴连生等 1995:399)

b. [假设条件] 第八回"倘忙_{倘使}耐要到蒋月琴搭去末,想着有物事来哚我手里,耐勿敢去哉。"(吴连生等 1995:399)

这就可以构建语义关联"认识可能—假设条件"。这条关联路径的更多方言例证见表5.5。

表5.5 支持"认识可能—假设条件"的情态词

认识可能	假设条件	其他情态义	实词义	方言情态词(例词)
+!	+	许可(一)	有胆量做	"敢"(榆林[涧]、厦门[冯爱珍1998;周长楫2006:329、283、513;周长楫等1998:372])
+!	+	许可(一)	时兴、流行	"作兴"(宁波[李荣2002:1828]、苏州[李荣2002:1828]、上海[李荣2002:1828])
+!	+	×	○	"倘忙"(吴语[吴连生等1995:399]);"莫得"(益阳[崔振华1998:207])
+!	+	×	担心、害怕	"怕"①(元代汉语[古本《老乞大》第66句节;关汉卿《拜月亭》])

---

① 元代汉语中情态词"怕"除了用于推测句表示认识可能义外,还可作假设连词,其义为"如果、倘若",如关汉卿的《拜月亭》有例句"怕哥哥不嫌相辱呵,权为个妹"。李泰洙、江蓝生(2000)讨论过元代汉语里"怕"作假设连词的用法,可参考。

其次，一些方言中能性述补式也能直接作假设条件句，准确而言，一些能性述补标记兼作假设条件标记，见表5.6。

表 5.6 支持"条件可能—假设条件"的情态词

特定能力	条件可能	假设条件	认识可能	方言中的能性述补式（例词）
+	+	×	×/(+)	"V 得 C"（北京[调]、上海[钱乃荣 1997;126;钱乃荣等 2007;308;徐烈炯、邵敬敏 1998;163]、成都[张一舟等 2001;389]）；"V 得"（长沙[张大旗 1985]、益阳[崔振华 1998;250]、洞口[胡云晚 2005]、常德[易亚新 2007;307;郑庆君 1999;299]、扬州[调]、徐州[李荣 2002;3875]、金华[李荣 2002;3878;曹志耘 2001]、休宁[李荣 2002]、香港[陆镜光 1999;张洪年 1972;119—120]、广州[彭小川 1998;李荣 2002;3879]）
+	+	+	×	"V 得 C"（益阳[夏俐萍 2017]）；"V 得嚟补语"（香港[张洪年 1972;122;调]、广州[调]、澳门[调]）
+	+	+	×	"V 动补语 儿"（神木[邢向东 2006;171、174]）；"V 动补语 咾"（晋城[沈慧云 2003]、林州[谷向伟 2006,2007]、武乡[史素芬 2002;145]、大同[调]、忻州[乔全生 2000]、洪洞[乔全生 1999]、浚县[辛永芬 2006;302]、河北涉县[邢向东 2006;174]）
+	+	+	(+)	"V 咾补语 咾"（晋城[沈慧云 2003]、武乡[史素芬 2002;145]、娄烦[郭校珍 2008;86;李会荣 2008;张宪平等 2005]）；"V 了补语 咾"（邢台[调]、神木[邢向东 2002;631]）；"V 得补语 咧"（陕西户县[孙立新 2001;72]、神木[邢向东 2002;589]、西安[伍永尚 2007;268]）

这些能性述补式的补语一般是没有具体词汇义的动相补语（phase complement），如（27）里广府粤语的述补式"V 得嚟"。

(27) 香港话"V 得嚟"：

    a. [能性补语式（"嚟"是动相补语）] 呢件事噉难_{这件事那么难}，我做唔嚟_{我做不来}。

b. [假设条件] 食得饭嚟_假如吃饭_,就冇时间睇戏_就没时间看戏_。

最典型的例证是冀鲁官话及晋语里位于 VP 后的"了",它是这些方言的能性述补标记[参见柯理思(1995)],其音形不同于本方言的句末助词"了_2_",而是接近词源动词"了_完尽_"的音形,它在方言文献中一般记为"唠"或"唠",可见,这个能性述补标记的"了"语法化程度要低于句末助词"了_2_"。同时,这个能性述补标记的"了"也是这些方言常用的假设条件标记,它在假设条件句中具有强制性,具体例证见(28)。

(28) 邢台话"VP 唠":
  a. [能性述补式的标记] 你抬动这箱书唠_能抬动_不哎?
  b. [假设条件] 你提不动这桶水唠_你提不动这桶水的话_,我帮你。

能性述补标记也有多种情态义,是哪种意义跟假设条件功能存在直接关联呢?下面来探索这个问题。一方面,汉语的能性述补式可以表达认识可能义,只不过,它表示认识可能义时一般限于否定式和疑问句,其核心述语 V 必须是非自主谓词,如普通话的句子"这件衣服便宜不了"[参见柯理思(2000b)]。从这种句法环境的限制来看,能性述补式的认识可能义不会直接联系它的假设条件功能。另一方面,汉语的能性述补式主要是表达条件可能义,表达这个意义时能性述补式没有形式限制,它可以用于肯定陈述句。基于这种句法表现,我们暂且将(27)(28)里能性述补式所反映的语义关联构建为"条件可能—假设条件"。不过,很多北方方言的能性述补标记"了"还能标示未然时点义"……的时候",语义关联"未然时点—假设条件"已得到世界语言的证实[参见邢向东(2006:167—194)]。然而,我们排除了这个关联路径,因为广府粤语的"V 得嚟"没有未然时点义。况且,未然时点义和假设条件义几乎相同,将来的时间点可视为一种假设条件,两者可以合并为同一个功能。

假设条件的关联路径在图 5.1 里呈现出一个回路(loop):条件可

能、认识可能、假设条件这三个功能,两两之间都有语义关联。回路会削弱语义地图的预测力,若已知某词兼有当中的两个功能,无法推断它有无第三个功能。但汉语方言里,语义关联"认识可能—假设条件"和"条件可能—假设条件"分别发生在句法性质不同的情态词上,前一条关联路径见于 VP 前的副词、助动词,后一条关联路径见于 VP 后的能性补语标记。换言之,不同的语法成分表现出不同的语义关联方式。那我们在参考语义地图的同时,可以结合语法形式的句法性质来判断某个语料到底体现了哪一种语义关联路径。

5.2.3 去语法化

很多方言里,表示许可义的助动词还能作形容词表示"好的、不错的",如普通话的助动词"可以"(如"他这一手字写得还可以"),南方方言的许可义助动词也有平行的表现,如(29)所示的例证。类似地,某些方言里表示能力义的助动词还兼能作形容词,它们表示"能干的",例证见(30)。

(29) 漳州话"解使":

　　a. [道义许可] 我敢解使入去_{我可以进去吗}?(陈正统 2007:257)

　　b. ["还行,尚可接受的"] 即几摆考试_{这几次考试},成绩较解使淡薄_{成绩相对还可以}。(陈正统 2007:257)

(30) 邢台话"能":

　　a. [特定能力] 他能举起这块石头。

　　b. ["能干的"] 这人够能嘞_{这个人够能干的},阵难嘞事儿都给办成嘞_{这么难的事都给办成了}。

我们在方言中发现的这类情况被简要列为表 5.7,它们支持了语义关联"{环境许可—道义许可}—合宜的"和"特定能力—能干的"。

表 5.7 有"去语法化"表现的情态词

评判许可	合适的	能力	能干的	条件可能	认识可能	其他功能	汉语方言的例词
+	+	+	×	×	×	×	"可以"(北京[调]、济南[李荣 2002;888]、扬州[李荣 2002;888]、乌鲁木齐[李荣 2002;888]、成都[李荣 2002;888]、绩溪[李荣 2002;888])
+	×	×	×	×	×	×	"解使/会使"(福州[李荣 2002;4903;陈泽平 1997;178]、漳州[陈正统 2007;203]);"解值/会值"(泉州[调]、厦门[李荣 2002;4903])
×	×	+	+	×	+	×	"会"(哈尔滨[李荣 2002;4900]、梅县[李荣 2002;4901]、海口[李荣 2002;4902])
×	×	+	+	+	—	×	"能"(北京[调]、邢台[调]、平遥[调])
×	×	+	+	×	×	×	"解做/会做"(福清[调]、福州[李荣 2002;4903;陈泽平 1997;176]、建瓯[李荣 2002;4903])
+	×	+	+	+	+	+	"解/会"(温州[马贝加 1996;调]、漳州[陈正统 2007;203]、厦门[李荣 2002;4902;周长楫 2006;184;周长楫等 1998;376]);"敢"(福州[李荣 2002;4071])

【说明】"评判许可"是道义许可、环境许可的统称。

支持语义关联"{环境许可—道义许可}—合宜的"和"特定能力—能干的"的情态词很可能代表了语法演变"助动词→形容词"的去语法化(degrammaticalization)现象,这是语义较虚的情态义衍生出语义较实的词汇性意义。以往研究认为,普通话的助动词"可以"是古汉语里助动词"可"与介词"以"连用后重新分析而成词的(王力 1990;338;郭锡良 1998)①。依据这个演变过程,助动词应该是"可以"最初的句法性

---

① 朱冠明(2003a)对这种看法提出过异议,可参考。本书仍遵循传统看法。

质,其形容词的用法就是后起的。与"可以"平行的有闽语的助动词"解使",它本是"助动词'解'+动词'使'"凝固而成的词汇形式(郑萦 2003),最初也是助动词,其形容词的用法同样是后起的。这些情态助动词演变为形容词的机制大概是转喻,这个演变过程简述如下。在汉语的情态句中,情态助动词之后的词汇性 VP 可以提升到话题的位置,情态助动词就单独作句子的谓语了。比如,普通话的句子"你可以这样做"变换为"你这样做可以",福州话的句子"伊解使行里𣍐他可以进去吗?"变换为"伊行里解使𣍐使他进去行不行?"。在这样的变换式中,助动词如同形容词一样作谓语,那"可以"类的助动词就很容易被重新分析为形容词,衍生出"可接受的,合宜的"的意义。进一步看,助动词衍生出的形容词用法还是受限制的,这种形容词一般只能作描述性谓语,少有作定语的情况,普通话就不能说"*可以的字""*很能的人"。这种使用限制说明,情态助动词去语法化后的形容词用法还是很不成熟的。

5.3 讨论

我们的能性情态语义地图(图 5.1)与 van der Auwera & Plungian (1998)的能性情态语义地图(图 5.2)存在不少差异。当中的一部分差异归因于笔者对情态功能的细分和对语义地图方法论的改进,这部分是笔者对 van der Auwera & Plungian 结论的修正,它们令图 5.1 更能反映世界语言的情态语义共性。另一部分差异呈现出汉语情态词有特别的语义关联模式,这部分是笔者对 van der Auwera & Plungian 地图的补充,它代表汉语情态词有别于其他语言情态词的个性。下面予以详述。

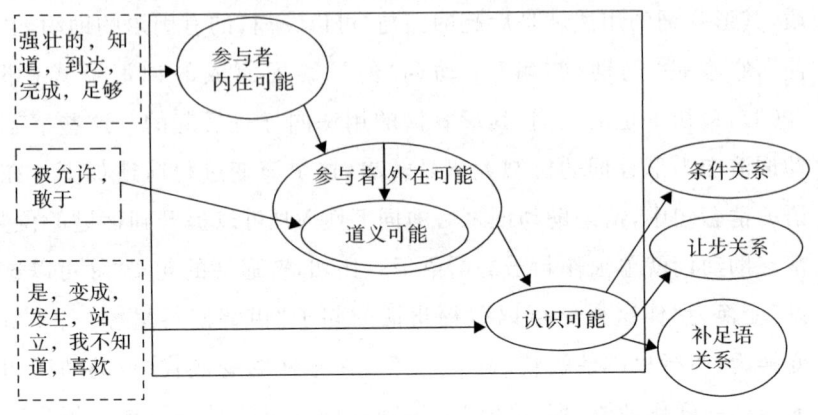

图 5.2　van der Auwera & Plungian 的能性情态语义地图
(van der Auwera & Plungian 1998,图 5)

5.3.1　情态语义关联的新模式:功能细分

图 5.2 有关联路径"参与者外在可能—认识可能",参与者外在可能至少包含我们的环境许可、道义许可(见表 3.1)。van der Auwera & Plungian(1998)没有明确提出对应于本书里条件可能句的例证,据其参与者外在情态的定义"外在于参与者的境况,这些境况——若有的话——与当前的事件相关联,并使这个事件成为可能或必然"(该文 80 页),条件可能义应该归到 van der Auwera & Plungian 的参与者外在可能里。于是,参与者外在可能囊括了本书的三种情态概念:条件可能、环境许可、道义许可。也就是说,van der Auwera & Plungian 认为存在关联路径"{条件可能/环境许可/道义许可}—认识可能"。但是,我们的图 5.1 只承认语义关联"条件可能—认识可能",笔者的考察未见支持语义关联"{环境许可/道义许可}—认识可能"的证据,这是有别于 van der Auwera & Plungian 的主要差异。

图 5.1 缺少关联路径"{环境许可/道义许可}—认识可能"的根本

原因是我们将 van der Auwera & Plungian(1998)的情态功能"参与者外在可能"细分为三个不同的情态义——条件可能、环境许可、道义许可,其中,条件可能义属于潜力情态,环境许可、道义许可属于评判情态。§3.3、§3.4详细论证了这种情态分类方案的合理性,既然条件可能和环境许可、道义许可分别属于不同的上位范畴,那么条件可能必须区分于后两者,它要作独立的功能节点,这是遵循逻辑准则:如果功能 s1 和 s2 属于同一上位范畴,那么将二者合并为同一功能尚可,如环境许可、道义许可以合并为评判可能(评判许可);如果功能 s1 和 s2 分属不同的上位范畴,那么必须将二者设立为不同的功能,不能优先合并它们。可见,若修正或改进已有的语义地图,不仅要扩大语料发掘更多的语义关联,更要检验已有的功能节点是否合理;对已有语义地图的大修改,往往源于对功能节点的改进。

5.3.2　语义地图方法论的改进:形式细分

如§5.2所述,我们在构建语义地图时,对语义功能做了一个新的形式限制:常常负载于同一词形 M 上的两个功能 s1 和 s2 至少在一部分语言/方言中可出现在相同的句法环境下,这样才能建立 s1 和 s2 之间的语义关联。例如,在绝大多数方言里,情态词"敢""作兴""兴"表示道义许可义时的句法环境完全不同于这些词表示认识可能义时的句法环境,那么这些词就并不真正地支持语义关联"道义许可—认识可能"。该要求是传统的语义地图方法论中没有的,传统上只需要弄清一个语法形式承担了几种语义功能,不考虑这个语法形式在承担每个功能时所在的句法环境是怎样的。

我们对语义地图提出的这个新要求涉及了语义地图如何处理"形式"的问题。用来构建语义地图的各种语法形式里,对于功能不同的两个同音形式,什么时候将它们看作是一个语法形式负载两个功能,什么时候将它们看作是毫无联系的两个语法形式？这是语义地图模型当前未解决的问题。传统上一般考虑两个功能的同形编码是否为跨语言现象,但这似乎不够。实词承载了音形和语义两种信息,只从其词形的多功能模式来判断其各个功能的语义关联,一般不会有太大的问题。但是,功能词除了音形和语义外,还涉及了句法分布的问题,那么,句法分布可否看作功能词的形式信息呢？其实,在传统语义地图的操作中,有时已无意间加入了这一信息,因为方家一般不会考虑汉语合成词中某一语素的信息。比如,普通话里副词"或许"的"许"(表认识可能)和动词"允许"的"许"(表许可)不会被当作同一个形式来构建语义关联,原因是这两个"许"是内嵌在不同合成词里的非自由成分。归根结底,这种差异是两个"许"所出现的环境很不同,这一定程度上就是限制一个语法形式表示某种意义的句法环境。同样道理,汉语里语法组合式"敢是"的"敢"(表认识可能)与语法组合式"不敢"的"敢"(表许可)也应该视为两个语法形式。我们目前的处理方式是将语法形式做细分,对一个语法形式的每个功能加上了句法环境的限制条件:若常常负载于同一词形 M 上的功能 s1 和 s2 在绝大多数语言/方言中都出现在不同的句法环境中,最好不要建立 s1 和 s2 之间的语义关联。这是将句法环境也看作词形信息的一部分,一个词形 M 在表达 s1 时与在表达 s2 时就被视为不同的语法形式。毕竟,一个语法形式在承载某个功能 s 时会受到一个句法限制 X,这种现象如果具有跨语言/方言的平行性,这种句法信息 X 就不该被忽略,它应该反映了历史上功能 s 产生时的句法环境。功能 s1 和 s2 虽然经常由同一个形式 M 负载,但在跨语言/方言里表示 s1 的 M 和表示 s2 的 M 极少出现于相同的句法环境里,这提示了功能 s1 和 s2 是 M 在不同的句法环境中衍生出的功能。产生于不同句法环境的两个功能极少有衍生关系,因为绝大多数的语义演变是概念性变化(conceptual change),呈现出语义的渐变性,两个功能之间的衍生现象一般发生在相同的句法环境中。基于这些事实，就有必要对语义地图的功能节点设置上述的形式限制。这种处理方式默认了语义地图所反映的共性语义演变为渐变式而非突变式。尽管突变式的语义演变在语言中存在，如类推就可以造成语义突变，但是该类演变常常受限于特定语言的类型特征。比如，某个语言的特定结构使某种突变得以发生，其个性较强，往往缺乏跨语言共性。所以，将这种特殊的情况排除在语义地图之外亦可。至少，对于语义地图的语法形式、语义功能设置上述的限制可以在语义地图里将渐变式的语义演变和突变式的语义演变区分开，这要比笼统地对待它们更好，特别是对研究不同类型的语义关联十分必要。总之，考虑一个语义功能所出现的句法环境等形式信息是为了排除一些不可靠的或者非共性的语义关联，这样就能使语义地图更准确，其预测力变得更强。毫无疑问，这种保守的做法要求所考察的功能词不仅要多样，而且相应的语法分析要更详细，这样才能看出一个语义功能的某种句法限制是否具有跨语言/方言的普遍性。

以往的语义地图研究未关注功能词在形式上的分合问题，我们的研究显示出形式的分合在语义地图研究中很重要。那处理多功能词的形式分合要依据什么原则？这是语义地图模型在方法论上要回答的问题。若将多功能词出现的句法环境纳入到形式信息的考量范围，语义功能的哪些句法限制要归为形式信息？多功能词的各种句法信息应该做怎样的系统区分呢？我们对此尚无全面的考量。肯定、否定、疑问等较为宽泛的句法环境可以纳入到关注的范围内，功能词可搭配的实词类型、功能词的句法位置（如动词前还是动词后）也要兼顾。不过，无论依据哪种句法限制对形式做细分，都要遵循一个基本原则：如果某种句法限制 X 对于一个功能词的特定功能 s 而言具有跨语言/方言的平行性，那么这个句法限制 X 才有资格纳入到该功能词的形式信息里。这是我们对语义地图"形式分合原则"的初步提议。

我们也承认,上文对一个功能词的特定功能所给与的形式限制有一定局限。首先,理论上,这些原则虽然在很大程度上可以排除错误的语义关联和突变式的语义演变,但这种作用不是绝对的。即使严格执行这些原则,少数无衍生关系或突变关系的两个功能也可能建立关联,因为历时语义演变的形式信息未必保留在所有的语言中。纵然某个句法限制对特定功能而言没有跨语言的平行性,这个句法限制也未必不是此功能产生时的句法环境。譬如,功能 s 历时上产生于句法环境 X 中,这造成大量多功能词的功能 s 呈现出句法限制 X,但一些功能词的功能 s 使用范围扩大,这种句法限制后来消失了,共时比较中功能 s 的句法限制 X 就不具有跨语言的平行性。van der Auwera & Plungian (1998:92)提到,俄语"敢"义动词表示道义许可义时要限于否定性的语境"禁止"里(这与汉语方言的助动词"敢"是相同的),但克罗地亚语、捷克语里"敢"义动词表示许可义时没有这种语法限制,而俄语的情况提示了"敢"义动词是在否定性的语境中发生重新分析的。按照上段提出的形式分合原则来构建语义地图,就会产生这样的结果:某些本应考量的形式信息在构建语义地图时会被忽略。可见,我们提出的形式分合原则在保障语义地图的准确性上有所局限,理论上它们不能排除所有的错误关联或突变式关联。第二,实践上,跨语言比较难以顾及语言的细节,我们在形式分合问题上的保守做法经常难于操作。很多参考语法并未提供足够的用法信息,研究者无法从中知晓某个语法形式在承担特定功能 s 时究竟有没有句法限制 X。而且比较研究中一旦对具体语言做语法分析,各家的分析结论就可能会不一致,这便成为跨语言研究的难题。因此,我们针对语义地图理论提出的形式分合原则更适用于小范围的跨语言/方言比较,譬如本书的汉语方言比较,这便于语料的调查,相对容易获得足量而准确的信息。

总之,语义地图模型的很多操作问题要在具体研究中继续探索,方能有系统规范的方案。语义地图模型有许多方面需要完善，我们对这个理论工具如何处理语法形式的方式做出一项提议，有待方家指正。

5.3.3 汉语情态语义关联的丰富性

我们的汉语考察发现了一些 van der Auwera & Plungian(1998) 能性情态语义地图（图 1.11、图 5.2）所没有的语义关联，这包括图 5.1 的关联路径"禁止—揣测问—认识可能""环境许可—估价""条件可能—假设条件"以及关联路径"许可—合宜的""能力—能干的"。这些语义关联很可能是汉语方言特有的语义关联路径。

van der Auwera & Plungian 地图的一些关联路径尚未在汉语方言的考察中得到充分的支持。比如，我们未发现有汉语情态词真正支持图 5.2 的关联路径"认识可能—让步关系"。尽管晋语的副词"敢"除了表达认识可能义外，还能用于让步关系的句子，例证见(31)，但这个"敢"还有反问、中性问、强调等功能，于是我们就无法断定该词标示让步关系的用法与它的哪个功能存在直接关联。

(31) 晋语的"敢_{认识可能}"可兼表让步关系：
    a.〈山西平遥〉好敢是好_{好是好}，就是贵咧_{就是太贵了}。
    b.〈陕北绥德〉骂敢是骂叻_{骂是骂}，其实那_他又舍得给吃了。
    （马晓琴 2004）

我们的材料也没能构建出相当于图 1.11 里语义关联"参与者外在可能—将来""认识可能—补足关系"的关联路径，这些语义关联或许不见于汉语。

大异于 van der Auwera & Plungian 所主张的图 5.2 的是，我们构建出的图 5.1 不包括能性情态义的词源义。虽然参考已有的历史研究在现有地图上加上这些内容并不难，但这不符合语义地图的操作原则，语义地图仅能凭借共时上跨语言的功能蕴涵关系，不能依靠历史材料里各个功能的出现顺序。鉴于可能遇到的实践困难,我们认为,主要包含功能性意义的语义地图尽量避免纳入词汇性意义,因为从词汇性意义变到功能性意义的关联路径应该经过由实到虚的数个功能,而构建这样细致的关联路径,需要更细致的语义分析和更深入的语料考察,目前的工作显然还难以做到这一步。

不过,§3.4.2简述过认识情态义的词源义,这部分语料显示,来源于以下三类意义的认识情态义通常用于表达说话人不希望或不相信的事件:(一)词汇义"不能搞好、不能保证",一般由能性述补式"搞不好""保不住"表达;(二)词汇义"担心害怕",一般由本是动词的"恐""怕"表达;(三)功能义"禁止、反问",一般由劝诫副词"别"、反问副词"难道"等表达。这些来源各异的认识情态义都是表达消极性的推测,这是三类来源义的共同特点所致。词汇义"搞不好"本就是消极性意义;词汇义"保不住"也是消极性意义,因为要保住的是说话人希望的事件,如果不能保住则必定是说话人不希望的事件;"担心害怕"发生的事都是消极性的事件;"禁止、反问"这种否定意义包含了说话人主观否定的态度"不愿相信"。因此,这些形式不同、来源各异的认识情态词具有统一的演变原理:说话人做推测时有一种矛盾的心理,他基于客观情理做出一个推测"可能存在命题P",他又在主观态度上不愿相信这个命题为真。换言之,客观状况迫使说话人推测出命题P,说话人对P的可能性是客观肯定的,但对它的合理性或情愿性是主观否定的。

综观汉语方言的情态表达形式,便可知晓普通话的多数情态词来自南北地区的各个方言。助动词"能""得děi"主要见于北方方言,助动词"可以""得dé"见于江淮官话。助动词"会"表示条件必然义、认识情态义的用法见于吴语、闽语、粤语等东南方言。西南官话里助动词"要"很强势,它是这一地区方言表达将来事件的主要情态词。就能性述补式而言,北方方言普遍用"VC(O)了",南方方言才用"V得""V得C",而且很多南方方言有更丰富的"得"字述补结构。

第六章 情态语义演变的共时拟测[①]

6.1 概述

基于第五章构建的能性情态语义地图(图5.1),我们可以初步探讨情态语义地图对情态研究的作用,这种探讨可以集中于如下两个问题。第一,语义地图呈现的情态语义关联不是任意的,那么这种关联模式的内在动因是什么?第二,学者们普遍认为,语义地图可反映历时语义演变过程,那么,我们的能性情态语义地图对历史研究有怎样的观照作用?本章便解答这两个问题。§6.2通过情态义的语义特征式来验证和解释能性情态语义地图,使多功能词的"外部归纳"和语义特征的"内部演绎"相互补充。§6.3通过语义地图拟测历时语义演变路径(演变方向和演变方式),使语言的共时比较与历时考察相呼应。

6.2 概念的语义特征式与语义关联

6.2.1 归纳和演绎的互补

构建好一个语义地图后,就要解释地图中功能 s1 为何是直接关联着功能 s3 而未关联着功能 s2。语义功能之间的关联模式应该是以概

[①] 本章的内容主要来自范晓蕾(2012a)。

念的内部性质为动因,因此,解释情态语义地图的主要方式是从情态概念的语义特征入手。本节以能性情态概念为例来阐释情态语义关联的内在动因。

针对情态概念的语义特征,我们借助语义特征分析法,致力于将虚词的意义描写得清楚而系统。§3.3已离析出各个情态概念的语义特征式,我们将一个概念解析到"语义辖域""语义关系"这种微观层面,有较高的精确度。那么参考情态概念的语义特征式就可以检验或推导各个概念之间的语义关联,这有一个系统性的原则:语义特征式相似度高的两个概念之间才会存在直接关联(衍生关系),语义特征式相似度低的两个概念之间很难有直接的关联(郭锐 2009/2012;de Schepper & Zwarts 2009;Zwarts 2010)。我们认为,两个概念的语义特征式具备很高的相似度,取决于两方面:(一)相同的特征多,差异的特征少;(二)权重大的特征相同,权重小的特征相异。简言之,两个概念的语义特征式相似度越高,这两个概念之间越容易发生关联。在一个语义演变中,新意义较之旧意义只是个别的语义特征更替或消失,旧意义的大部分特征仍然会保留在新意义之中。这个推断是依据语法化的滞留原则(Hopper 1991)和渐变原则(Meillet 1912[①];Bybee et al.1994;沈家煊 1994)。Zwarts(2010)使用了类型学矩阵分析法,将语义地图的每个功能节点分析为一组特征的组合,该文发现相关联的两个功能之间只有一个特征项不同。虽然传统研究早有通过语义分析来推导语义衍生关系的,但对概念的解析较为笼统,没有一定的原则可循,其语义分析欠缺精确性和系统性,这就难以保证结论的准确性。相比之下,语义特征分析法的可操作性很强,结论的准确度也更高。

本章就用语义特征分析法来验证由跨方言/语言材料归纳而来的

[①] 笔者未看到 Meillet(1912)的原文,只是据沈家煊(1994:20)获知 Meillet 是语法化渐变原则的始创文献。

语义地图。注意,这里只分析几个能性情态义的语义特征,忽略估价、揣测问、禁止等边缘性功能的语义特征式,如何描写后一组功能的语义特征将留待日后探索。

6.2.2 关联路径的特征解释

§3.3论证了能性情态义的语义特征式,如(1)所示,每个意义的特征项按照语义权重排列,依次是:情态的语义辖域,断言重点,情态强度,事件的制约因素。

(1) 能性情态义的语义特征式:

  a. 认识可能［命题(＋话题,＋主语,＋时体),真实性;可能］

  b. 道义许可［事件(－话题,＋主语,±时体),合适性;可能;人为规范］

  c. 环境许可［事件(－话题,＋主语,±时体),合适性;可能;自然环境］

  d. 条件可能［动作(－话题,－主语,－时体),实现性;可能;环境条件］

  e. 特定能力［动作(－话题,－主语,－时体),实现性;可能;主语状况］

比如,(1c)的"环境许可［事件(－话题,＋主语,±时体),合适性;可能;自然环境］"表示,标示环境许可义的情态词统辖了包含主语的整个事件E,它的断言重点是E的合适性,它的情态强度是能性的(可选项之一),其事件的制约因素是外在于事件主语的环境条件。基于各个情态义的语义特征式,我们便可以比较各个情态义的相似度,从而推导它们之间的语义关联模式。

首先,道义许可、环境许可是极度相似的,这两个概念之间只在事件的制约因素上有差异。条件可能、特定能力也是如此,这两个概念只存在事件制约因素的不同。由此判断,这两组概念中,每组概念内的两个情态义之间都是直接的语义关联,应该有关联路径"道义许可—环境许可""条件可能—特定能力"。

其次,条件可能、特定能力跟道义许可、环境许可在断言重点、制约因素上都有差异。不过,道义许可、环境许可跟条件可能在事件制约因素上的差异可忽略,因为它们的事件制约因素"自然环境""人为规范""环境条件"都是外在于事件主语的条件状况,这些制约因素在句法上一般实现为核心谓语之外的从属成分,如(2a)所示,这种情况大异于特定能力中的事件制约因素"主语状况",后者在句法上实现为核心谓语之前的主语,如(2b)所示。

(2) 道义许可、环境许可、条件可能:

　　a.［道义许可］根据规定(制约因素),他可以在走廊抽烟,也可以在院子里抽烟。

　　　［环境许可］从中国去美国(制约因素),他可以坐飞机,也可以坐轮船。

　　　［条件可能］钥匙找到了(制约因素),他可以进家门了。

　　b.［特定能力］他(制约因素)力气很大,能举起一百斤的重物。

宽泛而言,两个许可义跟条件可能义只在断言重点上存在差异,它们是次相似的概念,理论上可以存在语义关联"{道义许可—环境许可}—条件可能"。

最后,认识可能义跟其他的能性情态义只在情态强度上相同,其他特征项皆不同,理论上难以与其他的能性情态义产生语义关联,实际上也确实如此,§3.4.2提到,汉语的认识情态词是特立独行的,往往没有其他的能性情态义。但可以衡量一下,在众多的能性情态义里,认识可能义跟哪个是相似度最高的,这主要看情态义的语义辖域和断言重点。

那么，认识情态所断言的命题真实性是更接近评判情态所断言的事件合适性，还是潜力情态所断言的动作可实现性呢？我们认为命题的真实性更接近动作的可实现性，它们都表示一个行为的实现状况，只不过前者往往指行为的已然实现，后者指行为的潜在实现。相反，事件的合适性是对事件潜在效果的外在评判，无关乎行为自身的实现状况，它跟命题真实性的差异较大。而且，认识可能义衍推条件可能义。比如，若(3a)为真，则(3b)必为真。

(3) 认识可能、条件可能、环境许可与 VP 的实现状况：
  a. [认识可能] 刚才钥匙找到了，他<u>可能</u>进了家门了。
  b. [条件可能] 刚才钥匙找到了，他<u>可以</u>进家门了。
  c. [道义许可] 刚才妈妈原谅了他，他可以进家门了。

但是，认识可能义与道义许可义之间没有衍推关系。比如，当(3a)为真时，(3c)却未必为真，情况也许是：虽然他进家门了，但该行为未得许可。这说明，认识可能义和潜力可能义是更接近的，而认识可能义跟评判可能义的差异较大。

那么，潜力可能中的条件可能、特定能力，哪个更接近认识可能呢？应该是条件可能，因为条件可能句和认识可能句都是描述某时某地的特定事件，而特定能力句是描述主语的惯常属性。综合看来，语义关联"条件可能—认识可能"的理论合理性最强，而语义关联"{道义许可—环境许可}—认识可能"和"特定能力—认识可能"即使存在，也是世界语言中概率较小的语义衍生路径。

进一步看，支持语义关联"条件可能—认识可能"的例词有普通话的助动词"能"和述补式"V 得 C"。§10.3.1 将论证，这些情态词的认识可能义并非(1a)那样典型的认识情态义，而是不成熟的认识情态义，其语义特征式是 [动作 (−话题, −主语, −时体), 真实性；可能]。从中可见，这种不成熟的认识可能义在语义辖域上跟条件可能义是完全一样的，这既证明语义关联"条件可能—认识可能"中两个功能的语义相似度是足够高的,也说明由情态范畴内部的意义发展而来的认识情态义往往是不够成熟的。因此,图 5.1 的关联路径"条件可能—认识可能"中的"认识可能"不适用于普通话副词"大概""或许""恐怕"的认识可能义,这些副词的认识情态义是很成熟的,它到底跟哪些功能义有直接关联应该另当别论,目前被排除在本研究的范围之外。

至此可见,通过语义特征式推导出的能性情态义的关联路径跟图 5.1 的相应部分是完全相合的。也就是说,内部演绎和外部归纳得到的结论是一致的,基于汉语方言的能性情态语义地图得到了验证和解释。可以说,语义地图不仅呈现出功能之间的衍生关系,也代表了概念之间的相似度,有直接关联的两个概念相似度很高。

从旧意义到新意义的语义演变不会是新旧意义之间语义特征的大变动,这还表现在:能性情态义和必然性情态义虽然可以相互衍生,但在这种语义衍生中情态强度一般没有大幅度的变化。就目前考察来看,一个语法形式若是兼有能性情态义和必然性情态义,这两种情态义的强度差异并不大。很多评判情态词就是这样,上海话的助动词"好"、山东桓台话的助动词"中"、湖北黄冈话的述补式"V 得得"都是兼有评判许可范畴的"可以"义和评判必要范畴的"应该"义(而非"必须"义)。理论上,认识情态内部也应该存在能性意义和必然性意义的关联,这种语义关联不会是情态强度的巨大改变。例如,山东寿光话的副词"许是"兼有认识可能范畴的"很可能"义(而非"可能"义)和认识必然范畴的"一定"义,如(4)所示。

  (4) 山东寿光话"许是":

    a.[认识可能"很可能,大概"]他许是_{大概}看了,不想再看了。(张树铮 1995:185)

    b.[认识必然"一定"]你去叫他,他许是_{准是}不能来。(张

树铮 1995:185)

这些材料都表明,能性情态义和必然性情态义之间的演变一般是情态强度的渐变,不会是情态强度的极大转变。从语义模式上看,情态范畴里能性强度到必然强度本就是一个梯度变化的连续统,各个情态概念在强度上由弱到强连续分布。彭利贞(2007:142、145、160)在能性和必然性之间界定了中等强度的盖然性,我们同意这个意义界定。如表6.1所示,盖然性情态义同时联系着能性情态义和必然性情态义:盖然性情态义在否定式中与能性情态义等值,盖然性情态义的肯定式又与必然性情态义等值。

表 6.1 盖然性与能性、必然性的语义"中和"

评判情态	不可以≈不应该(他不可以吸烟≈他不应该吸烟)	可以≠应该(你可以走了≠你应该走了)
	应该≈必须(他应该说真话≈他必须说真话)	不应该≠不必(你不该来≠你不必来)
认识情态	不可能≈不会(他不可能来≈他不会来)	可能≠会(他可能来≠他会来)
	会≈一定(他会来≈他一定来)	不会≠不一定(他不会来≠他不一定来)

我们推测,无论能性情态义和必然性情态义之间的衍生方向如何,两种情态义的转变都以中等强度的盖然性情态义为中间桥梁。

6.2.3 小结

语义特征分析法值得深入下去,它还有助于拟测语义地图中相邻接的两个功能之间是怎样的语义演变方向(参见§6.3.2)。但是,语义特征分析法也有自身的局限性。第一,它带有研究者的主观性。特征的抽取依赖于研究者运用的分析框架,不同研究者对同一概念的特征刻画往往持有不同的分析理念。我们对能性情态义的语义特征分析就有别于 de Schepper & Zwarts(2009)。倘若对特定概念的语义分析结论缺乏精确性,就会影响语义关联模式的正确构建。第二,语义特征分析法虽然适用于功能性意义的分析,但这个方法对于词汇性意义的分析存在相当的执行难度,因为词汇性意义千差万别,语义特征较为复杂,更是欠缺系统性。所以,语义特征分析法在意义类型上有适用范围的限制。第三,在一个概念的语义特征式中,各项特征的地位应该是不平等的,一些特征代表概念的关键性质,另一些特征是概念的边缘性参数。因此,确定各个特征项的权重等级,对语义特征分析很重要,它有助于分析有衍生关系的两个功能之间是怎样的演变方向和演变方式,因为一个语义特征式中权重不等的各个特征项在语义演变中的作用应当很不同。如何判断各个特征项的权重地位,是值得关注的问题,这也有助于更好地设立语义地图的功能节点。§3.3.3 提出,衡量一个语法形式的各个语义特征对句子的句法表现、同义变换、语义衍推有多大的影响力,可以确定这些特征在语义特征式中的权重地位。这一方案仅是初步考量,有待精进。

6.3 语义地图与语义演变

6.3.1 共时蕴涵关系和历时语义演变

Haspelmath(1997:63、149)指出,语义地图的共时蕴涵关系也反映了历时蕴涵关系:就像共时层面上一个语法形式的若干功能必须占据概念空间内的连续区域一样,历时过程中一个语法形式也不可能任意"跳到"概念空间内位置较远的功能,而是一步步地引申扩展。也就是说,历时语义演变中,一个语法形式新衍生的功能在概念空间内与已有的旧功能是相邻接的,由此逐步衍生出位置较远的功能。可见,语义地图不仅是一个可以描述和预测共时蕴涵关系的描写工具,还能判断和预测功能词的历时演变过程,从而观照着历时研究。

语义地图对历时研究的观照作用主要指从共时现象的考察中拟测历时上的语义演变,这既表现在语义地图的共时蕴涵关系可反映多功能形式的语义演变路径,还表现在共时的跨语言/方言比较可以拟测语义演变的发生方式。本节从能性情态语义地图来探讨这两个方面的共时拟测,展示出如何让共时材料构建的语义地图展现历时的维度,使共时比较和历时考察相呼应。合理的共时拟测可以得到历时研究的印证,下文会引用相关的历史研究来验证我们共时拟测的结论。van der Auwera & Plungian(1998)的情态语义地图已经有了历时维度,但汉语的情况显示,情态语义演变的模式比 van der Auwera & Plungian 的地图要更丰富。

6.3.2 语义演变方向的共时拟测

语义地图提示了在一条关联路径上相邻的两个功能 s1 和 s2 之间存在历时演变关系,但语义地图的构建过程并不能确定 s1 和 s2 之间的演变方向是怎样的。其实,既然语义地图已经确定了两个功能 s1 和 s2 存在历时演变关系,我们只需要在这个语义关联路径上加上标示语义演变方向的箭头,就可以拟测出这两个功能之间的演化路径。一般来说,基于语义地图来拟测语义演变路径有两种拟测方式。第一种方式是历时考察法,考察历史文献里一个语法形式各个功能出现的时间顺序,这是将历时研究的成果"嫁接"到语义地图上,是共时研究和历时研究的结合。van der Auwera & Plungian(1998)拟测情态语义演变方向就主要用了这种方法。基于语义地图来拟测语义演变路径的第二种方式是共时拟测法,纯粹从共时层面的现象考察来独立拟测语义演变路径。具体而言,我们可以在语义地图的基础上,根据已被证实的语义演变规律或者跨语言/方言材料里的某些特殊现象,推导出两个邻接功能之间的演变方向。本节讨论语义演变的共时拟测法,这包含了"内部拟测"和"外部拟测"两种方式,它们也分别体现了演绎和归纳两种思路。

6.3.2.1 内部拟测:据语义演变规律推导

语义地图模型的研究者都赞同语义地图所呈现的语义关联路径在相当大的程度上跟历时语义演变路径是相通的,而历时语法学的研究已证实语义演变(特别是语法化)存在很强的规律性。因此,可以根据语法化的一般规律在语义地图上推导语义演变的具体方向,由此构拟出语义演变路径。下面将这种根据语义演变规律来拟测语义演变的思路运用于情态语义地图上。

情态语义演变主要涉及功能性意义在主观性程度或语义辖域上的改变。在这种情况下,推导语义演变方向所依据的演变规律是:主观性低的概念变为主观性高的概念,语义辖域小的概念变为语义辖域大的,而相反方向的演变很少存在(Traugott & Dasher 2001)。根据§3.2、§3.3的讨论,认识情态完全是主观推测,其语义辖域是整个命题;评判情态要依靠说话人的知识或价值取向等来评价,其语义辖域是完整的事件;潜力情态属客观性意义,其语义辖域限于不含主语的动作。这样,这三种基本的情态类型按主观性由高到低、语义辖域由大到小排列为:认识情态>评判情态>潜力情态(">"表示"大于")。所以,语法学界的共识是,情态语义演变的大致方向是"潜力情态→评判情态→认识情态"。由此再看图5.1的情态语义地图,在当中的语义关联"条件可能—{环境许可—道义许可}""条件可能—认识可能""禁止—揣测问"中,每条关联路径上左端的功能在主观性程度及语义辖域范围上均小于右端的功能①,它们的语义演变方向应该都是从左到右的,即"条件可能→{环境许可—道义许可}""条件可能→认识可能""禁止→揣测问"。这些演变路径已经得到历史研究的支持(段业辉 2002;朱冠明 2008;李明 2001/2017;巫雪如 2018)。比如,朱冠明(2003b,2008:132)构拟的助动词"能"的语义发展路径见图 6.1。

能(动物)→能(人)→身体能力→综合能力→中性能力②→认识可能
　　　　　　　　　　↘心理能力　　　　↘道义许可

图 6.1　朱冠明(2003b,2008)构拟的"能"的语义发展路径

图 6.1 里"中性能力"右端的演变路径正与我们拟测的情态语义演变路径"条件可能→{环境许可—道义许可}""条件可能→认识可能"相吻合。叶建军(2007)的历时研究论证了"莫"是由禁止性否定副词演变为测度问副词,这符合我们所拟测的演变路径"禁止→揣测问"。尚未发现有任何历时研究证明哪些语法形式是相反方向的语义演变。另外,图 5.1 的语义关联"条件可能—假设条件"和"认识可能—假设条件"也应当是从左到右的单向演变,因为条件可能、认识可能只涉及了一个小句,假设条件则涉及了两个小句(复句),那么,从条件可能或认识可能衍生出假设条件的用法,或许可以看作一种语义辖域的扩大。

两个功能之间的演变未必总是单向的,也存在双向的语义演变。van der Auwera & Plungian(1998),贝罗贝、李明(2008)就证实了语义关联"道义许可—道义必要"是双向的情态语义演变。图 5.1 的语义关联"合宜的—{环境许可—道义许可}"也应当是双向演变。李明(2001/2017:37、181、187)的论述显示,汉语史上助动词"可""好"的语义发展过程体现了演变方向"合宜的→{环境许可③—道义许可}",

---

① "禁止"属评判情态,"揣测问"属认识情态。
② 朱冠明的"综合能力"包含了身体能力和心理能力,相当于我们的"能力情态";其"中性能力"相当于我们的"条件可能"。
③ 李明(2017:187)将本书的"环境许可(条件许可)"归为"条件可能"。

§5.2.3指出汉语方言里情态词"可以""解使"代表了从助动词到形容词的演变方向"许可→合宜的"。我们认为,双向性语义演变的必要条件是:有衍生关系的两个功能属于同一个概念范畴,它们的语义辖域相同,有同等程度的主观性。以上面的两条情态语义关联路径为例,道义许可义和道义必要义都是道义情态的范畴,它们的主观性和语义辖域自然是相同的;词汇义"合宜的"是说话人对事件的评判,许可义是描述事件合适性这种评判义,两者的主观性等同。因此,这两组功能的衍生关系是双向的。同样地,理论上图5.1里"特定能力—条件可能""环境许可—道义许可""反问—揣测问—认识可能"这三条关联路径也应该是双向演变,因为每条关联路径上左右两端的功能大致属于同一个情态类型,彼此之间没有主观性的差异,语义辖域也大致相同。要解释的是语义关联"反问—揣测问—认识可能",当中的三个功能都表达说话人对整个命题的主观态度,它们的语义辖域都是包含话题在内的整个命题,这一关联路径应该是疑问范畴与认识情态之间的双向演变。

双向的情态语义演变路径"特定能力↔条件可能"得到了传统历时研究的证实,它不仅有"能"等情态词为代表的较为普遍的演变方向"特定能力→条件可能"(参见图6.2),还有助动词"得"所代表的演变方向"条件可能→特定能力"。"得"的条件可能义出现于上古文献(刘利 2000:157—158),该词的能力义出现于中古文献(段业辉 2002:33),Li(2003:227—229)也指出"得"的参与者内在可能义(即"能力")在文献中的出现时间晚于其他的能性情态义,它的能力义用法自古至今都很少见。所以,情态词"得"的语义演变应该是"条件可能→特定能力"。van der Auwera & Plungian(2009)还指出,一些北欧语言及一部分东南亚语言里获得义的词形支持了演变路径"参与者外在可能→参与者内在可能",该文据此对 van der Auwera & Plungian(1998)的情态语义地图(即图1.11)做了一个修正,将语义关联"参与者内在可能—参与者外在可能"改为代表双向性情态语义演变的路径。

双向的语义演变路径"认识可能↔揣测问↔反问"也得到了传统历时研究的印证。一方面,江蓝生(1990)论证了情态词"敢"是反诘问功能衍生出揣测问功能,现代一些方言的"敢"(如厦门话的"敢")还有认识可能义。另外,北京话的副词"难道"、湖南吉首话的副词"莫兴"等原本应该是反问副词,它们表达揣测问的功能目前还是一种用法义,其揣测问的功能应当是后起的。那么,这些情态词支持了演变方向"反问→揣测问→认识可能"。另一方面,叶建军(2007)论证了普通话的副词"莫非"是由测度义衍生出反诘义,也就是说,该词反映了演变方向"揣测问→反问"。

综合看来,情态语义地图中双向性的语义演变路径比 van der Auwera & Plungian(1998)地图的要多一些,双向性的语义演变在语言中并不罕见。

不过,若考虑语义演变的具体发生方式,情态语义地图中某些概念之间的双向演变本质上也是单向的。比如,许可义和必要义之间的演变虽然是双向的,但根据贝罗贝、李明(2008)的分析,语义关联"许可—必要"中两种方向的演变发生于不同的句法环境中,语义演变"道义许可→道义必要"发生于肯定式,而语义演变"道义必要→道义许可"发生在否定式中。那么,后一种语义演变"道义必要→道义许可"的确切表达方式就是"不必要→不许可"。学界共识是,情态义的强度在否定式中呈翻转性的变化,肯定式中情态强度的大小是"必然＞可能",否定式中情态强度的大小是"不必然＜不可能"。所以,"不必要"的情态强度小于"不许可"。从这个角度讲,语义演变"道义必要→道义许可"在演变方向上跟语义演变"道义许可→道义必要"存在相当的一致性,这两个方向的语义演变都属于"低强度的情态义→高强度的情态义"。

基于以上的讨论,我们完全依据语义演变规律,为图 5.1 加上表示演变方向的箭头,即图 6.2。

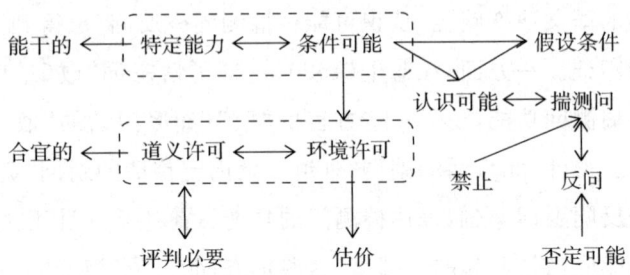

图 6.2　加入语义演变方向的能性情态语义地图

如上所述,图 6.2 的很多演变方向得到历时研究的印证。有几条演变路径是完全根据演变规律推导而来的,如语义演变"道义许可↔环境许可",这尚待历史材料的考察来验证。另外,图 6.2 里某些关联路径的语义演变方向是通过词汇形式推导出来的。例如,汕头话的否定词"𣍐"、福清话的述补式"解无讲"、成都话的副词"未必"都带否定词,它们最初应当是表示否定可能义"不会、不一定",那么,它们的反问义就是后起的,它们代表语义演变"否定可能→反问"。可以看出,根据语义演变规律拟测演变路径必须依赖语义特征分析,功能义的语义特征式呈现了它的主观性和语义辖域,这样才能推导出语义演变方向。这种共时拟测法完全是依据概念的内在性质,其优点是不受语料多寡的限制,可以摆脱历时资料困乏的局限。但是,这种共时拟测法要求对每个概念的语义分析达到相当高的精确性,而有时研究者很难判断出一个概念的主观性和语义辖域是怎样的,此时研究者纯粹从两个概念的内部性质来推导概念之间的历时衍生过程就会遇到困难,这是共时拟测法的局限。

6.3.2.2　外部拟测:对应语素的跨语言/方言比较

从共时出发来拟测历时语义演变,不止一种方式。吴福祥(2011:38)给出了根据语义地图拟测历时演变路径的另一方法——跨语言比较两个功能之间的同形蕴涵关系,如下所述:

给定 A、B 两个功能在特定空间内直接关联,若在给定的取样语言里,具有 B 功能的语言,其对应语素均具有 A 功能,而具有 A 功能的语言,其对应语素并非必然具有 B 功能;那么,A、B 两种功能之间的衍生方向应是 A→B。

吴氏通过东南亚语言的比较,用这一方式成功拟测了"得"义语素的语义演变路径,其结果正与历时考察的结论相吻合。理论上,能性情态语义地图中的一些语义关联也能用这个方式来拟测它们的语义演变方向,只是我们尚未做尝试。

这种方式的优点是避免了语义分析的复杂纠缠,直接简单。我们认为,这一共时拟测法有其适用范围,它受制于如下两个条件。第一,理论上取样的语素是跨语言/方言的"对应语素"。也就是说,这些取样的语素被证实具有同源关系、借贷关系或有共同的词源义,如吴福祥(2011)讨论的东南亚语言的"得"义语素就是这种对应语素。要求取样的语素是对应语素的原因有两个。一方面,只有功能 A、无功能 B 的语素不是构建语义关联"A—B"的数据,在确定只有功能 A 的语素甲与兼有功能 A 及功能 B 的语素乙是对应语素时,才有可能用语素甲来拟测语义演变方向。否则,我们不会将任何只有功能 A 的单义语素纳入到共时拟测的考量范围内。另一方面,确定是对应语素后,就可以降低无蕴涵关系的情况的出现概率。一旦取消了所取样的语素是对应语素的限制,有功能 A 或有功能 B 的语素可以是各种来源的,跨语言/方言里被取样的语素常常没有吴福祥(2011:38)所说的上述功能蕴涵关系。譬如,假设语义关联"A—B"在历史上的语义演变真相是"A→B",即 A 是 B 的来源义,而事实上功能 B 不止一种来源义,另外一个功能 X 也能衍生出 B,即更全面的语义演变路径是"A→B←X"。当我们不做对应语素的限制去考察共时层面里有功能 A 或功能 B 的语法形式,可能会发现无功能蕴涵关系的一种情况:除了兼有功能 A、功能 B 的语素以及仅有功能 A、无功能 B 的语素,还有一部分是无功能 A、有功能 B 的语素,后一组语素可能跟前两组语素在功能 B 的来源义上有不同(功能 B 还能来自功能 X)。如此一来,A 和 B 的演变方向就无法拟测了。再如,当语义关联"A—B"代表双向性的语义演变"A↔B",一部分语素的演变是"A→B",另一部分语素的演变方向是"A←B",那么,如果在无对应关系、来源各异的语素之间做功能比较,应当不会得出功能蕴涵关系,A 和 B 之间衍生关系的真相也就无法推导了。但是,上述两种无蕴涵关系的情况在跨语言/方言的对应语素里基本可以被排除,因为有同源关系的对应语素在演变路径上往往是单一的,一般会存在功能蕴涵关系,这就可以拟测语义关联"A—B"的演变方向了。第二,取样的语言/方言要足够多,在此前提下,当这些语言/方言的对应语素里极少或没有一个是有功能 B 而无功能 A 的,则可以拟测出语义关联路径"A—B"的语义演变方向是"A→B"。这是因为有功能 B、无功能 A 的语素也可能在历史上丢失了 A,事实上 A 的产生时期却更早。但是,当取样的语言足够多时,一般可以保证其中必有一些语言会保留早期功能,毕竟,所有语言的对应语素将早期功能一起丢失的概率是偏小的。因此,若取样语言足够多,这些语素的功能 A、B 还有上述蕴涵关系,就可以排除"某些语素无功能 A 是早期意义丢失"的可能性。注意,取样的语言/方言足够多并不是构建语义地图的必要条件。用自下而上的方式构建语义地图,只要取样的语法形式在多功能模式上差异足够大,用较少的语言/方言材料构图也是可行的。这里强调的是,用跨语言比较的方式为语义地图中的关联路径来拟测语义演变方向,取样的语言/方言足够多就成了一个必要条件。根据跨语言/方言的材料比较为语义关联路径拟测语义演变方向,最适合于演变发生时期较为晚近的一组对应语素,因为这类语素一般会保留早期功能,容易呈现可靠的功能蕴涵关系。

总体而言,基于语义地图来共时拟测历时语义演变路径有不同的方式,这些方式有各自的优劣点和适用范围,要视具体情况斟酌。就上述两种拟测方式的性质而言,根据语义演变规律推导是着眼于概念的内部性质分析,属于内部拟测,与演绎法的精神一致;根据跨语言/方言比较得出的功能蕴涵关系是归纳材料,跟历史考察法一样属于外部拟测,与语义地图模型所反映的归纳法的精神一致。可见,共时拟测历时语义演变路径的方式同样有归纳和演绎两种思路,这两种思路可以相互补充。

6.3.3　语义演变方式的共时拟测

跨语言/方言里多功能词的共时状况在一定程度上可反映历时演变的发生方式。某些语法形式在承担特定功能的时候会受到一定的句法限制:或者只限于否定式,或者只限于肯定式。更重要的是,很多语法形式不仅在多功能模式上有平行性,它们各个功能的句法限制也存在相当的平行性,这种现象绝不是偶然的,应该是语义演变的历时过程在共时层面的投射。一般而言,对于已确定的语义关联路径"s1—s2",兼有功能 s1 和 s2 的各个多功能形式都呈现出这样的现象:承担功能 s1 时没有任何句法限制,承担功能 s2 时受到了句法限制 X。那么,就可以推测这条语义关联路径的演变方向是"s1→s2",并且这种语义演变的发生环境是句法环境 X。也就是说,没有任何句法限制的功能 s1 衍生出有句法限制的功能 s2,新功能的句法限制就代表了该功能的产生环境。因此,我们可以通过共时材料来拟测功能之间的语义演变方式,这是共时拟测法的另一方面。

§5.2.1 的例证已经给出了三种"特定功能有句法限制"的跨方言实例。第一,很多情态词兼有条件可能、认识可能、环境许可、道义许可等情态功能,它们的条件可能义是无句法限制的,但后三种功能限于否定疑问句(参见表 5.1)。将这种跨方言的平行限制和语义地图相结合,便可推测图 6.2 的语义演变"条件可能→认识可能""条件可能→{环境许可—道义许可}"发生在否定疑问的环境中。第二,兼有许可义和必要义的多数情态词,其许可义没有句法限制,它们的必要义限于肯定式(参见表 5.2)。这暗示了图 6.2 的语义演变"{道义许可—环境许可}→评判必要"发生于肯定式。第三,一些兼有许可义和认识情态义的语法形式,其许可义只用否定式,其认识可能义只用肯定式(参见表 5.3),这让我们取消了关联路径"*道义许可—认识可能"。这三种共时拟测的结论均得到历时研究的支持,§5.2.1 已做过讨论。

6.3.4 小结

本节讨论了从语义地图出发,如何根据共时现象来拟测每个语义关联路径的语义演变方向和演变方式,最终使语义地图展现出历时维度。传统上认为,依据共时的跨语言/方言材料建立起来的语义地图只显示概念关联度,要在关联路径上标示语义演变方向,或者要确定历史上某种语义演变的发生方式,就要借助历史文献的考察。上述讨论显示,纯粹依据共时的跨语言/方言材料,在一定程度上也可以独立拟测一个语义关联路径的语义演变方向和演变方式。这使得语义地图的构建方式进一步独立于历时考察,语义地图本质上是对概念空间及历时演变的共时拟测,这使我们基于共时材料不仅能拟测哪些意义有衍生关系,还能拟测这些意义之间的演变方向和演变方式。当然,验证共时拟测的结论,要依靠历史文献的考察,这两种思路的研究方式相结合,才能达到独立验证的目的。对于语义演变的几项课题,共时与历时两种角度的研究方式就总结为表 6.2。

表 6.2　语义演变的共时拟测与历时研究之比较

	共时拟测	历时考察
语义关联路径（语义地图）	(1)跨语言/方言的多功能词（归纳法）；(2)各概念的内在语义结构（演绎法）	历史文献所呈现的同一词形在不同历史时期的表义情况
语义演变方向	(1)据语义演变的基本规律"推导"（演绎法）；(2)基于功能蕴涵关系的跨语言/方言比较（归纳法）	历史文献所呈现的词义出现的历时顺序
语义演变方式（演变的发生环境）	多功能词所呈现的共时上功能的平行性句法限制	历史文献中此词形出现两解的句子，等等

第七章 恒常能力的语义地图(上)[①]

7.1 现有情态语义地图的例外

图 5.1 的能性情态语义地图实际上未考虑汉语助动词"会"的语义功能。"会"是普通话的常用情态词之一,传统文献(Chao 1968:738;汤廷池 1976/1979:1—6;吕叔湘 1980/1999:278—279;朱德熙 1982:62—63)主张它有表示能力和推测事件可能性两种功能,见(1)。

(1) 普通话"会"的核心情态义:

　　a. [能力]他会说广东话。

　　b. [推测]现在天儿这么热,放外头的肉会变坏的。

这种对"会"的功能分类也被学界广泛采纳,许利英(1987)、周小兵(1989)、渡边丽玲(2000)、鲁晓琨(2004:136—147)都将普通话的助动词"会"分为表示能力义的"会$_1$"和表示主观推测义的"会$_2$"。很多南方方言的助动词"会"也有这两种用法,如(2)(3)所示。

(2) 浙江柯桥话"会"的核心情态义:

　　a. [能力]渠$_{他}$英语会话$_{说}$,法语也会话。

　　b. [推测]益卯两年$_{这两年}$小王拉$_{在}$外地,益桩事体$_{这个事情}$奈

[①] 本章及第八章的核心内容来自范晓蕾(2016),但此次成书改动及增补的内容很多。本书对范晓蕾(2016)的情态功能做了两个重要修正:一是将"心智能力"改为"恒常能力"(详见第二章);二是将助动词"会"的认识情态义拆分为"预测性将来"和"认识或然"两个功能节点。

个怎么**会**有数知道啰哩呢！

(3) 江西吉安话"会"的核心情态义：

　　a. ［能力］渠他**会**话说英语。

　　b. ［推测］看今日个哒天气这个天气，明日**会**落大雨。

在情态类型的归属上，能力义属于 Palmer(1986，2001)等经典文献定义的动力情态和本书§3.2.2 所定义的潜力情态，推测义属于认识情态的范畴。按照上述研究对"会"的语义分析，普通话的"会"一共具有两种情态功能：能力义和认识情态义。多数学者也赞同普通话的"会"兼有动力情态义和认识情态义（Tsao 1990：383；汤廷池、汤志真 1997：193；彭利贞 2007：141—144）。

范晓蕾（2011，2016）指出，无论是 van der Auwera & Plungian(1998)里基于世界语言的情态语义地图（图1.11），还是笔者构建的基于汉语的能性情态语义地图（图5.1），都不能解释各个汉语方言"会"的多功能模式。在 van der Auwera & Plungian(1998)和范晓蕾（2011）的语义地图里，能力和认识情态之间都没有直接关联，这两个情态义之间的联系是以参与者外在可能［van der Auwera & Plungian(1998)的情态义］或条件可能［范晓蕾（2011）及本书的情态义］为中间桥梁的。但是，笔者未发现普通话或任何汉语方言的助动词"会"可以表示参与者外在可能（如普通话的句子"去公园，你***会**可以乘坐66路公交车"）或条件可能（如普通话的句子"只有钥匙找到，我们才***会**能够进家门"）的材料，由此，现代汉语的助动词"会"在以往的情态语义地图上切割出了不连续区域，这就违背了语义地图的连续性假设。陈振宇（2020：15）就"会"的意义提及了相同的观察"缺失了情态语义地图中的连贯性"。

理论上，汉语"会"与之前的情态语义地图存在冲突应该有三种逻辑可能的动因。第一个可能是"会"是语义地图的例外。事实上，语义地图允许有"分布极为有限"的例外，它可看作语言接触或句法特性等非概念因素导致的结果。然而,具有上述多功能模式的"会"在汉语方言中分布甚广,这种情况就不容易看作非概念因素造成的例外。那么,还有第二个可能的动因:汉语的"会"是语义地图的反例。换言之,语义关联模式"能力情态—条件情态—认识情态"并不代表跨语言共性,应该给以往的情态语义地图增加一条关联路径"能力情态—认识情态"。这个处理方案是推翻已被绝大多数语言证实的语义关联,其代价实在太大。于是,我们最好先试着寻找其他出路,考虑第三个可能的动因:汉语的"会"与代表跨语言共性的情态语义地图并不冲突,只不过,以往的情态语义地图尚未全面呈现人类语言的情态语义关联模式,一些关联路径还没有构建出来。之所以造成这种情况,一般是因为对特定功能词的语义认识不够准确,一些重要的语义功能未得确立。

基于第三种可能的动因,本章便致力于重审汉语"会"的语义,在考察其语法特点的基础上剖析该词还有哪些语义功能,从而为情态语义地图设立新的功能节点。

7.2 普通话"会"的语义研究

事实上,除却传统文献中所说的能力义和推测义,普通话的"会"还有其他的语义功能。一些对普通话"会"的语义研究就发掘了"会"与惯常事件、将来事件之间的紧密关系,综述如下。

7.2.1 "会"与惯常事件

已有几项研究发现,助动词"会"不止表达能力和推测,它还是普通话表达惯常事件的重要标记。许和平(1993:90—91)为"会"设立了"可预测性"用法,举例如(4)。

(4) 许和平(1993:90—91)中"会"的"可预测性"用法:

  a. 水一结冰，就会膨胀。

  b. 电线太细，就会发热。

  c. 把油倒在水中，就会浮起来。

许氏将"会"的这种用法表述为"说话人确信在某种条件下，某一动作或状态将发生。这种确信是建立在常识、公理或反复经验之上的"。这个意义阐释中"常识、公理或反复经验"正是指惯常事件，只是许氏一文未足够重视"会"句表达这种事件的限制。许和平（1993）认为（4）中"会"表达了说话人的确信义，但该文没有论证这个主观性意义，母语者很难体会出"会"在这种句子中的确信义，毕竟（4）的句子去掉"会"并不会减弱句子对命题真实性的确信义。

  刘小梅（1997:36）明确提出，普通话"会"可以用来归纳性地描述自然法则、地方习性、个人特性，如（5）。

  （5） 刘小梅（1997:36）中"会"描述法则或习性的例句：

  a. 油在水中会浮起来。（自然界的定律）

  b. 这里夏天会淹水。（地方习性）

  c. 守卫每天早上七点，都会经过这里。（个人习惯）

自然法则、地方习性、个人特性都属于惯常事件，刘氏相当于说"会"可用来表达惯常事件。这个现象观察极具价值，只不过，刘氏对"会"的这种用法未能做出足够精准的语义定位。刘小梅（1997:40、61）认为，（5）的"会"类惯常句跟表达怀疑的句子"他会说这样的话吗？"和表达惊讶的句子"怎么会这样？"属于同一类，当中的"会"都表达"评估"（ephistomological mode）义，评估类即是"对发生的事件，给予归纳性的描述，或是对事件的发生，持惊讶的态度"。然而，对事件的归纳性描述属于客观叙述，对事件的惊讶态度属于主观意义，两者显然不宜合并为同一个意义。§7.6将展示，表达惯常事件的"会"句在语法表现上不同于带有怀疑或惊讶态度的"会"句，这两种句子中的"会"应该分为不同的语义功能。

　　谢佳玲(2001:260—261)借鉴了刘小梅(1997)、张永利(2000)的成果,将(5)这种"会"表达惯常事件的用法独立为"会"的一个功能,称这种功能为"倾向"(inclination)。谢氏指出表倾向的"会"句有两个特点。第一,这种"会""所描述的时空背景必须能够合理地容纳事件的反复发生"。如(6a)所示,时间状语"以前"所指的时段允许多次"到台北出差"的发生,带这种时间状语的句子可以用表倾向的"会",而时间状语"昨天"所指的时段只允许一次"到台北出差"的实现,带这种时间状语的句子不能用表倾向的"会"。

(6)　谢佳玲(2001:261)中"会"表示倾向:

　　　a. 他以前会到台北出差。(对比:*他昨天会到台北出差。)

　　　b. 他以前会买这种书。(对比:*他以前会买这本书。)

第二,这种"会"句"所描述的事件类型也必须具有反复发生的可能性"。如(6b)所示,一个人能够反复买同一类型的书,但一般不能反复买同一本书,所以,前一种事件可以用表倾向的"会"表达,后一种事件的表达无法用表倾向的"会"。谢氏所谓的"反复发生"已经道明了"会"句所述事件具有惯常的属性,该文给出的(6)这种例句还表明"会"句可以表达过去的惯常事件。谢氏将"会"表达惯常事件的用法独立为该词的一个功能,未混同于该词的其他用法,这种功能划分是一个进步。

　　(4)(5)中"会"的用法是柯理思(2007,2016)主张的"会"的惯常功能,柯氏的例句见(7)。柯氏还将"会"跟普通话的"要"及印欧语的对应词做了比较,引起了学界共鸣。

(7)　柯理思(2007:103)中的"会"类惯常句:

　　　a. 我一闻到辣的,就会打喷嚏。

　　　b. 我小时候每天早上会喝两碗小米粥。

c. 这一带一到夏天就会发洪水。

柯理思(2007:104)介绍，Iljic(1985)、Endo(2005)对带"会"的惯常句已有一些模糊的论述。Iljic论及很多"会"句都是说话人对物体潜在特性的认识做出的一种推论：如果某个条件P被满足，物体会出现某种情况。这个讨论彰显了"会"句所述的命题往往依赖于"条件"的存在，这是一项重要观察。柯理思(2007:107、121)进一步将"会"的惯常功能看作该词认识情态功能的一个次类。该文105—106页谈到，"会"表示认识情态义的典型情况是用于条件复句的后项里，即满足条件P就会出现情况Q，这种语法环境中前项P设定了命题Q可以成立的时间框架，而当这个时间框架是已然的(包括现在)，"会"就呈现为表示事件频率的惯常功能。不过，其他的认识情态词也能用于条件复句的后项，普通话的例句如"要是谁不来上课，张老师一定会处罚他的"，该句的认识情态词"一定"是否也如同"会"那样是承担了惯常功能呢？解答这个问题就要剖析好"会"的认识情态功能和惯常用法的具体限制。不少文献谈到"会"表达认识情态义往往限于将来事件句(参见§7.2.2)，这种使用限制不是典型的认识情态词的表现。范晓蕾(2016)指出，"会"不能用于所有的惯常句，如"小王(*会)抽烟""东北(*会)种水稻"这些惯常句不能用"会"。所以，有必要精确界定"会"类惯常句中"会"的语义功能。范晓蕾(2016)将"会"表达惯常事件的用法定为条件必然义，本章将延续并拓展这一看法。

7.2.2 "会"与将来时

"会"类能力句和(4—7)的那些"会"类惯常句都是表达事物的恒常属性或惯性规律，它们在广义上都是表达惯常事件，不是表达具体某个时间发生的特定事件。当"会"用于表达具体的一个特定事件时，该词便偏向于表达将来事件，见(8a)，这种例外难以用于表达过去或现在的事件,见(8b)。

(8) 刘小梅(1997:49)中"会"偏向表达将来事件:

a. [将来事件句]他晚上可能会来。(只能是"未来"的晚上)|我明天一定会去。

b. [非将来事件句]*他昨天可能会来。|*她现在可能会来,但是人太多,我还没看到她。

这个现象是学界早已观察到的事实,王力(1947:136)、汤廷池(1976/1979:5)、朱德熙(1982:63)等早期文献先后指出,普通话的"会"表示推测可能义时蕴含将来时的特点。后来文献的说法也指明了用"会"的特定事件句跟将来时间之间的紧密关联。比如,许利英(1987:114)谈到,指示过去时间的副词或名词(如"已经""昨天")不能修饰表示推测可能义的"会VP"(该文称"会$_2$VP");郭昭军(2003:390)指出,所谓表示可能义的"会"(该文称"会$_2$")与具有现在或过去时意义的时体标记要共现的话很受限制。准确而言,普通话的助动词"会"若用于表达单次的特定事件,它往往限于将来事件句。

吕叔湘(1980/1999:278—279)等文献又陆续显示,非能力义的"会"也有用于非将来事件句的案例。(9)是刘小梅(1997)发掘的一些"会"句表述非将来事件的例证。

(9) 刘小梅(1997:56)中"会"表达相对的非现实:

a. 我早就知道你今天会来。("我知道"的时刻之后是"你会来")

b. 她会有今天的成就,都是受你的栽培。("你的栽培"的时刻之后是"她会有成就")

c. 她因为昨天没睡好,所以今天才会头疼。("没睡好"的时刻之后是"会头疼")

值得注意的是,(9)的"会"句都处于复句环境中,(9a)的"会"句是宾语从句,(9b)的"会"句是主语从句,(9c)的"会"句是结果主句。刘氏认为,(9)里的"会"句代表"相对性的非真实世界"。例如,(9a)被刘小梅(1997:56)诠释为"你的到来,相对于我知道或猜测的时刻,其实都还是未知的状况",换句话说,(9a)的"你今天会来"这个事件参照于另一事件"我(之前)早就知道"的发生时间是相对将来(relative future)的状况。我们同意刘氏的这个分析思路,本书也主张(9)中的"会"句都蕴含了相对将来的时间关系。刘小梅(1997:40—51、56)指出"会"表达相对和绝对的事件坐落位置,这种阐述相当于隐晦地表示,"会"兼具相对将来时和绝对将来时的意义。理论上,绝对将来时都可以归为一种特殊的"相对将来时",所以(8a)和(9)中的"会"都可看作编码了相对将来时的意义。

"会"具有相对将来时的意义是本课题的重要一点。王晓凌(2002)明确谈到,多数用法中"会 VP"的事件时间(王氏称"情状时间")在参照时间之后,这就是说"会"标示了相对将来的时间关系;范晓蕾(2016:219)指出惯常句中"会"的条件必然义蕴含相对将来时;后来陈振宇(2020)更加强调相对将来时为"会"的本质特征。在陈振宇一文里,"会"的相对将来时功能囊括了以往文献中"会"的两种用法:一是范晓蕾(2016)针对"会"类惯常句界定的条件必然功能,二是王晓凌(2002)所述的"会"在"没想到/以为/想不到+会 VP"等特定事件句中表达意外义的用法(例如"没想到会这么顺利")。而§7.3.1和§7.6将展示,这两种用法中的"会"在语法表现上很不同,不宜等同视之。陈氏还以相对将来时、绝对将来时之别来区分"会"表达惯常事件和该词表达将来事件的用法。不少研究偏向统一概括"会"表达将来事件的所有用法。比如,陈振宇(2020)里"会"的绝对将来时功能合并了范晓蕾(2016)主张的"计划性将来"和表达将来事件的"认识必然"两种功能,而§7.3.3将证明,"会"表达将来事件的这两种功能是有使用区别的。

(9)显示"会"在从句中可以用于表达非将来事件,而事实上,在主句中"会"也能用于推测非将来的特定事件。吕叔湘(1980/1999:278—279)就显示,"会"表示推测义(该书称"有可能")时也可以用于一些非将来事件句,其例证见(10a)。后来文献又陆续发掘了类似的例句,见(10b—e)。

(10) 主句中"会"用于推测非将来事件:

a. 他怎么会知道的?|现在他不会在家里。(吕叔湘1980/1999:278—279)

b. 他会去了北京吗?|他不会没见过小王。(许和平1993:94)

c. 好好的一家子人呦!怎么会闹成这个样子呢?(许利英 1987:116)|你怎么(会)这么早就起来(了)?(刘小梅1997:46)

d. 他会很霸道吗?|他不会很霸道。(张永利2000)

e. 他会不会吃过鱼子酱?|他以前会吃鱼子酱吗?(谢佳玲2001:262)

(10)里这种用于推测非将来事件的"会"受到特别的句法限制。许和平(1993:94—95)、刘小梅(1997:48)、张永利(2000)、袁毓林(1999:198)、彭利贞(2007:230)等都显示出,"会"如果要在主句中用于推测现在事件或过去事件,它就限于疑问句或否定式里。(10)的"会"句确实都是疑问句或否定句。以往研究一般将"会"在(10)这种非将来事件句中的用法跟该词在将来事件句中的用法(如句子"他一定会成功的")一起归为该词表达"有可能"的推测义功能,如吕叔湘(1980/1999:278)就是这种义项归纳。范晓蕾(2016)继承了这个传统思路,该文将"会"用于非将来事件句的情况(如句子"他不会已经来过了吧?")笼统地跟该词用于推测将来事件的情况(如句子"他会爱上你的")一起归为"认识必然

(将然性)"功能。这种语义分析方案显得不够自洽,毕竟,"会"用于推测非将来事件的用法要限于疑问句及否定式,这种句法限制不见于"会"的其他用法,该用法的"会"就应该给予独立分析。

根据谢佳玲(2001:260、262—263)的介绍,张永利(2000)提出,普通话"会"的非能力义用法应该细分为三种功能:事实的客观确定(generic)、预测可能性(predicative)、推论可能性(inferring)。在张氏的这个分析中,"会"表示事实的客观确定的功能指(5—7)这种"会"句表达惯常事件的用法,"会"的预测可能性功能指(8a)这种"会"句推测将来事件的用法,"会"的推论可能性功能就是指(10d)这种"会"句推测非将来事件的用法。可见,张永利不仅将"会"句表达惯常事件的用法独立为该词的一个功能,还明确区分了(9)和(10)中"会"的语义功能,他也指出"会"用来推测非将来事件的推论可能性功能经常出现在疑问句或反诘问句中。这种分析得到谢佳玲(2001)的采纳,谢氏谈到,"会"推测将来事件的用法(该文称"预断")和它推测非将来事件的用法(该文称"推论")虽然都与命题成立的可能性有关,但"会"在推测非将来事件的用法中还传达了怀疑或惊讶的态度。陈振宇(2020:22—26)同样主张,"会"用于推测非将来事件的用法(该文称为"会$_{12}$")有别于该词的其他用法。陈氏提出,"会$_{12}$"可以搭配"了$_1$、过$_2$"等时体标记,偶尔可以接道义情态标记,并较自由地搭配否定式"不 VP""没 VP",这反映出"会$_{12}$"正在发展为典型的认识情态标记。陈氏还补充,"会$_{12}$"除了可以出现在否定疑问的环境外,还可以出现在一些特殊的肯定句,比如肯定式的感叹句,再如带高确定义的认识情态词、确认语气词"的"或一些语气副词的肯定句,还有主句动词为"估计""觉得""以为""担心"的肯定句。综合看来,张永利(2000)首次提出"会"句推测将来事件的用法和"会"句推测非将来事件的用法代表了"会"的不同功能,陈振宇(2020)进一步证明了"会"句推测非将来事件的用法是该词真正的认识情态功能,张氏和陈氏对普通话"会"表示推测义的这种分析是合理的。

从以往研究中看出,在主句中助动词"会"用于表达特定事件时,该词要么用于将来事件句,要么用于疑问否定的语法环境,这种两种句类都属于广义上的非现实句。因此,刘小梅(1997:40—51、56)用"非真实态"(即非现实)涵盖了"会"的各种用法;王晓凌(2007)提出相同的分析方式,只是王氏换用了"非现实"这一术语。但是,"非真实/非现实"一词只是概括了各种特定事件句中"会"的语义共性,没有关注到不同的"会"类非现实句存在很多语法区别。针对一个语法形式 M 做语义分析,不止要看到 M 在各个用法中的意义共性,还要充分考虑 M 在各个用法中的语法差异是否源于 M 自身的语义属性。我们认为,有必要将"会"的非现实用法做更精细的功能划分。

本章对助动词"会"的语义分析在很大程度上延续了范晓蕾(2016)的基本框架,同时做出了很多的改进。本章对普通话"会"的功能分析增加了语料观察,加强了对该词的句法语义刻画。§2.2 已刻画出"会$_{能力}$"的语义特征,将它的能力义界定为恒常能力。普通话及南北方言的"会"大多都有恒常能力义。我们主张,普通话及东南方言的"会"还有四个核心功能——条件必然、计划性将来、预测性将来、认识或然,此外,"会"在多数方言中有高质能力义,在部分方言里还有惯常倾向义。为清楚起见,对于方言与普通话里"会"共有的功能,下文从普通话的语料入手来阐释。

7.3 "会"的核心功能

7.3.1 条件必然

"会"类惯常句按照句法特点可以分为例(11)所示的五种情况。

(11) "会"类惯常句的五种形式:

a. [带条件状语] 海南岛夏天(会)很热。

b. [带条件从句] 小王一闻到烟味,就(会)打喷嚏。

c. [带量化状语] 小王每周日都(会)上补习班。|老张年年都(会)出国旅游。

d. [带频率状语] 小王经常(会)心情低落。|老张从来不(会)发脾气。

e. [带类指主语] 人*(会)生病,神仙不会生病。|旧电器(会)很不耐用。

(11a)带条件状语"夏天",(11b)带条件从句"一闻到烟味",(11c)带量化状语"每周日""年年",(11d)带频率状语"经常""从来",(11e)的主语"人""旧电器"都是类指性 NP。下文将阐释,这些句法特点直接关涉"会"类惯常句的惯常义。

首先要证明的是,(11)的"会"不承担能力义或认识情态义的功能。"会"类惯常句有两个独特的句法表现。第一,如(11a—d)所示,当句子有表示条件或频率的状语成分时,"会"类惯常句往往可以隐去"会"[①],隐去"会"之后句子的基本意义未发生改变[②]。这一句法表现是表能力的"会"、表推测的"会"及其他情态词所不具备的特点。例如,(12a)(12b)的能力句不能去掉"会""能",否则句子就失去能力义;(12c)(12d)的"会""可能"给句子带来了主观推测义,去掉这两个词之后将改变句义,甚至干扰完句。

[①] 许和平(1993:90—91)提出"会"的"可预测性"用法,该用法下的例句主要是(11b)这种带条件从句的情形,许氏也提出这种用法下的"会"常常可以省略。我们的"会"类惯常句还包括不带条件从句但隐含条件的情况。

[②] "去掉该词/换用他词"或许会改变句子的语气义或语用环境,惯常句用"会"比无"会"多了一丝提醒或强调的语气,句子的语境限制也许有不同。这种细微的语义差异暂不纳入考量。

(12) 能力词或认识情态词不能省略:
   a. 小王会开车。≠小王开车。
   b. 小王能吃三碗米饭。≠小王吃三碗米饭。
   c. 小王明年高考会落榜。≠小王明年高考落榜*∅#。（去掉"会"便无推测义,且不完句）
   d. 小王高考可能落榜了。≠小王高考落榜了。（去掉"可能"便无推测义）

第二,在肯定式的"会"类惯常句里,如果句子含有表示条件的状语成分,VP又是动态谓词,"会VP"便能换为"要VP",见(13)。

(13) 惯常句的"会"可有条件地换为"要":
   a. 北方的河冬天会/要结冰。
   b. 小王一闻到烟味,就会/要打喷嚏。

在惯常句中"会"和"要"往往可互换,这表明这两个词的意义有很大的相似性。再看,"要"被公认为没有能力义,白雪(2006)又证明"要"没有认识情态义,这间接提示了惯常句中的"会"不是能力义或认识情态义。综合上面两个表现,可断定惯常句中的"会"不是恒常能力义或认识情态义。

接下来就要弄清惯常句中的"会"是什么功能。§7.2.1谈到许和平(1993:90—91)为"会"设立的可预测性用法本质上是"会"类惯常句的情况,而该文所给的例句都是(11b)这种带条件从句的情形,许氏明确提出这种用法下的"会"必须有条件定指,不能用于非条件句。柯理思(2007:105—106)也强调"会"类惯常句一般是条件复句的形式,其"会VP"之前有表示"前项条件"的成分来设定VP所指的事件能成立的时间框架。"会"类惯常句确实总是蕴含表示事件实现的条件,只不过,其条件义成分不一定是显性的条件状语或条件从句,它有三种表现形式。第一,其条件义成分可以是表示具体情况的状语成分,如上文例(11a)的"夏天"、(11b)的"一闻到烟味"。

(11)"会"类惯常句：
　　a.〔带条件状语〕海南岛夏天(会)很热。
　　b.〔带条件从句〕小王一闻到烟味,就(会)打喷嚏。

这些条件义成分其实表示类指性的多频次情况"所有夏天""所有闻到烟味的情况",它们不是表示定指性的一次情况"某个夏天""某次闻到烟味"。第二,"会"类惯常句的条件义成分可以是频率量化义的状语,如(11c)的"每周日""年年"和(11d)的"经常""从来",这些状语既指示出事件是多频次的类指性事件,也是限制事件发生的条件。

(11)"会"类惯常句：
　　c.〔带量化状语〕小王每周日都(会)上补习班。|老张年年都(会)出国旅游。
　　d.〔带频率状语〕小王经常(会)心情低落。|老张从来不(会)发脾气

(11c)(11d)中,"每周日"排除了"周一、周二、周三……"等时间,"年年"排除了"每隔两年、三年"或"不定时","经常"排除了"偶尔""从不"等频次,"从来(不)"覆盖了所有时段,也是排除了其他可能的条件。带这种量化义状语的"会"一般能搭配全称量化副词"都",如"每次都会……""往往都会……""从来都不会……"是常见的组合。第三,"会"类惯常句的条件义可以由类指性的主语来指示。(11e)不带任何状语成分,但其主语是类指性名词"人""旧电器",这种类指性主语蕴含了一个特种条件"如果某物属于S类"。

(11)"会"类惯常句：
　　e.〔带类指主语〕人*(会)生病,神仙不会生病。|旧电器(会)很不耐用。

也就是说,类指主语句"类指性 S+VP"的逻辑语义是一种条件蕴涵关系:如果某物属于S类,则它要发生VP所指的情况。例如,句子"四川人吃辣椒"可解释为:如果某人是四川人,那么他吃辣椒。相比,定指主

语句"定指性S+VP"默认的逻辑语义是存在合取关系:存在特定的S并且它发生VP所指的情况。例如,句子"张三吃辣椒"表示:存在一个人"张三",并且他吃辣椒。总结起来,"会"类惯常句的条件义成分必须是包含复数成员的一"类"情况,这导致整个事件有类指性及可重复性,亦即惯常性,这种条件可称为"特种条件"。范晓蕾(2016:203)称"会"类惯常句要求有"特定条件",该术语忽略了条件的类指性,所以,本书将这个说法改进为"特种条件",凸显其类指性。

"会"类惯常句的另一特点是它的"必然性"含义:当特种条件存在时,该事件必然发生。尤其是这些句子大多表述规律,规律性事件自然有必然性。依据特种条件和必然性两个语义要素,"会"类惯常句的语义可描述为:惯常地,如果存在条件T,则必然会实现动作E。这种功能可称为"条件必然",即以某种特定的客观境况为条件,事件的实现具有必然性。

条件必然是惯常范畴的一个次类,§12.2.1将阐释这一点。这里强调的是,条件必然属于本书§3.2.2定义的潜力情态,因为它表达行为实现的客观可能性,只是这种客观可实现性具有惯常的规律性。"会"类惯常句常见于科技文献,如科普读物用"水在零摄氏度以下会结冰"介绍常识,"会"类惯常句在使用上的这种语体偏向也印证了条件必然是客观情态义,不是主观语气义。综合以上分析,条件必然的语义特征式应该是[动作(−话题,−主语,−时体),实现性;必然;特种条件(规律惯常)]。

再看,条件必然义、条件可能义都属于潜力情态中的条件情态,这两个情态义皆表示:在条件T存在之后才会实现事件E。换言之,这两个条件情态义所陈述的事件E是相对于条件T之后的将来事件,条件必然义、条件可能义都蕴含相对将来的时间关系。其实,很多语言正是用将来时制词来表达条件必然句的,例如,英语"will"、葡萄牙语"vai"既是将来时制标记,也用于条件必然句,见(14)。

(14) 其他语言的将来时制词用于条件必然句:

a. 英语 will（*Longman Dictionary of Contemporary English*）：

Oil will float on water."油会浮在水上。"

b. 葡萄牙语 vai：

Ele　　vai　　para　　Hong Kong　todos os　　verões.
3sg.　FUT　 go to　 Hong Kong　every　　 summer
"他每年夏天都会去香港。"

对于惯常句中的"会",以往研究的语义界定存在偏颇之处。蔡维天(2010:209)把惯常句"小 D 上西餐厅时会说法语""水会往低处流"视为"会"的道义情态用法,陈振宇(2020:16)就指出这一界定不妥当,蔡氏所说的这些句子明显跟道义评判不相关。不过,陈氏只用相对将来时描述惯常句"会"的意义,这不够准确。其实,范晓蕾(2016:219)已指出"会$_{条件}$"蕴含"'相对将来'的时制特征,……即'特定条件 A 存在后,事态 B 才随之出现'……是相对于'特定条件存在'之后的'将来时制'"。然而,笔者至今也只将相对将来时看作"会$_{条件}$"的语义特征之一,不是它的全部意义,理由有二。第一,仅用相对将来时不能解释"会$_{条件}$"可传达惯常义。助动词"要"也涉及了相对将来义,但它不能像"会"那样表达惯常义,见惯常句"人会/(*要)生病"。所以,必须为"会$_{条件}$"刻画出类指性的[＋特种条件$_{(规律惯常)}$]特征,此特征决定了该词的惯常属性。第二,如上文所述,条件情态义涉及了相对将来的时间关系,"能$_{条件}$"表达的条件可能义也蕴含了相对将来时。那么,有必要为"会$_{条件}$"再界定一个必然义特征,使之区别于"能$_{条件}$"。总之,蕴含相对将来义的功能词有很多,我们要准确刻画出"会"的各项区别性特征,不能只看到该词在各种用法中的共同特征。

以往文献有主张,"会"类惯常句除却相对将来时,还有蕴含相对现在时的情况。王晓凌(2002:37)就谈到,若有状语"……的时候",如(15),"会VP"句的事件时间和它前面"……的时候"指示的参照时间是重合的,该用法限于真理、惯例、一般的陈述性说明(即本书所说的"惯常句")。

(15) 王晓凌(2002:37)里所谓标示相对现在时的"会"句:
    a. 家珍也高兴,每回和凤霞端着饭菜回来时,就会说:"又吃肉啦。"
    b. 有时我不小心碰着什么,她们两人就会吓一跳。
    c. 后来过了好多年,村里的别的姑娘出嫁时,他们还都会说凤霞出嫁时最气派。

换言之,王氏认为惯常句里"会"可以表达相对现在的时间关系。我们认为,(15)这种惯常句的"会VP"所述的事件与前文的"……的时候"所指的动作时间并非真正的相对现在关系,它们还是相对将来的关系。以(15a)为例,在实际的时间关系上,当中的"和凤霞端着饭菜回来"先一步发生,之后才有"就会说:'又吃肉啦。'"这个事件。这样看来,"会"类惯常句不存在蕴含相对现在时的情况。

7.3.2 计划性将来

普通话"会"的条件必然义展示出它跟将来时制的紧密联系,该词确实也有将来时制的功能,因为"会"可以用于表达特定的单个将来事件,如(16)。

(16) "会VP"类将来句:
    a. [陈述句(静态VP)] 礼堂明天上午(会)有一个展览,你可以去看看。
    b. [陈述句(动态VP)] 老板的飞机<u>会/要</u>到上海,记得派人去接机。

c. [疑问句(动态 VP)] 听说工作安排刚定下,小王会/要在人事处工作吗?

d. [否定式(动态 VP)] 通知下来了,市长下礼拜不(会)来我们单位视察。

这种"会"类将来句是客观报道单个事件,它跟"会"类惯常句有很高的句法相似性。一来,"会"类将来句如果有时间状语时,便可以隐去"会",如(16a)(16d);二来,肯定式的"会"类将来句如果带动态 VP,那么"会"可以替换为"要",如(16b)(16c)。"会"类将来句的"会"是否要跟"会"类惯常句的"会"看作同一语义功能呢?本书没有这样处理,而是将(16)的"会"界定为另一个语义功能,这主要是出于构建语义地图的考虑。

首先,部分语言/方言表达普通话"会"类惯常句(或曰"条件必然句")和"会"类将来句的意思,会使用不同的语法形式来标记。赛夏语 ra:am 可以用于条件必然句,却不用于将来事件句。很多欧洲语言经常用将来时制词表达条件必然句,而倾向用一般现在时(present tense)的形式表达(16)这样的将来事件句(Dahl 2000:311),如英语"the train leaves at noon"。另外,一些南方方言中,"会"或"要"等助动词在条件必然句和将来事件句中分别呈现出不同的使用强制性。很多南方方言(如武夷山话、重庆话、广州话)的条件必然句强制使用某个助动词,而这些方言表达(16)这类将来事件时相对排斥使用任何助动词。据语义地图的基元性要求,条件必然句的"会"和将来事件句的"会"应当设立为不同的语义功能。

其次,条件必然句和将来事件句表达不同类型的事件,前者是复数性事件的惯常句,后者是单次性事件的事况句。根据功能节点的宽泛原则,句式义可以用来区别语法形式的语义功能。那么,条件必然句的"会"与将来事件句的"会"最好定为不同的功能。退一步讲,在尚无更多的语料证据定位这种模糊不定的用法之前,依据语法环境的意义将功能"从分"的做法在跨语言比较中更为安全。

(16)这种"会"类将来句应该代表"会"的将来时制功能。Dahl(2000:309—311)把将来时制分为三个次类:目的性将来(intention-based future)、预测性将来(prediction-based future)、计划性将来(schedule-based future)。目的性将来指由主语的目的所控制的将来事件,这种将来义在欧洲语言里常常单独编码为某个语法形式。普通话的助动词"要$_{意愿}$"能表达目的性将来义,例句如"他要辞掉这份工作"。预测性将来指不受说话人控制的将来事件,很多欧洲语言用能够表达任何将来事件的概括性将来时制词(general future marker)来标示这种将来义。普通话"会"可以表示预测性将来,例句如"他会考上理想的大学的",§7.3.3将详论"会"的这一用法。计划性将来是计划安排的将来事件,这种将来事件受到了人为的掌控以至于被判定必将发生,这种将来义的表达形式在很多语言中倾向于零标记。普通话的副词"将"只能表达计划性将来(陈振宇 2020:18),浙江温州话和福建晋江话的助动词"有"所表示的将来义限于计划性将来(笔者调查)。所以,这三种将来义皆有资格设立为语义地图中的单个功能。

(16)的"会"正是表示计划性将来,这不仅依据这类句子表达事件依据计划安排在特定的将来时间确定要执行,还依据形式上这类句子可以去掉"会"(即改换为零标记的形式),这种语法表现不同于一般的将来事件句。普通话的很多将来事件句必须用上标示将来义的助动词或副词。例如,目的性将来句"小王*(要)看你的作业"不能去掉"要",预测性将来句"他以后*(会)很想你的"不能去掉"会"。计划性将来义可以描述为:按计划,在将来时间 T 有事件 E。尽管刘小梅(1997:50)提出"会"不能表达计划好的事件,举例有"学校下个月(*会)开始放假""我们明天(*会)开学",但我们认为刘氏对这两个例句的合法性判断是错误的,这两句在普通话中可以用"会"。

"会_计划"和"会_条件"有多项一致的句法表现。"会_计划"由于是用来表达将来事件而不能搭配时体词,它只能在全句话题及事件主语之后,普通话不能说"*明年他们公司会小王调到上海工作"。由此可知,"会_计划"的辖域限于表示动作的 VP。很多欧洲语言中,条件必然义、计划性将来义与一般现在时编码为相同的语法形式,这些意义都倾向用零标记,足见这三种意义有密切的关联。因此,"会_计划"的语义特征式跟"会_条件"的语义特征式大致平行。"会_计划"表达的事件是确定要执行的动作,可以认为它有"必然"的情态强度。但是,"会_计划"不是表达惯常事件,它的语义特征应该不含类指性的特种条件,而是含有定指性的"将来时间",该特征把事件具体化为特定时间上的单次事件。总结起来,计划性将来的语义特征式是 [动作 (−话题,−主语,−时体),实现性;必然;将来时间]。

7.3.3 预测性将来

除却事件可控的计划性将来义,"会"还能表达事件不可控的预测性将来,如(17)。

(17)"会"表示预测性将来:
  a. 他这么懒,明年高考<u>会</u>落榜的。
  b. 他这么懒,明年高考<u>不会</u>考上大学。
  c. 他这么懒,明年高考<u>会</u>考上大学吗?

(17)中"会"的语义功能在以往研究中被归为"可能"一类的认识情态义。朱德熙(1982:63)说,"会"只能用于估计某事将要发生,不能用于估计某事已经发生;徐晶凝(2008:305)认为,"会"的功能之一是带将然性的认识情态义。张永利(2000)、谢佳玲(2001)将(17)这种"会"推测将来事件的用法独立为一个语义功能,称这个功能为"预测可能性"或"预断"。本书同意张氏、谢氏的这种功能分析,但在功能命名上采用另一个术语——Dahl(2000:309)说的"预测性将来",因为这一术语恰当地显示出这种"会"兼有主观推测、将来时制两种属性,可以记作"会_预测"。

"会_预测"和"会_计划"都用来表达将来事件,但这两种"会"有不同的表现。第一,"会_预测"负责承担主观推测义,它不能像"会_计划"那样可以隐去,句子若隐去"会_预测"就令句子失去原本的主观推测义。例如,(17a)隐去"会_预测"之后就变为"他这么懒,明年高考落榜*∅#",这个新句子不仅无法完句,也失去了事实未确定的推测义。再如(18a),对于"他明年领结婚证"一事,旁人作预测时必须用到"会"或者其他认识情态词。表达这种将来事件时如果不用"会",便只能指既有的计划安排,如(18b),该句用的应该是"会_计划"。

(18)"会_预测"和"会_计划"有不同的强制性:

    a. [预测性将来] 小王跟他女朋友如胶似漆的,看样子,他明年就*(会)领结婚证。

    b. [计划性将来] 小王跟他女朋友订婚了,他明年就(会)领结婚证。

可见,"会_预测"贡献了主观推测义。谢佳玲(2001)所说的"表预断的'会'"正是本书的"会_预测",谢氏一文263页就谈到,这种"会"对句子的语义贡献是"增添了说话者对这个命题未来是否成立的主观判断,也就是对命题真值的一种评估"。谢氏的这个观点正是说"会_预测"蕴含了主观性意义。再者,除却表达一个未来的可能性状况,"会_预测"还能表达反事实的假想状况,如(19)。

(19)要是你当初嫁给别人,现在也*(会)离婚。

这种句子自然含有主观推测义,其主观推测义只能是"会_预测"来承担的,(19)的反事实义跟"会_计划"的计划性意义相矛盾。第二,"会_预测"不像"会_计划"那样能自由地换为"要"。计划性将来句只要是带动态VP,

一般都能用"要"。预测性将来句即使带动态 VP,也只有一部分可用"要",如(20a),而多数的预测性将来句不能用"要",如(20b)。

(20) "会_{预测}"未必能换为"要":

a. 他这么懒,明年高考会/要落榜的。

b. 他这么用功,明年高考会/(*要)考上大学的。

§10.4 将详解普通话里助动词"会"和"要"在表达将来事件时存在哪些差异。第三,"会_{预测}"句允许缺失明确的参照时间,句子可以模糊地表示事件发生在将来的不定时间,如(21a)的"会"句很难带上时间状语。"会_{计划}"句必须有明确的参照时间,句子表示事件发生在将来的定指时间里,如(21b)的"会"句必须带上时间状语"下周五"。

(21) "会_{预测}""会_{计划}"对参照时间的要求有差异:

a. [预测性将来] 我想把表妹介绍给你认识,你(??以后)应该会喜欢上她的。(没有定指时间)

b. [计划性将来] 学校还有大活动吗?——*(下周五)会举办运动会。(有定指时间"下周五")

第四,汉语方言中,预测性将来义在词形编码上往往不同于其他的将来义。比如,晋江闽语及福清闽语的助动词"有"可以表达将来事件,这种助动词的将来义功能限于目的性将来和计划性将来,不能是预测性将来。根据汉语方言的这一事实,结合语义地图的功能基元性原则,可知预测性将来有必要区别于其他的将来义。综上所述,本书将预测性将来看作普通话"会"的一个独立功能,"会_{预测}"用于推测特定的将来事件,这种事件一般是人为不可控的状况。

"会_{预测}"虽然含主观推测义,句法上还不是典型的认识情态词,理由如下。

首先,"会_{预测}"在情态强度上有模糊性。吕叔湘(1980/1999:278)等多部文献将"会"的认识情态义定为"可能",但句子"他明天会来"与句子"他明天可能来"对事件发生的确定性不同,前句意义上近似于句子"他明天一定来",这表明"会"认识情态义的强度接近于必然性。周小兵(1989:73)便指出"表示未然的可能性,'会₂'带有'一定、必然'的意思,VP所指一般是说话人意料中必然发生的行为"。郭昭军(2003:383—384、389)也指出,所谓表示可能义的"会"(该文称"会₂")在可能性程度上比"很可能"等高得多,这种"会"表示的可能性是一个离散的点(量点),不包括伸缩变化的幅度,所以,该词不能像"可能"那样受程度副词修饰(比较"*他很会来"和"他很可能来")。鲁晓琨(2004:144)提出表推测的"会"是"表示主观推测某种情况出现或存在的必然性"。陈振宇(2020:19—20)对"会预测"(属于陈氏的"会₁₁")认识确定性的强度做了详细的汇总讨论,可参考。

其次,"会预测"的句法位置很特别,它跟"或许""可能"等典型的认识情态词很不同。谢佳玲(2001:274—277)通过语料的比较提出,表示预断的"会"(即"会预测")虽然在意义上属于认识情态,但它的句法行为有一部分类似道义情态词,还有一部分类似于表能力义的动力情态词。郭昭军(2003:390、392)谈到,表推测的"会"(包含"会预测")不能搭配时体词,一般不能带主谓短语,见(22a)。可见,"会预测"的辖域限于不含事件时体状况及主语的动作,该词不能位于全句首、话题前。"会预测"也不能像一般的认识情态词那样自由地接评判情态词、潜力情态词,如(22b)。

(22) "会预测"句法上异于其他认识情态词:

    a. *<u>会</u>他明年考上大学。(对比:<u>或许</u>他明年考上大学。)

    b. *以后博士生<u>会</u>必须得准时毕业。(对比:以后博士生<u>或许</u>必须得准时毕业。)| *明年他<u>会</u>能考上大学。(对比:明年你<u>一定</u>能考上大学。)

    c. 他明年高考<u>可能/或许/一定/应该</u>会落榜的。

然而,"会_预测"可以搭配各种认识情态副词,其组合的自由度远高于其他认识情态词之间的组合,不过,"会_预测"只能位于其他认识情态词之后(谢佳玲 2001:274;郭昭军 2003:386),如(22c)。陈振宇(2020:20)又指出,"会_预测"可以位于"马上""很快""一直"等副词之后,它跟"能_条件"处于同一句法层级。总之,"会_预测"在句法树上的层级较低,位于其他认识情态词之下,它在句法位置上接近潜力情态词。

"会_预测"不同于一般认识情态词的表现应该源于预测性将来是介于将来时制和认识情态之间的概念。陈振宇(2020)将本章的"会_条件""会_计划""会_预测"全部归为将来时(合称为"会$_{11}$"),强调该词的非情态性,该文给出三个理由。陈氏的理由一是典型的情态义有否定式的对当图,如"不可能=必然不""不必然=可能不",但"会$_{11}$"及其否定式"不会$_{11}$"不遵循这一对当图,两者都是确定性很高的意义,这是时制义的典型特点。陈氏指出,"会$_{11}$"的情况可以类比于英语的将来时制词"will","will"与"will not"也是两个确定性很高的极端,前者表示必然,后者则表示必然不。陈氏的理由二是"会$_{11}$"可以跟任何强度的认识情态副词连用,这表明该词的确定性意义是可变的,而且,"会$_{11}$"在一般疑问句中表达确定性较低的中性问(非偏向问)。陈氏的理由三是惯常句和将来句中的"会$_{11}$"都排斥"了$_1$""过""了$_2$"等体貌词以及否定式"不 VP",这些句法表现近似于典型的时制词,有别于典型的认识情态词。

我们认同陈氏的这些观察,他的功能划分方案也可行,但我们不同意他的各项理由。否定式的对当图和不变的确定性程度并非汉语认识情态词的必要特征。只有少数认识情态词(如"可能""一定")呈现出否定式的对当图,多数的认识情态副词(如"大概""或许""估计")不能受否定词"不"的修饰,这些认识情态副词就不存在否定式的对当问题。而且,"应该_认识"跟"会_预测"一样没有否定式的对当图,如句子"从年龄上看,他不应该是小明的爷爷"和"从年龄上看,他应该不是小明的爷爷"都有极高的确定性。文献语料中常见不同强度的认识情态词连用的现象,如(23)。

(23) 不同强度的认识情态词连用:
　　a. 就实际的政治说,他大概一定是没有机会的。(CCL)
　　b. 我想创业可能一定需要一种激情,一种冲动。(CCL)
　　c. 按照这种思路建立起来的相对论也许可能与某些观察实验相吻合,但却没有排除别的更加合理的解释。(CCL)
　　d. 现在就下命令的话,一定可能会在1943年夏季将美国运人吨位增至两倍或三倍。(CCL)
　　e. 他可能得跟他老婆发脾气了。
　　f. 现在这天气肯定得有三十七八度吧。
　　g. 在这样的时期做总统,或许应该是一件爽快轻松的事情。(CCL)
　　h. 时代在变化,游戏规则也在改变。但一部真正能够永恒的艺术作品,它的背后肯定应该有一些不变的东西,比如对待艺术的执着,比如敬业精神……(CCL)

可见,汉语里典型的认识情态词也允许确定性程度的改变,只是这些认识情态词搭配其他认识情态词的自由度不似本书定义的"会$_{预测}$"那样高。§3.3.3还谈到,情态强度在情态义的界定中是权重较小的特征,它不足以决定情态义的类型归属。所以,某个词存在情态强度的模糊性,并不能决定该词不属于情态范畴。至于各种将来事件句中的"会"排斥体貌词,这是汉语将来事件句的普遍特点,不能以此否认"会$_{预测}$"有认识情态的属性。而且,目前尚无证据表明一个语法形式无法兼容将来时、认识情态两种意义,在认定"会"有将来时的性质之后不一定要否认它跟情态范畴的联系。

Bybee et al.(1994:247—248)、Palmer(2001:206)等多项研究指出,将来时和情态之间有紧密的联系,以至于很难把将来时看成纯粹的时制概念。Giannakidou & Mari(2016)还主张语言中有认识将来(epistemic future)范畴。我们认为,在共时分析里,某个意义的范畴归属并不是最重要的,要厘清的关键问题是:将来时包含哪些次类义,这些次类义跟不同情态类型的关联模式是什么？Dahl(2000)提出的目的性将来、计划性将来、预测性将来,加上笔者提出的条件必然,这些概念均可视为将来时范畴的各个次类。一方面,"会预测"的句法表现跟"会条件""会计划"十分近似,它们排斥时体词,并能促成完句,所以,这三种"会"的句法层级至少是很接近的。那么,"会预测"统辖抽象的"动作",断言该动作的"实现性",这就平行于潜力情态。另一方面,"会预测"句法上又有独特性,它隐去后令句子失去主观推测义,这说明"会预测"蕴含了主观推测义,该词接近于一个认识情态词。谢佳玲(2001:263)就主张,表预断的"会"(即本书的"会预测")意义上属于认识情态的概念范围。相比于将来时的其他次类义,预测性将来最接近认识情态,这个意义应该代表时制范畴和认识情态之间的衔接点及过渡段。

再看,"会预测"的语义特征仍含有"将来时间",它可以是一个不定指的时间;该词的预测性意义导致它所述事件的实现并非绝对必然的,其强度可定为"或然",这标明了"会预测"跟认识情态的相似点。因此,预测性将来的语义特征式是［动作(-话题,-主语,-时体),实现性;或然;将来时间］。

7.3.4 认识或然

我们赞同张永利(2000)、谢佳玲(2001)、陈振宇(2020:22—26)的一个语义结论:普通话的助动词"会"在疑问或否定的环境中推测非将来事件的用法有别于该词的其他用法,这个用法应该独立为一个语义功能,这种功能代表"会"最成熟的认识情态意义。这种功能的"会"在本书被命名为"认识或然",记作"会$_{认识}$"。"认识或然"要区别于彭利贞(2007:142)为"会"界定的"认识盖然"义,彭氏的术语还包括本书的"会$_{预测}$"。我们用"或然"命名,突出了它不同于能性义和必然义,其情态强度居中,或者说很模糊。

笔者发现,"会$_{认识}$"用于推测非将来事件的使用条件还需要精确化。比如,"会$_{认识}$"不是用于任何否定式或疑问句都合法的,未搭配否定副词"不"的"会$_{认识}$"难以用于是非问句,见(24a),而"不会$_{认识}$"也难以用于直陈句,如(24b)。

(24) "会"用于否定式或疑问句未必可推测非将来事件:
   a. 看这身形,她(*会)已经怀了小孩儿了吗?
   b. 看这身形,*她不会已经怀了小孩儿的。

可见,如果语法环境上只是否定式或者只是疑问句,"会$_{认识}$"未必能自由地用来推测非将来事件。所谓"自由"用来推测非将来事件,指"会$_{认识}$"可以后接已然义的时间副词"已经""还",而且它的VP可以含有已然义否定词"没"或时体词"了$_1$""着""过""在"等,这些都是认识情态词的典型句法特征。其实,不同的语法环境里,"会$_{认识}$"在这些句法行为上有变异,如下所述。

"会$_{认识}$"用来推测非将来事件最受限的语法环境是肯定式的"会"在疑问句中[参见(25a)]和否定式的"不会"在陈述句中[参见(25b)]。

(25) "会$_{认识}$"在是非问句、"不会$_{认识}$"在陈述句:
   a. 昨天是周一,他就(一定)会去(*过)单位吗?|今天是周末,现在他(或许)会睡(*着)懒觉吧?
   b. 昨天是周末,他(应该)不会去(*过)单位的。|现在是上班时间,他(一定)不会睡(*着)懒觉的。

　　　　c. 她现在会知道真相吗？｜当然,他们反复核实过,这是绝对不会错的。(王朔《人莫予毒》)

此类情况里,"会_认识_"虽然能用来推测非将来事件,但这种"会_认识_"句很排斥"已经""还"等已然副词和"过""着"等时体词,句中"会_认识_"可以跟"一定""或许"等其他认识情态词连用,并倾向表达(25c)这样的静态事件,这些句法表现跟"会_预测_"很相似。值得一提的是,陈述句里"不会_认识_"对时体词的容纳度处于变动中。一部分吴语母语者表示可以接受(26)里这些"不会_认识_"搭配时体词的直陈句,而北方话母语者普遍认为,它们的句末助词由表示确认语气的"的"换成带疑问语气的"吧"(变为疑问句),才会令句子够自然。

　　(26)　陈述句里"不会_认识_"搭配时体词的接受度不稳定:
　　　　a. ? 他不会没去过北京的。
　　　　b. ?? 他应该不会也来过这里的。
　　　　c. ? 现在他不会守着大门的。
　　　　d. ?? 他一定不会还活着的。

揣测问句是"会_认识_"用来推测非将来事件最自由的环境,如(27),它们虽是疑问句,却表达说话人偏向于相信事件为真的揣测问。

　　(27)　"不会_认识_"在疑问句可自由推测非将来事件:
　　　　a. 看这身形,她会不会已经怀了孩子了？
　　　　b. 他的电话关机,现在他会不会正睡着觉呢？
　　　　c. 他会不会还没吃早饭呢？

这类揣测问句都用到了否定式"不会",并且常常是"会不会"式的反复问句。"不会_认识_"式揣测问句自由使用"已经""没"和时体词,见(28),这是认识情态词的典型特征。

　　(28)　揣测问句中"会_认识_"搭配时间副词或时体词:
　　　　a. 看这身形,她不会已经怀了孩子了吧？

b. 他的办公桌上堆满了文件,上周末他不会来过单位吧?

c. 现在日上三竿了,他不会还在睡觉吧?

这种揣测问句中,"会不会""不会"还能位于全句之首、话题之前,见(29a),这也是认识情态词的典型特征。只不过,当"会"位于话题之前时,句子就倾向于用"是"来引出整个命题,见(29b)(29c)。

(29) 揣测问句中"会认识"可以位于句首:

a. 会不会他们家里[话题]是张三考上了大学了?

b. 会不会(是)他媳妇已经怀了孩子了?

c. 不会*(是)上周末他去过单位吧?

再者,这种总是伴随疑问语气的"不会认识"不再能自由搭配多数其他的认识情态词了,它只能搭配"该认识"形成"该不会"一个组合,见(30)。

(30) 揣测问句中"会认识"跟"该认识"连用:

a. 你媳妇该不会已经怀了孩子了吧?

b. 昨天是周末,他该不会去过单位吧?

c. 你该不会还没吃早饭吧?

许和平(1993:94—95)早已指出,否定式或疑问句中"会"(该文的"会$_2$")可以带"了""过""着"。上文又显示,"会认识"带时体词的自由度是随语法环境的类型而变的,"不会"式的揣测问句是"会"搭配时体词最自由的环境。从"会认识"句法适配度的共时变异来看,"会认识"用来推测非将来事件的功能应该是逐渐兴起的,"不会认识"式陈述句和"会认识"式疑问句的"会认识"在功能上应该有别于"不会认识"式揣测问句的"会认识"。本书将这些"会"统一为"会认识",这是为了避免功能节点过于繁复。简约起见,"会认识"的语义特征式依据"不会认识"式揣测问句的"会"来定位。在"不会认识"式揣测问句中,"会认识"可以在全句话题之前,说明该词的辖域是整个命题;"会认识"可以搭配"没"或时体词,它所辖的事件应该含时体状况;这种"会_{认识}"句是断言事件的真实性,这符合认识情态的核心特点。因此,"会_{认识}"的语义特征式是[命题_{(+话题,+主语,+时体状况)},真实性;或然]。

上面只分析了"会_{认识}"用来推测非将来事件的用法,强调它最接近典型的认识情态词。那么,否定疑问环境里"会"还能用来推测将来事件,如句子"他明年不会考上大学的""他明年会不会考上大学呢?",这种句子所用的是"会_{预测}"还是"会_{认识}"呢?叶述宪(2018)认为,推测将来事件的"会不会"问句如果是中性问句,如(31a),当中的两个"会"都是"会_{相对将来}"(包括我们的"会_{预测}");这种"会不会"问句如果是偏向问(即揣测问),如(31b),第一个"会"是"会_{认识}"(即我们的"会_{认识}"),第二个"会"是"会_{认识}＋会_{相对将来}",第二个"会"是两个相邻的"会"在表层发生了语音合并。

(31) "会不会"将来事件句有歧义(叶述宪2018):

a. [中性问]你看了天气预报,明天会_{相对将来}不会_{相对将来}下雨呢?

b. [偏向问(揣测问)]这天儿阴沉沉的,明天会_{认识情态}不会_{认识情态}(会_{相对将来})下雨呢?

叶氏的分析保证句法结构和语义诠释的一致性,可作一说。第八章的图8.1又显示出"会_{预测}"和"会_{认识}"有直接的衍生关系,那么,"会_{预测}"应该是在否定、疑问的环境中重新分析为"会_{认识}"的。

7.4 "会"的边缘功能

汉语方言的"会"还有一些边缘性功能,下面略作介绍。

普通话的助动词"会"还可以表达善于、擅长,此时它可以受程度副词"很、真、最"修饰(吕叔湘 1980/1999:278),如(32)。

(32)　"会"表达擅长义：
　　　　a. 这家媳妇(很)会说话。|这个厨子(很)会做菜。|精打细算,(很)会过日子。
　　　　b. 他很会演戏。|你真会说。|他这个人哪,最会看风使舵。(吕叔湘 1980/1999:278)

范晓蕾(2016:206)将擅长义称为"高质能力",定义为:强能力,表示做事的质量好。本书沿用高质能力这一术语,但其原有的定义不够准确,它无法解释(33)为何不能用"会"表示"说汉语""游泳"的质量很好。

(33)　"会"的高质能力义有限制：
　　　　a. *这个老外很会说汉语。(鲁晓琨 2004:141)
　　　　b. *他很会游泳。(鲁晓琨 2004:141)

可见,"会"表示高质能力的用法是有限制的,该功能需要更精准的语义刻画。鲁晓琨(2004:141)认为,(32)和(33)用"会"表达擅长义之所以存在合法性的差异,是因为(32)表示施事的本领高,指必然性本领,这种本领可以用"会"表达擅长义,而(33)指或然性本领,它就不能用"会"表达擅长义。然而,鲁氏没有定义所谓的"必然性本领"和"或然性本领"指什么,其解释难以成立。

　　我们认为,"会"高质能力义的重要特征是:懂得如何令动作实现后的效果比普通情况更好。例如,(32a)合法是因为短语"会说话"指说话恰到好处——其效果是令听话人开心,"会做菜"指用同样的食材(哪怕是最差的)做出的菜肴比一般情况更美味,"会过日子"指花费很少的钱也能过出高质量的生活。相反,(33)所谈的行为"说汉语""游泳"不涉及动作实现之后的效果好坏,它们默认只有动作执行之时的效率问题(流利度或速度),这种行为就不能用"会"表达高质能力。再看,(34)的短语"很会游"又变得合法,这归因于后文显示它不是表达游泳的速度快,而是表达游泳呈现的架势"一点水花都不带起来"和结果"游很远"

非常好。

（34）她吃惊地发现他很会游，自由式两臂打得漂亮极了，一点水花都不带起来，刷刷地就游很远了。（艾米《山楂树之恋》）

总之，高质能力不仅涵盖了恒常能力的所有语义特征，还表示动作实现之后的效果优于普通情况（如事半功倍）。那么，高质能力的定义可以改进为：不仅懂得做事的技巧，还懂得如何令动作实现之后的效果优于普通情况。

很多汉语方言的"会"有高质能力义，见（35）。

（35）各方言的"会"表高质能力：
　　a.〈北京〉这媳妇会说话，婆婆爱听什么她说什么。
　　b.〈鄂州〉小王蛮会舞饭 很会做饭。
　　c.〈嘉兴〉小王蛮会得讲话个 很会说话。

汉语方言里表达高质能力的情态词常常与程度副词连用，或有方家认为，普通话"会"的能力用法不该单独区分出高质能力，所谓"高质"是程度副词传达的意义。其实，高质能力设为独立功能有其形式依据[①]。一来，北京话"会"不用程度副词也能单独表达高质能力义，如（32a）。这种情况导致一部分表示能力的"会 VP"短语有歧义，北京话的"会说话"既可以表示有能力说话（例句"他四岁才会说话"），也可以表示擅长说话（例句"他家媳妇会说话"）。这种用例表明，北京话"会"的高质能力义是区别于其恒常能力义的独立义项，它的表达式不依赖于程度副词。二来，（32）和（33）用"很会"的合法性差异从形式上表明恒常能力和高质能力是两个独立的意义，不宜合并为一个功能。三来，第八章和第九章会展示，其他语言/方言中有的词汇是仅有高质能力义而无其他能力义的，如闽南语的"势"、马来语的"pandai"等。

---

① 这部分论述回应了彭利贞教授在评审意见中对"高质能力"是否应该设立为独立功能的质疑。

长江中下游地区的方言中,助动词"会"可以表示容易发生、倾向于发生,它常常要搭配程度副词,见(36a—c),这个功能可称为"惯常倾向"。

(36) 东南汉语的"会"表惯常倾向:

a.〈绩溪〉尔个妹好会嚎_{妹妹很容易哭}。(李荣 2002:4901)
b.〈金华〉格小丐儿会哭猛个_{小孩经常哭}。(李荣 2002:4901)。
c.〈义乌〉格小侬危险_{非常}会生毛病_{这个小孩很容易生病}。
d.〈台湾"国语"〉他很会乱说话_{他常常乱说话}。|基隆很会下雨_{基隆容易下雨}。(刘小梅 1997:42,44)

刘小梅(1997:42)的语料显示台湾"国语"的"会"也有这种用法,见(36d),当中"很会"可替换为"常会",该书中"会"的这种用法被描述为表示个人倾向。(36)里"会"表达的惯常倾向义属于惯常范畴,它所牵涉的事件在实现上无必然性,只有倾向性。惯常倾向义表达事件发生的概率高,它不是用来预测事件何时出现的。例如,惯常倾向句"铁斧子容易生锈"只说明了铁斧子生锈的倾向性很强,它不表示铁斧子必然生锈,也不能凭此推断出铁斧子在什么时候生锈。惯常倾向设为独立功能有形式依据,这个意义在其他方言中可以用不同的词形表达,"容易""爱""好""肯""喜欢"等都是常见的表达惯常倾向义的助动词[参见孙克敏(2011)],这些助动词没有能力等情态义,它们表达惯常倾向义时一般都能搭配程度副词。

陈振宇(2020:28)提出,(36)里"会"的语义功能不该被称为惯常倾向,因为这个功能是量化意义,不是惯常体。然而,量化义和惯常义不是矛盾相斥的概念,惯常义并非绝对属于时体范畴(参见§12.4)。范晓蕾(2017a:570)将频率词"经常""偶尔""总是"和表惯常倾向的助动词"容易""爱""肯"统称为词汇性惯常标记,这个界定已指明这些词的频率义是一种量化意义(参见§12.2.2、§12.3.1)。并且,陈氏所说的问题只是一个命名问题,陈氏将这种"会"直呼为"经常、很容易"义跟我们的术语没有本质不同。探讨(36)中"会"的语义问题,其关键是将"会"的这种用法描写清楚,这样才能真正推进我们对该词的认识。

彭利贞(2007:142—143)为"会"设立了"承诺"功能,普通话的句子"我们会考第一名的""我会让你平静的"就代表了"会"的承诺功能。"会"的这种功能将留待§9.1.2分析,本章暂不讨论。另外,闽语里对应于普通话"会"的助动词"解"还能标记其他的惯常义,这类用法直接关联着情态义,将留待§12.3.2讨论。

7.5 "会"各个功能的联系和区别

7.5.1 三种蕴含相对将来时的"会"

§7.3的语义分析显示,"会$_{条件}$""会$_{计划}$""会$_{预测}$"有很大的语法共性。这三种"会"的意义都紧密关涉将来时制:条件必然蕴含相对将来的时间意义,计划性将来、预测性将来均属于绝对将来时。其他语言常常用同一个语法形式来编码这三个语义功能。比如,英语的 will 兼用于表达条件必然、计划性将来、预测性将来,这种多功能模式跟普通话的"会"有极高的功能对应性。

范晓蕾(2016:205、206、219)指出,"会$_{条件}$"蕴含相对将来时的特征,它跟"会$_{计划}$"在句法和语义上皆有很高的相似性,而且,"会$_{条件}$""会$_{计划}$"跟"会$_{预测}$"[1]存在区分上的模糊性。以(37)为例,前一个"会"陈述特定事件,应该归为"会$_{预测}$",后一个"会"是表述惯常状况的"会$_{条件}$"。

---

[1] 范晓蕾(2016)的"会$_{认识必然(将然性)}$"用于将来事件句的情况对应于本书说的"会$_{预测}$"。

(37) 再过两个月,这条河就会结冰,因为北方的河冬天都会结冰的。

然而,"会$_{条件}$"和"会$_{预测}$"联系密切,人们往往依据"会$_{条件}$"句所述的惯常规律来用"会$_{预测}$"句表达对特定事件的预测,这容易导致同一个句子的"会"有两种诠释。当然,两个近似的功能出现诠释的模糊性属于常见的情况,歧义句往往是两个功能产生衍生关系的桥梁性环境。区分出"会$_{条件}$""会$_{计划}$""会$_{预测}$"确实有语法根据,这三种"会"的句法表现存在如下三方面差异。

第一,普通话中,"会$_{条件}$""会$_{计划}$"可以有条件地隐去(参见§7.3.1、§7.3.2),"会$_{预测}$"不能隐去,它的隐去会令句子失去主观预测义(参见§7.3.3)。两组"会"在隐去自由度上的差异归因于它们的主观性意义不同。"会$_{条件}$"句和"会$_{计划}$"句表达客观事实,它们所述命题的真实性是被说话人确定的,这些句子中的"会"没有贡献明显的主观性意义;"会$_{预测}$"句表达主观推测,它所述命题的真实性是说话人无法确定的,"会$_{预测}$"贡献了主观性意义。

第二,普通话中,"会$_{条件}$""会$_{计划}$""会$_{预测}$"在定语从句、假设从句中的使用表现有差异。"会$_{条件}$"可自由用于定语从句和假设从句,见(38);"会$_{计划}$"可用于定语从句,它排斥假设从句,见(39);"会$_{预测}$"排斥定语从句和假设从句,见(40)。

(38) "会$_{条件}$"可用于定语从句、假设从句:

a. [定语从句]水加热后(会$_{条件}$)蒸发的现象,应该教给孩子。

b. [假设从句]如果多伦多冬天(会$_{条件}$)下雪,那我就冬天去那儿旅行。

(39) "会$_{计划}$"排斥假设从句:

a. [定语从句]学校下周(会$_{计划}$)放假的消息,是个谣言。

b.［假设从句］要是学校下周(？会_计划)放假,那我就去泰国旅行。

(40) "会_预测"排斥定语从句和假设从句:

a.［定语从句］明天(？会_预测)下大暴雨的说法,不是《天气预报》说的。

b.［假设从句］要是明天(*会_预测)下大暴雨,那我就不去上班了。

排斥定语从句、假设从句是"或许""一定"等典型的认识情态词的特征,也是"的确""居然"等语气副词的特征。这些词的强主观性令它们有主句现象,排斥用于定语从句、状语小句等从句,因为从句并不是传达主观义的主要语法环境。(38—40)展示出"会_条件""会_计划""会_预测"用于定语从句及假设从句的自由度依次降低,这种句法差异说明:"会_条件"的客观性最强,"会_计划"的客观性程度次之,而"会_预测"有较强的主观义。

汉语的不同方言中,"会_条件""会_计划""会_预测"的句法差异还存在不同的表现。香港粤语里,定语从句、假设从句表达相应事件时,它们强制性地用"会_条件",见(41),但这两种从句很排斥"会_计划",见(42),并可选性地用"会_预测",见(43)。

(41) 香港话"会_条件"在定语从句、假设从句中有强制性:

a. 水加热后*(会_条件)蒸发嘅现象,应该教吓_一下那些小朋友。(〈普通话〉水加热后会蒸发的现象,应该教给孩子。)

b. 如果多伦多冬天*(会_条件)落雪,噉_那么我就申请嗰度_那里嘅_的工作。(〈普通话〉如果多伦多冬天会下雪,那我就冬天去那儿旅行。)

(42) 香港话"会_计划"难以用于定语从句、假设从句:

a. 学校下个星期(？会_计划)放假嘅_的消息,係_是个谣言嚟嘅_来着_。(〈普通话〉学校下周放假的消息,是个谣言。)

b. 如果学校下个星期(? 会_计划_)放假,哦_那么_我就要快的_点儿_订机票喇_了₂_。(〈普通话〉要是学校下周放假,那我就去泰国旅行。)

(43) 香港话"会_预测_"在定语从句、假设从句中有可选性:

a. 听日(会_预测_)有暴雨嘅_的_讲法_说法_,喺_是_边个_哪个人_传出嚟_来_㗎?(〈普通话〉明天下大暴雨的说法,是谁传出来的?)

b. 如果听日(会_预测_)有暴雨,哦_那么_我就唔_不_返工_回去工作_喇_了₂_。(〈普通话〉要是明天下大暴雨,那我就不去上班了。)

粤语母语者称,"会_计划_"句如果表示一般的常规安排(如"春节放假"),一般不用于假设从句,"会_计划_"句在表示特殊的临时安排(如"因台风放假")时才容易用于假设从句,如何解释这一差异尚待深究。吴语"会"是高度范畴化的助动词。以浙江柯桥话为例,在表达相应事件的定语从句、假设从句中,"会_条件_"是强制的,见(44),"会_计划_""会_预测_"是可选的,见(45)(46)。

(44) 柯桥话"会_条件_"在定语从句、假设从句中有强制性:

a. 水加热后*(会_条件_)蒸发嗰现象,要教拨小人嗰。(〈普通话〉水加热后会蒸发的现象,应该教给孩子。)

b. 是话道多伦多冷天*(会_条件_)落雪,我就冷天到亨头去旅行。(〈普通话〉如果多伦多冬天会下雪,那我就冬天去那儿旅行。)

(45) 柯桥话"会_计划_"在定语从句、假设从句有可选性:

a. 学堂里下礼拜(会_计划_)放假嗰消息,是个谣言。(〈普通话〉学校下周放假的消息,是个谣言。)

b. 是话道学堂里下礼拜(会_计划)放假,我就当时订归去嗰车票。(《普通话》要是学校下周放假,那我就去泰国旅行。)

(46) 柯桥话"会_预测"在定语从句、假设从句有可选性:

a. 明朝(会_预测)落大暴雨嗰话法,是海家传出来嗰?(《普通话》明天下大暴雨的说法,是谁传出来的?)

b. 是话道明朝(会_预测)落大暴雨,我上班就弗去哉。(《普通话》要是明天下大暴雨,那我就不去上班了。)

汉语各个方言的同源词往往有使用差异,无论如何,"会_条件"都比"会_计划""会_预测"更容易用于定语从句和假设从句,这个趋势有跨方言的一致性。

第三,普通话中,"会_条件""会_计划""会_预测"搭配句末助词"了$_2$"的能力有不同。"了$_2$"被认为表示事件的变化(吕叔湘 1980/1999:351;武果 2007:342),普通话表达状况变化的句子常常要用"了$_2$"。"会_条件"句表达惯常状况的变化时,可以用上"了$_2$",有时还强制用"了$_2$",见(47)。

(47) "会_条件"尚可搭配"了$_2$"的情况有不同:

a. 咱们老家干旱得很,如今到夏天也会_条件发大水(了)。

b. 这孩子以前挺没礼貌的,但现在见到生人会_条件鞠躬问好*(了)。

"会_计划"句和"会_预测"句表达将发生的特定事件,往往能指特定状况的变化,却难以搭配"了$_2$",见(48)。

(48) "会_计划""会_预测"难以搭配"了$_2$":

a. 他这会儿在写作业,写完后会_计划去打棒球(*了)。

b. 今年高考他是落榜了,但明年应该会_预测考上大学(*了)。

两个功能词难以共现于同一个句子中,往往源于这两个词的句法层级相当,它们占据了大致相同的句法位置。(47)里"会$_{条件}$"可以搭配"了$_2$"的现象说明"会$_{条件}$"在句法层级上要低于"了$_2$","会$_{计划}$""会$_{预测}$"难以搭配"了$_2$"的现象提示形式句法树里这两种"会"的句法层级大概更接近"了$_2$"的节点位置。由此可知,"会$_{条件}$"的句法层级低于"会$_{计划}$""会$_{预测}$"。范晓蕾(2021a:263)详细解释了普通话的句子"妈妈过去从不喝茶,现在每天都会喝一杯普洱茶了"中助动词"会"和助词"了$_2$"能共现的语法动因,该句的"会"正是"会$_{条件}$"。

值得指出的是,"会$_{计划}$"和"会$_{预测}$"之前若有副词"就"或"不",它们便可以跟"了$_2$"共现,见(49)。事实上,这并不违反上述认识。

(49) "会$_{计划}$""会$_{预测}$"跟"了$_2$"共现依赖"就"或"不":

  a. 根据公司安排,他明年就会去外地工作(了)。

  b. 他说过今天来的。——都十点了,他不会来找你*(了)。

先看"就会 VP 了$_2$"式,该格式的层次应该是"就会 VP+了$_2$",跟"了$_2$"直接组合的是"就……",而非"会 VP"。证据是这个句式里的"了$_2$"可以隐去。例如,(49a)隐去"了$_2$"之后,既不减少句子的变化义,也不干扰完句。这不同于大多数的"了$_2$"句强制用"了$_2$"的情况,这说明"就会 VP 了$_2$"的"了$_2$"未承担时体功能,它只起到语篇衔接的作用,属于语气词[参见范晓蕾(2021a:297)]。理论上,语气词性的"了$_2$"处于句子最外围的层级,它跟句子的核心谓语不会是直接的组合关系。再看"不会 VP 了$_2$"式,它要用于表达计划的事件有改变的语境,也就是说,"不会 VP 了$_2$"语用预设了"(可能)会 VP"。例如,(49b)的句子"他说过今天来的"作为前文,指示出后句"他不会来找你了"的预设信息是他原本要来找你。可见,"不会 VP 了$_2$"的"了$_2$"承载了变化义,这造成它难以隐去。换个角度看,"不会 VP 了$_2$"和"会 VP"的差异,相当于句子"他不记得你了"和"他记得你"的差异。所以,"不会 VP 了$_2$"的层次是"不会

VP+了₂",当中跟"了₂"直接组合的成分不单是"会 VP"。这样看来,"就会 VP 了₂"和"不会 VP 了₂"本质上不是"'会_计划'和'会_预测'难以搭配'了₂'"的反例。

另外,"会_条件""会_计划""会_预测"有明显的语义差异。条件必然义用于陈述惯常事件,其事件是被公认为真的客观真理,这个意义跟能力义一样是客观性很强的情态义。计划性将来表述计划安排中必然实现的特定事件,其事件至少在计划表中确定为真,这个意义的客观性就相对强一些。预测性将来表述主观预想中大概率将实现的特定事件,而其事件是否实现尚且无法确定,这个意义的主观性很强,它属于认识情态的边缘性概念。更重要的是,如果从语义地图的功能基元性来考量,条件必然、计划性将来、预测性将来便要分为三个独立的功能。为便于跨语言/方言的语义考察,优先采取功能从分的方式有助于发现特定词的使用条件,揭示更多的演变规律。我们认为,对特定词取"功能合一"还是"功能从分"的方案要依据研究目标而定,采取哪种功能划分方案常常并无对错之分,研究要务是将词的使用条件和语义效果刻画得全面又精确。

"会_预测"和"会_认识"在以往研究中被统一为"会"的认识情态义(或推测、可能义),如范晓蕾(2016)将两者合并为"会_认识必然(将然性)"。这主要是因为"会"的这两种用法相似度极高,它们均含有主观推测义,所引出的事件都是真实性未得确定的。不过,"会_预测"和"会_认识"还是有区别的。第一,陈振宇(2020)论证了在否定疑问句中用于推测非将来事件的"会"(类似我们的"会_认识")在句法层级上高于其他用法的"会",陈氏证明了用于推测非将来事件的"会"才是真正的认识情态义。第二,跨语言/方言中,本书的认识或然义在词形编码上常常异于将来义。经调查,浙江路桥吴语"有"可以表达目的性将来、计划性将来、预测性将来,不能表达推测非将来事件的认识或然义。这足见"会_认识"有它的功能独立性。根据句法层级、事件范围及词形编码的差异,本书将范晓蕾(2016)的"会认识必然(将然性)"分为"会预测"和"会认识"。

"会条件""会计划""会预测"和"会认识"长久以来未被区分开看待,应该源于这四种"会"有一个很大的语义共性"非现实"。一方面,"会条件""会计划""会预测"均蕴含相对将来的时间关系,它们用于表达将来事件(包括惯常状况中的相对将来事件),将来事件是典型的非现实事件。另一方面,"会认识"用于推测非将来事件,它使用上限于否定式或疑问句,而这两种句类环境均蕴含否定性意义,疑问隐含了"一半的否定"。非将来事件被否定后便是确定未实现或真实性受质疑的,这样的非将来事件广义上属于非现实事件。也就是说,无论哪种"会",都表达了或狭义、或广义的非现实事件,无怪乎刘小梅(1997)、王晓凌(2007)用"非真实/非现实"这一笼统的标签来定义"会"的功能。注意,这里的"现实\非现实"分类仅针对事件的已然实现是否得到肯定性断言,未得到肯定性断言的都是非现实事件。综上可知,将来事件的标记可以发展出表达非将来事件的功能,这种"将来事件→非将来事件"之间的演变模式依赖于蕴含否定义的语法环境来衔接,这种意义衔接源于将来义和否定义均有非现实性,非现实联系起了将来事件和被否定的非将来事件。总之,演变模式"将来→非将来"要发生于蕴含否定义的语法环境中。

"会"接近于英语的"will"(张永利 2000:8;Wu & Kuo 2010;柯理思 2016;陈振宇 2020),"will"的典型功能就是将来时制词。Palmer(2001:24—25)认为"will"的认识情态义是"设想"(assumption),这种用法用于表达依据常识推断出的合理结论。例如,英语句子"John'll be in his office"这一判断是依据对 John 习性的了解:他每天八点开始工作,是个工作狂。表示认识情态义的"will"在情态强度上也是模糊的,没有"must"那样的强辩驳性,因为"will"侧重于说合理(reasonable)的结论,不表示该结论是唯一的情况,但"must"侧重于表达唯一可能的结论。这样看来,Palmer 对"will"的语义界定"认识设想"接近于"会"的认识情态义。可见,跟将来时相联系的认识情态义往往是认识设想型的。

诚然,条件必然、计划性将来、预测性将来三种功能由于都蕴含了相对将来时的特征,它们彼此在一些情况下并不容易绝对地区分开来。比如,按照本书的分析,规律惯常句"冬天穿少了会感冒"的"会"承担了条件必然义,特定事件句"你穿得这么少啊,会感冒的"的"会"承担了预测性将来义,但母语者一般感觉这两句的"会"没什么意义差异。条件必然和预测性将来是高度相似的功能,这是因为惯常规律与事件预测之间是紧密联系的,说话人对特定事件的预测推断往往要依据一些普遍的惯常规律,这就导致条件必然式的惯常句和预测将来的特定事件句会用到相同的语法标记,该情况也正促使了一个语法形式从条件必然义衍生出预测性将来义。根据历时语法学界的研究成果,高度相似并有衍生关系的两个语义功能 s1 和 s2 往往在语料诠释中存在模糊中和的现象,即一些句子中某个语法形式诠释为 s1 或 s2 皆可,这种句子大概正代表了语义演变"s1→s2"的发生环境(Bybee et al. 1994;Heine 2002)。所以,"会"的不同功能之间存在诠释上的模糊地带,是不可避免的问题。

7.5.2 条件必然或混淆于其他意义

条件必然义的显著特点是蕴含特种条件这个语义特征,这令该意义蕴含了相对将来时的特点。按理说,汉语助动词"会"的条件必然义很容易区分于该词的高质能力义和惯常倾向义,后两个功能不含相对将来时的特点。然而,以往文献也有混淆这两组意义的情况。

汤廷池(1979:4)、刘小梅(1997:42、44)显示,台湾"国语"存在一些用"会"的特殊例句,见(50)。

(50) 台湾"国语"中"常会"和"很会":

> a. 他常会乱说话。|这座山,每年都会产芒果。(刘小梅 1997:44)(台湾"国语"和普通话里都合法)
> b. 他很会发脾气。|我的小女儿很会感冒。(汤廷池 1979:4)(台湾"国语"里合法,普通话里不合法)
> c. 他很会乱说话。|基隆很会下雨。(刘小梅 1997:42、44)(台湾"国语"里合法,普通话里不合法)

汤廷池认为(50)的"会"跟句子"明天会下雨吗?"的"会"属于同一种功能,称之为"预断"功能。刘小梅(1997:42)认为(50)里三组句子的"会"属于同一种功能"评估",即它们都属于"归纳性的描述",均是用于描述个人习性或地方习性。汤氏和刘氏的这种分析值得商榷。尽管(50)的三组句子在台湾"国语"里都合法,但在普通话里(50a)合法而(50b—c)不合法。这个合法性差异表明(50a)的"会"和(50b—c)的"会"是不同的功能。按照本书的分析,(50a)的"会"是条件必然义,§7.3.1谈到,条件必然义包含了特种条件这个语义要素,其语法上表现为"会$_{条件}$"句的频率量化义状语——如频率义副词"经常",这种频率义状语指示出事件是多频次的类指性事件,也就是限制了事件发生的具体条件。(50a)的副词"常"正是这种频率义状语。再看(50b—c),这种句子在普通话里的合法表达不能用"会",而要用表示惯常倾向义的助动词"爱""容易",普通话里的合法句如"我的小女儿很容易感冒""基隆很爱下雨"。也就是说,(50b—c)的"会"相当于普通话的助动词"容易""爱",这些词表达了§7.4界定的惯常倾向义。惯常倾向句往往要用程度副词,如(50b—c)就用了程度副词"很",程度副词不明确表示频率,它的程度义不能诠释为量化事件的条件。所以,惯常倾向义有别于条件必然义。

更重要的是,带频率副词的条件必然句在真值语义上有别于带程度副词的惯常倾向句。虽然(50a)的"经常发生……"义在真值上近似于(50b—c)所表示的"很爱发生……"义,但这种语义近似性只存在于有限的事件中,如果再换为其他事件,两种句子的真值语义就会很不同。下面就换用(51)来阐释条件必然句和惯常倾向句的真值差异。

(51) "经常 VP"有别于"爱 VP":
  a. [条件必然] 这口铁锅经常会生锈。
  b. 虽然这口铁锅经常会生锈,*但注意保养它的话也可以做到永不生锈。
  c. [惯常倾向] 这口铁锅很爱生锈。
  d. 虽然这口铁锅很爱生锈,但注意保养它的话也可以做到永不生锈。

(51a)的"经常会"句只能是说话人对过往多次案例的经验性总结,其事实必定是说话人至今多次见证了这口铁锅生锈,它意味着铁锅生锈的问题是无法避免的。(51b)就显示,(51a)所述的命题跟后文的事件"永不生锈"是事实冲突的。(51c)的"很爱"句不仅可以是说话人对过往多次案例的经验性总结,还可以是说话人预测一口刚到手的新锅可能出怎样的问题。在后一种情况下,说话人至今尚未看到这口铁锅生锈,此时就有机会避免铁锅生锈的问题,即(51d)所展示的情况。可见,尽管"经常会"句和"很爱"句都表达了惯常事件,但这两种句子的真值语义有所不同,这证明频率惯常义或条件必然义在相当的程度上不同于惯常倾向义。

刘小梅(1997)主张,(52a)的"会"跟(52b)的"会"都属于用来描述个人习性的评估义功能,两组句子只是次类差异:(52a)是描述个人规则性的活动,(52b)(52c)是描述个人倾向。

(52) 刘小梅(1997:42—43)中"会"句描述个人习性:
  a. 他每个月都会寄钱回家。| 我一闻到烟味,就会打喷嚏。

  b. 他最会昧着良心说话。|他真会找人麻烦。

  c. 他很会替人设想。(比较:? 他最会替人设想。)

我们认为,(52a)(52b)的两组"会"句确实都是描述个人习性,但整句的意义共性不能直接代表当中的助动词"会"是同类的语义功能,句子的意义与句中功能词的意义是有区别的。按照§7.3.1的论述,(52a)的"会"代表典型的条件必然功能。(52b)(52c)在上文未有讨论,这组"会"句的特点是带有程度副词"最""真""很",按照§7.4的分析,普通话里能搭配程度副词的"会"只能是表达高质能力义的,"会$_{条件}$"由于蕴含了必然性的强度而难以受程度副词的修饰。

  不过,母语者会感到(52b)(52c)很难理解为客观描述人的能力,因为这种"会"句都带有主观性的色彩义,它们要么是带有讽刺色彩的负面评价[如(52b)],要么是带有赞赏色彩的正面评价[如(52c)]。我们认为,(52b)(52c)的"会"确实承担了高质能力义,这种"会"句的主观色彩义是高质能力义引发的语用意义。§4.5已指出,能力词有合意愿性的语用偏向,它的VP默认指符合主体意愿的行为,而这种VP可以指违背说话人意愿的行为。(52b)(52c)所描述的能力都有合意愿性的语用特点。(52b)里"会"后面的VP"昧着良心说话""找人麻烦"就是符合主体意愿(给主语"他"带来好处)却违背说话人意愿(损伤他人利益)的行为,符合能力词的合意愿性。(52c)里"会"后面的VP"替人设想"是公认的积极行为,也符合主体"他"服务他人的心愿,自然有合意愿性的特点。

  "会"的条件必然义被混同于惯常倾向义或高质能力义,这种语义辨析错误在很大程度上肇因于这几种情态意义都描述惯常状况,条件必然表达惯常规律,能力义属于事物的惯常属性。这三种意义存在很大的语义共性,预示它们之间很容易产生衍生关系,第八章构建出的针对"会"类词的语义地图将证实这一点。

7.5.3 "会"的各个功能对事件类型的限制

§7.2.2开头提到,"会"用于表达具体某个时间发生的特定事件时,通常限于表达将来事件。这个用法其实正是"会"的预测性将来功能。其实,"会_预测_"不仅能用于推测将来的特定事件,也能用于推测将来的惯常事件,如(53)的两个"会_预测_"句,它们的主语虽然特指某人,它们的谓语"喜欢你""是一个暴躁的人"却是表述恒常的静态性质,而静态性质属于广义上的惯常事件。

(53) "会_预测_"表达惯常事件:
  a. 他以后会很喜欢你的。
  b. 这孩子长大以后会是一个暴躁的人。

这就要纠正以往文献的一个现象观察。谢佳玲(2001:262)根据张永利(2000:8)认为,表预断的"会"(即本书的"会_预测_")只能选择表示临时状态的"阶段性述语"(stage-level predicate)为补语,例如(54a),而表推论的"会"(即本书的"会_认识_")在补语的选择上没有这样的限制,它后面的补语VP可以是表述恒常状态的"个体性述语"(individual-level predicate),例证见(54b)。

(54) 张永利(2000)的例句:
  a. [推测将来事件]这样他一定会很<u>生气</u>/(*<u>暴躁</u>)的。(张永利2000:3)("生气"是临时状态,"暴躁"是恒常状况)
  b. [推测非将来事件]他那么温柔体贴,怎么会很<u>霸道</u>呢?|他哪里会很<u>自私</u>,自己一生的积蓄都捐给了救灾中心。(张永利2000:12)("霸道""自私"是恒常状况)

谢氏的这个观察不准确,(53)表明"会_预测_"后面的补语VP可以是表述恒常状态的个体性述语。可见,"会_预测"句和"会_认识"句一样都是表达特定事件与惯常状况皆可。(54a)的"会_预测"之所以不能选择"暴躁"这种个体性述语作补语,是因为该句的句首有条件状语"这样",这个条件状语指示出句子所述的事件是一个发生于某个条件下的临时状况,不是恒常的惯常状况。带这种条件状语的句子即使不用"会_预测",也不能表达惯常状况,例证如"<u>在这种情况下</u>,*他可能就很<u>暴躁/霸道/自私</u>"。

总结起来,"会_能力"和"会_条件"只能表达惯常状况,"会_计划"只能表达特定事件,"会_预测"和"会_认识"是表达特定事件与惯常状况皆可。值得强调,助动词"会"的语义分析仍然留有巨大的改进空间,本章的结论并不够理想,只希望我们的现象描写可以为方家深化这项研究提供一定基础。

7.6 "会"的语义难题

普通话的助动词"会"还有两种用法可以表述非将来事件,它们在以往研究中未被单独分析,我们认为,这组用法中的"会"承担什么语义功能是待解的难题。

许和平(1993:92—93)的语料已显示,"会"在表述已知结果的句子里可以用于表述非将来事件。这种表述非将来事件的"会"句有两种表现形式,一种是结果主句"所以才会 VP",如(55a),另一种是结果从句"(之所以)会 VP",如(55b),这两种句子都处于典型的因果关系语境中。

(55) "已知结果"的句子里"会"引出非将来事件:

  a. 她因为昨天没睡好,所以今天才(会)头疼。(刘小梅 1997:56) | 靠的是平时不懈的努力,他才(会)取得如此优秀的成绩。(许和平 1993:93)

  b. 他之所以(会)生气就是这个缘故。(李命定 2018:91)

|你妈妈昨天(会)打你,不是因为你贪玩,而是因为你顶撞她。

我们称这两种句子为"已知结果"型的句子,因为这种结果小句所述的事件在前文预设里是真实性已得证实的,属于旧信息,而全句的断言重点是原因小句"因为……",它是新信息。(55)跟(9)是同类情况,其"会VP"都可诠释出相对将来义,该时制义导致当中的 VP 排斥时体词(因为汉语的时体词编码了相对非将来时),见(56),这种句法限制平行于在单纯的否定疑问句[参见(25)]中"会$_{认识}$"的句法表现。

(56) 已知结果句中的"会"排斥时体词:
  a. 他这时候之所以会(*在)睡觉,是因为身体不舒服。
  b. 你妈妈昨天会打(*了)你,不是因为你贪玩,而是因为你顶撞她。
  c. 他之所以会不/(? 没)上班,是因为身体不舒服。

这类例句已见于许和平(1993:92—93)、刘小梅(1997:56)、李命定(2018:91)。许和平将"之所以会……"称为"会"的"解释"用法,该文认为这种用法是对一件已然事件的原因进行解释。许氏的这个意义描述其实是将"会"句的意义直接归结为"会"的意义,这个定位显然不准确。刘小梅将(55a)的"会"笼统定义为非现实功能,李命定将(55b)的"会"归为认识情态,但这两组用法下的"会"是可以隐去的,这就不像一般的认识情态词。依据母语者的语感,(55)的"会"推测义很弱,它更像是一个虚拟语气词。

  助动词"会"在一系列意外语气句里也能用于表达非将来事件,其形式有两组:(一)疑问句的"难道会""怎么会""为什么会",如(57a);(二)感叹句的"没想到/以为+会""很奇怪+会""竟然会",如(57b)。

(57) 意外语气句里的"会":
  a. 她最近胖了,难道会(*已经)怀了孩子了吗? | 她一直在国外,怎么会(? 早就)见过你呢? | 你为什么会

(*还)没去参加比赛呢?

b. 真没想到小王会(*已经)上了清华大学!|我很奇怪世上会(*还)有这么胖的人。|现在是紧急会议时间,他竟然会(*还)在睡大觉!

(57)里的两组"会VP"句均是带有质疑或惊讶义的强语气句,这些句子的意义是说话人已确定VP所指事件的客观真实性,但主观上认为该事件是反预期的,对此表示意外的态度。当中的"会"虽然不能接副词"已经""还",但可自由搭配"没"和"了₁""过""在"等时体词,这种句法表现近似于揣测问句[参见(27—30)]里"会_{认识}"的情况。不过,(57)的"会"跟(55)的"会"相似,它也是可隐去的,见(58),这个"会"看似只是起强调语气的作用,不像认识情态词。

(58) 意外语气句里的"会"可隐去:

a. 她最近胖了,难道(会)怀了孩子了吗?|她一直在国外,怎么(会)见过你呢?|你为什么(会)没去参加比赛呢?

b. 真没想到他(会)上了清华大学!|我很奇怪世上(会)有这么胖的人。|现在是紧急会议时间,他竟然(会)在睡大觉!

许利英(1987:116)展示了普通话里"怎么会""没想到会"表达非将来事件的例句,该文指出这种例句中"会"的隐去不改变句子的意义。许氏将这种用法中的"会"归为有可能义——认识情态义,同时谈到这种"会"有强调的作用,表示"情况已经存在,不容置疑"。许氏的这个说法相当于说,这种用法的"会"在语法作用上更接近表示认识情态义的"会",它还具有语气作用。这种意义定位符合母语者的语感直觉,但许氏没有给予充足的论证。王晓凌(2002:37—38)提出,句式"没想到/以为/想不到+会VP"表示后来事实与原先预设的差距,当中的"会"跟其他用法的"会"一样标记了相对将来义。王氏的这个分析还需商榷,因为(57b)的"会"句正属于王晓凌说的句式"没想到/以为/想不到＋会VP",而该组例句中的"会"可以搭配"了₁"等时体词,这个句法表现不同于"会_条件""会_计划"等含相对将来义的"会",所以(57b)的"会"不宜简单被统一到相对将来时的用法中。刘小梅(1997:45)提出短语"怎么会"表达了对已发生或将发生的事件有惊讶感叹的态度,刘氏将这个用法跟"会"的惯常用法一起归为"会"的评估义。但如上文所述,惯常句里的"会"属于"会_条件","会_条件"在语法表现上大异于惊讶感叹句里的"(怎么)会",这两种"会"不宜归作同一功能。这样看来,以往研究对(57)里的"会"未做出精准的语义解释。

(55)(57)的助动词"会"在表述非将来事件上跟"会_认识"一样,在可隐去性上跟"会_条件""会_计划"一样,而(55)(57)的"会"也有自己独特的个性。(55)(57)里"会VP"所述事件的真实性对言听双方而言是得到证实的("难道会VP"里除外),全句重在断言事件的原因或质疑事件的合情理性。例如,已知结果句"你为什么会没去参加比赛?"语用预设说话人看到"你"没参加比赛。再如,意外语气句"真没想到小王会上了清华大学"语用预设言听双方均证实小王上了清华大学,比如,这事是小王告知大家的。这不同于"会_认识"句,一般的认识情态句都是在事件真实性未得证实的情况下说的,如认识情态句"小王以前一定认识老张"预设言听双方既未听到小王或老张说过他们彼此是认识的,也没看到小王和老张相互交流的场面。

(55)的"会"和(57)的"会"彼此之间关联紧密,它们跟其他功能的"会"又是怎样的概念联系呢?我们目前暂时梳理出(57)的"会VP"和"会_认识VP"的概念近似性。(57)里意外语气句的"会VP"都有主观上的否定义。句式"没想到/以为＋会VP"里"会VP"所述的事件被引语动词的"没""以为"间接否定了,这个"会VP"处于蕴含否定义的语法环境中。句式"怎么会 VP""难道会 VP"是反问句,它们广义上属于否定疑问句。句式"很奇怪会 VP""竟然会 VP"句虽不是句法上的否定疑问句,但它们在事件反预期、言者主观意外等特点上跟句式"怎么会 VP""没想到+会 VP"是相通的。概言之,这些意外语气句虽然客观上肯定了事件真实性,但对事件符合常规情理或先前预期的情况持主观上的否定态度。再看,"会_{认识}VP"限于否定疑问句,也总是含有否定义。具体而言,单纯的否定/疑问句[参见(25)]里的"会_{认识}VP"至少有客观上的半否定义。揣测问句里的"会_{认识}VP"跟(57)一样,也是兼有客观肯定和主观否定的意义,因为揣测问对事件真实性虽有偏向相信的肯定义,但仍有不能确定的半否定态度。概言之,牵涉否定义是(57)的"会"和"会_{认识}"的近似点,从这个角度看,(57)的"会"可以归为"会_{认识}"。

目前,我们不能定义好(55)(57)里助动词"会"的语义特征,下文的分析也就不涉及这类用法。可以肯定的是,这两组用法中的"会"有很强的主观性,起到加强语气的作用,这类用法代表着"会"语法化程度很高的功能,该词有望发展为一个像强调标记(类似"是")那样的语气副词。编码了语气义的"会"可类比于福州话的助动词"解",后者就兼有表示意外义(类似副词"居然")或确认义(类似副词"确实")的语气功能。其实,"会"的几种非能力义用法之间有概念联系。"会_{预测}"的将来时义与"会_{认识}"常用的揣测问环境都属于广义的非现实范畴(§7.5.1),揣测问跟(57a)的反问句都属于疑问范畴,反问跟(57b)的意外强调语气也有相似性。总结起来,这些用法的关联是:将来—揣测问—反问—意外。希望本小节的讨论能为日后方家解决这一问题提供参考。

第八章 恒常能力的语义地图(下)

8.1 概述

本章将基于第七章的结论,依据汉语方言及其他语言的"会"类词构建出"恒常能力的语义地图",这就补充了过往的情态语义地图(图1.11和图5.1),由此解决了汉语"会"的多功能模式与以往语义地图的冲突问题。本章还会通过恒常能力的语义地图来构拟汉语"会"的语义演变路径,讨论以往研究针对汉语"会"的语义演变路径所提出的多种假设存在哪些优劣点。

8.2 基于"会"类词的恒常能力的语义地图

8.2.1 七种功能同形的普遍性

基于§7.3和§7.4的分析,汉语方言的助动词"会"至少有七种功能:恒常能力、条件必然、计划性将来、预测性将来、认识或然、高质能力、惯常倾向。汉语各方言的"会"有相当的语义平行性,其他语言也有很多非同源词存在相似的多功能模式。

福建福清话(闽东方言)的助动词"解"就有上述功能中的六种,见(1)[①]。

[①] 根据笔者调查,福清话的助动词"解"没有用于推测非将来事件的认识或然功能。

(1) 福建福清话"解":

a. [恒常能力] 伊解开汽车_{他会开汽车}。

b. [条件必然] 水着零下解结冰_{水在零摄氏度以下会结冰}。

c. [计划性将来] 通知已经出来咯_{已经出通知了},下昼领导解来依家单位_{下午领导来咱们单位}。

d. [预测性将来] 明旦解遢雨_{明天会下雨}。

e. [高质能力] 伊野解讲话_{善于说话}。

f. [惯常倾向] 铁鼎_{铁锅}野解生锈_{很容易生锈}。

而且,很多东南方言里"会""解"的认识或然义也是限于否定疑问的环境(笔者调查;冯爱珍 1993:27;刘小梅 1997:116;Cheng 1997:19;陈泽平 2019:232)。欧洲语言有与"会"相似的情态词,如西班牙语"saber"、法语"savoir",例证见(2)(3)。

(2) 哥伦比亚西班牙语 saber(孙克敏 2011,笔者复查):

a. [晓悟]

Saber   muchas   cosas
know   many   things

"他知道很多事。/他知识渊博。"

b. [恒常能力]

Saber   hacer   muchas   cosas
be able to   do   many   things

"他能做很多事。/他很能干。"

c. [高质能力]

Saber   hablar   español
be skilled at   speak   Spanish

"他很会说西班牙语。"

d. [惯常倾向]

　　El　　saber　　　　　　　decir　　　mentiras
　　3.SG　tend to/habitually　say　　　lie
　　"他爱说谎话。"

e. [条件必然]

　　Saber　　ir　a　　　　Buenos　Aires　cada　　año.
　　be bound to go ALLATIVE Buenos Aires every　year
　　"他每年都会去布宜诺斯艾利斯。"

(3) 法语 savoir(sait 及 saurait 是动词变位形式)：

a. [晓悟] savoir un secret 知道一桩秘密。(《法汉词典》1979)

b. [恒常能力] savoir jouer du violon 会拉小提琴。(《法汉词典》1979)

c. [高质能力] savoir combattre 善于斗争。(《法汉词典》1979)

d. [惯常倾向] il sait demander des questions sotes. 他爱问很傻的问题。

e. [条件必然](在条件式的否定句中作助动词,一般用否定词 ne)

　　La roue de l'Histoire ne saurait tourner à rebours. 历史的车轮不会倒转。(《法汉词典》1979)

西班牙语的受访者指出条件必然句中"saber"似空意词,可省略。英语"will"、葡语"vai"及泰语"ja"等词在条件必然句中也有可省略性,因为它们的条件必然句可转用一般现在时等零标记的形式,如英语"Fresh water freezes at 0℃"。这些词在条件必然句中的可省略性与汉语"会"的句法表现是相同的,这种句法表现应该是因为条件必然义属于惯常范畴,惯常标记偏向于零形式(详见第十二章)。东亚语言也有类似的情态词,如赛夏语(Saisiyat)的"ra:am"[参见(4)]、马来语的"akan"[参见(5)]等。

(4) 赛夏语 ra:am(Yeh 2012):

a. [晓悟]

a= = hiza' korkoring **ra:am** komoSa:boya'
FIL that child AE know FIL bee FIL

a= ='⟨om⟩aseng ka mae'iyaeh sia masroko'
⟨AF⟩sting ACC man 3SG.NOM AE bend.down

"The child <u>knew</u> the bees sting, and he bent down."
(Frog 6, NTU Corpus, Sung et al. 2008)

b. [恒常能力]

yako **ra:am** kiSka:at
1SG.NOM AF.know read

"I <u>can</u> read." (Saisiyat Dictionary)

c. [条件必然]

kat'et'en bilis-in ray hima' pon'a:iS-in ka
click.beetles hold-PF LOC hand touch-PF ACC

ta'oeloeh, **ra:am** tom'en
head AF.know nod

"If a click beetle is held in hand and touched at the head, (it) <u>will</u> nod." (Saisiyat Dictionary)

d. [预测性将来]

...k⟨om⟩oSa, yao mina am 'okaS ila, manraan
⟨AF⟩say 1S.NOM FUT not.do PFV AF.walk

　　　　　am 'okay potngor ila   **ra:am-en**,
　　　　　FUT not arrive   PFV   know-PF
　　　"…saying, 'I cannot make it any more. Maybe I
　　　won't be able to ge to the destination,"（Two
　　　Suns, Traditional Story 1996）

(5) 马来语 akan：

　　a.［条件必然］

　　　Pada musim sejuk Haerbin akan turun salji.
　　　when season cold   Ha'erbin FUT fall   snow
　　　"哈尔滨冬天会下雪。"

　　b.［一般将来时（含计划性将来）］

　　　Pada esok   pagi,   dewan   besar   akan
　　　when tomorrow morning auditoria big   FUT
　　　　　mengadakan   persembahan.
　　　　　have   display
　　　"明天上午大礼堂会有表演。"

　　c.［预测性将来］

　　　Cuaca panas baru-baru ini, daging akan   busuk
　　　weather hot   recently   meat   probably stinking
　　　　　diletak   di   luar.
　　　　　put   LOC   outside
　　　"这阵儿天儿热，肉放在外面，会变臭的。"

　　d.［认识或然］

　　　Semalam ialah hari Ahad, dia tidak akan   dating

```
          yesterday COP Sunday   3SG NEG probably come
     ke   sekolah.
     to   school
```
"昨天是礼拜天,他不会来学校的。"

据笔者调查,马来语"akan"和泰语"ja"这两个具有条件必然义的语法形式,兼有表示推测的认识情态功能,它们的推测义功能呈现跟普通话"会"相同的语法限制:只能用来推测非现实事件。也就是说,表示推测义的"akan"和"ja"在肯定式陈述句里限于表达将来事件,在否定式中方能用于推测非将来事件。

我们虽然未能考察到更多的世界语言,但上述材料足以证明汉语"会"的七种功能用同一形式负载的现象还见于其他的非同源词,这种多功能模式不仅在汉语方言内有一致性,还有跨语言共性。而且,这些多功能模式相同的语法形式要么有共同的词汇义"晓悟",要么有共同的语义特性(如表认识或然义限于否定疑问的环境),甚至呈现出相同的句法特征(如表条件必然义时可省略)。这一系列现象说明,汉语"会"的七种功能有同形模式及相同特性不是事出偶然,而是有概念动因的。那么,我们便可采用语义地图模型来构建这七种功能之间的概念关联模式。

8.2.2 恒常能力的语义地图

基于跨语言/方言的考察,恒常能力、条件必然、计划性将来、预测性将来、认识或然、高质能力、惯常倾向这七种功能的同形模式可列为表 8.1。

第八章 恒常能力的语义地图(下) 277

表 8.1 七种功能的同形模式

恒常能力	高质能力	惯常倾向	计划性将来	条件必然	预测性将来	认识或然	词汇义	例词
+	+	+	(+)	+	+	+	晓悟	"会"(绩溪[李荣 2002:4901]、金华[李荣 2002:4901]、杭州[调]、东海[调]、义乌[调]、天台[调]、柯桥[调]、温州[调]、南昌[调]、吉安[调]);"会得"(上海[调]、嘉兴[调]);"解/会"(莆仙[调])
+	+	+	+	+	+	×	领有	"有"(路桥[丁健 2020]);"解/会"(福州[李荣 2002:4902;陈泽平 1997:176]、福清[冯爱珍 1993:26—27;调])
×	×	×	+	+	+	×	领有	"有"(莲花[胡小娟 2020])
×	×	×	+	+	+	×	领有	"有"(福清[调]、晋江[调])
+	+	+	○	+	○	×	晓悟	saber(哥伦比亚西班牙语[调]);savoir(法语[调])
+	+	×	(+)	+	+	+	晓悟	"会"(普通话[调]、扬州[调]、佛山[调]);"解/会"(潮州[调])
+	×	×	×	+	+	+	晓悟	"解/会"(武夷山[调]、晋江[调]、厦门[李荣 2002:4902;周长楫 2006:184;周长楫等 1998:376,394]、漳州[陈正统 2007:203])
+	×	×	+	+	+	×	领有	"有"(路桥[调])
+	+	×	×	+	+	×	晓悟	ra:am(赛夏语[Yeh 2012])

续表

×	+	+	×	×	×	×	○	"孬"(武夷山[调]、晋江[调]、漳州[陈正统 2007:271;杨秀明 1999]、厦门[李荣 2002:4109]);"善"(上古汉语[孙克敏 2011]);pandai(马来语[调]);[ɕa:ŋ⁶](田林壮语[李锦芳 2001])
+	+	×	×	×	×	×	晓悟	"会"(兰州[调]、平遥[调]、邢台[调]、望江[调]、淄博[调]);"识"(香港[调]、广州[调]);"解晓"(晋江[调]、厦门[调]、漳州[调]);"解得"(福清[调])
×	×	×	(+)	+	+	+	晓悟	"会"(广州[李荣 2002:4901]、香港[调])
×	×	×	+	+	+	+	意愿	will(英语[调]);vai(葡萄牙语[调]);[ɣdʑə](藏语[调]);akan(马来语[调],);'am(赛夏语[Yeh 2006])
×	×	×	+	+	+	×	意愿	"要"(成都[调]、重庆[调]、宜宾[调])
×	×	×	○	—	—	—	获得	"得"(成都[调;张一舟等 2001:377]、宜宾[调]、武汉[李荣 2002:3875]、望江[调])
×	×	×	+	+	×	×	意愿等	"要"(北京话[调]、上海[调]、望江[调]、柯桥[调]);"爱"(潮州[调]);"呢"(永寿[调]、武威[调]、兰州[调]);"也/呀"(永寿[唐正大 2018]、神木[邢向东 2002:622—623]、阳高[调]、离石[调]);ja(泰语[调])
+	+	×	×	+	+	×	(空)	

表 8.1 展示了这些功能的共时蕴涵关系,可构建出恒常能力的语义地图,见图 8.1。

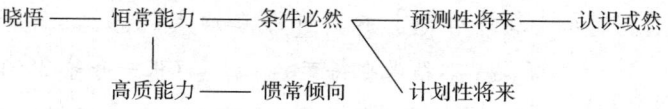

图 8.1　恒常能力的语义地图

下文用语料来详解图 8.1 的构建过程,再据此构拟汉语"会"的情态语义演变路径。鉴于语义关联"晓悟—心智能力"已得到跨语言材料的充分论证(Bybee et al.1994;Heine & Kuteva 2002),下文不予赘述。

第一,恒常能力、条件必然和预测性将来是"会"的三个核心情态义,吴语的"会"及闽语的"解"都兼有这三个功能,见(6)(7)。

(6) 上海话"会得":

a. [恒常能力]小王<u>会得</u>开车_{小王会开车}。

b. [条件必然]哈尔滨冬天<u>会得</u>落雪。

c. [预测性将来]侬蛮聪明咯_{你很聪明的},明年<u>会得</u>考上大学咯_{明年会考上大学的}。

(7) 福建晋江话"解":

a. [恒常能力]伊_他<u>解</u>开汽车。

b. [条件必然]冬咧个风<u>解</u>冻死野侪五谷_{冬天寒风会冻死庄稼}。

c. [预测性将来]安呢看明囝<u>解</u>落雨_{看来明天会下雨}。

语言中有的情态词是无能力等义而有条件必然、预测性将来义的,如马来语的"akan"(参见表 8.1)、广府粤语的"会"及四川、湖北的南方官话的助动词"得"[参见(8)(9)],可据此得出语义关联"条件必然—预测性将来"。

(8) 香港话"会":

a. [条件必然]哈尔滨冬日<u>会</u>落雪_{下雪}。

b.［预测性将来］你放心,佢他听日明天**会**来嘅的。

(9) 成都话"得":

a.［条件必然］水不**得**浮在油上水不会浮在油上。｜情况变呃情况变了,结果也**得**变结果也会变。(张一舟等 2001:377)

b.［预测性将来］**得**不**得**会不会下雨？——不**得**不会。

图8.1构建"恒常能力—条件必然"而排除"恒常能力—预测性将来",这是依据西班牙语"saber"、法语"savoir"的多功能模式(参见表8.1),它们有恒常能力、条件必然义,无预测性将来义。关联路径"恒常能力—条件必然—预测性将来"由是得到论证,这是本研究的核心关联,当然,目前支持该关联的情态词相对较少,希望今后能得到更多语料的检验。

第二,多数源于晓悟义的情态词都兼有恒常能力和高质能力义,而且,北方官话"会"、粤语"识"及闽语"解晓"等词的情态义只包括这两种能力义,这支持语义关联"恒常能力—高质能力"。语言中有的情态词是兼有高质能力和惯常倾向义而无其他几个功能的［见(10)(11)］,由此构建语义关联"高质能力—惯常倾向"。

(10) 漳州话"势"(陈正统 2007:271):

a.［高质能力］势讲话擅长讲话。

b.［惯常倾向］势流汗经常流汗。｜势讲无影话爱说无聊的话。

(11) 田林壮语［ɕaːŋ⁶］(李锦芳 2001):

a.［高质能力］

ɕaːŋ⁶　ʎiu⁵

擅长　刺绣

"擅长刺绣。"

b.［惯常倾向］

ɕaːŋ⁶　tai³

常常　哭

"常常哭。"

第三,根据笔者的考察,汉语里某个方言的助动词"会"如果有条件必然和认识或然义,那么它通常也有计划性将来、预测性将来义。这样一来,仅凭汉语的"会"难以弄清这些功能的共时蕴涵关系。不过,其他的非同源词可彰显这几个功能的关联模式。很多语言的条件必然句要用将来时制标记,例如,英语"will"、葡萄牙语"vai"、马来语"akan"、藏语[ɣdʑə]都是本语言的将来时标记,它们皆能用于条件必然句,见(12)。

(12) 藏语[ɣdʑə]:

a. [条件必然]

tɕhə wo ndə ɤjar lon na tɕə lok ɤdʑək
river this summer arrive flood happen

ɤdʑə ret
FUT. COP.

"这条河夏天会发大水。"

b. [计划性将来]

ɤzək kə ohtsa ndʑan tsok pa zel ne tsok
next Olympics Brazil LOC. hold

ɤdʑə ret
FUT. COP.

"下一届奥运会要在巴西开。"

c. [预测性将来]

nə ma tʂo ə, xha ɕə tsok zak htaŋ na
weather hot meat outside put PAST. if

ru ɤdʑə ret
rot probably will COP.

"天这么热,放外头的肉会坏的。"

汉语也有类似的情况,西南官话的"要"(笔者调查)、路桥吴语的"有"(丁健 2020)、闽语的"爱"(笔者调查)和西北方言的助词"呢""也""呀"[见(13)(14)]都是条件必然句和将来事件句的必有成分,这些词中很多是不能表认识情态义的。

(13) 陕西咸阳话"呢":

a. [条件必然] 小王年年夏天都到香港去呢。|梨吃多了拉肚子呢。

b. [计划性将来] 明儿礼堂八点有表演呢。|小王吃完饭进城呢_{吃完饭会进城}。

(14) 山西离石话"也":

a. [条件必然] 河里赶暖天咯发大水也_{这条河到夏天会发大水}。

b. [计划性将来] 小王明儿咯出差去也_{明天出差}。

因此,可构建关联路径"条件必然—计划性将来/预测性将来",排除"条件必然—认识或然"的可能性。

这里需要简介北方方言的句末助词"呢"。根据以往研究(柯理思 2009;兰宾汉 2004,2011;邢向东 2002)及笔者的调查,北方方言"呢"的主要功能是标记非完整体(imperfective),但很多方言表达某些将来事件(尤其是位移类的将来事件)往往强制用"呢",那么将来时至少是这些方言里"呢"的一种用法。语义地图的功能包括一个词尚不成熟的常见用法,所以标记将来时制可看作很多北方方言里"呢"的一个次要功能,只是该词的这个功能很受限制。

最后澄清,语义关联"预测性将来—认识或然"是由两功能的概念相似点"主观推测"推导而来,并非由语料归纳而来,因为目前所知的"会"类词,一旦有认识或然义,便都兼有条件必然、计划性将来、预测性将来的功能,无法归纳出是哪个功能直接联系认识或然。

图 8.1 是对以往的情态语义地图(图 1.11 和图 5.1)的重要补充。

从中可见,普通话"会"的多功能模式并不是情态语义地图的反例或例外,该词的能力义与表示推测的认识情态义之间没有直接的语义关联,这两个意义是以另外的情态功能"条件必然"为桥梁而存在间接的衍生关系。"会"各个功能之间的语义关联模式是跨语言的情态语义地图的一部分。

8.3 历时语义演变路径

8.3.1 五种假设

现有的恒常能力语义地图(图 8.1)可以帮助构拟汉语"会"的历时语义演变路径。"会"的历时语义演变过程在学界尚存争议,以往有四种假设。

第一种假设是"会"由能力义直接衍生出认识情态义,即语义演变路径"能力→认识情态",杨秀芳(2001)、李明(2001/2017:128)、郑萦(2003)[①]论证了这个演变假设。

第二种假设是"会"的能力义和认识情态义分别来自不同的意义,这两个意义之间没有任何的衍生关系。持这个假设的文献颇多。Chou(1998)[②],傅书灵、祝建军(2004),王鹏、马贝加(2011)均认为"会"由晓悟义衍生出能力义,即语义演变"晓悟→能力"。傅书灵、祝建军(2004)主张"会"由会合义逐步衍生出"按情理将来应当……"和"主观推测将来可能……"的意义,即语义演变"会合→情理应当→认识情

[①] 各家表述"会"的认识情态义时所用术语不同,杨秀芳(2001)称之为"形势上将如何",李明(2001)为"认识可能",郑萦(2003)为"推量/预知"。

[②] Chou(1998)认为"会"由"知晓"发展出能力义,由"适逢、恰巧"发展出"应当、必然"(即认识情态义),它的认识情态义先于能力义产生。

态"。王鹏、马贝加(2011)的意义术语略有不同,从其文意看,该文应该是主张"会"的语义演变路径为"会合→认识情态→情理应当"。

蒋绍愚(2007)代表第三种假设。该文提出,"会"的能力义和认识情态义存在前后相继的衍生关系,但这两个意义不是直接的衍生关系,而是以其他意义为中间桥梁的。蒋先生将《朱子语类》中的"会"分为如下五种。"会$_1$"表示具有发出某类动作的能力,即恒常能力义;"会$_2$"表示善于,即高质能力义;"会$_3$"表示能够做某件事,指人或生物可以发出某种具体动作,见(15),现代普通话要用"能"表达该义,它接近于本书§3.2.2界定的条件可能义。

(15) 《朱子语类》的"会$_3$":

    a. 人若读得左传熟,直是<u>会</u>趋利避害。[蒋绍愚(2007),例(37)]

    b. 古人有取于"登高能赋",这也须是敏,须是<u>会</u>说得通畅。[蒋绍愚(2007),例(39)]

蒋先生的"会$_4$"表示条件和结果之间的逻辑联系,即"S具备某种条件,就出现V/A这种结果",见(16)。

(16) 《朱子语类》的"会$_4$":

    a. 故圣人示以此理,教他恁地做,便<u>会</u>吉;如此做,便<u>会</u>凶。[蒋绍愚(2007),例(49)]

    b. 又如大黄吃着便<u>会</u>泻,附子吃着便<u>会</u>热。[蒋绍愚(2007),例(53)]

"会$_4$"所蕴含的"条件"和"结果"两个要素正对应于条件必然的特种条件和必然性;这两个要素之间的"逻辑关系"在蒋绍愚(2007)里被称为依据了普遍认同的真理,可见,这个逻辑关系反映了条件必然义蕴含的惯常属性。所以,"会$_4$"的功能相当于本书§7.3.1界定的条件必然义。蒋先生的"会$_5$"表示可能,它是说话者的主观判断,也就是普通语言学中的认识情态义。蒋先生推理出这五种意义的演变路径,如图 8.2 所示。

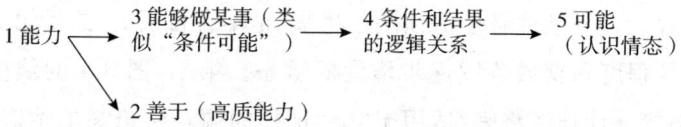

图 8.2　蒋绍愚(2007)里"会"的情态语义演变假设

第四种假设是陈振宇(2020)提出的图 8.3,它其实是兼容了傅书灵、祝建军(2004)和蒋绍愚(2007)、范晓蕾(2016)所主张的两组演变假设的不同部分。

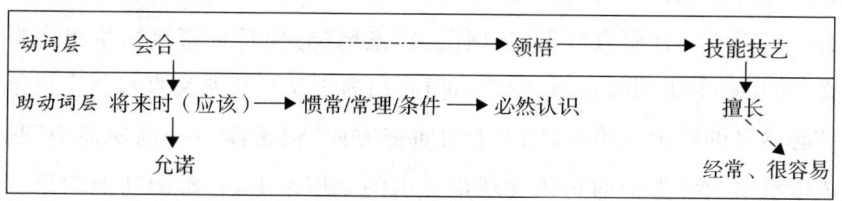

图 8.3　陈振宇(2020)里"会"的语义演变假设

图 8.3 的"会合→将来时(应该)"类似于傅书灵、祝建军(2004)构拟的演变路径"会合→情理应当",这在大格局上跟第二种假设相当。图 8.3 的"惯常/常理/条件→必然认识"相当于蒋绍愚(2007)构拟的演变路径"条件和结果的逻辑关系→可能"和范晓蕾(2016)构拟的演变路径"条件必然(惯常)→认识必然(将然性)"。图 8.3 的"技艺技能→擅长→经常、很容易"正是范晓蕾(2016)构拟的演变路径"心智能力→高质能力→惯常倾向"。

我们在图 8.1 的基础上提出第五种假设。只要将本章提出的恒常能力的语义地图加以动态化,通过共时表现拟测出关联路径的语义演变方向,就得到"会"的语义演变路径,见图 8.4。

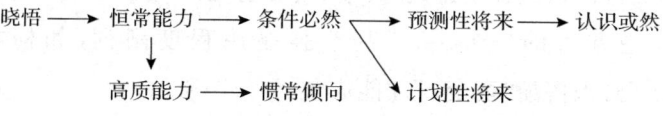

图 8.4　本书"会"的情态语义演变假设

下面简述图 8.4 里语义演变方向的理据。第一,图 8.4 的演变方向"晓悟→心智能力→条件必然→预测性将来"是不言自明的,这是语义功能的主观性程度和辖域范围逐步增大的链条。第二,图 8.4 的演变方向"条件必然→计划性将来"适用于"会"这样的源自晓悟义的情态词,因为世界语言里这类词有条件必然义的,未必有计划性将来义,由此推断计划性将来义是相对晚起的功能。不过,该演变方向不适于源自意愿义的情态词,如汉语的"要"和英语的"will",这类情态词也是兼有条件必然和计划性将来义,它们的语义演变方向应该是"计划性将来→条件必然",因为以往研究已证实,词汇义"意愿(想要)"可直接衍生出将来义(Bybee et al.1994:254—257),但我们尚未见到意愿义直接衍生出条件必然义的证据。第三,图 8.4 的演变方向"恒常能力→高质能力"是依据汉语"会"类词的句法表现推导出的。理论上,在新旧功能的衍生过程中,新功能常常是旧功能在特定的句法环境中发展出来的,这就导致新功能比旧功能受到更多的句法限制。再看,汉语的"会_{恒常能力}"句法要求很少,它无须搭配程度副词,但"会_{高质能力}"在很多方言里要强制性地搭配程度副词,呈现出更多的句法要求。由此推断,恒常能力是旧功能,高质能力义应该是晚于恒常能力义产生的新功能。第四,图 8.4 的演变方向"高质能力→惯常倾向"也是根据"会"类词的句法表现推导出的。多数方言的"会"都有恒常能力、高质能力等情态义,只有一部分吴语、赣语的"会"有惯常倾向义,也就是说,有惯常倾向义的"会"一定有其他情态义,有其他情态义的"会"未必有惯常倾向。所以,"会"的惯常倾向义应该是由它的某个情态义演变来的。再看,各个方言中"会_{高质能力}"可以搭配程度副词,吴语、赣语里"会_{惯常倾向}"常常要搭配程度副词,一些方言的"会_{惯常倾向}"甚至强制用程度副词,如柯桥话的"会_{惯常倾向}"必须搭配"蛮蛮_很"才能成句,如(17)所示。

(17) 浙江柯桥话"会":

a. [高质能力] 渠牌蛮蛮会打咯他很会打牌，每卯都赢每次都赢。
b. [惯常倾向] 盐把斧头蛮蛮会生锈咯这把斧子容易生锈。

"会高质能力"和"会惯常倾向"在句法搭配上的近似特点提示了高质能力义和惯常倾向义应该存在衍生关系，因为有衍生关系的两个功能一般可以出现在相同的句法环境下。

面对汉语"会"历时语义演变路径的五种假设，我们需要判断哪种假设更合理。理论上，衡量演变假设之优劣的标准应该是解释力，它体现在两方面：一是语义演变假设不违背有跨语言共性的语义关联模式及语义演变规律；二是语义演变假设可以解释共时上相应语法形式的用法特性。下文从这两个方面衡量五种演变假设的合理性，我们聚焦于"会"类词的核心情态义"能力"和"认识情态"的演变模式上。

8.3.2 优劣比较

汉语"会"历时语义演变路径的第一种假设"能力→认识情态"不仅异于"能""解""得"等其他能性情态词的演变模式(李明 2001/2017；段业辉 2002；Li 2003)，违背代表跨语言共性的语义地图(见§7.1)，也有悖于语义特征分析的结论。§6.2.2 已论证了能力情态和认识情态的语义相似度是很低的，(18)就展示出恒常能力的语义特征式大异于预测性将来、认识或然的语义特征式。

(18) 恒常能力和预测性将来、认识或然的语义差异巨大：
  a. 恒常能力 [动作(−话题,−主语,−时体)，实现性(懂得方式)；必然；主语状况]
  b. 预测性将来 [动作(−话题,−主语,−时体)，实现性；或然；将来时间]
  c. 认识或然 [事件(+话题,+主语,+时体)，真实性；或然]

恒常能力断言了有生物的心智属性"懂得"，这是事物的惯常属性，预测性将来和认识或然都是断言事件发生的可能性,这是陈述特定时地的具体事件,理论上这两组功能很难产生衍生关系。或有同人指出,"会"的演变路径为"恒常能力→认识情态"不是全无可能,它或许由近义词"解"的语义干扰造成,因为以往研究均认同情态词"解"的语义演变路径为"能力→条件可能→认识情态",且历时上它先于"会"发展出认识情态义(杨秀芳 2001;李明 2001/2017:128),所以与助动词"解"有相同词汇义"晓悟"的助动词"会"有可能受到引导,被"解"的强势用法"认识情态"直接吸引过去,以致跳过"条件可能"这一阶段。我们窃以为该假设有待商榷。来源义相同的两个功能词 M 和 N 在演变路线上会有重合之处,它们的演变差异一般是发展的速度和终点不同。同一语言中,功能近似的两个语法形式固然会出现相互牵制的情况。譬如,M 因 N 已发展出足够的功能而停止前进的脚步,这是经济性原则使然。但是,语言中很少见到 M 鉴于 N 已产生某个功能而出现跳跃式发展,毕竟,语义演变一般是渐变的。上述假设默认交际中有这样的情况:同一语言的使用中,人们意识到 M 和 N 有相同的功能 s1,故而用 M 去替换 N 的其他功能 s2、s3 等。这种情况是否合乎事实尚需验证。此种跳跃式演变仅被证实存在于语言接触引发的语法化中(Heine & Kuteva 2005:92、81),助动词"会"与"解"的关系显然不是语言接触的关系。退一步讲,既然"解"的认识情态义很强势,便不必再用"会"去承担认识情态的功能了,否则,同一语言系统内部的表达形式就变得很不经济。总之,将"会"的演变路径构拟为"能力→认识情态"从任何角度看都难以自圆其说。

汉语"会"历时语义演变路径的第二种假设"晓悟→能力""会合、适逢→按情理将来应当→认识情态(将来)"和第四种假设图 8.3 使得"会"在以往语义地图上的不连续性可解释为多重语法化(multi-grammaticalization)的结果,这避开了违反跨语言共性的问题。不过,这组假设的解释力仍然很有限。第一，演变路径"会合、适逢→按情理将来应当→认识情态（将来）"不能解释"会"共时上的语义特性，比如，"会"的认识情态义源于会合义为何令"会认识"偏向于表达将来事件。第二，闽语"解"、西班牙语"saber"、赛夏语"ra∶am"等非同源词与"会"在情态语义模式上很平行，而这些非同源词并没有会合义，那些词的认识情态义从何而来？而且，这些非同源词跟"会"的语义特性也有相同点，它们的认识情态功能限于表达非现实事件，它们承担条件必然功能时可以省略，这些相同的句法表现很难说是巧合。第二种假设和第四种假设无法回答上述问题。其实，"会"与"解""saber""ra∶am"等词均有晓悟义，这暗示它们应该走了相同的语义发展道路，所以最好将它们的演变过程统一看待，而不是单独解释"会"的语义演变路径。第三，丁健（2020）报道了路桥吴语里助动词"有"没有会合义或晓悟义，却有恒常能力、条件必然、预测性将来等平行于普通话"会"的一系列功能，路桥话"有"的这种多功能模式是第二种假设及第四种假设无法解释的，它恐怕只能依赖图 8.4 的演变路径"恒常能力→条件必然→预测性将来"来获得解释。第四，陈振宇（2020）（图 8.3）主张"会"的语义演变路径有"会合→将来时（绝对将来）→惯常/常理/条件（相对将来）"，但陈氏未解释构拟该路径的有效依据。比如，他未提供演变路径"会合→将来时"的语义理据或类比性旁证，而是仅凭傅书灵、祝建军、马贝加等研究阐述的概念联系作解，这便欠缺说服力。功能之间的概念联系是充满弹性的，功能 s_1、s_2、s_3 有数个可能的关联模式，语法学家往往可以对每种关联模式都阐述出有道理的概念联系，这类结论难以证伪。再如，陈氏的演变路径"惯常/常理/条件（相对将来）→必然认识"也是基于推导式的联想，即"基点的时间性质在演化：从绝对时间向相对时间转化；从个别事件的时间或个别的时间点，向任意时间点转化……"（陈振宇 2020∶25）。另一种可能的演变路径"将来时（绝对将来）→必然认识"不仅符合文献语料的情况，也符合理论推导,陈氏却未谈及排除这种可能的理由。我们认为,要证明好陈氏的演变假设,必须结合文献材料从语义特征上做精准的推导,抑或从跨语言材料中找到近似的旁证。总之,第二、第四种假设都是依据粗略的联想式推导,缺乏精确有效的理据,所得结论也仅适于"会",不能解释与之平行的其他情态词,其解释力并不够好。

我们的假设图 8.4 是基于跨语言/方言材料的语义地图推导而来,应该符合跨语言共性。而且,它符合语义特征分析的结论,见(19)。

(19) 条件必然、预测性将来衔接了恒常能力、认识或然:

  a. 恒常能力[动作(−话题,−主语,−时体),实现性(懂得方式);必然;主语状况]

  b. 条件必然[动作(−话题,−主语,−时体),实现性(规律惯常);必然;特种条件]

  c. 预测性将来[动作(−话题,−主语,−时体),实现性;或然;将来时间]

  d. 认识或然[事件(+话题,+主语,+时体),真实性;或然]

条件必然和恒常能力、预测性将来的相似度之高是显而易见的;预测性将来跟认识或然也有较高的相似度。图 8.4 还可以解释"会"及一些非同源的情态词为何呈现出相同的语法特性。汉语"会""解"和西班牙语"saber"、赛夏语"ra:am"等语法形成之所以有平行的情态义,是因为它们有相同的词源义"晓悟",这也解释了它们的能力义为何多限于恒常能力。"会""解"及马来语"akan"均是用于预测将来事件时很自由,用于推测非将来事件时就会限于否定疑问的环境,这三个词的这种用法特点应该是因为这类语法形式的预测性意义来源于条件必然义。条件必然蕴含了相对将来的时间关系,那么条件必然直接衍生出的推测性意义(广义上属于认识情态)就容易带有将来时的偏向,带将来时偏向的推测义就是预测性将来;预测性将来义进一步扩充,它发展出的较为成熟的认识情态义还是容易保留相当的非现实性,于是,这种认识情态义就很偏向于否定疑问等非现实环境。综上所述,图8.4的关联路径"恒常能力→条件必然→预测性将来→认识或然"在解释力上最好。

蒋绍愚(2007)的假设图8.2与我们的假设图8.4在很大程度上吻合(蒋氏的"会$_4$"类似于本书的"会$_{条件}$"),只是图8.2多了一环——表条件可能义的"会$_3$",换句话说,蒋先生构拟的核心演变路径是"恒常能力→条件可能→条件必然"。从(20)呈现的语义特征式上看,恒常能力和条件可能在情态强度、制约因素上皆不同,相似度不够高,那么这两个功能有语义衍生关系的可能性要较小些。

(20) 恒常能力和条件可能的相似度不够高:
  a. 恒常能力［动作$_{(-话题,-主语,-时体)}$,实现性;必然;主语状况］
  b. 条件可能［动作$_{(-话题,-主语,-时体)}$,实现性;可能;特定条件］

我们的假设图8.4里没有条件可能,是遵循语义地图的操作策略,因为笔者尚未见到有汉语方言的助动词"会"有条件可能义的,其他情态词也未见有支持"恒常能力→条件可能"的迹象。如果历史上"会"曾有条件可能义,或许是"会"的其他意义衍生出了条件可能义。从蒋文中看,《朱子语类》的"会"可以表达其他能力。(21a)的"会"表示无生物"火"的属性,它表达能力情态中的用途效能。(21b)的"会"表达"乾"具备"生物"的能力,这种能力属于生理能力,可定为特定能力。

(21)《朱子语类》的"会"表无生物之效能义:
  a. 如乌像是杀人之药,须向他道是杀人,不得说道有毒。如火,须向他道会焚灼人,不得说道只是热。[蒋绍愚(2007),例(27)]
  b. 且如乾施物,坤不应,则不能生物。既会生物,便是

动。[蒋绍愚(2007),例(28)]

这些语料表明历史上助动词"会"曾经有过其他的能力义,大概由于它跟助动词"能"及能性述补式"V得C"在用法上存在竞争关系,"会"表达特定能力义的用法仅是昙花一现。目前发现一些吴赣方言的"会"可以表达特定能力、用途效能,但该词的这种用法受到一些条件限制,还不够发达。由此推断,"会"的恒常能力义可以衍生出特定能力义,其特定能力义继而衍生出条件可能义,这种多义模式就符合我们的情态语义地图了。

陈振宇(2020)反对蒋绍愚(2007)、范晓蕾(2016)针对"会"的语义演变假设"能力→其他功能→认识情态",其重要依据是:蒋先生和笔者的假设没有古汉语文献的语料记录作支撑,而傅书灵、马贝加等人考察指出,古汉语文献里先出现"会"表示将来时、认识情态的用例,较晚才有"会"的能力义用例。陈氏由此主张"会"的语义演变路径不会是"能力→其他功能→认识情态"。陈振宇(2020:14)称"类型学只是类比推理的结果,所谓'跨语言证据'只是旁证,不能代替该现象本身的历史文献证据,后者是直接证据,只有发现的文献能够推翻以往文献中得到的结论"。这个反驳理由似乎不太合理。在演变构拟的证据效力上历史文献和跨语言材料哪个更强,学界目前并无提议或公论。谁也不能保证历史文献能完整地记录当时语言的全部状况,更不能保证所有的历史文献均能留存至今,很可能"会"的能力义曾出现于上古汉语,但相关的语料记录已经遗失。而且,当代学者对古文献的解读未必都正确,我们难免会误读文献里"会"的意义。当然,跨语言语料未必能反映所有的语言共性,每个词都有发生个性演变的可能,学者也容易误解外语材料。因此,历史文献证据和跨语言证据在证明效力上是平等的,没有哪个证据更直接的问题。

需要强调的是,我们对"会"的演变构拟持开放的态度,仅把笔者的构拟作为一说。无论哪一种演变假设,最重要的不是结论内容的对错,而是结论所依靠的证据是否充分有效。若某一种演变构拟能同时得到跨语言材料和本语言文献两种证据的支持,才是最有说服力的。上文指出陈振宇(2020)主张的图 8.3 有理据不足的问题,我们希望未来有学者为此提出足够的证据。比如,将来或有学者能找到支持图 8.3 里演变路径"会合→将来时(绝对将来)"的跨语言例证,阐释好选择演变路径"惯常/常理/条件(相对将来)→必然认识"而排除演变路径"将来时(绝对将来)→认识必然"的理据,这样便能让历史文献和跨语言材料得到共鸣,此乃笔者乐见的结果。

8.4 结语

第七章和第八章基于汉语方言、以语义地图模型为理论工具构拟了"会"类多功能词的历时演变路径,所构建的恒常能力的语义地图有待更多语料来检验。第七章涉及了特定功能词的语义分析,我们详细讨论了条件必然、预测性将来等情态概念的语义特征及其概念类属,也列明了普通话助动词"会"的能力义定位以及该词各个情态概念的语义特征式。从中可见,准确的语义分析是合理设立语义地图中功能节点的重要基础,语义地图研究可推进相应的语义分析的发展,语义地图理论与普通语义学研究是相辅相成的。第八章展示出,具体语言内的跨方言比较可以补充并丰富跨语言比较研究。本研究能够将以往的语义地图精确化源于对语义功能的细分,而之所以能做到功能细分是因为我们考察的主要对象是研究者熟知的汉语方言,有条件做到这一点。功能细分要求更高的客观条件:有充足详细的语料和较准确的语义刻画。要达到这一要求,所考察的语言一般必须是研究者熟知且易得的,这正是具体语言内的方言考察才容易做到的。不同语种之间的跨语言比较可以用于构建功能类型全面的大型语义地图,具体语言内的跨方言比较有助于揭示个别范畴里语义关联的细节,类型学研究里跨语言比较和跨方言比较是相互补充的。

第九章 语义地图的解析度及情态范畴的不对称[①]

9.1 情态语义地图的完善

在图 5.1 的能性情态语义地图和图 8.1 的恒常能力的语义地图之后,本章继续完善情态语义地图,一是将能力义的关联路径精确化,二是构建必然性情态义的关联路径。解决这两个问题后,便综合比较本书的情态语义地图和 van der Auwera & Plungian(1998)的情态语义地图,由此探讨语义地图的解析度,看一个语义地图是如何"可放可缩"的。本章的最后将讨论情态的能性范畴和必然范畴之间的联系与区别,尤其是情态语义地图里能性范畴和必然范畴同时呈现了平行的和不平行的关联模式。van der Auwera & Plungian 分析过能性范畴和必然范畴之间的语义关联及语义模糊性,受其结论的启发,我们也来观察汉语的对应情况到底如何。

9.1.1 能力义关联路径的精确化

能力情态除却特定能力、恒常能力,还能继续细分,这样就可以使能力义的关联路径进一步精确化,从而展现出更丰富的情态语义关联模式。

普通话的助动词"能"还可以表示有能力做且做得多,例句如"他很

[①] 本章的多数内容来自范晓蕾(2017b)和范晓蕾(2015)。

能吃，一顿饭吃五个馒头"，它强调动作的量多，可称之为"多量能力"。能力义情态词常常搭配程度副词来表示多量能力，不过，北京话的"能"也有不用程度副词即可表多量能力的情况，如短语"能吃能睡"表示有能力吃很多东西并睡很长时间。因此，北京话"能"的多量能力义是该词的独立功能，其多量义不完全是与之搭配的程度副词的意义，"能"自身也蕴含了这种意义①。§7.4更精确地界定了高质能力，它表示懂得如何令动作实现后的效果比普通情况更好，这个意义也是很多能力情态词的独立功能。多量能力和高质能力表达的能力比普通能力更强，可统称为"强能力"。二者的区别是，多量能力强在数量多，高质能力强在质量高。汉语里表示强能力义的情态词可以受程度副词的修饰，这是它们区别于普通能力义用法的句法特征。方言里有的情态词只有强能力义，没有普通能力义，如闽南语的助动词"势"就是如此。这些形式表现都支持多量能力和高质能力应该设立为独立功能。可见，能力情态包含了多个功能，这几种能力义的类属关系如表9.1所示。

表9.1 能力情态的下属类型

普通能力		强能力	
特定能力	恒常能力	多量能力	高质能力
他力气大得很，能举起这个箱子。	他会开汽车。	他很能吃，一顿饭吃五个馒头。	他很会说话，把固执的老头都说动了。

§8.2.2构建了语义关联"恒常能力—高质能力—惯常倾向"，其实还有与之平行的另一关联"特定能力—多量能力—惯常倾向"。汉语方言里，有特定能力义的情态词一般有多量能力义，如(1)(2)，这就很容易构建出语义关联"特定能力—多量能力"。

---

① 这部分论述回应了彭利贞教授在评审意见中对"多量能力"是否应该设立为独立功能的质疑。

(1) 香港话"V得":
　　　a. [特定能力] 你一餐食得几多碗饭_{你一顿能吃几碗饭}?
　　　b. [多量能力] 佢好食得_{他很能吃},一餐饭食到五个馒头_{一顿饭吃五个馒头}。
(2) 福建晋江话"解":
　　　a. [特定能力] 我骹肿_{脚肿},𠁞行路_{不能走路}。
　　　b. [多量能力] 伊野解食_{他很能吃},蜀顿食五个面头_{一顿饭吃五个馒头}。

多量能力是以生理状况为促成条件的,它表示因体力充足而得以做得多,是一种"强生理能力",而生理能力正属于特定能力(参见§2.4.2)。再者,一些有多量能力义的情态词还有表惯常倾向义的功能,见(3),情态词承担惯常情态义时可以受程度副词的修饰,这种句法表现与情态词表示多量能力时的表现很一致,理论上应该存在语义关联"多量能力—惯常倾向"。

(3) 山东淄川话"能":
　　　a. [特定能力] 他能举起这块石头来咋。
　　　b. [多量能力] 他挺能吃,一顿吃五个馒头。
　　　c. [惯常倾向] 这货的鱼冬天挺能死_{这种鱼冬天爱死}。｜今年可能下雨_{今年真爱下雨}。

闽语的助动词"势"无普通能力义,它只能表示多量能力和高质能力,见(4)。

(4) 福建晋江话"势[gau^{24}]":
　　　a. [高质能力] 小王真势讲话_{小王真会讲话}。
　　　b. [多量能力] 伊野势困_{他很能睡},蜀日困十二点钟_{一天睡十二个钟头}。｜伊野势食_{他很能吃},蜀顿食五个面头_{一顿吃五个馒头}。

据笔者调查,潮州话的助动词"解"和绍兴话的助动词"会"表示普通能力义时限于恒常能力,但它们的强能力义包括了高质能力和多量能力。

这些语料都提示两种强能力义存在直接关联,应该有语义关联"高质能力—多量能力"。表 9.2 展示了一些情态词的能力义状况,该表的语料可以支持上述的各个语义关联路径。

表 9.2 能力情态词的多义模式

恒常能力	高质能力	特定能力	多量能力	惯常倾向	汉语方言例词
(+)	×	+	+	×	"能"(邢台[调]、北京[调]);"V 得"(香港[调]、津市[调]);"好"(嘉兴[调])
(+)	×	+	+	+	"能"(胶州[调]、淄川[孙克敏 2011;调])
×	+	×	+	+	"势"(厦门[李荣 2002:4109]、晋江[调]、漳州[调])
+	+	×/(+)	+	+	"会"(平阳[调]、舟山[调]、义乌[调]、绍兴[调]);"会得"(嘉兴[调]、上海[调])
+	+	+	+	+	"会"(天台[调])
+	×	+	+	+	"解/会"(福清[调])
+	+	+	+	×	"解/会"(晋江[调]、无锡[调])
+	+	+	+	+	"解/会"(潮州[调])
+	+	×	×	+	"会"(邢台[调]、胶州[调]、淄博[调]);"会得"(福清[调]);"识"(香港[调]、广州[调])

9.1.2 必然性情态义的关联路径

必然性情态词的多功能模式相对简单一些,如表 9.3 所示。下面阐释这个表格的各项信息。

表 9.3 必然性情态词的多功能模式

需要	道义必要&环境必要	估价	认识必然	其他意义	汉语方言例词
×	+	+	+	×	"该"(普通话[调]、哈尔滨[调]、邢台[调]、重庆[调]、广州[调])

第九章 语义地图的解析度及情态范畴的不对称

续表

×	+	×	+	道义许可	"V 得著 O 了"(白流江[莫超 2004:167])
+	+	×	+	×	"得"(北京[调]、济南[李荣 2002:3875]、邢台[调]、牟平[李荣 2002:3875]、西安[伍永尚 2007:268]、南京[李荣 2002:3875])
+	+	×	×	意愿	"要"(普通话[调]、绍兴[调]、上海[调])
×	+	×	×	合适的	"载得"(涟源[陈晖 1999:217]);"载啊"(衡山[彭泽润 1999:240]);"在得"(常德[郑庆君 1999:218]);"债得"(益阳[崔振华 1998:210])
×	×	+	×	道义许可	"好"(上海[钱乃荣 1997:125,130]、绍兴[调]、杭州[调]);"V 得了"(武乡[柯理思 1995,2000a]、平遥[调]、昌黎[调])

首先,在我们的语料里,道义必要、环境必要两个功能都是编码为一个语法形式的,语义关联"道义必要—环境必要"是不言自明的。其次,有道义必要、环境必要义的很多情态词兼有认识必然义,典型的例词是普通话的"应该",见(5),这就支持了语义关联"{道义必要—环境必要}—认识必然"。

(5) 普通话"应该":

    a.[道义必要]我们应该说真话。

    b.[环境必要]感冒了应该多喝水。

    c.[认识必然]他应该已经考上大学了。

    d.[估价]这桩生意很赚钱,应该做。

最后,有道义必要、环境必要义的情态词往往还能表达估价义,如(6),于是有语义关联"{道义必要—环境必要}—估价"。

(6) 常德话"在得":

    a.[道义必要]小伢不听话就在得打_{孩子不听话就应该打}。(郑庆君 1999:218)

b. [估价] 你在得么得好东西哟_{你配有这么好的东西吗}？（郑庆君 1999:218）

这里还有两点需要解释。第一，严格来讲，道义必要、环境必要不是符合语义地图模型"基元性"标准的功能节点，因为在我们的语料里未见有词形区别这两种必要义，二者只是理论上可能的功能节点。第二，表 9.3 的"需要"就是 van der Auwera & Plungian(1998)的参与者内在必然义，普通话的动词"需要"和助动词"得"都有这个意义，例句如"张三需要/得每晚睡十小时"。

进一步看，表 9.4 的语料显示，表示认识必然、预测性将来的情态词都能用于表达承诺决意义。

表 9.4 认识情态词和承诺决意

认识必然	承诺决意	预测性将来	其他	汉语方言例词
+	+	×	×	"一定"和"肯定"（北京[调]）；"准起"和"准定"（徐州[李申 1985;267]）；"准"和"管保"（洛阳[李荣 2002;3360]）、邢台[调]）；"固定"和"稳定"（泉州[调][林连通 1993;239]）
×	+	+	条件必然	"会"（北京[调]、邢台[调]、绍兴[调]、宁波[阮桂君 2006;§3.6]、杭州[调]、香港[调][张洪年 1972;99、149、173、182]）；"会得"（上海[钱乃荣 1997;129—131]）
×	+	+	条件必然、必要、许可	"解/会"（福清[冯爱珍 1998;调]、福州[陈泽平 1997;176]、厦门[李荣 2002;4902]、漳州[陈正统 2007;203]、泉州[调][林连通 1993;260]）；"得"（洞口[胡云晚 2005]）
×	—	—	条件必然 & 必要	"得"（重庆[杨月蓉 2006]、武汉[李荣 2002;3875]、成都[张一舟等 2001;377]、潜江[调]）
×	—	+	流行、许可	"作兴"（江苏金坛[调]、盐城[调]）

比如，普通话的助动词"会"和副词"一定"都能表达承诺决意[参见谢佳玲（2002;89）、彭利贞（2007;142、160）]。普通话的句子"请放心，我会

照顾好你的孩子的"""我一定把这事办好"就代表"会""一定"表示承诺决意的用法。汉语方言里的情态词也是如此,见(7)。

(7) 徐州话"准起":

　　a.〔认识必然〕你问他去,他准起知道。(李申 1985:267)

　　b.〔承诺决意〕放心吧,我准起叫你满意。(李申 1985:267)

Palmer(2001:72)把承诺决意归为道义情态的一种,它指说话人对自己施加的指令,即道义来源和道义目标重合为说话人的情态义就是承诺决意。汉语里,一个情态词用来表达承诺决意的功能被多数学者看作情态词的一种用法义。譬如,谢佳玲(2002:89)将"会"用作表达承诺决意的情况(例句如"我们会考第一名的")称为"保证用法",并提出,"会"本身不具有保证的语义内涵,保证用法只是该词预测意义(即本书§7.3.3 的"预测性将来"功能)的一种引申意涵。但按照语义地图的操作原理,既然表示承诺决意是一批情态词的常见用法,那么这种用法就可以看作情态词的一种语义功能。根据表 9.4 的多功能模式,可构建语义关联"认识必然—承诺决意"。值得注意的是,情态词的承诺决意义跟它的认识情态义在句法表现上很一致。例如,重庆话的助动词"得"、武汉话的助动词"得"表示预测性将来(广义上属于"认识必然")时只能用否定式,这些助动词表示承诺决意义时也是限于否定式,见(8)。

(8) 重庆话"不得":

　　a.〔预测性将来〕出太阳了_{出太阳了},不得冷了_{不会冷了}。(杨月蓉 2006)

　　b.〔承诺决意〕我不得把车给你骑坏_{我不会把你的车骑坏的}。(杨月蓉 2006)

再看,根据胡云晚(2005)的语料,湖南洞口话的助动词"得"表示预测性将来义时可以用肯定式,该词表示承诺决意义时也可以用肯定式。(7)(8)这两组语料就进一步佐证了语义关联"认识必然—承诺决意"。

汉语方言中,表示认识必然义的情态词若跟评判必要义的情态词连用,这种情态词组合就表示高强度的评判必要义,例如"你<u>一定</u>得通过这个考试才能入学",那么,其中的认识情态词"一定"并不表示推断,而是加强了评判情态义的强度,是一种"强调"义,"一定"类副词的这个强调义仅限于跟评判情态词的连用中,见(9)(10)。更多的例词见表9.5。

(9) 北京话"一定":

  a. [强调] 你一定要完成任务!

  b. [认识必然] 他没来上学,一定是病了。

(10) 福建泉州话"固定":

  a. [强调] 伊固定着通过即个考试_{他一定要通过这个考试}。

  b. [认识必然] 伊迄满固定伫办公室咧_{他那时一定在办公室}。

  (调;林连通 1993)

表 9.5 认识情态词和强语气义

揣测问	反问	强调	认识必然	其他意义	方言情态词(例词)
×	×	+	+	稳固/必要	"一定"(北京[调]、邢台[调]、重庆[调]、香港[调]);"固定"和"稳定"(泉州[调],林连通 1993:239);"好"(天台[戴昭铭 2006:124])
×	+	+	×	疑问、符合	"果"(吕四[卢令元 2007:162]);"可是的"(蒙城[胡利华 2008]);"可"(扬州[李荣 2002:887]、苏州[李荣 2002:887])
×	+	+	×	认识盖然/符合	"解/会"(福清[调]、福州[陈泽平 1997:176]、汕头[调]);"可"(娄烦[郭校珍 2008:49—51]、张宪平等 2005]、平遥[郭校珍 2008:49—51])
+	+	+	×	不许可	"莫"(吉首[李启群 2002:210]、常德[易亚新 2007:204])

续表

| + | + | + | × | 许可（一） | "敢"（娄烦[调;郭校珍 2008:43]、李会荣 2008;张宪平等 2005]、平遥[调;郭校珍 2008:43]、志丹[王鹏翔 2009]、台湾闽语[杨秀芳 1991:252,257]、厦门[周长楫 2006:384]）;"敢是"（郯城[邵燕梅 2005:204]） |
| + | + | × | + | （空） |

普通话的情态词连用式"一定要""一定得"的表义状况令我们对普通话副词"必须"的历史产生过程做出这样的猜测：当代的合成词"必须"最初是一个词组，历史上"必+须"的连用式跟当代的词组"一定要""一定得"是机制相似的，即认识必然义的"必"和评判必要义的"须"组合起来表达强度更高的评判必要义。认识情态的语义辖域大于评判情态，按理来说，组合式"认识情态词+评判情态词"应该在整体上是认识情态义，但为何该组合是表示评判情态义呢？这大概是因为直接表达对他人的指令显得生硬，说话人出于礼貌就用表示推断的形式来委婉地传达指令，于是在表达指令的评判情态词之前加认识情态词。如此一来，这个组合式虽然是表示认识情态义的形式，但语用目的是表达评判情态的意义。这样，认识必然义的情态词也就在这种组合中衍生出强调义，由此促成了语义关联"认识必然—强调"。不过，也有认识必然义的副词跟评判必要义的情态词连用后在整体上表示认识情态义的，如"肯定要""肯定得"等词组只能表达"规范上需要……是推断上必然的状况"，例句有"他闯了红灯，肯定要/得交罚款的"。可见，各种形式的"认识必然词+评判必要词"在表义状况上究竟如何，是需要考察的问题。

很多反问义副词也有强调的功能，例证见（11）（12）（13）。

  （11） 山西平遥话"敢"：

    a. [反问] 这敢不是你要出的来[这不是你要出去来着]，咋又回来啦[怎么又回来]？（郭校珍 2008:43）

b. [强调] 兀人敢可是一个好人么。（郭校珍 2008:44—45）

(12) 湖南吉首话"莫"：

  a. [反问] 你莫西该像仲蒙的_{你难道应该像这么着}？（伍云姬 2007:220）

  b. [强调] 你莫快去抬_{你快去抬}！（伍云姬 2007:220）

(13) 江苏吕四话"果"：

  a. [反问] 果作兴盖盖大声小喊对大人_{怎么可以对大人大声喊叫呢}？（卢今元 2007:448）

  b. [强调] 你家丫头考到复旦大学作_{你家女儿考上复旦大学了}，你果要开心杀仔_{你肯定要开心死了}。（卢今元 2007:446）

这些兼有反问和强调义的情态词虽然兼有其他意义，但这些意义复杂多样，没有一个是这些词共有的，由此可以构建语义关联"反问—强调"。

9.2 语义地图的解析度

结合第五章里能性情态的语义地图（图5.1）、第八章里恒常能力的语义地图（图8.1）和本章的各个语义关联路径，我们可构建一个相对完整的情态语义地图，见图9.1。下面就将该图与 van der Auwera & Plungian(1998)语义地图（图1.11）的相应部分作比较。

图9.1 跟 van der Auwera & Plungian 的情态语义关联极为不同，主要是两图的核心情态义是不同的，简洁起见，我们只讨论牵涉能力义的语义关联（简称"能力义的语义地图"），如表9.6所示。

第九章 语义地图的解析度及情态范畴的不对称 305

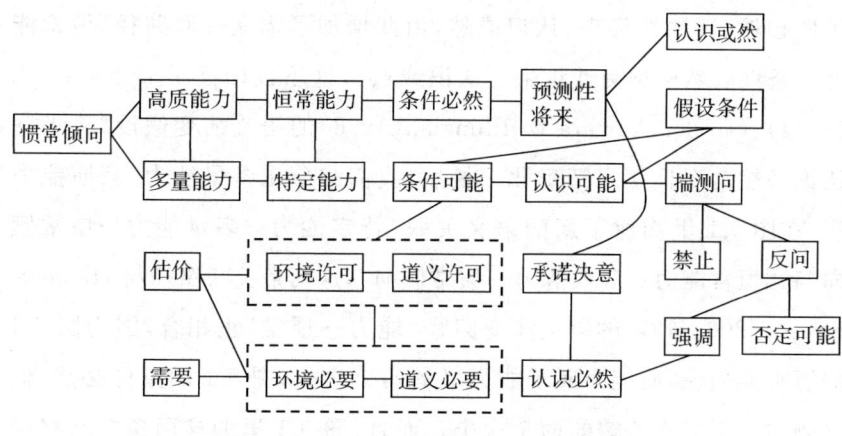

图 9.1 基于汉语方言的情态语义地图(总图)

表 9.6 "图 1.11→图 9.1"里能力义关联路径的精确化过程

情态语义功能的细分	情态语义关联的精确化	排除的语义关联
参与者内在可能 图5.2 = 特定能力 图5.1 + 恒常能力 图5.1	图 5.2 的"参与者内在可能—参与者外在可能—认识可能" 图 5.1 的"特定能力—条件可能—认识可能"	*"特定能力/恒常能力—环境许可" *"环境许可—认识可能"
增加"条件必然""认识或然"等	构建新的关联路径"恒常能力—条件必然—预测性将来—认识盖然"	
增加"多量能力""高质能力"	构建新的关联路径"特定能力—多量能力—惯常倾向"和"恒常能力—高质能力—惯常倾向"	

首先,van der Auwera & Plungian 的"参与者内在可能"被我们分为特定能力、恒常能力,van der Auwera & Plungian 的"参与者外在可能"被我们分为条件可能、环境许可。由此,图 1.11 的关联路径"参与者内在可能—参与者外在可能—认识可能"在图 9.1 里不仅被细化为关联路径"特定能力—条件可能—认识可能",同时排除了两种关联模式:一是图 9.1 里两种能力义与环境许可义没有直接关联;二是图 9.1 里环境许可义与认识可能义没有直接关联。其次,我们另设三个情态义——

条件必然、预测性将来、认识或然,由此增加了语义关联路径"恒常能力—条件必然—预测性将来—认识或然",这不仅印证了 Bybee et al. (1994)、van der Auwera & Plungian(1998)的语义演变假设"将来→认识必然",而且使之精确化。最后,我们细分出多量能力、高质能力后,在图9.1里构建了新的语义关联"特定能力—多量能力—惯常倾向"和"恒常能力—高质能力—惯常倾向",这两条关联路径与 Heine & Kuteva(2002:187)的语义演变路径"能力→惯常"正相合,因为图9.1的恒常能力、高质能力属于能力义的两个次类,图9.1的条件必然、惯常倾向属于惯常范畴的两个次类。而且,图9.1里的这两条关联路径比 Heine & Kuteva 的"能力→惯常"更为细化,精确度有提高。总之,图9.1的语义关联模式更为细化,可以解释或预测更多的语言现象,这归功于我们对功能的细分。

图9.1和图1.11存在很多一致性,符合图9.1的情态词也能通过图1.11的模式。例如,普通话的助动词"可以"在图1.11里覆盖了参与者内在可能、参与者外在可能、道义可能三个功能,在图9.1里则覆盖了特定能力、条件可能、环境许可和道义许可四个功能(表9.7)。

表 9.7 普通话"可以"的功能:

图 1.11 的功能	例句	图 9.1 的功能
参与者内在可能	他力气很大,可以举起这块石头。	特定能力
非道义的参与者外在可能	门锁坏了,犯人可以逃跑了。	条件可能
	去香山,你可以坐331路汽车。	环境许可
道义可能	楼道里可以抽烟,但教室里不可以。	道义许可

"可以"的各个功能在图9.1和图1.11里都形成了连续区域,符合语义地图连续性假设。这是因为图9.1细化了图1.11的一些语义关联路径,并未改变概念范畴之间的基本关联模式。可见,概括的语义地图和

细化的语义地图对功能的细分度不同,所反映的语义关联模式的精细度不同,但往往并无对错之分。语义关联模式的精细度就是语义地图的解析度(resolution)。构建某个概念范畴的语义地图,如果划分的功能节点越多,所构建的关联路径越具体,那么这个语义地图的解析度就越高。在情态语义关联模式上,图9.1的解析度要高于图1.11。

从图1.11到图9.1显示出,不断扩大语料考察范围,将现有的语义功能细分为更小的语义功能,现有的语义地图可以不断细化,一维的关联路径有潜力扩展为一个包含更多功能节点的二维的语义地图。这样看来,语义地图可以看作一个层级性系统,关联模式简约的"概括性语义地图"蕴含了功能节点更多、关联模式复杂的"细化语义地图"。概括性语义地图显示的是概念范畴之间的大致关联模式,细化的语义地图可显示概念范畴之间语义关联的具体细节,有更强的预测力和解释力。语义地图的概括程度与细化程度就是它的不同解析度。

语义地图的解析度源于对语义功能的细分度。人类认知中的原型范畴(prototypical category)应该是最容易被语言用特定形式编码的概念,它们被多数语言从形式上区分出来,所以语义地图中的功能节点常常是这些原型范畴的概念。不过,原型范畴之上有上位的语义范畴,之下有更具体的下位概念,有的语言从形式上只区分到了某个原型范畴的上位语义范畴,有的语言还可能将这个原型范畴的次类概念也编码为特定形式。de Haan(2004)对概念空间上的语义功能提出基元性要求:如果两个近似相关的意义/用法 s1 和 s2 在某个语言里用两个或更多的语法形式去负载,就必须将 s1 和 s2 设立为两个功能,不能合并为一个功能 s。但是,这种要求在实际操作中难以贯彻,张敏(2010)就谈到,语义地图研究里违反基元性要求的例子随处可见。事实上,这个要求在理论上也很难成立。首先,实际操作上跨语言考察不可能穷尽世界上所有的语言,很难说根据目前语料划分出的语义功能是语言里真正的基元性概念。第二，即使穷尽世界上现有的语言，也无法知道历史上已死去的语言和未来要产生的语言会是怎样的状况，很可能这些未知的语言会从编码形式上将现有的基元性概念继续细分。那么，很多语义功能都存在潜在的可分性，很多语义关联路径都有潜在的扩展性。语义地图里现有的功能节点细化为数个节点，从而扩展为一个功能范畴，这在理论上是顺理成章的。如此看来，de Haan 的基元性要求几乎失效。功能的基元性是相对的，受限于所考察的语料，它不该是语义地图的硬性要求，只能作为一个利于操作的试验性标准。在研究中，既要追求高度细分的语义功能，也要接受较为概括的语义功能，这要视研究的实际情况而定。

倘若不再把功能的基元性当成硬性要求，语义地图就可以有不同的解析度。有些语言在形式上对功能的区分较粗略，用低解析度的语义地图解释即可；有些语言对功能的区分较细致，必须用高解析度的语义地图来解释。不同解析度的语义地图并无对错之别，它们相互之间往往是一致的，只是它们所呈现的语义关联存在精确度的差异。这正如像素大小不同的照相机所拍摄的照片一样，它们映射现实景物的清晰度有不同，但所勾勒的基本模式很一致。所以，不同解析度的语义地图应该可以相互转化，语义地图是可放可缩的。由图 A 转化为图 B 未必是对图 A 的推翻或修正，而是因研究需要改变了观察的距离，两个图所反映的语言真相是相同的，具体表现是：某语法形式若符合低解析度的语义地图，一般也符合高解析度的语义地图。比如，图 1.11 的情态语义地图与图 9.1 的情态语义地图是不同的解析度，这两个图在情态语义关联模式上并无冲突。英语的各个情态词既不区分条件可能和条件许可，也不区分特定能力和恒常能力，它们用图 1.11 即可解释；同时，这些情态词也能通过图 9.1 的检验，高解析度的语义地图对功能不加细分的语言来说是不会失去预测力的。

不过,低解析度的语义地图未必能解释高解析度的语义地图可以解释的现象。例如,闽语的助动词"解"跟其他方言的助动词"会"的情态义都来自动词义"晓悟",它们有一系列平行的功能,但有一个明显区别:部分闽方言的"解"有道义许可义,如(14)所示,而多数方言的"会"不涉及评判情态义,无道义许可义(如普通话里"*楼道里会可以抽烟吗?"不合法)。为何"解"能衍生出许可义呢? 这应非偶然。

(14) 闽语"解"表道义许可:

　　a.〈福清〉□[tsy³²]侬囝遘二十岁□[tsiaʔ²]解结婚(法律规定)女子到了20岁才可以结婚。

　　b.〈晋江〉学生解点熏得燴(按学校规定)学生可以不可以抽烟?

图 9.1 对能力情态做了细分,它区分出恒常能力和特定能力,便可解释闽语"解"和其他方言"会"的功能差异。其他方言的"会"的能力义功能限于恒常能力,没有特定能力义。闽语的"解"则不同,除了恒常能力,还有特定能力义,见(15)(16)。

(15) 福建福清话"解"兼表特定能力和条件可能义:

　　a.[恒常能力]伊解开汽车他会开汽车。

　　b.[特定能力]我骹肿脚肿,燴行路不能走路。|伊解跑五千米他能跑五千米。

　　c.[条件可能]坐331号车坐331路车,汝就解遘香山你就可以到香山。

(16) 福建晋江话"解"兼表特定能力和条件可能义:

　　a.[恒常能力]伊解写批他会写对联。

　　b.[特定能力]棉花解织布得棉花可以织布。

　　c.[条件可能]剩十分钟了!坐出租车去,还解赴能赶到。

也就是说,闽语的"解"囊括了能力情态的所有意义,那该词就可以遵循图 9.1 里的语义演变路径"特定能力→条件可能→{环境许可—道义许可}"而发展出许可义。总之,"解"的能力义包含特定能力义是它衍生出许可义的关键。这个现象是图1.11解释不了的,正显示出图9.1较强的解释力。高解析度的语义地图在预测力和解释力上是很强的,是我们研究的一个追求。

在具体研究实践中,功能的分合状况、语义地图解析度的高低要视具体课题而定。功能细分需要充足详细的语料,最好是研究者熟知的语言。若语料考察范围是跨语言,尤其是跨语种的,这往往要处理大量的参差不齐的语料,在这种情况下就不宜过分追求功能细分,因为很难做到较准确的语义分析。如果语料考察范围是同一语言内的各方言,这种情况下一般会便于调查得到充足的材料,加上这种语言是研究者熟知的语言,那么就有条件做较为精细的语义分析,研究者可以适当进行功能细分。功能的细分度、语义地图的解析度会因语料考察的具体情况而变。类型学研究里,跨语种的跨语言考察、某一语言内的跨方言考察、数个特定词形的详尽考察,这三个层面的比较在功能细分的可行性上很不同,但它们是互补的,由不同层次的语料得出的不同解析度的语义地图皆有其作用。跨语言考察囊括的语种范围及语言类型较广,涉及的语言状况多样,可构建概括性高的大型语义地图,它的解析度或许较低,却可展示最为全面多样的语义关联模式。例如,基于跨语言语料的情态语义地图图1.11里有几条"情态义—后情态义"的关联路径就未在汉语中找到证据,它们只有通过考察类型不同的多种语言方能得出。某具体语言内的方言考察以及数个特定词形的详尽考察可以构建高解析度的微型语义地图,它展示的语义关联路径也许不够全面,却往往可揭示某个具体概念范畴内语义关联的详情,提高语义地图的预测力和解释力。比如,由汉语方言考察得出的情态语义地图图9.1就将以往一些依靠世界语言材料得出的语义关联路径不断细化,从而解释更多的语言现象。

可见,汉语研究者有必要将语言类型学的方法引入到汉语的个案研究中。采用类型学的方法研究具体语言有两个优点。第一,反映跨语言共性的模式有助于解释具体语言中的个别现象,验证单纯据具体语言分析得出的结论。第二,基于某一语言内的跨方言考察有条件对语义及形式等做更细致的分析,得出精确度较高的语言规律,它有助于揭示由跨语言材料得出的语言共性模式背后是怎样复杂的情况,使之有更强的支撑。这是基于具体语言的语义地图对跨语言语义地图的一个贡献。或有学者提出质疑,本书的语义地图在区分情态语义功能时主要凭借汉语方言的材料,基本未涉及其他语言,所得的结论就难免要打些折扣。事实上,细分语义功能经常要依赖同一语言内的不同方言材料。首先,功能细分要求更高的客观条件,它需要有充足而详细的语料和较准确的语义分析。要达到这一要求,所考察的语言必须是研究者熟知且易得的,这正是具体语言内的方言考察才容易做到的。其次,只要各个语法形式的多功能模式存在足够大的差异,基于同一语言内的语义地图在理论和实践上都能反映跨语言共性(张敏 2010)。

  各个概念范畴的语义地图都存在解析度的问题,但不同概念范畴的语义地图在解析度上的表现很不同。比如,格(case)是个主观性较低的概念范畴,内部概念的边界很清楚,在各语言里类型差异不太大,如何设立功能节点不是个太难的问题,语义地图的解析度在这种概念范畴里是容易处理的。相反,情态是个主观性较高的概念范畴,内部概念的边界模糊,在各语言里类型差异较大,它难以有一个跨语言统一的类型系统,因此,怎样合适地进行功能分合就是情态语义地图必须面对的问题,解析度对于情态语义地图有很重要的作用,能否处理好这个问题关系着构图的准确性。

9.3 语义地图的表征方式

面对功能的细分及语义地图随之的细化,如何很好地表征解析度不同的语义关联模式,怎样使概括的语义地图与细化的语义地图衔接起来呢?我们认为,两者衔接的方式是要界定一套新的语义地图表征方式,使得细化的语义地图可反映概括的语义地图,令不同解析度的语义地图可相互转化,在实际操作中变得"可放可缩"。

我们认为,语义地图里有必要界定两种"功能":功能节点(functional node)和功能集①(functional set)。功能节点是语义地图里最小的概念元素,它是基于现有语料划分出的基元性功能。若两个概念在部分语言里有形式上的区分,那么它们就有资格设立为两个独立的功能节点。一个特殊的情况是:很多语言在形式上区分出概念 A1,也在形式上区分出 A1 的上位概念范畴 A,但未见这些语言从形式上区分出 A 的另一下位概念 A2(A2=A－A1)。当遇到这种情况,可将 A1 和 A2 都设为独立的功能,A 设为二者的上位功能集。图 9.1 里的环境许可和道义许可就属于这种情况。汉语方言里有的情态词仅表示道义许可,不能表示环境许可,如(17)所示,所以道义许可应该是一个独立的功能。

(17) 情态词仅有道义许可、无环境许可义:
    a. [北京话"许"(用否定式)] 你不许说脏话!
    b. [河北邢台话"叫"(用否定式)] 屋里头不叫抽烟。
    c. [陕西神木话"敢"(用否定式)] 不敢抓电灯 _{不要抓电灯!}

---

① 我们所说的"功能集"的"集"不是数学意义的"集",其元素(内部成员)不是任意的或无限的,而是具有共同的核心性质且成员的数量有限,且各元素之间有横向的关系。严格而言,我们的"功能集"相当于"概念范畴"(category)。

(邢向东 2002:553)

但目前发现,有环境许可义的情态词一般也有道义许可义,没有哪个情态词单独编码了环境许可义而无道义许可义的。鉴于道义许可义已经独立为一个功能节点,那么环境许可义也就设立为一个独立的功能,两者就组成了一个功能集"评判许可"。功能集一般是由若干功能节点组合成的外延较大的语义功能,它是这些功能节点的上位概念范畴。若干功能集也可以组合成更大的功能集。这样,语义地图中的"功能"就有层级性的类属关系。哪些功能节点可以组成一个功能集呢?这涉及将哪些功能节点可以归为同一个上位概念范畴的问题。这里有一个显性的形式依据:在语义地图里相互关联而组成连续区域的若干功能节点才有资格组成一个功能集;若这些相互关联的功能节点用同一形式负载的情况在跨语言范围里高频出现,那么这些功能节点就适合组成一个功能集。但界定功能集并不能完全以此形式依据为标准。将哪些相互关联的功能节点组成一个功能集,这在很多时候还需要依赖语义分析。比如,条件可能与特定能力、环境许可皆有直接关联,参考§3.3.2里这三个功能的语义特征式,条件可能和特定能力都断言了动作的可实现性,它们是语义相似度更高的两个功能节点,可以合并为一个功能集"潜力情态"。

上述形式依据也不是界定功能集的必要条件,有些功能集的界定要纯粹依赖语义分析。在后一种情况里,一般根据概念内部特征的相似性将数个功能节点归为同一个上位概念范畴,即使这些功能节点在语义地图里不构成连续区域,它们也可以组成一个功能集。例如,目前未见有证据支持语义关联"认识可能—认识必然",但这当中的两个功能节点无疑都属于"认识情态"这个上位范畴,两者自然可组成一个功能集。再如,图9.1的条件可能和条件必然虽未证实有直接关联,但在语义特征上相似度很高,这两个功能的显著差异只在情态强度上,因此，可将二者归为同一上位概念范畴——组成功能集"条件情态"。我们将下属的功能节点组成连续区域的功能集称为"实功能集"（如图9.2的功能集 B 和 C）；将下属的功能节点不相关联、未组成连续区域的功能集称为"虚功能集"（如图9.2 的功能集 A）。

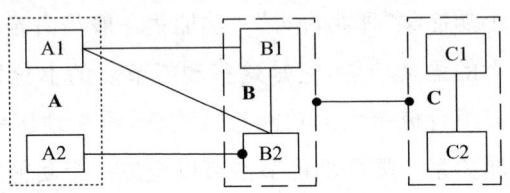

【图解】实线框标识的 A1、A2、B1、B2、C1、C2 是功能节点，虚线框标识的 A、B、C 是功能集。

图 9.2　语义地图里功能节点、功能集之间关联的表征示意图

功能集既可以与功能节点有关联（如图 9.2 里"B—A2"），也可以与功能集有关联（如图 9.2 里"B—C"）；功能节点也是如此。但是，只有实功能集方可与其他的功能建立关联，即与其他功能有语义关联的功能集必须是语义地图里的连续区域。并非所有的实功能集都有必要与其他功能建立起直接关联。在严格依据语料的前提下，某个实功能集倘若必须与其他功能建立起关联，这个实功能集就与传统的经典语义地图里功能节点的性质相当，我们将这种实功能集称为"节点性功能集"，如图 9.1 中的关联路径"{道义许可—环境许可}"。注意，节点性功能集不是封闭的，其下属的功能节点亦可与功能集之外的功能发生直接关联，比如，图 9.1 里的环境许可是"评判许可"的下属节点，它仍与估价义存在直接关联。

图 9.1 涉及了将功能集与功能节点建立关联的情况，即关联路径"{环境许可—道义许可}评判许可—条件可能"的情况。之所以如此构建关联路径，完全是依据语料的实际情况。环境许可和道义许可是两个功能节点，两者组成的功能集"评判许可"与条件可能有直接关联，但环境许可义、道义许可义各自与条件可能义不存在直接的关联。构建这

样一个关联路径有三个原因。第一,有方言将环境许可、道义许可在形式上区分开,这两个概念就各自设为独立的功能节点。第二,语言里环境许可和道义许可经常由同一形式负载,这表明二者有直接关联"环境许可—道义许可"。第三,当构建这两个许可义与条件可能的关联时,发现语料里有条件可能义及其中一个许可义的情态词都有另一许可义,无法确定条件可能到底与哪一个许可义存在直接关联。在这种情况下,条件可能义不宜与任何一个许可义单独地建立起关联,而应该将环境许可和道义许可组合而成的上位功能集"评判许可"与条件可能义建立起关联,评判许可就属于节点性实功能集。也就是说,若语料出现如表 9.8 所示的多义模式,就最好将 B1、B2 都设为独立的功能节点,并将二者组合为功能集 B,功能 A 与 B 建立起直接关联"A—B",但 A 与 B1 或 B2 都不存在直接关联(*A—B1,*A—B2)。这就属于某个实功能集必须与其他功能建立语义关联的情况,这个情况里的 B 就是名副其实的节点性功能集①。

表 9.8　建立语义关联"A—(B1—B2)$_B$"的语料依据

语料中的多义词	功能 A	上位功能范畴 B	
		功能 B1	功能 B2
有例词	＋	＋	＋
有例词	×	＋	＋
有例词	×	＋	×
有例词	×	×	＋
有例词	＋	×	×
无例词	＋	＋	×
无例词	＋	×	＋

① 节点性功能集和其他功能的关联是依据现有语料的实际情况而构建的,但或许以后会发现新语料可以确定功能集里哪个下属功能与另一功能有直接关联。倘若找到这样的语料证据,届时可对语义关联路径再做修正,将节点性功能集的关联改为其下属功能的关联。譬如,在表 9.8 所示的功能 A、B1 及 B2 的同形模式之外,有新语料显示有词形是兼有功能 A 和 B1 而无 B2 的,则可将关联"A—B"修正为"A—B1",从而排除"A—B2"。总之,我们构建语义关联路径必须依据语料证据。

如此一来,在语义地图中会遇到三种关联路径:两个功能节点之间的关联,功能集与功能节点之间的关联,两个功能集之间的关联。那么,在语义地图里如何从形式上清楚地表征这些不同类型的关联路径呢?这是以往的语义地图研究未充分讨论的问题。van der Auwera & Plungian(1998)的情态语义地图(图 1.11)已涉及了功能集与功能节点的关联的表征方式。比如,在图 1.11 的语义关联"参与者外在可能—道义可能"里,相套叠的大圆圈和小圆圈表示两个功能之间的上下位关系——也就是我们界定的功能集和其下属的功能节点的关系,上位功能"参与者外在可能"和下位功能"道义可能"构成一个有包含关系的大节点。不过,这种表征方式有一些缺陷。首先,它使相套叠的两个功能跟其他功能的衍生关系不那么清楚,会令读者产生歧义性的理解。一种理解是,某个功能 X 如果跟一个上位的语义功能 Y 存在直接关联,那么 X 就跟 Y 下属的语义功能 Y1 也存在直接关联。在这种理解里,图 1.11 的"参与者内在可能—参与者外在可能—认识可能"蕴含"参与者内在可能—道义可能—认识可能"[参见 de Schepper & Zwarts(2009)]。另一种理解是,某个功能 X 如果与一个上位的语义功能 Y 存在关联,但 X 没有与 Y 下属的语义功能 Y1 出现实线相连,那么 X 与下属的语义功能 Y1 不存在直接关联。在这种理解里,图 1.11 的"参与者内在可能—参与者外在可能—认识可能"不蕴含关联路径"参与者内在可能—道义可能—认识可能"。到底哪一种理解方式对呢? van der Auwera & Plungian(1998)一文并未交代。显然,这种表征方式未将功能集和功能节点的差异显示出来,不能清楚地表征不同类型的语义关联。其次,在表征方式上图 1.11 没有同等处理各个语义功能。比如,概念"非道义的参与者外在可能"与道义可能一样是参与者外在可能的下位功能,图 1.11 中的演变路径"参与者外在可能→道义可能"事实上就是参与者外在可能丢失了"非道义的参与者外在可能"这一功能,但是,van der Auwera & Plungian 未将这个功能在图上用圆圈标识出来,这就有所不妥。原则上,如果在图中标识了某个功能的一个下位功能,那么也应该将它的其他下位功能标识出来。尽管"非道义的参与者外在可能"是参与者外在可能里的非典型成员,但它在功能的类属关系上与"道义可能"地位平等,理应在语义地图里被同等对待。而且,图 1.11 未标识"非道义的参与者外在可能"使这一功能与其他功能的语义关联不能得到彰显,语义地图未能传达足够的信息。第三,相套叠的两个功能是上下位关系,即包孕关系,二者的联系是天然的,语义地图中两个功能相互套叠的位置关系已经显示了它们的关联,但 van der Auwera & Plungian 的情态语义地图(图 1.11)又在其中添加了关联线,其演变路径"参与者外在可能→道义可能"就是这种情况,这虽然可以表征语义的专指化,但加上这条关联线并没有提高地图的预测力,显然是多余之举;而且,这种涉及功能套叠的语义关联路径不似其他相互独立的功能之间的衍生关系,这就不宜再用同样的关联线来标识了。综上所述,van der Auwera & Plungian(1998)语义地图的表征方式需要修正。

我们在界定了功能节点和功能集等基本概念后,设计了一种新的表征方式,以弥补传统语义地图表征关联路径的不足之处。新表征方式的原则如下:

(一)功能节点用实线框表示,功能集用虚线框表示。

(二)用长虚线框表示节点性功能集(图 9.2 中功能集 B 和 C),这种虚线框在语义地图里是不可取消的;用短虚线框表示非节点性功能集(图 9.2 中功能集 A),这种虚线框是可取消的。

(三)语义关联路径用实线表示,可称为"关联实线"。关联路径里,连接功能节点的一端用无点的形式,连接功能集的一端用圆点的形式。

(四) 节点性功能集 x 与功能 y 的关联"x—y"表示兼具 x 的所有下属功能（x1、x2、x3…）时方与 y 有关联，它不蕴含 x 的任一下属功能与 y 的直接关联。若 x 的下属功能 x1、x2、x3 等与 y 之间没有实线相连（*x1—y，*x2—y，*x3—y），那么这表示 x1、x2 或 x3 与 y 无直接关联。比如，图 9.2 里有"A2—B"，但不蕴含"*A2—B1"或"*A2—B2"。

(五) 若功能集 x 的所有下属功能（x1，x2，x3…）都与功能 y 有直接关联，则蕴含功能集 x 与 y 有直接关联。但在表征形式上，y 与 x 里的每个下属功能有关联实线相连，与整个功能集 x 没有实线相连。比如，图 9.2 里 A1 与 B1、B2 都有关联，则可推出语义关联"A1—B"，但 A1 与虚线方框的 B 之间未用关联实线相连。

(六) 功能集的下属功能之间可以有关联实线相连，但功能集与其下属功能之间没有关联实线相连。即只有相互独立的功能之间方可有关联实线，有包孕关系的功能之间不可有关联实线。

图 9.1 就是上述表征方式的一个例释。这种新表征形式避免了 van der Auwera & Plungian 语义地图的歧解问题，较为清楚地展现了各种类型的语义关联路径，传达的信息更精确，而且使语义地图包含的信息量更大。以图 9.2 为例，虽然语义关联"A1—B1，A1—B2"蕴含了语义关联"A1—B"，但这组关联路径不同于"A1—B"，它与图中"A2—B"传达的信息量就不同。语义关联"A1—B1，A1—B2"表示语言中 A1 与 B1、B2 有三种同形关系：(i) A1 和 B1；(ii) A1 和 B2；(iii) A1 与 B1 及 B2。语义关联"A2—B"表示语言中 A2 与 B1、B2 只有一种共现关系：某个语法形式如果兼有功能 A2 和 B1，那么该形式一定还有功能 B2，不存在某个形式兼有功能 A2 和 B1 而无功能 B2 的，也不存在某个形式兼有功能 A2 和 B2 而无功能 B1 的。从语义地图反映的历时蕴涵关系讲，语义关联"A1—B1，A1—B2"表示 B1 或 B2 可以直接与 A1 发生

衍生关系,语义关联"A2—B"表示 B1 或者 B2 只有扩大为其上位概念 B 方可与 A2 发生衍生关系。

  我们提出的语义地图的新表征方式之所以能更真实准确地反映语料事实,就在于它展现出了语义地图里功能的层级性,不仅使图中的功能变得"可放可缩",也明确地将"功能集的关联"和"功能节点的关联"区分开来。我们的表征原则(六)的要求是与 van der Auwera & Plungian(1998)语义地图的一个显著差异,从语义地图动态化(dynamicalization of the semantic map)的角度看,这个要求似乎使得语义地图不能像 van der Auwera & Plungian 地图那样明确地表示语义泛化(generalization)和语义专指化(specialization),但它仍不妨碍新表征方式容纳这样的动态信息。新的表征方式完全可以展示下属功能向上位功能集的扩大,即:功能集 x 的下属功能 x1 逐步衍生出其他相关联的下属功能 x2、x3 等,那么也就是 x1 扩大为上位功能 x。比如,图 9.2 里的语义关联"$\{B1—B2\}_B$"就可表示 B1 若衍生出 B2 就扩大为上位功能 B 了。它或许不能像 van der Auwera & Plungian 的语义地图那样明确地展示语义缩小(如图 1.11"参与者外在可能→道义可能"所示的),不过,语义的缩小或可看成某个语法形式从兼有功能集 x 的所有下属功能到丢失了其他下属功能而只保留一个下属功能 x1,这种信息也是新表征方式可以容纳的。既然语义的扩大和缩小等信息用功能集里下属功能之间的关联实线就可以容纳,功能集跟其下属功能之间就无须添加关联实线来专门表达这些信息了,否则就造成地图所传达的信息出现冗余,这是我们提出表征原则(六)的原因。总之,这种新表征方式不仅能更加清楚精确地呈现语义关联,传达的信息量也不弱于 van der Auwera & Plungian 语义地图的表征方式。

  我们提出的语义地图的新表征方式也使得解析度高的语义地图可抽象简缩为解析度低的语义地图。简缩的方式是:将实功能集简缩为功能节点,只要原功能集 x 本身或者其下属功能 x1 与功能 y 有实线相连,那么在新语义地图里简缩为功能节点的 x 就与 y 有直接关联"x—y"。简缩后的地图里,x 可等同于其任何一个下属功能。譬如,只要某个语法形式有 x1,即使它没有 x 的其他下属功能 x2、x3 等,那么也认为这个语法形式有功能 x。也就是说,简缩后的语义地图里,x 的各个下属功能 x1、x2、x3 等都标示为节点 x,这些下属功能是析取关系(即"x={x1/x2/x3}"),它们不再是语义地图简缩前的合取关系(即"x={x1+x2+x3}")。这种简缩的语义地图虽然降低了语义地图的精确度及预测力,但不会影响语义地图的覆盖率(coverage),原可通过高解析度地图检验的多功能形式仍能通过简缩后低解析度地图的检验。

须注意,语义地图的抽象简缩有一个限制条件:只有实功能集可简缩为功能节点,虚功能集不能简缩。而实功能集是有限的,因为它不是单凭语义关联得出的,不是任何存在关联的两个功能都可组成功能集。比如,图 9.1 里的条件可能义和认识可能义就不宜组成一个功能集,它们分属于不同的情态类型。实功能集的构建还依据了语义分析,只有一部分相关联的若干功能节点适合组成实功能集。实功能集的这一限制条件防止了语义地图的简缩失去底线以致最终变为一个节点。毕竟,语义地图不可无限制地简缩,否则它的简缩就变得没有意义。图 9.3、图 9.4 是对图 9.2 的简缩。图 9.2 是解析度最高的,图 9.3 的解析度次之,图 9.4 的解析度最次,是最概括的语义地图。但是,这几个语义地图中的功能集 A 不能简缩为功能节点,因为它是虚功能集。

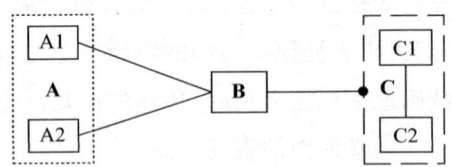

图 9.3 由高解析度的语义地图简缩为低解析度的语义地图
(功能集 B 变为功能节点)

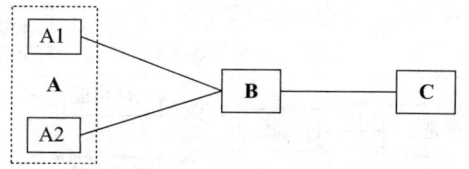

图 9.4　由高解析度的语义地图简缩为低解析度的语义地图
（功能集 B、C 变为功能节点）

以图 9.1 中能力义的关联路径为例，其中的某些功能节点可组合为上位的功能集，功能集之间也可组成更大的功能集，从而形成了不同层级的功能，如图 9.5 所示，图里标示了各功能集的名称。

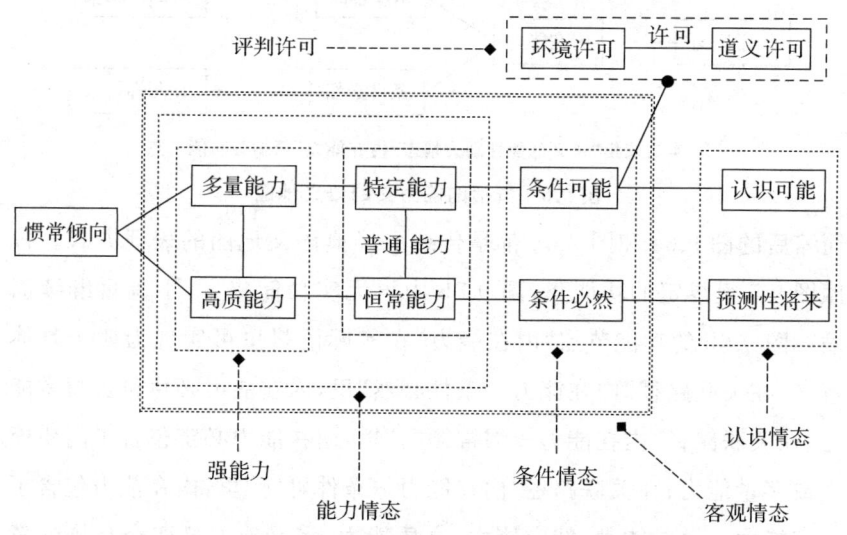

图 9.5　能力义的语义地图（标注各层级的功能集）

图 9.5 中，"强能力""普通能力"和"许可"都是实功能集，后两者还是节点性实功能集。其他功能集都是虚功能集。进一步将这些实功能集简缩为功能节点，图 9.5 可简缩为一个较概括的语义地图，即图 9.6a；图 9.6a 里强能力和普遍能力又组成了实功能集"内在能力"，进而继续简缩为更概括的图 9.6b。

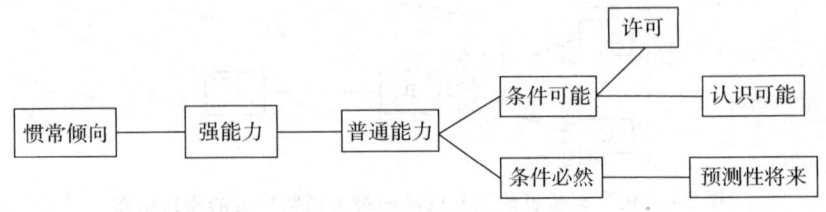

a. 实功能集"普通能力""强能力"和"许可"简缩为功能节点

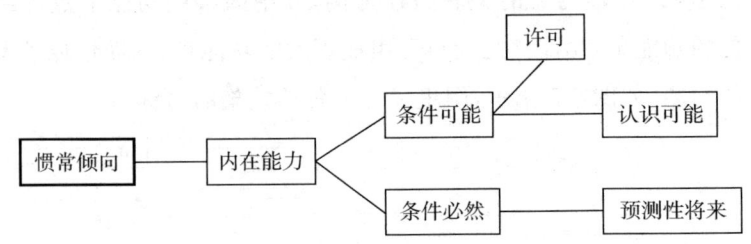

b. 实功能集"狭义的能性动力情态/内在能力"简缩为功能节点

图 9.6　概括的能力义的语义地图

简缩后的图 9.6a 和图 9.6b 都是传统上经典语义地图的表征方式。按照图 9.5 里界定的功能集,图 9.6b 中再无实功能集了,不宜再继续简缩。图 9.6b 的功能节点"内在能力"在实际语料里可实现为四个具体意义:在关联路径"内在能力—条件必然"里,内在能力必然包含恒常能力;在关联路径"内在能力—惯常倾向"里,内在能力必定包含了高质能力或多量能力;在关联路径"内在能力—条件可能"里,内在能力包含了特定能力。恒常能力、特定能力、高质能力、多量能力这四个具体的意义都可称为内在能力。也就是说,图 9.6b 的"内在能力"可等同于图 9.5 里的任何一种能力义。这样一来,高解析度的语义地图很容易转化为低解析度的图。而低解析度的语义地图随着语料考察的扩充以及语义功能的细分,也会逐渐转化为高解析度的语义地图。通过这种新表征方式,高解析度的语义地图和低解析度的语义地图就衔接起来了,这两种地图可以相互转化,语义地图就变得可放可缩。

本书以汉语方言为材料将以往的情态语义地图进一步精确化,在此基础上探讨了语义地图的解析度和表征方式。若将来考察到更多语言,目前这个语义地图应该可以细化或改进,毕竟语义地图不是一成不变的,它是根据语料的扩充不断完善的。我们提出的语义地图新表征方式只是一个初步尝试,重在提出问题。语义地图模型理论作为一个正在发展中的理论工具,它在方法论上还有诸多需要完善的地方,该理论工具必定会在研究实践中不断发展。

9.4 能性情态和必然情态的联系和区别

9.4.1 能性情态和必然情态的联系

通过汉语方言的考察,我们可看到能性范畴和必然范畴存在以下三方面的联系。

第一,能性范畴和必然范畴的情态义有一些共同的词源义。比如,高频倾向义是认识情态的来源义之一(参见§3.4.2),它既可衍生出认识可能义,例证见(18),也可衍生出认识必然义,例证见(19)。

(18) 湖南耒阳话"总":

    a.[高频率]天总是落雨_{天一直下雨}。(伍云姬 2007:267)

    b.[认识可能]还有来_{没来},总唔得来得_{大概不会来了}。(伍云姬 2007:267)

(19) 湖南零陵话"宏总":

    a.[高频率]好多次了,他宏总那么讲我_{他一向那么说我}。(伍云姬 2007:330)

    b.[认识必然]只要肯学,宏总学得好_{一定能学好}。(伍云姬 2007:330)

表示可靠义的动词也有这两个演变方向。例如,湖南湘潭话的合成词"靠得住"表示"很可能"的意义(伍云姬 2007:36),湖南娄底话的合成词"靠得实"则表示"一定"的意义(伍云姬 2007:180)。

第二,能性范畴的情态义和必然范畴的情态义联系着共同的功能性意义。图 9.1 展示出,许可义和必要义都直接关联着估价义,特定能力、恒常能力都间接联系着惯常倾向义。能性情态义和必然性情态义都可衍生出假设条件功能,图 9.1 展示出认识可能义的副词有潜力发展为假设连词,方言中也有必要义的情态副词可以作假设连词的案例。例如,北京话的"要"和福州话的"着"都是表示意愿、必要、将来时的助动词,它们也都能作假设连词,如(20)所示。

(20) 意愿义助动词兼作假设连词:

a.[北京话"要"] 要是你今天不来,这事就办不成了。

b.[福州话"着"] 着_{如果} 日头_{太阳} 由_从 西边出来,这花就会开。(黄伯荣 1996:300)

我们的语料未能构建出必然情态义与假设条件之间的关联路径,但古川裕(2006)通过共时分析,主张北京话情态词"要"的假设连词用法来自该词表示说话人意愿的意义,这种意义相当于本书的评判必然义"必要"。

第三,能性范畴的情态义与必然范畴的情态义之间存在直接关联。常见的能性范畴和必然范畴之间的情态语义演变是同一情态类型内部的强度变化。图 9.1 的语义关联"{环境许可—道义许可}—{环境必要—道义必要}"是评判情态内部的强度变化。§2.4.2 谈到,特定能力属于能性强度的能力义,恒常能力属于必然强度的能力义,而图 9.1 展示出特定能力和恒常能力之间存在直接关联,主要例证是闽语的助动词"解"兼有特定能力和恒常能力义。也有少数情态副词兼能表示认识可能和认识必然,如寿光方言的情态词"许是",见(21),这种例证或许支持了语义关联"认识可能—认识必然"。

(21) 山东寿光话"许是":

a. [认识可能] 他许是_大概是_看了,不想再看了。(张树铮 1995:185)

b. [认识必然] 你去叫他,他许是_准是_不能来。(张树铮 1995:185)

另外,第十一章的图 11.1 构拟了汉语情态词"得"的语义演变路径,它呈现了从能性情态义衍生出必然性情态义的多种模式。

9.4.2 能性情态和必然情态的平行性

图 9.1 展示出情态的能性范畴和必然范畴呈现出一些平行的语义关联模式,尤其是关联路径"恒常能力—条件必然—预测性将来—认识或然"和"特定能力—条件可能—认识可能",这两条关联路径是基于汉语方言材料构建的,它们仅是情态强度的差异。这两条关联路径的强度差异实质上是能力义和条件情态义的稳定性不同。按照§2.4.2 的讨论,恒常能力的稳定性高,这蕴涵动作行为的可实现性较高,即有一定的必然性,它演变为条件情态时转到条件必然是较自然的;相反,特定能力的低稳定性蕴涵动作行为的可实现性较低,只是一种可能性,这使它演变到条件情态时变为条件可能。所以,南北方言表达这两组意义时都呈现了明显的词形分工,见表 9.9。

表 9.9 恒常能力与条件必然、特定能力与条件可能的形式对应

	恒常能力	条件必然	特定能力	条件可能
普通话	会		能,V 得 C	
冀鲁官话、晋语、兰银官话	会	(非"会")	能,VC 了,V 得 C	
粤语、湘语	会		V 得,V 得 C,可以	
江淮官话、吴语、赣语	会,会得		好,V 得 C,可以	
闽语	解,解得		解,有法度(通),有变	

关联路径"恒常能力—条件必然—预测性将来—认识或然"和"特定能力—条件可能—认识可能"可以综合为一种关联模式"能力情态—条件情态—认识情态",普通话的主要例词是"会"和"能"。这两个词的条件情态义都隐含相对将来的时间意义(参见§7.3.1),它们的认识情态义也表现出平行性:"会$_{认识}$"和"能$_{认识}$"限于否定式、疑问句,说明它引出的事件是真实性受质疑的非现实事件。也就是说,语义演变"条件情态→认识情态"均发生于否定疑问的环境中,这导致源自条件情态义的认识情态词在句法形式和表义范围上都受限,它们的认识情态义不够成熟,往往不是汉语常用的认识情态词。相反,普通话里"或许""大概""一定"等不涉及条件情态义的认识情态词是汉语里典型的认识情态词,它们的认识情态义更加成熟完备。

语义演变"条件情态→认识情态"为何倾向发生在否定疑问的环境?我们推测,否定和疑问分别代表两种语义演变机制。否定性的条件情态义"无潜力 VP"和"惯常地不 VP"逻辑衍推了否定性的认识可能义"不可能 VP",由此造成"不能$_{条件}$""不会$_{条件}$"往往语用隐含了"不可能"(参见§4.4),所以,条件情态义容易在否定式中发展出认识情态义,这是"隐含义凝固"造成的演变。疑问句自带对命题真实性不确定的推测义,句子整体的这种情态义容易凝固到当中的潜力情态词上,那么,条件情态词便在疑问句中沾染上所在环境的认识情态义,这是"语境义沾染"造成的演变。

§4.4 还谈到,肯定性的条件情态义"有潜力 VP"和"惯常地必然 VP"都联系着肯定性的认识必然义"一定 VP"。照理来说,某个语法形式通过句子隐含义的固化,在肯定式的语法环境中就可能发生语义演变"条件情态→认识情态"。按照"有潜力 VP"语用隐含"一定 VP"的推理关系,应该存在演变路径"条件可能→认识必然",它代表在肯定式的语法环境中某个情态词的条件可能义衍生为认识必然义。在这条演

第九章 语义地图的解析度及情态范畴的不对称 327

变路径中,条件可能义与认识必然义之间是回溯推理造成的语用隐含关系。不过,我们尚未见有例词支持演变路径"条件可能→认识必然"。人们依据规律"惯常地必然 VP"结合特定情景会推理出"一定 VP",那么应该存在演变路径"条件必然→认识必然",第八章所讨论的"会"类情态词支持了这个演变假设。图 8.4 的演变路径"条件必然→预测性将来"就大致相当于演变路径"条件必然→认识必然",汉语的"会"应该是在肯定式中经历了这种语义演变的,当中的条件必然义与认识必然义之间是涉及逻辑衍推的语用隐含关系。总结起来,两条演变路径"条件可能→认识必然"和"条件必然→认识必然"都是我们基于语用推理的状况提出的语义演变假设。"条件可能→认识必然"代表了回溯推理的语义关系,该演变假设未找到具体实例,缺乏实例说明这种语义演变至少是很少发生的;"条件必然→认识必然"涉及了逻辑衍推关系,该演变假设找到了具体实例,这说明该语义演变是相对容易发生的。这两条演变路径在实例数量上的差异,是否表明涉及逻辑衍推的隐含义比依循回溯推理的隐含义更容易凝固到相应的语法形式上呢?这是今后要关注的问题。

认识情态词在句法上分为认识情态副词和认识情态助动词,这两种词类的认识情态功能是不同的成熟度,而在认识情态功能上的成熟度差异很可能跟这两种认识情态词的历时来源类型有关联。认识情态副词是成熟的认识情态词,它们可位于全句话题之前[①],见(22)。

(22) 认识情态副词一般无其他情态义:
  a. <u>恐怕</u>他知道了这件事了。
  b. <u>大概</u>他还没到家呢。
  c. <u>搞不好</u>他明儿不来了。

---

 ① 只有源于"保证"这种施为动词的认识情态副词不能在话题之前,如普通话的句子"这件事保证是他做下的"不能变换为"*保证这件事是他做下的"。

§3.4.2显示,汉语里绝大多数的认识情态副词没有条件可能、道义许可等其他的情态义,它们的认识情态义应该是源自词汇性意义。再看,认识情态助动词是不成熟的认识情态词,它们的语义辖域较小,其句法层级较低,这表现为认识情态助动词只能位于主语之后,见(23)。

(23) 认识情态助动词一般有其他情态义:

　　a. 他<u>应该</u>已经知道了。

　　b. 他没带伞,估计<u>得</u>(děi)淋雨了。

　　c. 他的病<u>会</u>好的。

　　d. 他<u>能</u>骗你吗?

有些认识情态助动词还有语法环境的限制。例如,普通话的助动词"应该""得"表示认识情态义时,在陈述句中通常只能用肯定式,一般不能受副词"不"否定[①]。再如,普通话的助动词"能""会"表示认识情态义要限于否定疑问的环境。认识情态助动词的认识情态义应该都源自其他的情态义,如"应该""得"还有评判必要义,"能""会"兼有条件情态义。因此,句法连用中认识情态副词总是在认识情态助动词之前,例句如"他<u>恐怕得</u>生气了""他<u>大概应该</u>知道了这事儿了",这说明认识情态副词的句法层级高于认识情态助动词。经考察,汉语方言的认识情态词也是类似的情况,这种语法化程度与来源义的关联性,有待日后解释。

当然,源自其他情态义的认识情态助动词有潜力脱离原本的语法限制,它们的认识情态功能会逐步成熟起来。§7.5.1的末尾讨论过汉语的"会"和英语的"will"存在相当的功能平行性,但"will"的认识情态功能比"会"更成熟,"will"用于推测非将来事件时不受句法限制。

[①] 彭利贞老师的评审意见中谈到一些例外情况。句子"理论上不应该有困难"是助动词"应该"在否定陈述句中表示认识情态义,这是真正的例外。句子"她丈夫要真是陈世美,还不得是个大官儿啊?"和"他见我一来劲,不得把我劈了吗?"是情态词"得"在带否定副词"不"的反问句中表示认识情态义,这并非陈述句的情况,当中的"反问语气"促成"不得"可表达认识情态义。或许,"不……?"是一个固定的反问句式,当中的"不"跟后面的"得"不是直接的组合关系。

Palmer(2001:33)谈到"will"可以搭配现在完成时标记"have"来推测过去事件,这种用法不限于否定疑问的语法环境,它也见于肯定陈述句,例句如"Mary will have arrived by now"。另一个案例是沈阳话的助动词"能_{认识}",该词表示认识情态义时不限于否定疑问的语法环境,它还能在肯定陈述句里用于推测各种类型的事件,见(24)。

(24) 沈阳话"能"的认识可能义[例句均来自王越(2019)]:
 a. [将来事件]他要是知道,能骂死我。
 b. [现在事件]现在他大概能在家里。
 c. [过去事件]地上积了这么多水,昨天能下了一场大雨。

可见,沈阳话的"能_{认识}"已经是成熟的认识情态词了。由此推断,普通话的"会_{认识}"继续发展下去,也能脱离现有的语法限制。

9.4.3 能性情态和必然情态的不对称

我们的情态语义地图(图9.1)跟 van der Auwera & Plungian(1998)的(图1.11)有一个显著的模式差异:图9.1的能性范畴和必然范畴在语义关联模式上是不对称的,而图1.11的能性范畴和必然范畴在语义关联模式上十分对称。下面着重讨论图9.1的不对称性。

图9.1的评判情态、认识情态之间,能性范畴没有关联路径"×{环境许可—道义许可}—认识可能",但该图的必然范畴有关联路径"{环境必要—道义必要}—认识必然"。另外,图9.1的条件情态和评判情态之间,能性范畴有关联路径"条件可能—{环境许可—道义许可}",但该图的必然范畴没有平行的关联路径"×条件必然—{环境必要—道义必要}"。

§3.3.1谈到,很多认识情态词存在句法层级的差异,有的可位于全句之首、话题之前,有的只能在主语后。我们发现,普通话里这种句法位置的差异是以能性范畴和必然范畴为界的。可位于全句话题之前的认识情态词都是能性义的,例词如"可能""大概""或许""说不定""恐怕""估计",例句见(25)。

(25) 认识情态词在能性范畴和必然范畴上有句法不对称:
a. [话题前] 大概/可能/估计/说不定这件事小王没说实话。
b. [主语前] 这件事大概/可能/估计/说不定小王没说实话。
c. [主语后] 这件事小王大概/可能/估计/说不定没说实话。

只能位于句子主语之后的认识情态词都是必然义的,例词如"应该""一定""肯定""保管",例句见(26)。

(26) 认识情态词在能性范畴和必然范畴上有句法不对称:
a. [话题前] *应该/一定/肯定/保管这件事小王没说实话。
b. [主语前] 这件事*应该/一定/肯定/保管小王没说实话。
c. [主语后] 这件事小王应该/一定/肯定/保管没说实话。

也就是说,认识可能义的词比认识必然义的词更偏向处于句法树上较高的位置,认识可能义的词真正统辖了包含全句话题在内的整个命题,这种情态强度引起的句法辖域差异是个玄妙的问题,有待深究。

§3.4.1 谈到,评判情态、潜力情态的内部次类有哪些词形编码作证据,这些词形证据均呈现出能性概念和必然概念的不对称性。对于评判情态,汉语方言有词形区分道义许可和环境许可(如晋语的助动词"敢"只有道义许可义,普通话的述补式"V得"只有环境许可义),却难以找到词形区分道义必要和环境必要。对于潜力情态,汉语方言有词形区分条件必然和恒常能力(如广府粤语的助动词"识"、冀鲁官话的助动词"会"只有恒常能力义),却难以找到词形严格区分条件可能义和特定能力义。也就是说,评判可能、潜力必然的内部次类很容易体现为词形差异,而评判必然、潜力可能的内部次类很少编码为不同的词形,评判情态和潜力情态在"能性\必然"上的编码区别度恰恰是颠倒的。这种情态义编码区别度的差异或许提示:评判可能、潜力必然的内部次类义是差异较大的,而评判必然、潜力可能的内部次类义是近似度很高的。然而,我们未能从语义特征上找出这些同类情态义之间的区别度差异,这值得探索。

其实,情态的能性范畴和必然范畴在语义性质上本就是不对称的。"能性/必然"只是对情态强度的简单二分,实际上情态义的强度是很复杂的。如(27)所示,情态强度可视为"0%—100%"的量幅,而"0%—90%"的部分均可视为能性范畴,理论上只有"100%"才是必然范畴。

(27) 情态强度的量幅:

0%　—　30%　—　50%　—　80%　—　100%
不可能 — 低可能 — 可能 — 很可能 — 必然

当然,自然语言不会遵循这种数学量幅来安排词形的意义,毕竟,同一类的必然性情态义也可分出"强必然性"和"弱必然性"。例如,普通话里表示认识情态义的情态词"一定"和"应该"均可视为必然性强度,但前者的确信度高于后者,这体现为句子"他一定是学生"和句子"他应该是学生"有主观确定性的不同。但毋庸置疑的是,能性范畴一定比必然范畴更为复杂,在下位功能和词形编码上能性范畴都比必然范畴更为多样。词形编码最复杂的情态类型是认识情态,普通话和英语都可展现这一点,如表 9.10 所示,认识可能义的情态词在数量上远远多于认识必然义的情态词。在"能性\必然"的强度对立上,认识情态是最不对称的情态类型。

表 9.10 认识情态的多种强度

情态强度		普通话情态词	英语的对应词
能性	低可能	说不定	maybe
	可能	可能	perhaps
	高可能	大概	probably, be likely to
	极高可能	很可能	very probably
必然	弱必然	应该	should, will
	强必然	一定、保准、肯定	must, certainly

在"能性\必然"的强度对立上,最为对称的情态类型是评判情态。目前未见有情态词表达"在很大程度上许可……""在很大程度上必须……"的意义,这类意义在理论上也不存在。所以,评判许可和评判必要是截然二分的两个意义,它们之间没有居中的过渡段。这一点在汉语里还有一个重要的句法表现,评判情态词是一组拒绝受程度副词修饰的情态词,认识情态词、潜力情态词都能被程度副词(如普通话的"很")修饰,见(28)。

(28) 三类情态词受程度副词修饰的能力不同:
　　　　a. [评判许可] 按规定,*我们很可以在休息室抽烟。
　　　　b. [认识可能] 他很可能是学生。
　　　　c. [高质能力] 他很会说话。

评判情态在能性和必然性上的这种对称格局,可以解释评判情态内部的语义关联"环境许可—道义许可"和"环境必要—道义必要"为何如此平行。而且这两条关联路径之间也有直接关联,这或许跟该类情态内部的概念对称性有关。

综上可见,分析情态强度时,应该将认识情态、评判情态、潜力情态做分而治之的考量,不宜绝对依照同一模式"能性\必然"做分析。

第十章 普通话情态词的个案分析

10.1 概述

前述章节重在从宏观上讨论情态范畴的意义类型和演变模式,而汉语情态研究的重要问题是一些常用情态词的使用条件及语法意义是怎样的,这种微观问题对于具体的分析实践很重要。因此,本章及第十一章转入剖析汉语特定情态词的语法特点。

本章主要分析普通话的几个情态词。§10.2用普通话的材料整理了各类情态词跟句末时体词、否定词的语法关系,简述了我们对汉语完句效应的基本假设,这为本章及第十一章的多项讨论奠定了基础。§10.3、§10.4分别比较普通话的助动词"会""能""要"的语义差异。普通话的助动词"会"跟"能""要"都有一些相似的功能,以往研究也曾区分过三者(渡边丽玲2000;鲁晓琨2004;郑天刚2002a,2002b;等等),但不够清楚,我们结合语义地图的一些结论从句法形式来推导它们的语义特征,旨在用可操作的标准分清楚这三个词。最后,我们将简析北方方言的句末助词"也/呀",这种句末助词的功能在很大程度上对应于普通话的助动词"会""要"。

10.2 句末时体词、否定词及完句效应

本节用普通话的材料讨论各类情态词与句末时体词"了$_2$"及否定

词"不""没"之间的搭配关系,再讨论这些词促成完句的能力,所得结论可以反映汉语方言的基本状况。当然,南北方言在"了₂"类词和否定词的使用上存在一定差异,但这不妨碍本章的主题,因为我们旨在参照"了₂"和否定词来揭示各个情态词的语法本质。本节的宏观分析是为之后讨论具体问题做理论铺垫。

10.2.1　句末时体词和否定词

§3.3.1谈到,各类情态词里,只有认识情态词所辖的谓语可以容纳句中时体词"了₁",评判情态词、潜力情态词所辖的VP不含时体状况,它们会排斥"了₁"。不过,普通话里这三类情态词都可以搭配句末时体词"了₂",只是这三类情态词搭配"了₂"时的句法表现有所不同。认识情态句的"了₂"去掉后会干扰完句,见(1a)。评判情态句、潜力情态句的"了₂"去掉后不干扰完句,但会令句子丢失变化义,例如,(1b)有"了₂"时表示从"不许上小学"到"允许上小学"的资格变化,该句去掉"了₂"后就只表示"允许上小学"。

(1)　三类情态词和"了₂":
　　　a.[认识情态词]他十岁了,大概上小学*(了)♯。
　　　b.[评判情态词]他七岁了,按规定,可以上小学(了)♯。
　　　c.[潜力情态词]他五岁了,会自己穿衣服(了)♯。

可见,认识情态句的"了₂"负责完句,评判情态句、潜力情态句的"了₂"不负责完句,只贡献了变化义。"了₂"在三种情态句中的语法作用存在差异,说明三类情态词和"了₂"的句法关系很不同。§3.3.1谈到认识情态词的辖域包含谓语的时体状况,所以,"了₂"在认识情态词的辖域之内。评判情态词、潜力情态词的辖域不含VP的时体状况,那么"了₂"在这两类情态词的辖域之外,更准确地说,"了₂"的辖域覆盖了"评判情态词+VP"及"潜力情态词+VP"。

其实,如果句子的谓语类型和时间范围有不同,句子用"了₂"的情况也就不同。带动态谓语的句子表达现实事件时,常常要用"了₂"才能完句,见(2a);带动态谓语的句子表达非现实事件时,就不能用"了₂",见(2b)。再看,带静态谓语的句子没有"了₂"也能完句,这种句子如果用上"了₂",就会增加变化义,见(2c)。

(2) 不同的事件类型和"了₂":
  a. [现实的动态事件] 去年他上小学*(了)♯。
  b. [非现实的动态事件] 明年他上小学(*了)♯。
  c. [静态事件(无界事件)] 他有工作(了)♯。

以此来看,"评判情态词+VP""潜力情态词+VP"跟静态谓语是平行的,它们不用"了₂"也能自足完句,加上"了₂"会增加变化义。语义性质上,评判情态、潜力情态都是陈述事件主语的静态状况,它们的语义可以阐释为"……是合适的""存在……的可能",所以,"可以_{许可}VP""会_{能力}VP"即使是带动态义的有界VP,它们整体上也相当于静态的无界谓语。

再看各类情态词搭配否定词的情况。众所周知,表示认识情态的副词不能被否定词修饰,如普通话没有"*不大概""*没或许"这样的搭配式,只有认识情态义的助动词可以受否定词"不"修饰,如普通话有短语"不可能""不一定",见(3a),这说明认识情态词内部也有句法层级的高低差异。评判情态词、潜力情态词多数只能受"不"修饰,见(3b—d)。普通话里,只有"能_{条件}"在表述过去特定状况的句子里可受"没"修饰,如(3e)所示。

(3) 不同的情态词和否定词的选择:
  a. [认识情态词] 他不一定是学生。|父母不可能害自己的孩子。
  b. [评判情态词] 上课不应该迟到。|药不能随便吃。
  c. [条件情态词] 海南岛冬天不会下雪。|钥匙一丢,就

不能进门了。
d. [能力情态词] 他不会游泳。|他腿骨折了,不能跑步。
e. [过去特定状况的条件可能] 刚才钥匙丢了,我们不/没能进门。

宋永圭(2001:19)谈到,普通话里否定词"不"是与时制概念无关的中性否定标记,否定词"没"是跟时制概念有关的否定标记,它用于对实际世界的事件(即非将来事件)进行否定。蔡维天(2010:211)在形式句法学的框架下论及了一致的看法,该文指出,普通话的"不"是未然否定词,句法位置很灵活,而普通话的"没"是已然否定词,后者跟时制词组(TP)的中心语绑在一起。这一主张可以解释普通话里认识情态词为何会排斥"没"。上文谈到认识情态词的语义辖域涵盖了谓语的时体状况,这个语法判断换作形式句法树的界定就是:认识情态词在句法树上的位置高于时制词组。蔡维天又论证了普通话的"没"是跟时制词组TP的中心语绑在一起的,由此推断,普通话的认识情态词在句法层级上要高于"没"。那么,普通话的认识情态词自然不能在句法表层后置于"没",亦即认识情态词不能被"没"修饰。这就解释了(3a)里否定词为何不能用"没"。不过,蔡维天的主张还不能完全解释普通话里多数的认识情态副词为何不能受"不"修饰。蔡氏谈到"不"的句法位置很灵活,由此推导,"不"只需要放在任何受否定的语法形式之前即可。那么,一个认识情态词若要被否定,就可以后置于"不",按理说普通话应该有"不或许""不大概"的说法。但是,普通话里认识情态副词的这种否定式是不合法的。这个问题有待进一步探索。

再看,评判情态词、潜力情态词在句法树上的位置要低于时制词组,为何它们也不能被"没"修饰呢?我们认为,这个问题不是两个词之间句法层级高低的关系,而是牵涉到句子所表达的事件是怎样的情状性质。普通话"不"和"没"的差异不仅在句法树的位置上,两个词所否定的事件存在很多性质差异。根据郭锐(1997)的考察结果,普通话要否定一个非现实事件或一个静态事件,否定词会用"不",见(4a—b);普通话要否定一个现实动态事件,否定词就会用"没",见(4c)。

(4) 不同的事件类型和否定词的选择:

a. [非现实事件] 明天他去上班。⇨ 明天他<u>不</u>/(*<u>没</u>)去上班。

b. [静态事件] 他喜欢玫瑰花。⇨ 他<u>不</u>/(*<u>没</u>)喜欢玫瑰花。

c. [现实动态事件] 昨天他去上班了。⇨ 昨天他(*<u>不</u>)/<u>没</u>去上班。

"不"和"没"两个否定词的使用状况显示出,汉语里静态事件跟典型的非现实事件在语法表现上很一致。上文谈到"评判情态词+VP""潜力情态词+VP"所描述的状况相当于静态事件,按照普通话的静态谓语要用"不"来否定的一般趋势,评判情态词和潜力情态词的否定词就只能是"不",这就解释了(3b—d)里用"不"的情况。至于(3e)允许"没能VP",且待§10.3.2解释。

10.2.2 完句效应

10.2.2.1 完句和谓词情状

上文讨论到各类情态句的完句要求,情态词的完句效应直接反映了它的句法层级和语义特征,下面来分析这一问题。首先要给汉语的"完句"下定义。叶婧婷、陈振宇(2014)指出完句性不仅是句法问题,也是言语行为问题,完整的句子"必须要有言语行为上的'可止性'"(该文119页)。我们认同这一观点,只是所谓"言语行为上的'可止性'"需要可操作的标准。

范晓蕾(2018:425、430)提出,汉语的完句本质上是句子的话语地位问题,因为一个句子完整与否取决于它能否满足所在语境的语篇衔接关系,即完句与否会随语境而异,在甲语境成句的句子在乙语境未必完整。为规避语境差异的干扰,本书采取范晓蕾(2021a:47—48)所说的一种"最纯粹的完句",它指句子能够无须前后文独自报道新信息,足以单独成为一个说话片段(utterance),其典型表现是作对话的始发句单独陈述事件,无后续句,见(5a)。简言之,完句指话语中句子表述信息可以不依赖其他句子。这看似是贺阳(1994:29)的定义"'不能独立成句'指脱离情景语境的条件下,不能自主充当陈述性始发句",但事实上不存在所谓"脱离情景语境"的句子,单独作对话的始发句是句子的语境之一,也是陈述句的典型话语功能。另外,能完句的句子只是有能力单独作说话片段,实际上也允许有前后文,如(5b)的前一句是能完句的,它离开后文仍是语感完整的。

(5) 汉语完句的界定:

a. [可作对话始发句](告诉你啊,)儿子刚才吃了饼干了#。

b. [可以伴随其他句]儿子刚才吃了饼干了,这会儿可能口渴吧。

c. [结束句未必完句]儿子应该不饿,因为他刚才吃了饼干。

d. [回应句未必完句]你吃早饭了吗?——我刚起床。

需要辨别的是,一个说话片段的结束句未必是能完句的。例如,(5c)的结束句不能完句,它解释"不饿"的原因,依赖于前文,若只说"他刚才吃了饼干 *Ø#"是不能结束说话片段的。再者,可单独回应他人说话的句子未必是能完句的,如(5d)的回应句不能完句,它依赖于对方的问题,即要求有前文,对话的始发句只说"我刚起床 *Ø#"绝对不成句。以往研究常将句子的"不完句"和"不合法"做相同的标注"*",这有所不妥。完句和合法分属两个层面,前者是话语问题,后者是句法问题,不完句的句子也合法,只是要求有前后文罢了。所以,本书改用句末的"*Ø#"表示不完句。

完句虽是话语问题,但完句条件要回归到语法形式上,需弄清哪些语法因素可促成完句。这些语法因素主要指促成完句的功能词,简称"完句词",它一般是时体词、语气词、否定词、程度副词等。不同句类的完句词是不同的,应该区别分析。参考以往研究,汉语的完句至少受制于句子的语气类型(陈述/疑问/感叹)和事件类型(动态/静态、非将来/将来)两大类因素。

非直陈语气的感叹句和疑问句是截然不同的完句条件,它们的完句词主要是语气词或语气形式,例句如"他上了清华呢!""他上了清华吗?"。直陈句里,静态事件句(stative sentences)往往不需要任何额外的完句词,即这种句子的完句词是零形式,见(6)。

(6) 静态事件句不需要完句词:
    a. 他是校长。
    b. 他有一双大眼睛。
    c. 我喜欢打羽毛球。

郭锐(1997)指出静态动词用在现实句中可以是"非过程"的,林若望(2002)谈到汉语里静态情状的VP可以不带任何时体词来单独表示时制意义。这些观察都间接表明静态事件句的完句一般不依赖时体词。

以往文献中的完句讨论(孔令达1994;贺阳1994;胡建华、石定栩2005;Tsai 2008;郭锐2015)主要针对直陈语气(indicative)的动态事件句(eventive sentences),因为这类句子的完句最为依赖时体词作完句词。我们发现,核心谓语为达成VP的句子最是强制用时体词来促成完句,它们对完句条件的要求最高。谓语为其他动态VP的句子作现实句解固然无法完句,如(7a)所示,但这类句子阐释为非现实的意愿或计划时便可完句,如(7b)所示。再看,谓语为达成VP的句子无论做现实还是非现实的阐释,都无法完句,见(7c),这种句子必须依靠句末助词"了$_2$"或助动词"会"来完句,见(7d)。

(7) 达成VP需要更多的完句条件:
    a. [现实句] 这周小王看《水浒传》*∅♯。(不完句)
    b. [非现实] 这周小王看《水浒传》$_{计划看《水浒传》}$♯。(可完句)
    c. [现实句/非现实] 这周小王看完《水浒传》*∅♯。
    d. [现实句/非现实] 这周小王看完《水浒传》了♯。| 这周小王会看完《水浒传》♯。

达成VP有别于其他动态VP的完句要求也体现在相应的"不VP"式里。谓语为"不+其他动态VP"的句子可自由完句,见(8a),但谓语为"不+达成VP"的句子不能完句,见(8b),这种句子需要加上后续句才能结束一个话语片段,见(8c)。

(8) "不+达成VP"也需要更多的完句条件:
    a. 这周小王不看《水浒传》♯。
    b. 这周小王不看完《水浒传》*∅♯。
    c. 这周小王不看完《水浒传》,就写不成老师留的作业♯。

可见,除却句子的语气类型、事件类型,汉语的完句在语法上还受制于核心谓语VP的情状类型,对于直陈语气的动态事件句,核心谓语中VP的有界性状况会影响完句条件。§7.3.1和§7.3.2谈到,在一个句子中"会$_{条件}$"或"会$_{计划}$"隐去后往往不会干扰完句,例证如"哈尔滨冬天(会$_{条件}$)下雪♯""体育馆下周二(会$_{计划}$)有一个画展♯"。其实,一个句子的助动词"会"隐去后不干扰完句的情况限于"会"后面的VP属于非达成情状的时候。"会"后是达成VP的句子都不能隐去"会",否则将干扰完句,例证如"水在零摄氏度以下 *(会_条件)结成冰块♯""单位下周 *(会_计划)给女职工放上三天假♯"。

总之,无论是现实句,还是非现实句,核心谓语为达成 VP 的句子是最强制用完句词的情况。下面分析各类句子的完句状况时,都会用核心谓语为达成 VP 的例子来测试,这是剖析完句条件的最高标准。

上文已澄清,多数静态 VP 作谓语的句子不需要完句词,达成 VP 作谓语的句子最强制用完句词,而这种对立是可解释的。我们目前认为,汉语完句的典型条件是一个句子在语法上满足 Tsai(2008)说的时制锚定(tense anchor)或郭锐(2015)说的外部时间参照,范晓蕾(2021:265)进一步将句子的时制锚定阐述为:句子有时体词标示出所述的事件在语篇环境中的时间位置。也就是说,汉语句子的完句通常取决于事件在时间序列上的位置确定性。在各种情状的谓语里,静态 VP 所指的事件是时间稳定性最高的,一个静态事件默认在参照时间之前、之时、之后的状况都是一样的,所以,这种谓语最不需要用时体词来标示所述事件在上下文中的时间位置。换句话说,句子若表述一个静态事件,这种事件无须明确标示出它在语篇环境中的时间位置,这就表现为静态事件句不需要时体词来促成完句。相反地,达成 VP 所指的事件是时间稳定性最低的,达成情状的事件是瞬间变化的,这种事件在参照时间之前、之时、之后的状况都不一样,所以,这种谓语就需要时体词来明确标示所述的事件在上下文中的时间位置。于是,一个句子若是以达成 VP 作核心谓语,它便特别依赖时体词来促成完句。

不过,汉语的完句分两种情况,除却动态事件句要标示时间位置,有一些静态事件句要标示程度位置。§11.2.2.2 将阐述形容词谓语句需要一个标示程度位置的完句词,也就是说,不同类型的静态事件句还存在完句条件的差异。

10.2.2.2 完句和句子的时制义①

学界共识是汉语动态事件句的完句词往往都编码了时制体貌意义,这意味着动态事件句的完句取决于某种抽象的时间意义,那么,这种时间意义是什么呢? Tsai(2008)、郭锐(2015)集中于普通话的现实句探讨完句和时体词的关系,为此指引了方向。这两篇文章都观察到,"了₂""呢持续体""在进行体""过"可以促成完句,是完句性时体词。Tsai(2008)从句法角度阐释完句性时体词的特点。该文认为,在句法树上,"了₂"处于 CP 这个很高的节点位置上,它能辅助其下的体貌节点来定位句子所述事件的时间位置——即实现句子的时制锚定(tense anchor),而"在""过"处于外层体貌(outer aspect)的节点上,它们可以向上移到时制节点来实现句子的时制锚定,只要一个句子实现了语法上的时制锚定,它就可以完句。换言之,一个动态事件句若要完句,它必须用上可统辖全句核心谓语的时体词,这样的时体词还要能帮助定位句子的时制义。郭锐(2015)从语义角度解释完句性时体词的特点。该文提出,一个直陈单句必须有一个"外部时间参照",即句子"以外部世界时间流逝中的某一个时间点为参照"(郭锐 2015:435),而"了₂""呢""在""过"能提供这种时间参照,它们标示了谓语核心和全句参照时间的位置关系,令事件得以定位于现实世界,所以,句子用上这些时体词便能完句。简言之,一个现实句若要完句,就必须有外部时间参照,而完句性时体词的作用正是为句子引入这种时间参照。

郭锐(2015)的观点符合汉语母语研究者的直觉,其论证也许还需补强。该文虽主张一个完句性时体词能为句子引入外部时间参照,却

---

① 尽管本书§10.2.2 对汉语"完句"的看法延续了本书初版§6.2 的内容,但笔者近年发现:汉语的"完句"是一个难以准确定义的概念,笔者以前赞同的一些解释完句问题的观点——Tsai(2008)、郭锐(2015)、范晓蕾(2019a,2021:262—263)——其实存在不自洽的地方。笔者目前未能对此问题提出更自洽的看法,希望日后研究能关注这方面的问题。

没有谈"了₂""呢""在""过"这些完句性时体词有怎样的时间义表现。乍一看,这种阐述似乎是在完句和外部时间参照之间做循环论证:现象上时体词 M 能促成完句,意义上 M 便涉及了外部时间参照,却未剖析其具体的时间关系。细读发现,该文 441—442 页谈到带"了₁""着"这种非完句词的谓语除了现实句外还能用于非现实句,由此推测,郭氏主张"了₂""呢""在""过"关联外部时间参照的依据很可能是:这些完句性时体词不用于非现实句,只用于现实句。依笔者之见,在绝大多数情况下,"了₂"和"呢"作为句末时体词确实能标示句子所述的是现实事件(虽然"在""过"不然)。那么,郭氏所说的外部时间参照或许是等同于句子的现实意义。倘若如此,就要论证汉语句子的"现实"本质上是某种时间参照关系,这需要阐明这种时间参照关系的精准内涵——它具体指哪个时间参照哪个时间。这样看来,若要充分证明郭氏的核心观点,大概就必须要证明普通话的完句性时体词能为句子规约该文 429 页所说的三种外部参照时间——句首的"时间词语或指示时间点的小句""正在谈论的某个时间""说话时间"。

不难看出,郭锐(2015)所说的内部时间参照和外部时间参照应该属于相对时制的范畴。学界普遍赞同,汉语的句子虽然缺乏仅参照于说话时间的绝对时制,却有参照时间灵活的相对时制(relative tense)(张秀 1957:160;李铁根 1999;林若望 2002;等等)。拙作范晓蕾(2021a)在以往文献的基础上进一步证明,普通话的"了₁"和"了₂"均编码了相对非将来时(relative non-future)(简称"非将来义"),但这两个"了"的非将来义在参照时间上存在不同的限制:"了₁"时制义的参照时间可以是本句之内其他谓语所蕴含的事件时间(该书 85 页);"了₂"时制义的参照时间均蕴含在本句之外的信息中,它要么是说话时间,要么是前文的语篇参照时间(该书 261—265 页)。由于两个"了"的非将来义在参照时间上存在上述差异,这两个"了"决定全句时制义的能力就很不同。"了₁"不决定全句必须表述非将来事件,其句子的时间状语常常是指过去时间或将来时间均可,例证见"去年/后年小王参加了₁高考就出国旅游去";"了₂"能够规约全句所述的事件为相对非将来时,其句子的时间状语难以指将来时间,例证见"去年/(*后年)小王参加高考了₂"。可见,"了₁"的相对非将来时只作用于所在的单个谓语,"了₂"的相对非将来时是统摄整个句子(可包含多个谓语)的。拙作对两个"了"的这种时制定位还有以往研究作基础,应该是结论确凿的。再看,两个"了"的这种时制差异正对应于二者在完句能力上的差异:"了₁"不足以促成完句,"了₂"足以促成完句。拙作由此主张,汉语的句子在语法上被标示出相对时制义就会引发完句效应,所以,普通话里动态事件句的完句词必须编码统摄全句的相对时制义,这种时制义的参照时间是本句的说话时间或者隐含于前文的语篇预期时间。拙作对于完句条件的这一主张参考了 Tsai(2008)和郭锐(2015)的成果,仅代表笔者目前的认识。

范晓蕾(2019a:221,2021a:262—265)提出,汉语里决定现实动态事件句完句的相对时制义是统摄全句事件的相对非将来时,句末时体词"了₂""呢持续体"均有这一意义。此外,否定词"没"也编码了这种非将来义,见(9)。

(9) "没"不能表典型的非现实事件:
    a.[典型现实句]他上次考试没考及格。
    b.[事件情态句]要想进入面试,??他必须没考过不及格。
    c.[将来事件句]他再懒一点,*会没考上大学的。

学界共识是"没"主要否定过去或现在的事件。李铁根(2003:5—6)又指出,"没"也可以否定将来的事件,只是这种否定用法有一个条件限制:需要"还……呢"格式,并作对话的后续句。李氏主张这是"未然前时",亦即相对过去时,它正属于相对非将来时。白荃(2000:22)还提出"没"在假设从句或表示估计的句子里可以否定将来事件,下段将解释这两个语法环境含有相对过去的时间关系。范晓蕾(2019a:216)还证明副词"差一点"也编码了类似的非将来义,理由是它们主要用于各类现实句,也可以用于推测句、疑问句、假设从句等不典型的非现实句,却从不能用于事件情态句、将来事件句等典型的非现实句,见(10)。

(10) "差一点"不能表典型的非现实事件:

    a. [典型现实句] 上次考试他差一点考到满分呢。

    b. [事件情态句] 要想进入面试,*他必须差一点考到满分。

    c. [将来事件句] 他再努力一点,*会差一点考到满分的。

相对非将来时包括相对过去时和相对现在时,近似于汉语学界传统上说的"已然",但它的时制定位既取决于谓语所述的事件相对于说话时间的绝对时间位置,也依赖于谓语所述的事件相对于全句里其他事件或语篇中其他时间的相对时间位置,后一因素关乎参照时间的选择范围。以往研究主张汉语句子的参照时间不限于说话时间,我们进一步认为,它的参照时间还包括句法或语篇上相邻句子的事件时间。这体现在"没 VP""差一点 VP"可有条件地描述将来事件或事件情态的状况,这种用法的条件是:"没""差一点"用于假设从句中[见(11a)],或者出现于句子时间状语"VP 的时候"中[见(11b)],抑或用于表示承接关系的紧缩复句"VP1 就 VP2"的从属 VP1 中[见(11c)]。

(11) "没""差一点"表将来事件限于从句:

    a. 要是下次考试我没考到满分,我就请客。|哪怕下次考试他差一点不及格,他妈妈也要打他的。

    b. 我们应该在他没出门的时候登门找他。|他做数学题,常常可以在别人还没看清题意时给出答案。

    c. 跟领导汇报,千万不能没想清楚就胡说八道。(参见宋永圭 2007:123)|开店做生意,可以没赚到钱就收

摊,但不能没拿到工商证就开张。

这三种表述将来事件的 VP 其实都蕴含了相对过去的时间关系:它们都处于全句从属谓语中,这种从属谓语所述的事件参照于后续主要小句或全句核心谓语所述的事件,在时间或逻辑上总是预先存在的状况。可见,在将来事件句中具备相对过去义的 VP 才能更自由地用"没""差一点"。"没"和"差一点"都能促成完句,它们的相对非将来义可以统摄一个句子,而(11)又显示这两个词也能用于不完句的从句中,可见,完句性时体词不是一定用于主句而强制完句的。

10.2.2.3 完句和情态词

我们再看三类情态词,它们都不是完句词。成熟的认识情态词没有完句功能,它自然没有编码时制义,其辖域是含时体状况的整个命题。§10.2.1 谈到,评判情态词和潜力情态词不用时体词也能促成完句,同时也能搭配"了₂"表达状况变化,这些表现均平行于静态事件句,"评判情态词+VP""潜力情态词+VP"在情状类型上相当于"是校长""喜欢历史剧"等静态谓语。虽然普通话的情态词"能""必须"常常带动结式 VP,但这些情态词形成的整个谓语"能 VP""必须 VP"仍属于静态谓语。所以,这两类情态词会帮助生成静态事件句,它们本身也未编码时制义,跟"了₂""呢""没"等完句词处于不同的句法层级。

不过,有的情态词会编码时制义。§7.2.2 和§7.5.1 详述了普通话里助动词"会"的核心功能编码了相对将来时,§10.4.2 证明,"会_{将来}"的相对将来义决定了句子的时制义,这个语义特点令该词可促成完句。彭利贞老师的评审意见提出,尽管本书以"会_{将来}"负责完句来证明它的特殊性,但其他情态词如"能、要、想、可以、必须"也能促成完句。普通话的"能、要、想、可以、必须"属于评判情态词和潜力情态词,它们能用于各种时制义的谓语,不会规定所在谓语的时间解读要局限在怎样的一个范围,所以这些词并未编码时制义,这一点有别于

"会_{将来}"。上文又谈到,"能、要、可以"等位于 VP 之前的这组情态词总是构成静态谓语,而普通话的静态事件句不需要时体词便能完句(参见§10.2.2.1),这就解释了评判情态词和潜力情态词为何能促成完句:它们自身的静态属性令句子不依赖完句词。因此,"可以"和"会_{将来}"同样是能促成完句的情态词,它们促成完句的语法动因是不同的,要加以区分。

10.3 普通话的"会"与"能":能性和必然的不对称

普通话的助动词"会"和"能"都是兼有能力义、条件情态义、认识情态义,它们的这些平行功能有哪些差异呢?第二章着重讨论了这两个词在能力义上的差异,本节继续辨别它们在其他情态义上的差异。其实,"会"和"能"在承担同一类情态意义时,它们在使用限制、稳定性意义、句法层级上都存在差异。

10.3.1 同类情态义的使用限制

普通话的助动词"会"和"能"的各类情态义都有使用限制,但这两个词的受限度是不同的。

先看能力义的情况,"会_{能力}"远不像"能_{能力}"那样能自由地搭配各种 VP。以往研究已发现,"能_{能力}"表示的能力范围大于"会_{能力}"。比如,鲁晓琨(2004)指出"能"表达的是和现实相连的方方面面的能力,例证见(12)。

(12) 鲁晓琨(2004:40—41)的"能"例句:
  a. 他能走钢丝。(可用"会")
  b. 他一天能走五十里。
  c. 汽车能坐六十人。

d. 我听说你是个很有办法的人,能搞到价格合理的电视机。
e. 我认为我是能在逆境中严格要求自己的。
f. 我也觉得我不能给吴迪带来什么益处,给她以向上的力量。
g. 曹先生的话能感动他,小福子不用说话就能感动他。

§2.2和§2.3的分析显示,"会$_{能力}$"比"能$_{能力}$"对VP有更多的词汇限制,前者对VP的技术难度、类指性、无条件性等有更多的语义要求。功能词的词汇限制较多一般反映出该词的词汇义还很强,这印证了文炼(1982)、周小兵(1989)等的一个看法:"会$_{能力}$"保留了动词性,"能$_{能力}$"是语法化程度偏高的助动词。

再看条件情态义,在词汇搭配上"会$_{条件}$"比"能$_{条件}$"更自由。§4.3.1指出,"会$_{条件}$"对VP没有任何词汇义的要求,而"能$_{条件}$"要求VP符合主语意愿,并倾向蕴含结果状态义。也就是说,"能$_{条件}$"比"会$_{条件}$"有更多的词汇限制,那么,"会$_{条件}$"应该比"能$_{条件}$"语法化程度略高。

最后看认识情态义,"会$_{认识}$"和"能$_{认识}$"有很多共性。它们均可有条件地跟认识情态副词连用,它们构成的认识情态句都是引出真实性未得确认的非现实事件。而且,"会$_{认识}$"和"能$_{认识}$"的语法环境极其近似,均倾向于否定疑问的环境(许和平1993:94—95;周小兵1996:15;等等),见(13a)。"会$_{认识}$"和"能$_{认识}$"即使偶尔用于肯定陈述句,也伴有强语气,如(13b)都带有感叹语气。可见,"会$_{认识}$"和"能$_{认识}$"的主观性仍依赖于语法环境的主观义,它们都还不是成熟的认识情态词。

(13) "会$_{认识}$"和"能$_{认识}$"的语法环境相近:
    a. 他不会是爱上你了吧?|他可是我的亲外甥,还能坑咱吗?
    b. 这么笨的人竟然会上了清华大学啊!|看这个头,他

估计能有两米高哎！

不过,"会_{认识}"的认识情态义比"能_{认识}"更发达。这一点的首要表现是"会_{认识}"比"能_{认识}"在句法分布上更自由。第一,"会_{预测}"在广义上也属于认识情态词,它在肯定陈述句里可以自由表达预测性将来义,见(14a),但"能"不能这样用,见(14b)。

(14) "会_{预测}"和"能_{认识}"表达将来事件的差异:
  a. 看这个天气,明天会下场大雨。
  b. 看这个天气,? 明天能下场大雨。

第二,否定陈述句里,"会_{认识}"可以更自由地搭配其他的认识情态词,见(15a),但"能_{认识}"搭配其他认识情态词的自由度是偏低的,见(15b)。

(15) "会_{认识}"和"能_{认识}"搭配其他认识情态词的差异:
  a. 昨天来找我的人应该/一定不会是小王的。
  b. 昨天来找我的人应该/(*一定)不能是小王吧。

第三,在否定疑问的环境里,"会_{认识}"和"能_{认识}"都能引出静态事件或惯常事件,可用"能_{认识}"的句子往往也能换用"会_{认识}",如(16)所示。

(16) "会_{认识}"和"能_{认识}"都能表达静态事件或惯常事件:
  a. [静态事件] 小王在外地,昨天来找我的人不会/能是他。| 儿子几年没回家,我会/能不想他吗?
  b. [惯常事件] 你想想,天下的父母会/能害自己的孩子吗?

但是,"会_{认识}"还能自由地表达动态的非将来事件,它后面的 VP 可以相对自由地带上时体词,而"能_{认识}"表达的非将来事件多是静态事件,很少是动态事件,它后面的 VP 很难自由地带上时体词[1],如(17)所示。

---

[1] 彭利贞(2007:224—225)给出一些"能_{认识}VP"里 VP 带"了₁"的例句,如"我要是外人还能到了这儿?""那还用说,谁还能扔了她!"。我们认为,这些句子中的"了₁"接近于马希文(1983)等所说的作动相补语的词尾"了",它并非成熟的时体词。

(17) "会_认识"和"能_认识"表达非将来事件的差异:

  a. 现在日上三竿了,他不会/(?能)还在睡觉吧?

  b. 你媳妇会不会/(*能不能)怀了小孩了?

而且,表示认识情态义的"会不会"可以位于全句之首、话题之前,见(18a),"能_认识"从不位于主语之前,如(18b)所示。

(18) "会_认识"和"能_认识"在主语之前的差异:

  a. 会不会他们家张三考上大学了?

  b. *能不能他亲兄弟害他呢?

(17)(18)的现象表明,"能_认识"的句法层级不能像"会_认识"那样提升到了认识情态词的位置,"能_认识"远不是成熟的认识情态词。总结起来,"会_认识"的语法化程度和句法层级均高于"能_认识"。

  "会_认识"的认识情态义比"能_认识"更发达,这一点还反映在两者的使用频率上。周小兵(1989:79)统计指出,推测义的"会_2"(囊括了本书的"会_认识")与推测义的"能_4"(即本书的"能_认识")在书面语中的使用频率悬殊(83.5%比16.5%)。周氏的"会_2"至少囊括了我们的"会_预测"和"会_认识",他的统计已反映出"会"的认识情态功能比"能"更发达。鲁晓琨(2004:149—151)也得出了一个近似的语料统计结果:普通话里,助动词"能"有超过三分之二的情况是承担了"非情态表现"的功能(表达能力义),它用于"情态表现"(表达主观推测的认识情态义)的情况很不占优势,而助动词"会"有约80%的用例是承担情态表现的功能,相当多数的主观推测句只能用"会"而不能用"能"。鲁氏的这个语料考察再次印证,在实际使用中,助动词"能"很少表示认识情态义,而助动词"会"常常发挥着认识情态词的作用,"会"用于主观推测句的自由度远远高于"能"。

  上文显示,"能_认识"的语法辖域应该是不含事件主语及时体状况的动作,这个语法辖域类似于"能_条件"的情况。不过,"能_认识"重在断言

VP所指行为的真实性，偏向表述非将来事件，而"能_条件"重在断言VP所指动作的可实现性，更常表述将来事件。那么，"能_认识"的语义特征式应该是［动作_(-话题,-主语,-时体)，真实性；可能］，这个语义特征式并非认识情态义的普遍情况。

综上所述，"会_能力"比"能_能力"语法化程度略低，"会_条件"比"能_条件"语法化程度略高，"会_认识"比"能_认识"语法化程度要高很多。可见，普通话里助动词"会"和"能"的三组情态义在语法化程度的差异模式上并不一致。普通语言学认为一个语法形式的语法化程度与其主观化程度是正相关的，我们结合上文的讨论可知，"会_能力"的意义比"能_能力"更客观，"会_条件"比"能_条件"主观性略强，"会_认识"比"能_认识"主观性更强。

10.3.2 同类情态义的稳定性

普通话里助动词"会"和"能"的三组情态义在稳定性特征的差异上始终是一致的。第二章论证了"会_能力"和"能_能力"表示的能力在稳定性上很不同，这也可解释它们的表义范围为何不同。"会_能力"表示稳定性极高的能力，指有生主语有意识地施加技巧的类指性能力，本质上属于不随条件变化的内在性质，这种能力是数量较少的。"能_能力"表达稳定性偏低的特定能力，本质上属于临时条件下出现的潜在可能，有具体的程度或情状，这种能力在每个特定时地皆可存在，是数量较多、情况多样的。

"会"和"能"能力义的稳定性差异也延续到它们的条件情态义上，这不仅指"会_条件"和"能_条件"有情态强度的差异，还体现在二者的各项句法差异上。

第一，"会_条件"所搭配的VP除却指动态行为，还可以指静态的性质状态，如(19a)所示，它对VP没有限制。但"能_条件"所搭配的VP限于动态行为，它不能是表述静态事件的VP，如(19b)所示。

(19) "会_条件""能_条件"搭配静态VP有不同：

　　　　a.［动态 VP］他一闻到烟味,就会打喷嚏。
　　　　　［静态 VP］海南岛夏天会很热。
　　　　b.［动态 VP］一到假期,学生就能出去旅游了。
　　　　　［静态 VP］冬天开暖气的时候,*屋里能很暖和。

§4.3.1 还谈到,"能$_{条件}$"所搭配的动态 VP 倾向指有结果状态的行为,"会$_{条件}$"对它搭配的 VP 没有这种限制。情状意义上,性质状态是高稳定的事件,有结果状态反映出动作的强动态性。于是,"会$_{条件}$"和"能$_{条件}$"所搭配的 VP 有上述的情状差异,间接证明:"会$_{条件}$VP"所指的状况是稳定性很高的静态事件,"能$_{条件}$VP"所指的状况是低稳定性的,具有一定的动态可变性。

　　第二,"会$_{条件}$"和"能$_{条件}$"的稳定性差异也体现在这两个词在否定词的搭配上。"能$_{能力}$"和"能$_{条件}$"在用于表述将来状况时,只能用"不"进行否定,但它们在用于表述非将来(一般是过去)的状况时,除却用"不"外还可以用"没"进行否定［参见彭利贞(2007:328、338—346)］,见(20)。

　　(20)"能$_{能力}$""能$_{条件}$"在过去状况句中的否定词:
　　　　a.［"能$_{能力}$"］他昨天病了,不/没能跑运动会的马拉松。
　　　　b.［"能$_{条件}$"］刚才钥匙丢了,我们不/没能进家门。

彭利贞(2007:322—327、345)指出,绝大多数情态词不能用"没"进行否定,是因为否定词"没"具有现实性,典型的情态(认识情态、道义情态)都是非现实的,这两种意义相互矛盾;不过,一些动力情态词(如"能""敢""肯")可以被"没"否定,因为动力情态处于非现实与现实的过渡地带,它可以诠释出现实意义——能力、意愿、勇气一般指说话人断言为真的客观事实,它们可以被表述为非将来的状态,在这种情况下"没"的现实意义跟动力情态并不冲突。这阐明了(20)里"没"可修饰"能$_{能力}$""能$_{条件}$"的语义基础,我们同意这个观点。不过,"能$_{能力}$"和"能$_{条件}$"在用于表述过去或现在的惯常状况时则只能用"不"进行否定,见(21)。

(21) "能_能力""能_条件"在过去惯常句中的否定词:

a. ["能_能力"] 以前他身体弱,<u>不</u>/(*<u>没</u>)能跑马拉松。

b. ["能_条件"] 他每到开学,就<u>不</u>/(*<u>没</u>)能抽出时间旅游了。

更重要的是,"会_能力""会_条件"同样是动力情态词,在任何情况(包括表示过去的事况)下都拒绝"没"作否定词,它们只能用"不"否定,见(22)。

(22) "会 VP"只能用"不"否定:

a. ["会_能力"] 以前他<u>不</u>/(*<u>没</u>)会游泳,后来才学起来的。

b. ["会_条件"] 以前他每到礼拜五,就<u>不</u>/(*<u>没</u>)会按时上班。

(21)(22)说明"没"的使用不止受制于谓语的现实意义。彭利贞(2007:332—333)从能力的"连续量\离散量""无界\有界"角度解释了(20)(22)里"没能_能力"和"*没会_能力"的合法性差异,§1.1.2.1谈到彭氏的解释还不够充足。下面根据本书的分析框架,从所述事态的"静态性\动态性"角度来解释"*没会_能力"和"没能_能力"的合法度差异。在任何情况下"会_能力""会_条件"都不能被"没"否定,其否定词只能用"不",这个现象应该源于这两种"会 VP"所述的状况无法诠释为动态事件,它们表述了典型的静态事件。具体而言,"会_能力 VP"表述恒常的心智能力(参见§2.2),"会_条件 VP"表述惯常规律(参见§7.3.1),心智能力和惯常规律都是典型的静态事件①,这两种"会 VP"就是典型的静态谓语,而普通话里典型的静态谓语(如"是……""喜欢……")否定词只能用"不"(参见§10.2.1)。在过去事况句里"能_能力""能_条件"有时可以用"没"否定,这个现象应该源于这两种"能 VP"所指的状况可以诠释为具有一定动态性的事件。具体而言,"能_能力 VP"表示的特定能力往往具有低稳定性(参见§2.3.1),如(20a)的时间词"昨天"表明该句所述

---

① 这种"会 VP"语义上的静态性对应于它所指的状况具有高稳定性。

的能力限于某天,这种低稳定性提示了它的动态可变性;"能$_{条件}$VP"可以表述在特定时刻下发生某行为的潜力,如(20b)的时间词"刚才"表明该句所述的潜力是一个临时(非恒常)状况,它可被看作一个不典型的动态事件。也就是说,这两种"能 VP"可以在一定条件下被诠释为动态谓语,而普通话里动态谓语在表述现实的已然事件时要用"没"来进行否定,所以"能$_{能力}$""能$_{条件}$"在用于表达过去特定时间的潜力时便能受"没"修饰。至于(21)里"*没能 VP"不合法,这是因为(21a)表述的生理能力(身体弱导致无法长跑)是在一个长时期(即"以前")里恒常稳定的状态,(21b)表述一个具有事件反复性(即"每到开学"传递的意思)的惯常规律,这两种事态的性质都很像"会$_{能力}$VP""会$_{条件}$VP"的情况。也就是说,(21)的"能 VP"应当被看作典型的静态谓语,所以,它们不能用"没"来进行否定。

第三,"会$_{条件}$"和"能$_{条件}$"搭配"了$_2$"的倾向性不同,这间接反映出它们所指状况的稳定性是不同的。"会$_{条件}$"相对排斥"了$_2$","会$_{条件}$"句只有在表述惯常状况的改变时才能用上"了$_2$",见(23a),"会$_{条件}$"句若是描述始终不变的惯常状况,则不能用"了$_2$",如(23b)所示。

(23) "会$_{条件}$"难以搭配"了$_2$":

  a. [惯常变化]咱们老家本来干旱得很,如今到夏天也会$_{条件}$发大水(了)。|这孩子以前是挺没礼貌的,可现在见到生人会$_{条件}$鞠躬问好*(了)。

  b. [惯常恒定]每年到假期,学生就会$_{条件}$出去打工(*了)。

相反,"能$_{条件}$"句表达任何惯常事件都能用上"了$_2$",见(24a—b),而且,"能$_{条件}$"句在表达过去的特定事件时常常强制用"了$_2$"传达变化义,如(24c)。

(24) "能$_{条件}$"容易搭配"了$_2$":

  a. [惯常变化]以前北方人一年到头都吃大白菜,如今到冬天也能_条件 吃上南方的蔬菜(了)。

b.[惯常恒定] 每年到假期,学生就能_条件 出去旅游(了)。

c.[特定事件] 昨天找到备用钥匙后,他能_条件 正常进家门*(了),刚好锁匠又到了门口。

学界的一个重要共识是"了₂"主要表示状况的变化(吕叔湘 1980/1999:351;武果 2007:342),那么,倾向搭配"了₂"的功能词应该有动态变化性,这样两个语法词才能语义相容;反之,排斥"了₂"的功能词是变化性弱的。根据这一理念再结合(23)(24)的现象可知,"会_条件 VP"所指的状况是变化性偏弱的,亦即它的时间稳定性很高,而"能_条件 VP"所指的状况是变化性高、稳定性低的。范晓蕾(2016:222)简略指出"会_条件"排斥"了₂",这里精进了该项观察:"会_条件"不能自由搭配"了₂",但可以有条件地搭配"了₂",其条件是"会_条件"句表达的惯常状况是新出现的、异于以往的。

彭利贞老师在评审意见中提到的几个例句"他闻到烟味,就会打喷嚏(了)""一碰到老实的人,我就会说(了)""只要眼皮一合,就会进入梦境(了)""这根火柴一熄灭,你就会不见(了)""你一瞧见这戒指上的宝石,就会看见我(了)"都属于"会_条件"句,而它们都可选性地用到"了₂",这看似违背上段的语法总结。但注意,这些"会_条件"句都用到副词"就",范晓蕾(2021a:297)解释了助动词"会"遇到"就"便能跟"了₂"共现是怎样的语法动因:"'就_超预期+会/没 VP+了₂'的句法层次应该是'[就_超预期+会/没 VP]+了₂',跟'了₂'直接组合的是'就_超预期+会/没 VP',而非'会/没 VP'……'就_超预期+会/没 VP+了₂'可以隐去'了₂',这说明当中的'了₂'不标示时体义,不负责完句,只是起话语衔接的作用,理论上它应该是句法层级更高的'了₂语气'。"所以,彭老师的这些例句跟上段的语法总结并不冲突。

第四,"会_条件"句和"能_条件"句能表达的事件范围有差异,这或许也反映了它们所指的状况是稳定性不同的。条件必然、条件可能均是客观情态义，理论上，两者应该是表述惯常状况、将来状况、过去状况皆可的。"能_{条件}"句的确如此，上文显示，它既能表达惯常事件，也能表达将来时段的特定事件，还能表达过去时段的特定事件[见(24c)]。然而，"会_{条件}"句表达惯常事件，"会_{计划}"句表达将来时段的特定事件，但任何"会"句都不能表达过去时段的特定事件。例如，(25)的两句都是表达过去的特定事件，在需要用情态词的地方可以用"能"或"要"，却不能用"会"。

(25) "能_{条件}"句和"会_{条件}"句在表达过去的特定事件时存在差异：

a. 昨天他们打到出租车，原本(*会)/能按时到机场的，最后不知为啥误了飞机。

b. 旧校历显示，他们学校去年七月十日(*会)/要放暑假的。

也就是说，"能_{条件}"句可自由表达惯常事件和特定事件，而"会_{条件}"句倾向表达惯常事件，"会_{条件}"句至多表达非现实的特定事件，它不能表达现实的特定事件。惯常事件是贯穿多个时点的类指性事件，属于时间稳定性很高的；特定事件限于单个时点，是时间稳定性很低的。那么，"会_{条件}"句和"能_{条件}"句能表达的事件范围存在上述差异，可以诠释为："能_{条件}"比"会_{条件}"更偏向表达不稳定的事件，"会_{条件}"专注于表达稳定的事件。

这里还要谈另一个问题。既然事况句的"会"独立于惯常句的"会_{条件}"，被设为"会_{计划}"，那么事况句的"能_{条件}"或许还可独立为一个"能_{潜在性将来}"。我们尚未做足够的跨语言/方言考察，不知道是否有语言将(24a—b)里惯常事件的条件可能义和(24c)里特定事件的条件可能义编码为不同的情态词，所以，本书暂时未将惯常句的"能_{条件}"和事况句的"能_条件"分为两个功能。但不排除未来有语料支持这种功能区分。倘若如此,更精确的语义关联或许是"特定能力—条件可能_(惯常句)—潜在性将来_(事况句)",这就对称于图8.1的"恒常能力—条件必然_(惯常句)—计划性将来_(事况句)"了。

10.3.3 语义的不对称

按照我们的界定,普通话的"会"属于必然范畴的情态词,普通话的"能"属于能性范畴的情态词,那么,这两个词在同类情态义上的诸多差异体现了"能性\必然"两个强度范畴的不对称性(参见§9.4.3)。这种不对称性还体现在普通话"会"和"能"在多功能的区分难度上很不同。"会_能力"和"会_条件"是很容易区分的,"能_能力"和"能_条件"经常不容易分辨(参见§4.3.3)。看来,构建在强度"能性\必然"上完全对称的情态类型系统只是一种理想模型,具体到特定词形上便会遇到阻碍。

10.3.4 句法层级的高低

助动词"会_条件"和"能_条件"应该是句法层级相当的,它们都能搭配"了_2"表达某种潜在状况的变化(参见§10.3.2),这两个词分布的语法环境基本相同,均可用于主要小句、假设从句、定语从句等。§10.3.1虽指出"会_条件"的语法化程度略高于"能_条件",但语法化程度有细微差异的两个功能词也可能是句法层级相同的。例如,普通话里动相补语"掉"的语法化程度高于词汇性的结果补语,但"掉"的句法层级跟一般的结果补语是相同的,它们都是紧附于核心V上、在词尾"了_1"之前,这可以比较句子"他砍掉了一棵树"和"他砍断了一棵树"。当然,句法层级较高的功能词自然是语法化程度更高的,只是,语法化程度高低有差异的两个功能词有可能是句法层级相当的。

"会_计划"和"会_预测"的句法层级应该高于"会_条件""能_条件",这有形式证据。首先,两组词搭配变化义"了$_2$"的能力不同,"会$_{计划}$""会$_{预测}$"不能搭配"了$_2$"(参见§7.5.1),但"会$_{条件}$""能$_{条件}$"均能搭配"了$_2$"。这或许意味着"会$_{计划}$""会$_{预测}$"的句法层级更接近"了$_2$"的节点位置,"会$_{条件}$""能$_{条件}$"的句法层级要远低于"了$_2$"的节点位置。其次,两组词在定语从句、假设从句中的分布倾向性存在不同,§7.5.1已展示出"会$_{计划}$""会$_{预测}$"排斥这两种从句,"会$_{条件}$"接受这些从句,(26)显示"能$_{条件}$"跟"会$_{条件}$"一样是自由用于从句的。这进一步证明"会$_{计划}$""会$_{预测}$"有更强的语法义,理论上它们的句法层级略高一些。

(26) "能$_{条件}$"用于从属句:

    a. [定语从句]明天老天能下的只能是大雪,不可能是大雨。

    b. [假设从句]如果明天能下场大雪,那咱们就可以堆雪人了。

陈振宇(2020)主张普通话里"会$_{11}$"(包含本书的"会$_{条件}$""会$_{计划}$"和"会$_{预测}$")和"能$_1$"(包含本书的"能$_{能力}$""能$_{条件}$")的句法层级完全相同,理由是二者几乎不能连用。不过,汉语中两个词不能连用未必是句法层级相同,也可能源于它们存在语义冲突。比如,道义情态词和能力情态词是句法层级不同的,这两种情态词默认可以连用,例句如"我们的要求是,每个咨询师必须能$_{能力}$迅速理解对方的诉求"。不过,并非任何道义情态词都能自由搭配能力情态词,"可以$_{道义}$"和"能$_{能力}$"也难见连用的情况,因为这两个词在语义上不匹配,社会规约不会对某人的能力做出"允许"或"不许"的规定。另外,普通话的词汇借自不同的方言,地域来源的绝对差异也会造成两词连用的困难。"会$_{11}$"和"能$_1$"虽然并存于普通话,却分布于不同的方言区:前者在东南方言,后者在北方方言。地域分布的互补性导致两个词在各方言中不会连用,这种情况很可能延续到普通话里。因此,陈振宇(2020)说的"会$_{11}$"和"能$_1$"很少连用的现象不足以证明这两个词的句法层级相同。

综上所述,两个词不能连用未必是它们句法层级相同的缘故,要准确定位两个词的句法层级,除却看连用情况(能否连用、连用顺序),更要综合考察它们的其他语法分布情况(如词项搭配、句法环境)。

10.4 普通话的"会"与"要":时制和有界的差异

10.4.1 表将来和推测皆不同

§7.3.1 和§7.3.2 已显示,普通话的助动词"会"和"要"存在功能重合处,它们都有条件必然义和计划性将来义,可以有条件地互换,见(27a—b)。再如(27c)所示,"会"和"要"都可以用于表达预测性将来,它们在搭配认识情态副词时要位于认识情态副词之后,这说明"会"和"要"在形式句法树上的句法层级都要低于认识情态副词。

(27)"会"和"要"有相似的功能:
  a. [条件必然] 北方的河冬天会/要结冰。
  b. [计划性将来] 工作安排已经定了,他下半年会/要在北京工作。
  c. [预测性将来] 他以后大概会/要在北京工作。

但是,当这两个词用于陈述不可控的将来事件时,母语者都感到"会"比"要"多了主观性更强的推测可能义,"要"比"会"多了客观性更强的确定事实义。这种语感差异应该是因为"会"总是用于引出未确认的将来事件,如(28a),"要"经常用于引出已确认的将来事件,如(28b)。

(28)"会"和"要"表述将来事件有差异:
  a. [预测性将来] 下一届竞选,他会/(*要)当上总统的。
  b. [确认性将来] 竞选结果揭晓,他(*会)/要当上总统呢。

再看,"会 VP"偏向表达一般将来事件,它不容易表达近将来事件,而"要 VP"常常表述马上发生的近将来事件,这种差异如(29)所示。

(29) "会"和"要"表述将来事件有差异:
  a. [远将来事件] 也许要等很久,但春天会/(*要)来到我们的身边。
  b. [近将来事件] 快立春了,春天就(*会)/要来到我们的身边。

这种差异也归因于"会"和"要"对事件发生的确认度有不同。近将来事件一般是说话现场即刻要面对的状况,其实现的确定性极高,或者说,近将来事件句在真值确定性上接近于现实事件句。所以,能用于这种将来事件句的标记不会有太高的主观推测义。综上可知,在预测性将来的表达中,"会"承担了主观性意义,它起到了认识情态词的作用,而"要"只是引出将来事件,不含主观性意义,它应该没有认识情态义。

吕叔湘(1980/1999:592)、鲁晓琨(2004:177)、彭利贞(2007:138)等多数文献都主张"要"在表达将来事件时传达了可能、推测、认识必然等认识情态义,他们的例证如"不顾实际一味蛮干要失败的""会议大概要到月底才能结束""那是很野蛮的运动,要伤身体的"。尽管这个看法得到学界的广泛认同,但白雪(2006)的2.2节提出,用在将来事件句中的"要"没有表达推测的认识情态义,那些所谓"要"表达认识情态义的句子都可以从句内的其他成分(如句末语气词、语气副词等)或句子所处的复句关系中推导出认识情态义,这种认识情态义不能看作"要"的固有意义。回顾那些论证将来事件句中的"要"蕴含认识情态义的文献,这些文献确实是将"要"所在的句子或语境的意义直接归为当中"要"的意义,并未剖析"要"对这些句子的精准语义贡献是什么。"要"固然能用于表将来事件的认识情态句,例句如"这天儿恐怕/可能/应该要下雨了",但这种句子中的"要"大概并不贡献主观推测义。一来,这些认识情态句包含了明显蕴含主观推测义的其他词汇(如"恐怕""可能""应该"),那么,这些句子的认识情态义就不能简单归为"要"的意义贡献;二来,这些认识情态句中的"要"跟客观将来句(如"明天要开学了")中的"要"没有语法表现上的不同,这就难以证明这两类句子中的"要"存在语义差异。因此,我们赞成白雪的主张:普通话的助动词"要"在表达将来事件时没有认识情态义,它只是贡献了客观将来义。

彭利贞老师在评审意见中谈到,短语"要下雨""要倒霉"的"要"大概是表示认识必然义。笔者认为,彭老师的这种意义判定或许是因为这两个短语所述的事件是不可控的(人力无法制约其发生与否),此特点容易联系上主观推断的事件具有不确定性的特点(谈话双方不知道其发生与否)。但是,事件的不可控性(属于自主性状况)和事件的不确定性(属于真实性认定)是截然不同的两回事。况且,短语"要下雨""要倒霉"所述事件的不可控性是其谓词性成分"下雨""倒霉"的语义属性,不是"要"的语义属性。其实,这两个短语跟表示可控性事件的短语"要开学"是同一类用法,后一个短语的"要"显然不被认为是认识情态义,这只是因为当中的"开学"是计划中可控的确定性事件。§10.4.2 将证明,这种用法的"要"是谓宾动词,它表示"趋近于发生……"的词汇义,这个词汇义距离认识必然这种高度虚化的语法义是很远的。

普通话里助动词"会"和"要"都是将来事件句的常用词,它们为何呈现出(28)(29)这样的语义差异呢?本节比较"会$_{将来}$"和"要$_{将来}$",来解答这一问题。这里的"会$_{将来}$"是侧重句法表现(辖域及分布)的界定,它囊括了§7.3 里基于语义特征及跨语言差异界定的"会$_{计划}$"和"会$_{预测}$"。"会$_{条件}$"虽然也蕴含相对将来的时间关系,却未被并入本章的"会$_{将来}$",这是因为"会$_{条件}$"的句法层级低于"会$_{计划}$""会$_{预测}$"(参见§7.5.1)。这里的"要$_{将来}$"一般是用于表达主语不可控的事件(如句子

"他要被领导开除了"),它不是"要"表示意愿义(如句子"我要_想揍死他")或必要义(如句子"学生要守纪律")的用法。

10.4.2　时制差异

"会_{将来}"和"要_{将来}"在时制编码上有不同[又见范晓蕾(2019a: 222)]。"会_{将来}"有完句功能,很多将来事件句去掉"会_{将来}"后无法完句,见(30a)。本书赞同范晓蕾(2021a:262—263)对汉语完句的看法:普通话的动态事件句要有一个语法形式标示出整个句子的相对时制义,才能完句。根据这一理念,"会_{将来}"有完句功能就提示该词编码了统摄全句的相对时制义。当然,潜力情态词"能"、评判情态词"可以""必须"也可促成"明年他当上市长"完句,这是因为潜力情态词、评判情态词搭配 VP 后构成了静态谓语,这种谓语不需要完句词(参见§10.2.2.3)。然而,需要区别的是,"能 VP""可以 VP""必须 VP"表达过去、现在、将来的情况皆可,也就是说,它们表达已然情况或虚拟情况皆可,而"会_{将来}VP"限制了事件时间和现实性状况,这说明"会_{将来}"关乎相对时制义,不是普通的助动词。

(30) "会_{将来}VP"的特殊性:

a. ["会_{将来}"负责完句]明年他当上市长*Ø#。⇨ 明年他*(会)当上市长#。

b. [限于非现实环境]如果当初她嫁给小王,现在一定<u>会</u>离婚。(反事实句)

c. [拒绝现实环境]去年我离开时,*他就<u>会</u>当上村长的。(过去事件句)

d. [限于非现实环境]去年我离开时,他本来(就)<u>会</u>当上市长的。(反事实句)

具体而言,"会_{将来}VP"除了标示说话时间之后的绝对将来,还在反事实句标示某种条件之后的相对将来,见(30b),这些都是典型的非现实环境。但是,"会$_{将来}$"不能描述过去情景里特定的相对将来事件,如(30c)所示,(30c)其实属于现实环境。总之,"会$_{将来}$"只能在非现实环境中引出将来事件,表达纯粹非现实的将来义"在将来的或非真实的时间 T,必然有事件 E",这是汉语的相对将来时,它可以决定非现实的动态事件句完句。这里要解释"将来时间 T"和"非真实时间 T",将来时间 T自然是绝对将来句的参照时间,它指将来的特定时间,非真实时间 T主要是排除过去的特定时间,它主要指反事实句的参照时间。彭利贞老师在评审意见中提出,(30d)看似跟(30c)属于同一种相对将来句,它却可以用"会$_{将来}$"。这种情况是可解释的,其实,(30d)的事件类型有别于(30c),它跟(30b)一样表达反事实事件——当中的副词"本来"表示所述事件并未发生,所以,(30d)本质上属于非现实句,它能用"会$_{将来}$"符合我们的观察。

相反地,"要$_{将来}$"不能促成完句,它往往须依靠"了$_2$"完句①,见(31a),这种表现类似于现实动态事件句。"要$_{将来}$"的否定词不能用"不",它更容易用"没$_未$"来否定,见(31b),这种表现也类似现实动态事件句。而且,"要$_{将来}$"既用于绝对将来句、惯常句、反事实句等非现实环境,见(31c),它也用于现实环境来描述特定的相对将来事件,见(31d)。

(31) "要$_{将来}$VP"未编码将来时制:

    a. [完句靠"了$_2$"] 明年他要当上村长 *∅#。⇨ 明年他要当上村长 *(了)#。

    b. [否定用"没"] 老王要当村长了?——这是谣言,他(*不)/没要当村长啊。

    c. [接受非现实环境] 如果当初她嫁给小王,现在一定要

---

① 这区别于只引介可控事件的"要$_{意愿}$",后者完句不用"了$_2$",如"我要$_{想}$吃榴莲"。

离婚的。(反事实句)

d. [接受现实环境] 去年我离开时,他就<u>要</u>当上村长了。(过去事件句) | 烟刚<u>要</u>点着,又被风吹灭了。(郑天刚 2002b:123)

因此,"要_{将来}"表示了无关现实或非现实的将来义"在任一时间 T,将出现事件 E",这不是语法性的时制义。准确而言,"要_{将来}"是一个表示"趋近于发生……"的谓宾动词,它跟动词"趋近于"一样属于词汇词,并未编码任何语法性的时制义。注意,这里对"要"的释义是采用郑天刚(2002b:116)、鲁晓琨(2004:182)的描述方式"趋近于……"。按照上述分析,"要_{将来}VP 了₂"虽然表达了一个将来事件,它本质上却是时制义为[+相对非将来]的现实事件句,它的准确意义是已然出现一个趋近于"VP"的状况。

郑天刚(2002b:122—123)提到"要_{将来}"不同于"会_{将来}"的几个表现,其中包括"要_{将来}"之前可以添加如下三组副词:(一)"快、马上、眼看"等来突出事变的速度;(二)"终于、总算、到底"等来突出事变前的等待时间之长;(三)"早就、已经、曾经"等来表过去时间的词。首先,郑氏的观察有误,"会_{将来}"跟"要_{将来}"一样可以前加第(一)组副词,语料库中有大量的例句是"很快会/马上会/眼看会……"这种搭配式。其次,我们不认同郑氏的解释。上文论证了"要_{将来}"是词汇性的谓宾动词,句法上它可以前加各种副词,所以,搭配式"快要/马上要/眼看要……"能成立跟副词的事变速度、时间义等是无关的。上文论证了"会_{将来}"是编码了相对将来时的助动词,它有非现实性,但第(二)(三)组副词表示事件是现实的,这就造成"*终于会/*已经会……"等是语义冲突的搭配式。

柯理思(2007:110)谈到"要"跟"会"一样属于非现实范畴的形式,该词在表示意愿义、必要义、将来义时都是用于未然事件句。这个说法中的"未然事件"应该是说"要"后面的词汇性 VP 指涉未实际发生的事件,而本节表明"要 VP"式整体表达的是已然事件,这令"要"的非现实内涵有别于"会"。

陈振宇(2020:28)的图 2 显示,本书的"会$_{将来}$"(属于陈氏的"会$_{11}$")在句法层级上高于"要$_{将来}$"(陈氏称为"要$_2$"),其依据是郭昭军(2003:393—394)的一个观察:语料中常见"会$_{将来}$+要$_{将来}$"的连用式,几乎不见"要$_{将来}$+会$_{将来}$"式。确实如此,即使是"会$_{条件}$",它的句法层级也高于"要$_{将来}$",因为二者的连用顺序是"会+要",如普通话的句子"每个追梦人都会要收获幸福的"。我们基本认同陈氏的这一句法定位。

上述讨论进一步证明,在形式句法树上,"会$_{将来}$"处于跟"没"一样的相对时制词的位置,"要$_{将来}$"位于时制词之下的词汇层 VP 的边缘处,它接近于潜力情态词的句法位置。这样定位它们的句法位置就可以解释如下的现象:"会$_{计划}$"和"会$_{预测}$"排斥定语从句、假设从句等从属句(参见§7.5.1),"要$_{将来}$"可自由用于这些小句,如(32)所示。

(32) "会$_{将来}$""要$_{将来}$"用于从属句的倾向性不同:

a. [定语从句]学校下周(会$_{计划}$)/要放假的消息,是个谣言。|明天(?会$_{预测}$)/要下大暴雨的说法,不是《天气预报》说的。

b. [假设从句]如果学校下周(*会$_{计划}$)/要放假,那我就去泰国旅行。|如果明天(*会$_{预测}$)/要下大暴雨,那我就不去上班了。

"会$_{将来}$"含有时制和情态的意义,这种功能词的分布会受限于所在环境的时间义或主观义,这造成"会$_{将来}$"偏向出现在主句中;"要$_{将来}$"是无关语法义的谓宾动词,这种词汇词至多对所搭配的 VP 有词汇限制,它不会对所在的环境有语法限制,所以,"要$_{将来}$"就可以自由用于主句和从句。郑天刚(2002b:127)已提及"要 VP"比"会 VP"能自由充当更多的句法成分(如定语、主语、宾语、情态补语),该文将这一现象解释为:"要

VP"采取情势取向,侧重于条件对情况发生可能性的作用力;"会 VP"采取结果取向,是对某种情况发生的确定性予以认定。郑氏的观察我们是认同的,但他的解释既没有明确的证据,其表述又颇具个性色彩,令人不易理解。§10.4.3 将证明,普通话的"要 VP"才具有普通语言学意义上的结果指向性。

至此,我们可以解释"会"和"要"在多功能模式上的一个区别:为何"会"有认识情态义,而"要"没有真正的认识情态义?这很可能跟"会$_{将来}$"和"要$_{将来}$"在时制编码上的差异有关。蔡维天(2010)论证了各类情态词在形式句法树上处于不同的位置。根据蔡氏的看法,在各种情态词中,认识情态副词"大概"的句法层级最高,它高于时制词的位置;"会$_{认识情态}$"的句法层级次之;再次是道义情态词"必须""应该",它们低于时制词的位置;句法层级最低的情态词是动力情态词"敢""会$_{能力}$",它们位于词汇层 VP 处。蔡氏未界定"要$_{将来}$"的位置,但上文证明,它是未编码时制特征的谓宾动词,应该位于句法树上词汇层 VP 的边缘处。由是观之,句法上"会$_{将来}$"距离认识情态副词很近,这令它极易发展出认识情态义;"要$_{将来}$"距离认识情态副词是很远的,也就难以发展出认识情态义。因此,表达同一个将来事件,用"会$_{将来}$"有浓重的主观推测义,用"要$_{将来}$"有强烈的确认事实义。

10.4.3 情状差异

既然"要$_{将来}$VP"相当于一个词汇性短语,它的情状类型又如何呢?我们认为,它整体上相当于一个蕴含变化义的有界谓语,因为它用"了$_2$"不增加变化义,见(33a),这种表现跟普通话里典型的变化义有界谓语是相同的,见(33b),它不同于普通话里典型的无界谓语,见(33c)。

(33)"要$_{客观将来}$VP"相当于一个有界谓语:

a. ["要$_{将来}$VP"用"了$_2$"不增加变化义]

他<u>要去打球</u>了,马上就出发。= 他要去打球,马上就出发。

b. [有界谓语用"了₂"不增加变化义]

他<u>打完球了</u>,就买了个篮球。= 他打完球,就买了个篮球。

c. [无界谓语用"了₂"会增加变化义]

他<u>喜欢打球了</u>,就买了个篮球。≠ 他喜欢打球,就买了个篮球。

这组现象说明,"要_{将来}"自带了动态变化义,它编码了有界性。§7.3.1 和§7.3.2 提到,普通话的条件必然句、计划性将来句里"会"和"要"的替换是有条件的,因为"要"只能搭配动态 VP,它不能搭配静态 VP,见句子"海南岛夏天会/(*要)很热""明天体育馆会/(*要)有一个展览"。我们推测,这种限制或源于"要_{将来}VP"整体上的有界性导致它有动态性,导致它排斥静态 VP 这种典型的静态谓语。

不难发现,"会_{将来}"和"要_{将来}"的否定词有不同。"会_{将来}VP"只能用"不"否定,见(34a)(34b),"要_{将来}VP"只能用"没"否定,而且,"要_{将来}VP"搭配"没"时要带无界 VP,见(34c)(34d)。

(34) "会_{将来}VP"和"要_{将来}VP"的否定词:

a. 听说张三当市长了。——谣言,他<u>不</u>/(*没)会当市长的。

b. 听说张三当市长了。——谣言,他<u>不</u>/(*没)会当上市长的。

c. 听说张三要当市长了。——谣言,他(*不)/<u>没</u>要当市长啊。(无界 VP)

d. 听说张三要当市长了。——谣言,*他<u>不</u>/没要当上市长啊。(有界 VP)

"要_将来"用否定词的表现还可以联系"要_意愿"(如句子"我要吃榴莲")的相应情况,"要_意愿"跟"要_将来"一样偏向用"没"来否定。"要_意愿VP"的否定式是"不 VP"(如句子"我不_不想吃榴莲"),普通话没有"不要_意愿VP"的说法①(如句子"我不(*要)吃榴莲"),偶尔允许"没要_意愿VP"(如句子"我又没要吃榴莲,你咋给我榴莲?")。"会_将来"和"要_将来"在否定词上的差异恰恰印证了这两个词在时制义、有界性上的差异,如下所述。一方面,"不"和"没"在时制编码上很不同。"不"未编码任何时制特征,表现为它不负责完句,句子去掉"不"照样能完句,见(35a)。"没"编码了相对非将来时(范晓蕾 2019a:216),它能够负责现实事件句的完句,见(35b)。

(35) "不"和"没"的完句功能有差异:

    a.[去掉"不"仍可完句]明天他不去上班♯。⇨ 明天他去上班♯。

    b.[去掉"没"不能完句]昨天他没去上班♯。⇨ 昨天他去上班*∅♯。

"会_将来"既然编码了相对将来时,便只能用无时制义的"不",不能搭配含相反时制义的"没",更何况"会_将来"和"没"在形式句法树上处于同一句法层级。相反,"要_将来"未编码任何时制义,在形式句法树上位于词汇层 VP 处,所以它需要含时制义的"没"来负责完句。另一方面,"不"和"没"的语法要求也有差异,"不"在主句里排斥搭配有界谓语(Ernst 1995),见(36a),"没"可以自由搭配有界谓语,见(36b)。

(36) "不"和"没"的语法搭配有差异:

    a.["不"排斥有界谓语]他不吃完早饭*∅♯。vs.他不吃早饭♯。

    b.["没"接受有界谓语]他没吃完早饭♯。|他没吃早饭

---

① 一些东南方言(如吴语、闽语)存在类似"不要_意愿VP"的说法,这种方言现象有时会影响到普通话,但北京话不接受这种说法。

#。

上文谈到"要_将来_VP"整体上相当于一个有界谓语,这个语法定位正对应于它的否定词只能用"没"的现象。

如何理解"要_将来_VP"的有界性意义呢?我们认为,它的词义"趋近于 VP"表明它是蕴含结果指向义的谓语,"要_将来_"所辖的 VP 表示整个事件的目标性结果,这令"要_将来_VP"具有一定的终结性(telicity)。所以,该格式接近于动结式这种达成情状,它作句子的核心谓语时就跟动结式谓语句一样要依赖"了$_2$"完句。这里对"要_将来_VP"的情状定位也是说"要_将来_"具有动态性,§11.3.2 将论述"会_将来_"具有静态性,这种情状差异是"会_将来_"和"要_将来_"的又一个语义对立点。

10.4.4 北方方言的将来时标记

北方方言普遍不用"会_将来_",只有一部分方言用"要_将来_"。很多北方话用其他的语法形式来表达将来事件。一种标示将来义的语法形式是副词"就""快"和助动词"得 dei",它们的用法类似普通话的句子"他就快病倒了""明天得(děi)下雨呢"中的情况。北方汉语里更有特色的将来时标记是句末助词"也/呀"。比如,邢向东(2002,2006)认为陕西神木话的句末助词"也"是将来时制词,唐正大(2018)提出陕西永寿话的句末助词"呀"是将始体标记。将来时标记"也"和"呀"主要分布于晋语和一部分中原官话里,它们很可能是同源词,本节来分析这种句末助词的语法特点,审视一下它们是接近于普通话的"会_将来_"还是更像普通话的"要_将来_"。

唐正大(2018)指出,永寿话里带"呀"的将来事件句,核心谓语只能是动态的自主性 VP(即可用于"开始 VP"式的 VP),这种句子表达的将来事件有很强的意愿性。"呀"对谓语 VP 的这种词汇限制要大于普通话的"会_将来_""要_将来_"对谓语 VP 的词汇限制,这说明"呀"句表达的将来事件是范围很窄的。根据邢向东(2002)的描写,神木话里带"也"的将来事件句在表义范围上要大很多,这种将来事件句的谓语不止可以是自主性VP,也可以是非自主VP和静态VP,这种句子可以表达目的性将来、计划性将来、预测性将来等多种将来范畴的事件。总体看来,神木话的"也"在将来事件的表义范围上很接近普通话的"会_{将来}""要_{将来}"。

不过,西北方言的"也/呀"在完句效应上类似于普通话的"会_{将来}",而这种句末助词在事件的时间范围上又更加类似于"要_{将来}",这很特别。完句效应上,"也/呀"颇似"会_{将来}"。从邢向东(2002)、唐正大(2018)的报道来看,"也/呀"是本方言里很多将来事件句(尤其是陈述句)的完句词,隐去后将干扰完句,如(37)所示。由此推断,这些方言的"也/呀"跟普通话的"会_{将来}"一样编码了统摄全句的相对时制义,即[＋相对将来]特征。

(37) 西北方言"也/呀"的完句效应类似普通话"会_{将来}":

  a.〈神木〉我们明儿出秧歌*(也)#。|等儿女们成了家,老两口就享几天清福*(也)#。(邢向东2002:622)

  b.〈永寿〉兀几个明儿到西安去*(呀)#。(唐正大2018:237)|小芹生二胎*(呀)#。(唐正大2018:239)

在事件的时间范围上,"也/呀"类似于"要_{将来}",这种句末助词除了条件必然和绝对将来外,还能用于表达过去时段的相对将来事件。例如,(38)的"也/呀"句都是表述过去时段的相对将来事件。

(38) 西北方言"也/呀"的事件范围类似普通话"要_{将来}":

  a.〈神木〉那回见你着,你正忙得考试去也。|我们到了站上着,车正开也。(邢向东2002:622)

  b.〈永寿〉夜来早上我走呀,娃他舅来咧。|我刚看这个红包点去呀就没咧。(唐正大2018:238)

可见,西北方言的"也/呀"并没有普通话"会_{将来}"那样强的非现实性,它像普通话的"要_{将来}"一样兼用于现实情景。这样看来,"也/呀"的〔＋相对将来〕特征容纳了非现实和现实两种情景的事件,它并不等同于"会_{将来}"的时制特征〔＋相对将来〕。

值得补充的是,从邢氏和唐氏的例句看,"也/呀"的其他功能跟普通话的"会_{将来}""要_{将来}"同样是很平行的。神木话的"也"可用于表达预测性将来,见(39a),永寿话的"呀"可以用于表达条件必然的情况,见(39b)。

(39) 西北方言"也/呀"的多功能模式类似普通话"会_{将来}":

a. 〈神木〉张校长也可能来也_{张校长也可能要来了}。｜天这么暖,肉放坏着也_{肉会放坏的}。｜他莫非还吃了人(着)也_{他莫非还会吃了人}。(邢向东 2002:623)

b. 〈永寿〉小芹一发脾气,小二黑就走呀。(唐正大 2018:238)

唐正大(2018:244)指出关中方言的"VP 呀"句跟很多方言的"要 VP 了"句是平行的。按照这一观察,"也/呀"便是兼容了普通话的情态词"要_{将来}"和句末时体词"了_2"的功能,这跟上述分析正好吻合。一方面,"也/呀"的完句效应跟普通话"会_{将来}"一样,这源于它隐含着"了_2"一类的完句词。另一方面,"也/呀"的事件时间范围跟普通话"要_{将来}"类似,它涵盖了过去时段的相对将来,那么,"也/呀"的相对将来义应该跟"要_{将来}"一样是词汇层面的意义。

唐正大还推测,关中方言的"呀"很可能是"去也"的合音,这个"呀"应该含有"也"一类的在汉语史上具有完成体意义的语气助词。换言之,"也/呀"自身蕴含"了_2"类时体词。唐氏的这一推测很符合我们对跨方言材料的初步观察。第一,刘勋宁(1985)基于晋语材料的考察,主张普通话的"了_2"是"了＋也"的合音形式。该结论适用于西北官话和晋语(邢向东 2006:134),但难以解释其他北方方言的"了₂"类词,例如,河北邢台话的"了₂"类词是"嗮[læ]",它的音形并不对应于本方言里"了+也"的合音形式。所以,刘勋宁(1985)的这一结论可靠性尚待考量。无论如何,刘氏的论证过程已经显示出"了₂"和"也"的渊源关系。第二,"也/呀"的一部分用法正对应于其他方言的"了₂"类词。如(40)的句子,它们的句末助词"也/呀"搭配了副词"就"、形容词"快"、助动词"得"、位移动词"去"等成分来表达将来事件。

(40) 西北方言"也/呀"跟"了₂"有功能对应:

  a.〈神木〉那些□快有孩伢儿也。(他们都快有孩子了。)(邢向东 2006:131)

  b.〈神木〉再过几天就能走也。(再过几天就能走了。)(邢向东 2002:623)

  c.〈府谷〉我不知不觉就二十五也。(我不知不觉就二十五了。)(邢向东 2006:132)

  d.〈神木〉不坐了,我得走也。(不坐了,我得走了。)(邢向东 2002:623)

  e.〈延川〉书我还去也。(书我还去了。)(邢向东 2006:131)

  f.〈绥德〉我寻我妈去也么。(我找我妈去了啊。)(邢向东 2006:132)

(40)中方言例句之后的普通话翻译句显示,西北方言的"也/呀"跟普通话的"了₂"是平行对应的成分。尽管邢向东(2002,2006)将(40)的"也"归为将来时(或后事时)标记,但这些例句里的其他词汇"就""快""得""去(其后 VP 表位移目的)"等已指示出句子的谓语 VP 表述一个尚未发生、即将实现的动作,这些句子的将来义并不依赖于"也",当中的"也"看作类似于普通话"了₂"的成分也无不可。第三,根据邢向东

(2002:623)、唐正大(2018:242)的描写,神木话的"VP着也"格式和永寿话的"VP得咧"格式是对应的结构,证据如下。语义功能上,这两个格式都表达将来事件,它们可以搭配非自主VP(尤其是动结式),如(41)所示。

(41) 不同方言里"也"跟"了₂"有对应:
    a.〈神木〉就剩这点儿了,拾掇完着也。
    b.〈永寿〉这房子塌得咧。

可见,这两个格式是整体意义相对应的格式。语音形式上,北方方言里持续体助词"着"常常普遍地或部分地弱化为"得 de"的形式。那么,在神木话的"VP着也"和永寿话的"VP得咧"里,神木话的"着"跟永寿话的"得"应该是同源关系,是标准的对应语素。语义演变上,"着"代表的持续进行体可以跟将来时制发生衍生关系(Haspelmath 1998)。由此推导,神木话的"VP着也"和永寿话的"VP得咧"表达将来事件的功能应该跟这种组合式中助词"着"原本的持续进行体意义有很大关系。这三方面证据都表明,神木话的"VP着也"和永寿话的"VP得咧"是同源对应的格式。再看,永寿话的"咧"正是该方言的"了₂"类词。也就是说,在神木话的"VP着也"和永寿话的"VP得咧"这组对应结构里,神木话的"也"对应于永寿话的"了₂",这再次显示西北方言的句末助词"也"跟"了₂"之间存在紧密的联系。

唐正大(2018:243)提出,在永寿话的"VP得咧"格式里,"得"是道义情态词,该格式在东北官话里的语义对应格式是"V得了"。唐氏进一步主张,永寿话的"VP得咧"是北方汉语的能性述补式"VC了"在关中方言中的遗留。我们窃以为这个主张值得商榷。首先,据笔者调查,永寿话"V得"的道义情态义是道义许可,如永寿话的例句"女厕所,只有女的能进去得,男的进去不得"。但是,van der Auwera & Plungian (1998)的情态语义地图(图1.11)展示,道义情态和将来范畴之间的语义关联里只有语义演变"道义必要→将来时",没有语义演变"道义许可→将来时"。所以,永寿话里表述将来事件的格式"VP 得咧"的"得"不太可能源自道义情态标记"得"。再者,北方方言的能性述补式"VC 了"的"了"永远是"了$_1$"的强变体形式,其语音形式接近完尽义动词"了 liao",而永寿话的"咧"其实是语音形式远离动词"了 liao"的"了$_2$"类词。所以,永寿话的"VP 得咧"应该不是一些北方方言里"VC 了"一类的能性述补式。排除唐氏说的这种可能后,我们倾向于认为,永寿话"VP 得咧"的"得"是助词"着"的音变形式。

倘若日后证实,北方方言里表将来义的句末助词"也/呀"源自近代汉语的"去也"或"去了$_2$"的合音,那么可以说,北方方言完全没有"会$_{将来}$"那样纯粹的非现实标记,这一地区的方言表达将来事件十分依赖"了$_2$"一类的时体词,它们的将来事件句的将来时意义本质上是动词"要""去"等的词汇意义"趋近于……""位移目的是……"间接传达的。

第十一章 方言情态词的个案分析

11.1 概述

本章集中分析汉语方言的几个特定情态词。§11.2重点分析汉语的情态词"得"和能性述补式。汉语"得"的情态义兼跨能性范畴和必然范畴,该词的不同意义在北方方言中还表现出语音差异,这种多功能模式需要解释。能性述补式"V得C"呈现肯定、否定不对称的格局,一直是学界的谜题,本章将对此提出新的解释,并简要探讨形容词谓语句的完句条件。§11.3专门讨论东南方言助动词"有"的语义,先论证它本质上是一个情态词,只是兼容了时制和体貌的意义。我们将东南汉语里助动词"有"与助动词"会"、语气词"的"做比较,这种比较研究会初步揭示汉语一批情态词的情状属性。本章不仅解答了几个既往问题,也是为开启第十二章的内容做铺垫。

11.2 南北方言及普通话的"得"

11.2.1 助动词"得":能性和必然的联系

汉语方言的助动词"得"最能体现情态的能性范畴和必然范畴之间的关联,经考察,该词在各方言中既有条件可能、许可、认识可能等能性情态义,也有环境必要、道义必要、认识必然等必然性情态义。汉语助动词"得"展现的多义模式显示出,能性范畴和必然范畴之间的情态语义关联大概不是 van der Auwera & Plungian(1998)情态语义地图所展现得那样简单。下面尝试解释南北方言里助动词"得"兼跨能性和必然两个情态强度的多义模式,这包括了如下两种情况。

第一,普通话的助动词"得"既有道义许可义,如(1a),也有评判必要义,见(1b)。

(1) 普通话的助动词"得":
   a. [许可义] 不得随地吐痰。
   b. [必要义] 我们得用功学习。

普通话里这两个意义的"得"存在语音差异,该词表示许可义时读 dé,它表示必要义时要读作 děi。"得"何以衍生出这两种强度不同的情态义?这在汉语史上仍是有争议的问题(太田辰夫 1958/1987:188;李明 2001/2017:143)。汉语史上助动词"得"最早的情态义是条件可能义(李明 2001/2017:27),那么,本书构建的情态语义地图(图 5.1)为"得"的语义演变提供了一种假设"条件可能→{环境许可—道义许可}→{环境必要—道义必要}"。普通话里"得"的许可义和必要义用于不同的语法环境,该词表示许可义时用否定式"不得",该词表示必要义时只能是肯定式"得"。但是,历史上"得"的这两个功能有过相重合的语法环境。李明(2001/2017:29、51、142)指出,表示许可义的"得"虽然在上古时限于否定式,但这种用法的"得"在两汉时可以用于肯定式,而表示必要义的"得"始见于宋代文献并限于肯定式。这个文献考察表明,历史上"得"发生语义演变"{环境许可—道义许可}→{环境必要—道义必要}"是完全可能的。这种从许可义到必要义的演变一般发生于肯定式(贝罗贝、李明 2008),这正符合现代多数方言及古汉语中助动词"得"表示必要义时只用肯定式的现象。

不过,这里仍有一个现象需要解释:普通话中助动词"得"表示许可义与它表示必要义为何出现了 dé 和 děi 的语音分化？北京话等部分北方方言里曾梗摄入声字存在两读现象，例如，北京话里"色"有 se、shai 两读，"白"有读 bo、bai 两读。Stimson(1962)以来的音韵学者一般都将这些北方方言里曾梗摄入声字的两个读音视为文白读之别，单元音韵母者为文读，带-i 韵尾者为白读，带-i 韵尾者的半元音韵尾应该是入声韵-k 尾的残迹。也就是说，一部分北方方言里曾梗摄入声字的两个读音分别属于不同的时代/方言层次。"得"是曾摄一等入声字，其两读应作如是观。该词的两个读音 dé 和 děi 呈现出功能的分化，有两种可能的动因。一是"得"负载的许可义与必要义都属于评判情态，这两个同范畴的功能若有读音差别，则能更好地区别出"得"的意义。而且，北京话常见的情态助动词中仅"得"有文白读，人们很容易将已经分化的两个意义用共时平面已有的两个语音形式来负载。另一种可能是，"得"的许可义（普通话里为文读音 dé）与"得"的必要义（普通话里为白读音 děi）分别来自不同的时代/方言层次，这两个情态功能便各自与"得"的文白读音相系。这里只是提出该现象的可能性动因，问题的最终解答尚待进一步探究。

第二，南方方言里助动词"得"有条件可能义，如广州话的句子"你得好返_{你能恢复健康}，真喺万幸咯_{真幸运}"（李荣 2002：3879）。而且，四川、湖北、湖南、安徽等地的方言里助动词"得"还有对应于普通话"会_{认识}"的用法，见(2)(3)。

  (2) 安徽望江话的助动词"得"：

    a. [条件可能] 钥匙找到了，得进家门喇_{进得了家门了}。｜多浇点水，它搞不好得开花_{能开花}。

    b. [认识或然（否定疑问环境）] 天这么阴，明朝可得_{会不会}下雨哎？｜他想去上海打工，不得_{不会}这么快结婚。

  (3) 长沙话"得"：

a. [条件可能] 冒带房门钥匙没带房门钥匙,哪里得进去咧哪里能进去呢!（张大旗 1985）

b. [认识或然] 我是肯的,晓得他得肯不咧他会同意不呢?（张大旗 1985）

多数方言的"得认识或然"限于否定疑问的环境,这种含否定义的"得认识或然"句对应的肯定陈述句是用助动词"要"的认识情态句,如安徽望江话的例句"天这么阴,明朝(搞不好)要下雨"。这个现象提示了情态范畴存在一个语义关联"条件可能—认识或然",这个关联路径所涉及的语义演变应该如同语义演变路径"条件可能→认识可能"(参见§5.2.1)一样是发生于否定式的。具体而言,否定式"不得"由潜力情态义"不能够"发展出认识情态义"不可能、不会"。这解释了为何这些地区的多数方言里"得认识或然"倾向用否定式。安徽巢县(黄伯荣 1996:294)、安徽望江(笔者调查)、湖南洞口(胡云晚 2005)、湖北丹江(苏俊波 2007:141)等少数方言的"得认识或然"可以用于肯定式,这大概是由其否定式的用法推导而来的后起现象。另一方面,湖北地区的某些方言里助动词"得"还有必要义,如湖北丹江话的助动词"得"(苏俊波 2007:140—141),这是助动词"得"兼跨能性和必然性两个情态强度的又一表现。

总之,汉语方言里助动词"得"的情态义兼跨能性范畴和必然范畴的多功能模式大概是它的条件可能义沿着不同路径发展的结果,我们将它的语义演变模式构拟为图 11.1。

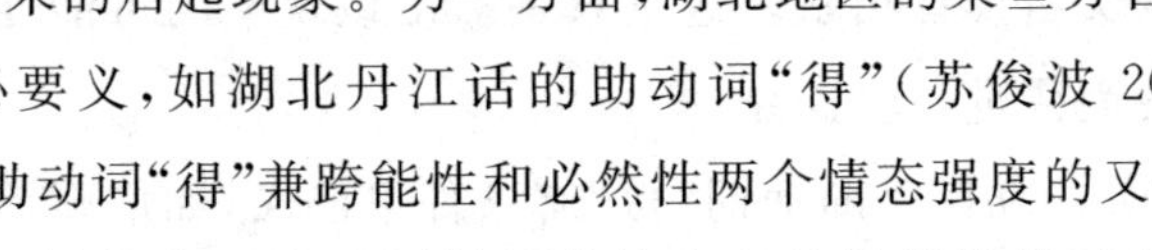

获得 ⟶ 条件可能 ⟶ 许可 ⟶ 必要 ⟶ 认识必然
　　　　　　↓
　　　　认识可能

图 11.1　汉语助动词"得"的语义演变路径

11.2.2　能性述补式"V 得 C":肯定和否定的不对称

普通话"得"的另一情态功能是作助词构成能性述补式"V 得 C",

它有特定能力义和条件可能义,这个能性述补式的否定式"V 不 C"还有认识可能义"不可能"。该格式的研究是一大热点[参见吴福祥(2002a,2002b,2009)],本节只聚焦于这个能性述补式在"肯定式\否定式"的使用上表现出的不对称格局,致力于对这种不对称格局做出动因解释。

11.2.2.1 排斥肯定式乃完句效应

刘月华(1980)考察发现,在普通话里,肯定义的能性述补式"V 得 C"使用频率偏少,它主要用于疑问句及其答句,见(4a),它很少用于主动报道信息的陈述句,见(4b),而这个能性述补式的否定式"V 不 C"却自由用于疑问句和陈述句,见(5)。

(4) "V 得 C"偏向用于疑问句及其答句:
  a.[疑问句]张三搬得动大箱子吗?——搬得动。
  b.[陈述句]张三力气不小,?? 搬得动大箱子。
(5) "V 不 C"的使用很自由:
  a.[疑问句]张三搬不动大箱子吗?——搬不动。
  b.[陈述句]张三力气太小,搬不动大箱子。

据笔者有限的调查,北京话里(4b)至少不是常说的句子,在这种语境下要陈述带结果的潜力可能义倾向用"能搬动大箱子",也就是说,北京口语里陈述肯定性的潜力可能事件一般要用"能 VP"格式。这个调查结果符合刘月华(1980)对普通话书面语里"V 得 C"使用偏向的考察结论,只不过潜力可能义在刘氏文中被称为甲义"主客观条件容许实现"。注意,对于(4b)这种肯定陈述句用"V 得 C"的调查,不宜用书面语料,因为我们认为"V 得 C"的使用偏向还涉及该格式的完句能力(见下段),而书面语难以准确体现出句子能否单独完句。其实,各大方言的能性述补式是相同的表现。例如,冀鲁官话及晋语的能性述补式"VC(O)了$_{能性}$"(柯理思 1995)同样是偏向用于疑问句,即使"VC(O)了$_{能性}$"用于陈述句也要搭配助动词"能"构成"能＋VC(O)了$_{2能性}$",而这个能性述补式的否定式"V 不 C"则自由用于疑问句（通常是偏向问）及陈述句。石毓智（1990,2001）提出，"V 得 C"跟"介意"类词一样，它表达一个肯定程度很低的量，其语义大致为"有点可能"，这个语义特点造成"V 得 C"排斥陈述句。然而，石氏未提出"V 得 C"有程度极弱义的明显证据，其动因解释的说服力不足。下面为普通话的能性述补式在肯定、否定上的不对称现象寻找解释力更强的动因。

我们认为，普通话的能性述补式"V 得 C"排斥陈述句以至于使用频率低，跟它未编码时制义、无完句功能有关。其实，(4b)并非不合法，只是不能完句，因为该格式添加促成完句的成分后便能用于陈述句，这有三种方式。一是给"V 得 C"添加句法上的伴随性成分，比如，该格式用于状况对举句、假设从句或作从属谓语时一般都是合适的表达，见(6)，这些语法环境里"V 得 C"都不是作句子的核心谓语，它无须负责完句。

(6) "V 得 C"用于陈述句需要搭配其他成分：
 a. [并列对举] 张三搬得动小箱子，也搬得动大箱子。
 b. [假设从句] 要是张三搬得动大箱子，那就让他帮忙吧。
 c. [谓词宾语] 我这些年的苦不是你拿钱算得清的。（刘月华 1980:252）

二是在"V 得 C"上添加能促成完句的时体态成分，比如，加上助动词"能$_{能力}$"、时体词"了$_2$"或否定词"没"，见(7)，这些附加上的成分都可以促成完句。

(7) "V 得 C"用于陈述句需要搭配其他成分：
 a. 张三力气不小，能搬得动大箱子。
 b. 张三身体恢复得不错，搬得动大箱子了。
 c. 就凭你这么连点硬正气儿都没有啊，没有一个姑娘看

得上你。(刘月华 1980:252)

三是给"V 得 C"添加语气词,比如,在句末加上"的"或"呢",见(8)。

(8) "V 得 C"用于陈述句需要搭配其他成分:
　　a. 张三力气不小,搬得动大箱子的。
　　b. 张三力气不小,搬得动大箱子呢!

当然,语气词"的"不是完句词,它必须用于有上文的语境,表示对已有信息的确认。例如,(8a)可用于这样的对话"张三那么瘦弱,他搬家不行吧。——他力气可不小,搬得动大箱子的",这并不是单独完句,而是结束一个对话,但这种句子常被方家视为完句。杉村博文(1979/1982:29)指出,格式"能+V 得 C"和格式"能+VC"在分布上几乎完全一样。刘月华(1980:252)提出,格式"能+V 得 C"是助动词式"能 VC"和述补式"V 得 C"双管齐下的混合形式,该格式里助动词"能"是羡余成分。然而,从促成完句的作用上看,格式"能+V 得 C"中的羡余成分不是"能",而是能性标记"得"。

能性述补式"V 得 C"不能促成完句,这表明该格式未编码任何时制义,这个意义特点也是潜力情态格式的共性特点。先看助动词"能",它未编码相对时制义,按照蔡维天(2010:220),该词是处于句法树的词汇层(lexical layer),其位置与词汇性的 VP 并列。那么,可受"能"统辖的述补式"V 得 C"必然是句法层级更低的,应该也在词汇性 VP 的边缘处,它不会编码时制义。其实,"V 得 C"句法上接近于(并非"等同于")形容词。杉村博文(1979/1982)提出,述补式"V 得 C""V 不 C"在意义和功能上都接近形容词,其证据是这组格式常作状语及定语,见(9),有的能性述补式还可以受程度副词修饰,见(10)。

(9) "V 得 C""V 不 C"常作状语及定语[例句改编自杉村博文(1979/1982:25—27,29)]:
　　a.[状语]他心里说不出地高兴。(对比:*他心里不能说出地高兴。)

b. [定语] 猜得到的答案没有挑战性。(对比:?能猜到的答案没有挑战性。)

c. [定语] 一颗看得见的星星离我们也是很远的。(对比:*一颗能看见的星星离我们也是很远的。)

d. [定语] 这是一种听不见的声音。(对比:?这是一种不能听见的声音。)

(10) 一些"V 得 C""V 不 C"受程度副词修饰[例句改编自杉村博文(1979/1982:25—27、29)]

a. 这种时候,全家最坐得住的人是爷爷。(对比:*全家最能坐住的人是爷爷。)

b. 这些说法不大站得住吧?(对比:?这些说法不大能站住吧?)

c. 现在还真有些说不明白。(对比:*现在还真有些不能说明白。)

d. 陈丰心中对李坤这样的动作不太看得上眼,对他的顾虑也有些不耐烦,认为太死板,小家子气。(李可《杜拉拉升职记》)

"V 得 C""V 不 C"在(9)(10)里的用法都是看似同义的助动词式"能 VC""不能 VC"不具备的句法行为,这个现象说明述补式"V 得 C""V 不 C"的语法属性有别于助动词式"能 VC""不能 VC"。亦可见,"V 得 C"内部成分之间的凝固性更高,该格式较之"能 VC"要更像一个复合词。虽然"有工作""能吃苦"等一般的静态 VP 作句子的核心谓语时不需要标记也能单独完句(参见§10.2.2.1),但形容词谓语句不能自由完句,如普通话的句子"张三聪明*Ø#""李四胖*Ø#"都不能单说。那么,语法性质接近形容词的述补式"V 得 C"作核心谓语时难以完句,便容易理解了。

11.2.2.2 形容词谓语句的完句条件

§10.2.2.1指出汉语的静态事件句不需要完句词也能在语篇中单说,其实,这个情况里所说的静态事件句不包括形容词谓语句。朱德熙(1982:104)谈到形容词单独作谓语含有比较或对照的意思,例证如"价格便宜,质量也好"。这表明,一个句子的谓语若是单个形容词,该句通常难以成为独立的说话片段,即无法完句。形容词虽然属于静态VP,但它作句子的核心谓语时要依赖其他成分来促成完句,这种句法表现不同于其他的静态VP,其原因是什么?本小节致力于解答这一问题。

我们目前较为认同郭锐(2015)对形容词谓语句的完句解释。郭氏认为,汉语现实句"完句"的实质是满足句子的"现实性在谓词时间性、名词指称性和形容词程度性的'实现(grounding)'要求"(该文436页)。对于形容词谓语句而言,形容词所表达属性的程度必须是指明的,包括程度的高低和程度的比较,亦即标示出属性的"程度位置"。形容词谓语句不能轻易完句,如"小明优秀*∅#""小明糊涂*∅#"不完句。它们若要完句,要么用上程度副词,如(11a),要么指明比较对象,如(11b)。

(11) 形容词谓语句的完句方式:

　　a.[加程度副词]小明很优秀#。|小明太糊涂#。

　　b.[加比较对象]小明比小强能干#。|小明最懒#。

郭氏的这一理论诠释不仅解释了形容词谓语句不能自由完句,还能解释状态词[①]谓语句的完句情况。状态词谓语句一般都能自由完句,如(12a)所示,这归因于状态词自身编码了程度义。当然,形容词谓语句加上时体词"了$_2$"也能促成完句(孔令达1994),见(12b)。

(12) 状态词谓语句和状态变化句:

[①] 本书的"形容词"指的是朱德熙(1982)的"性质形容词",本书的"状态词"指的是朱先生说的"状态形容词"。

a. [状态词谓语句] 小明高高的♯。｜那面墙花花绿绿的♯。

b. [状态变化句] 小明优秀起来了♯。｜小明糊涂了♯。

带"了₂"的形容词谓语句其实是表示状态变化的动态事件句，§10.2.2.1指出普通话里现实的动态事件句要通过标示时间位置的方式来完句，所以(12b)这种形容词谓语句需要时体标记担任完句词。简言之，(12b)和(11)表达了不同的事件类型，它们的完句要求就不同。

注意，我们认为(12a)里的状态词不是"高高""花花绿绿"，而是"高高的""花花绿绿的"，因为"高高"显然难以成词，即使被认为成词的"花花绿绿"在口语中也总要搭配"的"才行。学者们多认为"花花绿绿、干干净净、黑不溜秋"等四字格是不需要"的"就能成词的，我们推测这或源于书面语里"四字格"的韵律长度导致末尾"的"容易隐去为零。北方方言里这些四字格一般要搭配"的"类词才能用于谈话，例如，邢台话的句子"这衣裳洗嘞得干干净净*(嘞的)♯"不能隐去句末的"嘞的"。朱德熙(1961)将这些词末"的"分析为状态词标记"的₂"，指出它是状态词的词缀，亦即"的"是状态词必有的成词语素，不是独立的功能词。我们同意这一判断。因此，状态词谓语句是没有完句词的，(12a)的句子并非靠语气词"的"完句。

那么，对于其他的静态事件句，为何有些不能标示出程度位置[见(13a)]，有些在程度位置的标示上是两可的[见(13b)]？

(13) 其他的静态事件句：

a. 张三(*很)有工作。｜张三(*很)能搬动大箱子。

b. 张三(很)喜欢历史剧。｜张三(很)像他爷爷。

我们推测，这归因于不同的静态事件句在程度性上有不同。形容词谓语句要标示程度位置的基本动因是它所述的事件(即属性)有明显的程度量幅，即程度性。比如，说张三"优秀"或"糊涂"都是特性模糊的弹性判断，很难说某人有怎样的表现便可认定他是优秀或糊涂的，这会因说话人的评价心理而不同。因此，形容词谓语句需要额外的形式来定位出属性的程度位置,使得表义足够明确。

沿着上述思路继续推导,静态事件句所述的事件若没有程度性,如(13a)"张三(*很)有工作""张三(*很)能搬动大箱子",这种句子自然无法标示任何的程度位置。例如,说张三"有工作""能搬动大箱子"是特性明确的固定判断,看到某人在上班赚钱、搬动了某个大箱子便可毫无争议地认定他有工作、能搬动大箱子。有些静态事件句有程度性,如(13b)"张三(很)喜欢历史剧""张三(很)像他爷爷",这种句子不标示程度的位置也能完句。对此,我们只能给一个权宜之计的解释:这类句子是程度性居中的。比如,说张三"喜欢历史剧"是特性相对明确又有模糊段的判断,看到张三常看历史剧或听到张三说自己爱看历史剧,便可认定他喜欢历史剧,他喜欢的程度还可视他看历史剧的频率进一步界定。换言之,各类静态事件句存在一个程度性的梯度等级,有程度性为零的情况"张三有工作",也有程度性居中的情况"张三喜欢历史剧",还有程度性极高的情况"张三优秀"。程度性越高的静态事件句越需要明确标示出程度的位置,所以,不同的静态事件句有完句条件的差异。

最后回到普通话的能性述补式"V 得 C",这个格式既然跟形容词一样是程度性很高的格式(参见§11.2.2.1),那么,它作核心谓语时便需要其他成分来标示程度位置或时间位置,这样才能促成完句。

11.2.2.3 否定式的完句能力

接下来的问题是:普通话能性述补式的否定式"V 不 C"也被杉村博文(1979/1982)论证为性质接近形容词的述补式,那么,"V 不 C"为何能自由用于疑问句和陈述句呢?其实,普通话里,否定词"不"可促成形容词谓语句的完句(贺阳 1994),见(14a),而"V 不 C"的完句格局平行于"不+形容词",见(14b)。

(14) "V 不 C"的完句格局颇似"不+形容词":

　　　　a. 张三聪明 *∅♯。　　　　⇨ 张三不聪明♯。
　　　　b. 张三搬得动大箱子 *∅♯。⇨ 张三搬不动大箱子♯。

那么,理论上述补式"V不C"应该跟组合式"不+形容词"是相同的完句动因。于是,要解答的问题变为:"不"未编码相对时制义,不是真正的完句词,它促成完句的动因是什么? 我们认为,组合式"不+形容词"否定了属性的存在,这相当于指明属性的程度为零,由此满足了形容词谓语句的完句要求"指明程度的位置",所以,"不+形容词"作核心谓语时可以自由完句。换言之,对于从来不存在的静态属性,表达上无须标示它的时间位置或程度位置,这是否定词"不"虽无时制义和程度义却能促成完句的原因。这个原理可以类推到述补式"V不C"上,这个否定义的述补式跟组合式"不+形容词"完句表现的平行性归因于这两个格式的语义诠释很一致。具体而言,格式"V不C"否定了"VC"实现的可能性,它指明VC所述行为的可能性为零,这就不再需要额外的形式来标示它的程度位置。所以,普通话里否定义的能性述补式"V不C"可以自由完句,这种完句自由就表现为"V不C"的分布环境不受限,它用于陈述句、疑问句都很频繁。

　　刘月华(1980)还指出,如果表示否定性的潜力可能义,动结式VC一般要用于"V不C"格式,极少用于"不能VC"格式(该文249—250页),简单动词V则是用于"V不了"格式或"不能V"格式皆可(该文254页)。我们初步推测,"V不C"格式比"不能VC"格式更常用的一大动因是"V不C"音节数目更少,于经济性上较好。

　　对普通话能性述补式的阐释应该也适用于冀鲁官话、晋语的能性述补式"VC(O)了$_{能性}$"。不过,这些方言的"能$_{能力}$VP"有一个特别之处,很多方言里"能 VC(O)了$_{能性}$"是常用形式,"能 VC(O)"是不够地道的格式。比如,河北沙河话的句子"小王能拿动大箱子 *(咾)"不能隐去"咾$_{能性}$"。换言之,这些北方方言用肯定陈述句表达蕴含结果的潜力可能义,倾向兼用"能_{能力}"和"了_{能性}"两个能性标记。这一搭配倾向或许源于这些北方方言偏向于 SOV 型的语序,它们排斥以宾语 O 结句,北方汉语存在以动词性标记结句的强烈趋势(张敏 2010),于是,位于宾语 O 之后的"了_{能性}"正好满足了北方汉语的这个形式要求。不过,这一语序动因有一个不能解释的现象:很多北方方言里,潜力情态句不带宾语的时候,仍倾向选用"能 VC 了_{能性}"格式而非"能 VC"格式。比如,河北沙河话的句子"他能爬起来*(咾)"也排斥隐去"咾_{能性}"。因此,这种现象的成因还有待探索。

11.3 东南方言的"有"

11.3.1 助动词"有"的语义分析

很多东南方言(粤语、闽语、客语、赣语、湘语和南部吴语)里"有"可以作助动词(直接带 VP),其主要用法如(15)所示。

(15) 东南方言里的助动词"有":

a.〈香港粤语〉佢有读过大学嘅_{他上过大学的}。

b.〈福州闽语〉玻璃有拍破_{玻璃是打破了}。(郑敏惠 2009:93)

c.〈连城客语〉佢不时都有来新泉_{他经常都来新泉的}。(项梦冰 1997:319)

d.〈莲花赣语〉老王有吃烟_{老王抽烟}。(胡小娟 2020)

e.〈温州吴语〉你昨夜*(有)走小明啦啊口伐_{你昨天去小明家了吗}?——我*(有)走渠啦_{我去小明家了}。

这种"有"的否定式在方言里写作"无"或"冇",这个否定式就大致对应于普通话的否定词"没(有)"。尽管一些东南方言里助动词"有"还有更多的其他功能(丁健纯 2008;罗荣华 2014;丁健 2020),但(15)里"有"

的用法广泛见于东南方言,它代表了汉语助动词"有"的主要功能。于是,本节着重探讨(15)里这种用法的"有"是什么意义,我们认为它蕴含了情态意义,只是其情态义不属于认识情态、评判情态、潜力情态等典型的情态类型。

11.3.1.1 情态意义和时体意义

很多文献(李如龙 1986;曹逢甫、郑萦 1995;施其生 1996;Cheng 1985,1997;曹逢甫 1998;蔡维天 2002;远藤雅裕 2012;等等)分析过东南方言的助动词"有"在(15)里呈现的用法。李如龙(1986:79)认为,闽南话的助动词"有""无"是用来肯定或否定动作的发生或性状的存在,它们的使用跟何时发生动作、动作是否完成并无关系。施其生(1996:28)主张,闽语助动词"有"的作用是肯定其后面谓词性成分所述的事件是客观现实的,其意义可总结为"肯定一种情况存在(有这一回事)"。汤廷池等(1997:284)提出,闽南方言的助动词"有"表示"动词所指称的动作或事件已经发生""形容词所指称的状态或变化已经存在"。远藤雅裕(2012)认为,客家话的助动词"有"表示动词词组等所示的事件是现实的。结合以往研究,我们认为,东南方言里助动词"有"的主要功能是"肯定存在标记",凸显性地肯定非将来事件的存在[①],本书延续范晓蕾(2017a:573)、范晓蕾(2019b)的一项主张:承担肯定存在功能的"有"融合了情态(即肯定凸显,近似于普通话"是"的确认义)、时制(即相对非将来、现实)、体貌(即存在体)三个概念范畴的意义。

表示肯定存在义的助动词"有"编码了情态义"肯定凸显"(范晓蕾 2019b),它近似于以往文献所说的"肯定、强调"义。以往文献对于这个抽象的意义描述未给予有效的形式证据。而且,任何肯定句都有肯定义,表示强调义的副词也很多,助动词"有"的肯定强调义到底有何特

[①] 注意,这种语义界定是针对表述非将来事件的助动词"有",不适用于其他功能的"有"。

别之处呢？我们认为,应该从语篇表现上论证这个"有"的肯定凸显义。

郑敏惠(2009:96)提出福州话里陈述句用"有"需要有预设"听者对命题 Q 的真假不确定",该看法颇有见地,但郑氏未给证据。范晓蕾(2019b)改进了郑氏的看法并给出证据。该文认为,"有"的预设内容没有大到命题 Q,它只关涉谓语 VP,该词要求语篇里先有预设"未确定是 VP",此预设会具体实现为"可能是 VP"或"可能非 VP"。那么,"有 VP"的 VP 须是前文提及或隐含的旧信息。叶述冕博士向笔者提议,所谓的预设"未确定是 VP"还必须是谈话双方"关心"的内容,他进一步主张"有"字句的预设准确而言是"有无 VP?"(口头意见)。笔者采纳叶氏的前一提议,毕竟,谈话中"未确定信息真假的 VP"有多种可选性内容,只有关涉谈话主题或表达目的的那个 VP 才能成为"有"的预设内容。不过,笔者不甚同意叶氏的后一主张,因为在未弄清"有"的意义之前不宜用该词自身来定义它的预设,否则,读者会追问:"有无 VP?"是什么意思,它跟"VP 了没?"有何差异？因此,我们将"有"的预设定义为"未确定是 VP"且它关涉当前谈话的主题。这样一来,"有 VP"句是对 VP 的真值做出凸显性的肯定,而论证这一点要从语篇入手。

上文谈到,既然"有 VP"要求语篇里先有预设"未确定是 VP",那么当中的 VP 必须是前文提及或隐含的旧信息。事实上,"有 VP"的 VP 为已见于前文的旧信息,表现为该格式的一个语篇限制。范晓蕾(2017a:579)谈到,表达肯定存在的"有"字句不能单独报道新情况,在语篇中不能作推进事件链条进展的前景句。这种语篇限制的典型表现是,"有"字句不能作对话的首发句,必须伴有前后文。例如,丁健(2020)描写了路桥吴语"有",它表示肯定现实事件时正有这种语篇限制。这应该是因为单独报道的新情况、事件链条上的前景句里谓语 VP 均是纯粹的新信息,这就不符合"有"的预设要求。再看,东南方言里表示肯定存在的"有 VP"最常用于一般疑问句(不含疑问代词的问句)[例(16a—b)]或否定式[例(16c—d)]。

(16) 东南方言"有"倾向于一般疑问句和否定式:

a.〈福清〉你看我面脸□□[tsung³ mang³]现在有无红是不是红的?——有红是红的。

b.〈路桥〉张明个件衣裳有洗交口伐张明洗了那件衣裳了吗?(丁健 2020)

c.〈晋江〉阿发无去读册阿发没上过学,不句伊带厝里有加减看淡薄册不过他在家里多少看点书。

d.〈温州〉阿妈妈妈,今日阿弟冇走学堂里今天弟弟没去上学。

"有 VP"呈现出这种句类分布上的偏向,应该源于一般疑问句和否定式里的 VP 都预设了"可能是 VP",句子的这种预设义正符合"有 VP"的预设要求"未确定是 VP"。总之,"有 VP"的上述语篇表现都证明了助动词"有"编码了肯定凸显义。

表肯定存在的"有"还编码了体貌义"存在体",这是指它所辖的 VP 发生指称化,即使"有"搭配动态 VP,整个格式的语法意义也是静态性的(范晓蕾 2017a:573—574)。项梦冰(1997:320)认为,连城客语里"有 VP"的 VP 都是指称性的,不是陈述性的,一个表现是它不能带任何体貌词。董秀芳(2004:2)猜测,普通话疑问句中"有没有 VP"的 VP 有自指性,与名词性成分有一定的相通性。我们同意项氏和董氏的看法,并提出初步的证据。多数方言里"有 VP"句的 VP 可以带体貌词,这是"有"带语法性谓语,但"有 VP"对各个体貌词是有限制的。东南方言基本都有相当于普通话"过经历体""在进行体""了₁""着动态进行"一类的辖域限于 VP 的体貌词。一方面,东南方言里表示肯定存在义的"有 VP"里 VP 容易用上"过经历体""在进行体"类词,见(17);

(17) 东南方言的"有"倾向搭配"过经历体""在进行体":

a.〈福州〉伊有去过香港他去过香港的。(郑敏惠 2009:94)

b. 〈温州〉火有在搭烧_{火在烧着呢}。（游汝杰 1999）

另一方面，这种"有 VP"的 VP 很排斥"了₁""着_{动态进行}"类词，见(18)。

(18) 东南方言的"有"排斥"了₁""着_{动态进行}"类词：

a. 〈汕头〉伊前日(*有)睇了₁三本书_{他前天看了三本书}。
b. 〈香港〉而家佢(*有)读紧_{动态进行}大学_{现在他正在读大学}。

这种搭配趋势支持了助动词"有"编码了存在体，解释如下。我们认为，"V 过_{经历体}""在_{进行体}VP"是语法性的静态谓语。多位学者阐释了"过_{经历体}"所述的事件无特定时间且有可重复性（龙果夫 1958：118；Li & Thompson 1981：228—229；刘月华 1988；Yeh 1996；Smith 1991/1997：268），也就是"V 过_{经历体}"表达一种事件类，而事件类都是恒常属性，无怪乎 Smith(1997：269)和 Smith & Erbaugh(2005/2009：316)都提及"过_{经历体}"有静态性。"在_{进行体}"源于静态动词"在_{存在}"[参见王锦慧(2015)]，它至今仍保留存在动词的句法特征。比如，它可形成反复问格式，如普通话的句子"小王在没在_{进行体}写报告？"，这如同句子"小王在没在_{存在}学校？"。依据这种语法平行性，"在_{进行体}VP"可视为抽象的静态谓语，其语法义可诠释为"处于 VP 的状态"。"V 过_{经历体}""在_{进行体}VP"的语法静态性跟"有"存在体的静态性是相容的，所以，这两组词就很容易共现搭配。相反，"V 了₁""V 着_{动态进行}"无疑是语法性的动态谓语，它们的情状意义跟助动词"有"的存在体意义是冲突的，所以，"有"最排斥搭配"了₁""着_{动态进行}"类的体助词。

各方言里"有 VP"主要表达非将来事件[参见张洪年(1972/2007：393)、汤廷池等(1997：284)等文献]，它要表达将来事件一般会限于假设条件从句中[参见曹逢甫(1998：299,321—327)]。这样看来，多数东南方言的"有 VP"是表达相对于句子的参照时间（即本句的说话时间或主句的事件时间）已停止或正持续的特定事件，这种"有"编码了相对非将来时[参考范晓蕾(2024)]。再看，闽语及南部吴语里，"有 VP"也可以表达惯常事件或临时状态,见(19)(20),这令它看似没有固定的时制义。

  (19) 福建晋江话"有":

    a.[功能习性]东北<u>有</u>种水秞_{东北种水稻}。｜伊<u>有</u>点熏_{他抽烟}。

    b.[临时状态(否定式句类;积极义形容词)]伊今旦日<u>无</u>
     啥欢喜_{他今天不太开心}。

  (20) 福建福清话"有":

    a.[频率惯常]伊野孝顺_{他很孝顺},经常<u>有</u>去看伊[le³]_{经常都去看他妈妈的}。

    b.[临时状态(否定式句类)]你看我面_脸□□[tsung³ mang³]_{现在}
     <u>有</u>无红_{是不是红的?}——<u>有</u>红_{是红的}。

其实,在我们调查的粤、闽方言中,用于惯常句的助动词"有"仍标记了事件的非将来义,"有"字惯常句所述的惯常事件必须有现实实例,而一些惯常句所述的惯常事件可以没有现实实例,"有"字惯常句总是表达从前至今一直存在的规律习惯。因此,各个东南方言里表示肯定存在义的助动词"有"一般都编码了相对非将来时的意义,这个时制特征统摄了全句,这就解释了它为何跟普通话的句末助词"了$_2$""呢"和助动词"没"一样有完句功能(参见§10.2.2.2)。

11.3.1.2 表达将来事件的情况

  不过,一些东南方言的助动词"有"还能引出蕴含绝对将来时意义的事件,这表现为它能够在主句(非条件句)中搭配表示将来时间的词汇,见(21)。

  (21) 东南方言的"有 VP"表述绝对将来事件:

    a.〈晋江〉伊明旦<u>有</u>卜出差_{他明天是要出差的}。

    b.〈福清〉明旦伊<u>有</u>去_{明天他会去},我无去_{我不去}。

    c.〈路桥〉望样子□□[tˊiəŋ³³ ɲɦiã²²]<u>有</u>落雨_{看样子明天会下雨}。
     (笔者调查)

这些将来事件句中的"有"搭配了动态 VP 并起到了完句作用,这种"有"若是编码了时制义,那么按照§10.2.2.2 所述,其时制义应该是可统摄全句事件的意义。那么,(21)的"有"可能编码的时制义是否为相对将来时呢? 对此,我们尚不能定夺。

　　这里插入一个修正说明。本书 2020 年初版的 198 页对于上段例(21)的相应论述是:"这些将来事件句的'有'有完句功能,编码了时制义是毋庸置疑的,那么它的时制义是否为相对将来时呢?"其实,这个论述不合理。句子的完句条件是多样的,这类条件不限于句子有功能词编码了时制义,它也可能是句子的谓语表达静态事件(参见§10.2.2.1)。所以,一个功能词可促成完句无法直接证明该词编码了时制义,若要证明一个功能词编码了某种时制义,必须依据该词会限制所在句子的时间义范围。此次增订本修正了该论述,对于(21)中"有 VP"在主句中兼能表达将来事件的现象,我们还难以断定其"有"是否编码了时制义,上段就表述为该词"若是编码了时制义""可能编码的时制义"。如果某方言的"有 VP"表达非将来事件及将来事件都很自由,其"有"大概不含时制义。但实际上,多数方言的"有 VP"都是表达非将来事件很自由,表达将来事件受到诸多限制,这个情况提示:或许非将来事件句中的"有"不同于将来事件句中的"有",这两种句类中的"有"代表该词的两个语义功能,它们有可能分别编码了不同的时制义。因此,若要确定(21)的"有"是否编码了时制义,就必须考察该词用于将来事件句的语法条件。除此之外,我们还要考量同一方言内部将来时标记的状况,如下所述。

　　闽方言几乎都是助动词"有"和"解"并存于同一方言内,在这种方言里"有"和"解"能表达的将来事件有所不同。一般来说,"有"限于计划性将来句,"解"还能表达预测性将来;即使同是表达计划性将来,"有"和"解"的话语限制也不同。在这种方言里,助动词"有"在哪些方面区别于"解",这个问题关涉了"有"的时制义该如何界定。理论上,表示计划性将来的"有 VP"句可以诠释为当下存在"VP"的计划或意愿,倘若如此,当中的"有"仍可勉强看作是编码了相对非将来时。

少数东南方言里助动词"有"的使用格局不同于闽语。目前发现,浙江的路桥吴语、江西的莲花赣语里都不是"有"和"会"两个助动词并存,这两个方言要表达各种将来事件都是自由地用"有",完全不用"会"。换言之,路桥话、莲花话的助动词"有"承担了普通话助动词"会"的主要功能。那么,这些方言里"有"的时制义最有可能是普通话"会"那样的相对将来时,也就是说,这种"有"不是上文说的肯定存在标记。

路桥吴语、莲花赣语的"有"承担了"会"的多个功能,这类方言的"有"语义及演变恐怕要另当别论。这里仅谈一下笔者调查相对深入的粤闽语的助动词"有",这两类方言都是"有"和"会/解"并存的,可比性较强。粤语的"有"只能引出非将来事件和含有频率义的惯常事件,闽语"有"引出的事件覆盖了非将来、惯常、将来三种时间范畴,那么,这两区方言的助动词"有"在事件类型上的扩展过程可构拟为"领有存在(动词)→非将来存在→惯常存在→将来存在"。如果只关注"有"在肯定凸显义和存在体上的限制,那么,粤语及闽语里"有"的肯定存在功能可以分为非将来存在、惯常存在、将来存在三种用法。这种"有"在句法层级上是居中的,它虽然蕴含情态义,却处于时制词的位置,未到语气词的高度,这有两个依据。第一,如上所述,表示肯定存在义的"有"如果确实编码了时制义,那么它的完句功能就表明该词的时制义是可统摄全句的时制义,这种"有"在形式句法树上处于跟普通话助动词"没"一样的时制词位置。第二,这种"有"在句法表层上一般要位于时间状语之后,比如,粤语、闽语一般只允许"昨天有 VP""经常有 VP"类的语序,不容易用"*有在昨天 VP""*有经常 VP"一类的语序,这个语序限制表明"有"的句法层级不是特别高的,该词不会编码主观性很强的语气意义。

11.3.1.3　重审普通话的"没"

值得一提的是,我们对东南方言里助动词"有"作肯定存在标记的很多分析也适用于普通话的否定词"没","没"本来就是"有"的否定式。§10.2.2.2 已谈到普通话的"没"编码了相对非将来时,这个语义特征正适用于东南方言里表达非将来事件的"有"。普通话的"没"同样编码了存在体的特征,因为它也是可搭配"过_{经历体}""在_{进行体}",排斥"了_1""着_{动态进行}"。上文证明东南方言的"有"编码了肯定凸显的情态意义,这个论断主要依据了"有 VP"句在语篇信息上要求一定的语用预设"未确定是 VP",而任何否定式均默认有相应的肯定性信息作语用预设(Givón 1978;沈家煊 1999),"没"的否定义天然地跟"凸显真值状况"的意义效果绑定在一起。否定义较之肯定义来说是有标记的意义,因此,我们不妨说"没"编码了"否定凸显"义,这正好对应于"有"的肯定凸显义。

再看,"有"和"没"在假设从句里最容易引出将来事件。曹逢甫(1998:327)谈到,台湾闽南语的"有"若要引出将来事件,则只能是在假设从句(按:曹氏原文为"条件小句")中;普通话的"没有"用于假设条件关系的小句时,就可以引出将来事件(如"要是他明天没来上班,就开除他。")或典型的非现实事件(如"我们不能没想清楚就胡说八道")。§10.2.2.2 谈到,这应该是因为假设从句相对于后续主句来说蕴含了相对非将来的时间关系,那么,在假设从句里引出将来事件的"有""没"仍是编码了相对非将来时。这种情况为其他闽方言里"有"引出将来事件的用法提供了另一种演变可能:"有"先是在假设从句里有引出将来事件的用法,后来该词扩展到在主要小句里也同样能引出将来事件。

倘若这一猜想成立,上文构拟的"有"在事态类型上的扩展路径"非将来存在→惯常存在→将来存在"就要有所保留。关于东南方言助动词"有"的语义发展过程,本节只是依据现有观察提出上述两种可能的状况,圆满地解答这个问题需要日后做更深入的方言调查和语义分析。

范晓蕾(2024)、范晓蕾(待刊)通过详细考察香港粤语助动词"有"的用法,对该词的情态、体貌、时制意义做出了更精准的刻画,可参考。

11.3.2 "有"和"会"的平行性

东南地区的不同方言里,助动词"有"类词与"会"类词常常出现功能平行的情况。这首先表现为两词在同一方言内的功能对应。闽南晋江话里"有"(否定式写作"无")和"解"(否定式写作"獪")在很多惯常功能上有相当的平行性,如(22)所示。

(22) 福建晋江话里"有"和"解"存在功能平行:

a. [频率惯常] 伊逐日□[ke]<u>有</u>拍太极拳_{他天天都打太极拳的}。|伊经常<u>解</u>破病_{他经常生病}。

b. [条件必然] 恁过年<u>有</u>炊糕无_{你家过年蒸年糕吗}?|哈尔滨到冬咧就<u>解</u>落雪_{哈尔滨到冬天就会下雪}。

c. [静态性质] 伊<u>有</u>巧_{他是聪明的}。|即个囝仔<u>獪</u>慙_{这个孩子不笨}。

d. [临时状态] 伊今旦日无啥欢喜_{他今天不太开心}。|伊最近身体<u>獪</u>否_{他最近身体不错}。

这还表现为"有"类词与"会"类词存在跨方言之间的功能对应。施其生(1996:28—29)指出,闽南方言里"有"和"会"(即"解")意义十分接近,对于表达心理活动或事物性质状态的一些句子,泉州话、厦门话用"有",汕头话要用"会"。更典型的例证是南部吴语和赣语的"有"。根据丁健(2020),路桥吴语的"有"除却表达针对非将来事件的肯定真实性义,还承担了普通话"会"的多数功能,这些功能包括恒常能力、条件必然、计划性将来、预测性将来,见(23),该方言的"会"反而没有这些功能①。

(23) 浙江路桥话"有"兼有普通话"会"的多个功能:

a.［恒常能力］张明小提琴有拉唧_{张明会拉小提琴的}。(丁健 2020)

b.［条件必然］人趆□[tɕʰiA⁴²]过_{人从这里走过},警报有响_{警报就会响}。(丁健 2020)

c.［计划性将来］张明出差去爻_{张明出差去了},下礼拜二有来_{下周二会回来}。(丁健 2020)

d.［预测性将来］望样子□□[tʼiəŋ³³ n̩ɦiA²²]有落雨_{看样子明天会下雨}。(丁健博士提供)

根据胡小娟(2020)的报道,莲花赣语的"有"更是特别,它不能用于确认非将来事件,只能用于表达惯常事件和将来事件,该词承担了条件必然、计划性将来、预测性将来等多个功能,见(24),这几乎完全是普通话"会"的功能模式。

(24) 江西莲花话"有"只有普通话"会"的功能(胡小娟 2020):

a.［条件必然］零度以下水有结冰_{水在零度以下会结冰}。｜人有得病_{人会生病}。

b.［计划性将来］下个礼拜领导有来公司_{下周领导会来公司}。

c.［预测性将来］今暝夜里冇星星_{今天晚上没有星星},明暝有落雨_{明天会下雨}。

顺便一提,江西莲花话只有在表达高质能力"擅长"的意义时才用助动词"会",它表达普通的恒常能力要用动词"晓得"。

汉语方言里,助动词"有"主要用于表达现实事件,助动词"会"主要

---

① 经笔者调查,路桥吴语的助动词"有"和"会"都没有认识或然义,路桥吴语表达"他会不会已经回家了?"要用"是不是……"。

用于表达非现实事件,这两个在时制范围上几乎无交叉的情态词为何出现了功能平行性呢?我们认为,这应该源于二者语义中均包含了"静态持续性"的特点。不难看出,它们的词汇义均有静态性,动词性"有"的领有存在义蕴含了静态性,而"会"的恒常能力义具有高稳定性(范晓蕾 2016:220—224;本书§2.2.2 及§2.4.2),高稳定性也属于一种静态性的特征。这就产生了两个后果。第一,"有"和"会"的词汇义之间有潜力发生衍生关系,目前发现的这种演变有"领有→恒常能力"。"会"表示的恒常能力是一个有生物所"领有"的惯常属性,所以,"有"的领有义有潜力衍生出恒常能力义。丁健(2020)就报道了路桥话"有"有表示心智能力(即本书的恒常能力义)的功能,这正是印证演变路径"领有→恒常能力"的案例。第二,"有"和"会"均可衍生出有静态持续性特点的语法义。§12.3将介绍,汉语方言的"有"和"会"都可以用于表达频率惯常、条件必然、静态性质等惯常意义,惯常意义是表述事物的恒常属性,这类意义天然地带有静态持续性的特点。再看,既然"有"和"会"都能衍生出条件必然义,它们由此继续衍生出计划性将来、预测性将来等意义,也就不足为奇了。这样一来,东南方言里"有"和"会"在功能上的平行对应模式就得到了解释。

  汉语的助动词"有"和"会"均含有静态性,这一点还体现在它们在各方言里都倾向搭配句末助词"的"。汉语各方言都有一个与本方言的名词化标记同源的句末助词,它们虽有字源差异,方言字也记作"嘞""嘅""个""啯"等不同形式,但它们的功能都对应于朱德熙(1961)所论的名词性标记"的$_3$"。那么,这类句末助词就可以统称为"的"类句末助词。学界早已发现普通话的"会"常常搭配"的",叶玉英(2014:50)就指出"会"对加强肯定语气的助词"的"有非常强的亲和力。根据笔者的调查,在广府粤语里助动词"有"跟句末助词"嘅$_{的}$"高频共现于一个句子里。进一步看,"的"类句末助词本身就蕴含了静态性,其名词化标记这一来源很容易让它继承原来的指称性,而指称就是一种纯粹的静态性意义。李讷等(1998:96)指出"使用语气词'的'的句子在语篇中总是背景化的,表示的是静态性质。"完权(2013:51)认为,带句末助词"的"的事件句是"表达事件状态的名词性谓语句,和表达事物状态的名词性谓语句本质上一致"。这些结论皆表明带句末助词"的"的句子具有静态性或曰指称性,这个特性正好与汉语的助动词"有""会"是语义相容的,所以,汉语的很多方言里"的"类词跟"有""会"偏向共现于同一个句子内就很自然。§11.3.3 和§12.4 将进一步展示,汉语的功能词"有""会""的"因语义上共同的静态持续性而发展出很多有平行表现的语义功能。

11.3.3 "有"和"的"的平行性

上文已谈到普通话助词"的"的典型用法是用在名词性短语中,它附于定中短语的定语上构成体词性的"的"短语,例如"张三买的药""开车的(人)",这种用法的"的"被朱德熙(1961)看作名词化标记"的$_3$"。普通话"的"的另一种常见用法是作句末助词,例句如"小王是在教室捡到这把钥匙的""主任明天会来参加会议的",这种用法的"的"被李讷等(1998)、袁毓林(2003)、唐正大(2008)等文献看作语气词。汉语方言的"的$_3$"类词虽然语源未必跟普通话的"的"相同,但它们往往兼有跟普通话"的"一致的句末助词功能。我们发现,汉语里"的"类句末助词在语义特征及功能衍生路径上跟东南方言助动词"有"存在平行之处。下面逐步详述。

11.3.3.1 句末助词"的"的功能分类

既然汉语方言的"的"类句末助词在功能上跟普通话里作句末助词的"的"是高度相似的,我们就先分析普通话句末助词"的"的语义功能。这个课题已有诸多成果,本书着重参考 Paul & Whitman(2008),范晓蕾(2017a:575—576),王文颖(2018),刘莹、程工(2021),这些文献都主张普通话里带句末助词"的"的句子(下文简称"的"句)应该分为两种语义性质,这些文献的分类结论大致重合,又有差异,其差异源于它们的分类标准有不同。在给"的"分类的核心标准上,Paul & Whitman (2008)立足于"的"句能否转换为分裂焦点句(即"是……V 的 O"式),范晓蕾(2017a)依据句中"的"有无强制性、"的"句能否变为疑问句、跨方言里的形式编码方式等多种语法表现,王文颖(2018)和刘莹、程工(2021)主要依据是句子中焦点域的宽窄。本书赞同范晓蕾(2017a)的分类结论,主张句末助词"的"应该分为两种语义功能,并为这个结论补充更多的理据,如下所述。

第一,句末助词"的"的典型用法是搭配焦点标记"是"形成对比焦点句,其句式为"(是)+XP+VP+*(的)"("XP"代表谓词短语 VP 之前的任何句法成分),见(25)。

(25) "的$_{焦点}$"的过去焦点化功能:

　　a. [事件主语作焦点] 花瓶被打碎了,这是谁干的?——应该是小红打碎花瓶*(的)。(=应该是小红打碎的花瓶。)

　　b. [事件状语作焦点] 小明到北京了吧?——对,他(是)昨天到北京*(的)。(=他是昨天到的北京。)

　　c. [事件整体作焦点] 老张关在警察局了,他是自首的吗?——(是)警察把他抓起来*(的),不是他自首*(的)。(=是警察抓的他。)

这种"(是)+XP+VP+*(的)"句必须有对比焦点,其对比焦点可以是所述事件的主语、时间地点状语抑或"是"之后表述完整事件的小句,但这种"的"句式对它的焦点有限制,其焦点一般要远离"的"而落在句子前面的 XP 里[如(25a)(25b)这种窄焦点句],该句式不会是单单紧邻

"的"的句末 VP 作焦点而 XP 未获得焦点,它至多是"是"与"的"之间的"XP+VP"整体作焦点〔如(25c)这种宽焦点句〕。王文颖(2018)和刘莹、程工(2021)将(25a)(25b)的"的"句称为窄焦点句,因为它们以句中的某一成分(即上文说的远离"的"的 XP)为焦点。这个分类标准不适用于(25c)的"的"句,但是,本书同意范晓蕾(2017a:575)将(25c)与(25a)(25b)的"的"句归为一类的方案,这是依据它们的语法共性远多于差异。一方面,在(25)的这些"的"句中,肯定式的"是"一般可以隐去,但助词"的"永远是强制出现的,句子隐去这个"的"就变得不合法。可见,这个"的"的语法作用主要是帮助凸显句子的焦点成分。另一方面,这种"的"句基本是表达过去事件(杉村博文 1999;木村英树 2003),它表达惯常事件受到很大限制,见(26a),它无法表达将来事件,见(26b)。

(26) "的$_{焦点}$"句难以表达惯常或将来事件:

  a. 〔惯常事件〕张三经常是在教室完成家庭作业的。|*是张三经常打碎花瓶的。

  b. 〔将来事件〕*他是明天到北京的。|*是警察以后会把他抓起来的。

而且,(25c)的"的"句可以变为分裂焦点句"是警察抓的他",这种句式变换也跟(25a)(25b)的"的"句是一致的。综合地看句末助词"的"在(25)用法中的语法特点,其功能可称为"过去焦点化"〔范晓蕾(2017a)称为"现实焦点化"〕,这种功能的"的"被本书记作"的$_{焦点}$"。

  第二,Paul & Whitman(2008)谈到,"是 VP 的"式有别于"是……V 的 O"式,前者的功能是"肯定语气"(propositional assertion)。我们基本同意这一区分,Paul & Whitman 所说的"是 VP 的"式其实是指"的"脱离(25)里的这种对比焦点句而用于其他的直陈句,这种不构成对比焦点的"的"句可以表达过去事件〔见(27a)〕、将来事件〔见

(27b)]及惯常事件[见(27c)]等多种事件。

(27) "的_{肯定}"的肯定存在功能：

a. [过去事件]这工作必须是上过大学的人才能干,小张的学历够吗？——放心,他是上过大学(的)。

b. [将来事件]这个文件需要主任签字,也不知道他明天会来单位不。——明天是周一,主任明天会来单位(的)。

c. [惯常事件]老李怕是对圆明园不熟悉吧。——熟得很,老李经常逛圆明园(的)。｜小明能解出这道题吗？——应该能,他很聪明(的)。

(27)这种"的"句的焦点只能是谓语 VP,可以说,这种"的"句是常规焦点句,它不能变换为分裂焦点句"是……V 的 O"式。王文颖(2018)和刘莹、程工(2021)将(27)的"的"句归为宽焦点句,主张它们以全句表达的命题或命题真值为焦点,只是这个语义标准无法排除(25c)中的"的_{焦点}"句。范晓蕾(2017a)强调(27)里"的"句中的"的"是可省略的,句子隐去这个"的"依然合法,只是减弱了一些语气意义,该语法特点是(25c)中的"的_{焦点}"所不具备的。由此可见,(27)的"的"既不起句法作用,也不贡献客观的命题义,那么,它的语法作用应该是给句子贡献方家说的确认语气,即肯定谓语所指事件的真确性。(27)里"的"的语义作用正如李讷等(1998:99)所言:是传信功能,它表示主观上对事实的确认态度,属于广义的情态作用。"的"的这种功能可以界定为§11.3.1.1说的肯定存在义,即它跟东南方言助动词"有"存在功能对应性。理论上,句末助词"的"的肯定存在功能可以细分为非将来存在、惯常存在、将来存在等次类功能①。承担肯定存在功能的"的"被本书记

---

① 我们仅考察了邢台话、潮州话、柯桥话及苏州话的"的"类句末助词,尚未找到有方言"的"的肯定存在功能限于过去事件句的,未来需要发掘细分"的"的肯定存在功能的语料证据。

作"的$_{肯定}$"。

很多文献并不区分句末助词"的"有"的$_{焦点}$"和"的$_{肯定}$"之别,通常将它的性质做统一分析(李讷等 1998;袁毓林 2003;熊仲儒 2007;完权 2013),这大概源于这两种"的"有一系列共性:(一)"的$_{焦点}$"和"的$_{肯定}$"都是可选性地搭配"是";(二)它们的句子均有一定的静态性,在叙事语篇中不能作推进事件链条进展的前景句;(三)它们的句子都不能单独报道信息,均有前文预设,"的$_{焦点}$"和"的$_{肯定}$"之前的 VP 往往是前文提及或隐含的旧信息。将句末助词"的"分为两个功能,不仅依据上述的语义分析,还有语料证据。很多北方话及闽语的"的"类句末助词仅有过去焦点化的功能,没有肯定存在的功能。例如,邢台话的"嘞$_{的3}$"[见(28a)]也可以作句末助词,它可以用于表达(25)里那样的"的"句,见(28b),不能用于表达(27)里那样确认命题为真的"的$_{肯定}$"句,见(28c)。

(28)　邢台话"嘞"("的"类词)的功能:

a. ["的$_3$"] 我嘞书 | 小王买嘞馒头

b. ["的$_{焦点}$"] 他是夜个$_{昨天}$到北京嘞。(或"他是夜个$_{昨天}$到嘞北京") | 是警察把他抓起来嘞。

c. ["的$_{肯定}$"] 小王没上过大学吧?——不是,他上过大学(*嘞)。| 也不知道主任明咾$_{明天}$到单位来不哎。——明咾$_{明天}$是礼拜一,主任肯定到单位来(*嘞)。

11.3.3.2 "的"和"有"的共性与差异

我们可以基于上文结论来探讨汉语方言里助动词"有"和"的"类词的异同点。不难发现,汉语方言里"有"和"的$_{肯定}$"存在极大的语义相似性[①],它们都含有肯定确认的情态语气义,这导致这两个词有相似的话语限制。第一,汉语方言里"有 VP"句和"的$_{肯定}$"句均不能作对话的首

---

① 根据盛益民(2014)在脚注的论述,复旦大学的陶寰教授也提及吴语的句末助词"的"和闽语的助动词"有"是十分相似的功能词。

发句单独报道新情况,它们必须伴有前文的句子,前文预设谈话双方关心"有 VP"句、"VP 的_{肯定}"句里 VP 所指的事件是否为真,句中的 VP 是前文里的旧信息。第二,"有 VP"句和"VP 的_{肯定}"句都是对前文关心的问题"VP 是否为真"做出肯定性的判断"是",这种句子很容易带上确认义,它们在语篇中不能作推进事件链条进展的前景句。§11.3.1.1 已介绍了闽语、吴语的"有 VP"句存在这样的话语限制,其实,句末助词"的"也有这种话语限制。

综上可见,南方汉语表达肯定存在这种情态义主要有两种语法手段:助动词"有"和句末助词"的"。粤语及南部吴语兼用"有"类词和"的"类词作情态语气标记,在这些方言中"有 VP 的"类的格式是常见的句子,这显示出"有"类词和"的"类词存在高度的语义相容性。北部吴语的"有"类词和闽语的"的"类词没有发达的情态语气功能,这些方言就极少见句子是"有 VP 的"类的格式,这一使用状况应该有语义互补的动因。北部吴语的"的"类词和闽语的"有"在情态义上极为相似,它们的功能存在诸多的重合处——皆能表过去事件、惯常事件、将来事件。基于语言的经济性原则考量,既然北部吴语的"的"类词功能很发达,这自然就会抑制这些方言中"有"类词的功能发展;类似地,既然闽语的"有"类词功能很发达,这就会抑制闽语里"的"类词的功能发展。粤语及南部吴语恰恰居中,这些方言里"有"类词的功能不似闽语的"有"那样发达,它们"的"类词的功能又不似北部吴语的"的"类词那样发达。这样一来,粤语及南部吴语里"有"类词和"的"类词就在肯定存在义的表达上平分秋色,形成并存共生的局面,于是,在这些方言里"有 VP+的"类格式就很常用了。

最后再看,普通话里在陈述句中经常搭配句末助词"的"的焦点标记为判断动词"是",这个"是"除却陈述句外还能用于是非问句,如(29)所示。

(29) 普通话的"是不是"问句：
  a. 他是不是去过北京呢？
  b. 他明天是不是会来呢？

也就是说，普通话用句末助词"的"和判断动词"是"共同合作来承担闽语助动词"有"的很多语义任务。这样看来，汉语方言中"有""的""是"这三类词的区别及联系是一个值得深究的大课题。上面从情态研究出发整理了汉语方言里几个值得深入比较的功能词——"有""会""的""是"。以往研究比较过普通话里的这些功能词。比如，黄正德（1990）讨论了普通话的"是"和"有"，谢佳玲（2001）比较了普通话里表强调的动词"是"和用于预测将来的助动词"会"。本节提出在汉语方言里比较这些词的一些角度，这种比较研究自然需要借助普通话研究的相应成果，同时，汉语方言的相应研究必将扩展学界对这些功能词的语法认识。

第十二章 惯常范畴：
情态与时体的衔接[①]

12.1 概述

§11.3展现了东南方言的助动词"有"兼容了情态意义和时体意义，这显示出情态和时体往往是兼容共生的统一体。情态范畴与时体范畴素来被认为是紧密联系的，合称"时体态（TAM）"范畴，它们都属于谓词性成分上的语法意义（Givón 1985/2001:285、337）。在汉语中，情态范畴和时体范畴之间的联系方式究竟如何呢？以往研究并无明确答案。普通话里，情态标记和时体标记展示出相对明确的分界：典型的情态词大多是位于词汇性VP之前的助动词或副词，如"可以""会""必须"；时体词大多是位于谓词性成分之后的助词，如"着""了$_1$""过""呢""了$_2$"。从这两种性质的语法成分中，我们很难看出汉语里情态意义和时体意义之间有什么联系。本章将通过语义地图的方法，揭示出惯常意义是情态意义和时体意义之间的衔接点。事实上，语言里表达特定的惯常意义时常常用到情态词，本章通过汉语方言的语料来考察标示惯常意义的功能词有哪些特点，进一步发掘情态词的更多功能。

汉语的术语"惯常"包含了Krifka et al.(1995)所说的"habitual"和"generic"两个意义。在普通语言学里，惯常句不是表达特指的片断性情节或孤立的事实，而是报告一种泛化的属性，它是从很多具体的片断

[①] 本章的内容来自范晓蕾（2017a），增补了一些内容，对惯常范畴的语义地图做了细微的调整。

或事实中总结出来的规律。表达规律、习惯和属性等意义的句子就是特征句(characteristic sentences),如(1)所示,它们区别于表达特定时间里发生某个事件的事况句(episodic sentences)。

(1) 英语里的惯常句[Krifka et al.(1995)例(2)]:
    a. John smokes a cigar after dinner.
    b. A potato contains vitamin C, amino acids, protein and thiamine.

依据上述定义,情态范畴里的能力义也可以视为惯常义,因为它属于主语的稳定特点。潜力情态里的条件必然专门用于表达惯常事件,它也可视为惯常义(参见§12.2.1)。Comrie(1985:40)指出惯常义跟时制、体貌和情态都有联系,那么,某些情态义兼属惯常义就不足为奇了。

惯常义在传统上被看作体貌意义,上文又谈到惯常义跟情态义在范畴归属上存在交叉。可以想见,惯常意义是一个复杂的概念范畴,普通话的有关现象就体现了这一点。(2)是普通话的几个惯常句,它们呈现了很多句法差异。

(2) 普通话表达惯常义:
    a. 老王*(经常)抽烟。
    b. 人*(会)生病。
    c. 如果到零摄氏度以下,水就(要/会)结冰。
    d. 老王抽烟,但不喝酒。
    e. 板蓝根治感冒。
    f. 这朵花很好看。

首先,(2)的各个句子有不同的形式表现。(2a—c)用到了标示出惯常意义的词语"经常""会""要"——这些词语可看作惯常标记,(2d—f)不含任何标明惯常意义的词语。在有惯常标记的句子中,(2c)可以去掉它的惯常标记"要"或"会",(2a)(2b)则不能去掉"经常""会"等词,否则会改变句子的意义。多数的惯常句是单句,但也有(2c)这种包含两个小句的复句。再看,(2)的各个句子虽然都是惯常句,但它们具体的意义类型很不同。(2a)表示频繁发生的动态事件,(2f)表达恒常存在的静态性质;(2b)(2c)表达自然或社会规律,(2d)(2e)表达个人习惯或事物功能。这些事实说明,惯常义是一个包含了多种下位意义的概念范畴,可称为"惯常范畴"(habitual-generic category),它的表达有时依赖一定的形式标记,即"惯常标记"。

上述现象提出了如下问题:(一)惯常范畴既然包含很多的意义类型,那么它应该分为哪些下位类型,或曰有几种惯常义?(二)普通话里惯常句的情况已如此复杂,那么汉语方言又如何表达各种惯常义,它们会使用哪些惯常标记?(三)惯常意义既然同时联系着体貌范畴和情态范畴,那么各种惯常义与时体态范畴的语义关联模式是怎样的?本章会依次解答这三个问题。§12.2详析惯常范畴的几种语义类型及各自的特点;§12.3简述汉语方言中几类惯常标记的用法;§12.4构建基于汉语方言的惯常范畴的语义地图,最终展示出情态范畴和时体范畴的语义关联模式;§12.5探讨南北汉语在时体态范畴上的类型差异。

12.2 惯常义的类型和特点

12.2.1 四种典型的惯常义

我们认为,惯常意义有四个典型的次类:频率惯常,条件必然,功能习性,静态性质。本小节以普通话为语料从语义和形式两个方面来解释这四种惯常义的特点。

频率惯常是将现实世界里大量同类的特定事件的发生模式加以概

括,它表达了事件发生的频率性,具有量化的特点。普通话的频率惯常句见(3)。

(3) 频率惯常句:
　　a. 老王经常抽烟。
　　b. 小王总是生病。
　　c. 他以前天天去游泳。

频率惯常的语义特点是对说话前已然实现的多个片段性事件做抽象总结,它在现实世界里存在对应的现实事件,这些现实事件就是惯常句的现实实例(instantiated case)。例如,(3a)衍推事件"老王抽烟"已然发生过,其语义是概括了老王前天上午抽烟、昨天下午抽烟,今天上午抽烟等一系列过去的特定事件的发生模式。从这一角度看,频率惯常义具有一定的现实性。各个汉语方言的频率惯常句有一致的形式特点,它们都含有表达频率义的量化副词或时间名词,如普通话的"经常""总是""偶尔""有时""很少"及"天天""每次"等。频率惯常句若去掉这些频率词,就会改变整句的语义或合法性。例如,(3a)去掉副词"经常"后是句子"老王抽烟",该句可以解读为老王的意愿"想要抽烟",这就是由惯常句变为事况句;再如,(3b)去掉副词"总是"后是句子"小王生病",这个句子不能完句。

§7.3.1 从情态角度定义过条件必然,这里再从惯常角度做分析。条件必然表达这样一种规律:某种条件必然地[①]引发某种事件。这个意义包含特种条件 X、结果性事件 Y、X 和 Y 之间的因果必然性三个要素,其逻辑语义可描述为:惯常地,如果存在某种条件 X,则必然有事件 Y。因此,条件必然句都能转换为假设条件句。(4a)在形式上诠释了条件必然的语义模式。(4b)和(4c)可以做同样的阐释,(4b)表达"如果

---

① 条件必然的"必然"重在指条件和事件之间的规律性关联,故而也包括"极大可能"。

在冬天,那么哈尔滨就要下雪",(4c)表达"如果 S 是人,那么他就会生病"(又见§7.3.1)。

(4) 条件必然句:
  a. 如果到零度以下,水<u>会</u>结冰。
  b. 哈尔滨冬天(要/会)下雪。(=如果在冬天,那么哈尔滨就要下雪)
  c. 人<u>会</u>生病。(=如果 S 是人,那么他就会生病)

条件必然句的真值依赖于大量反复出现的同一类现实实例,这看似跟频率惯常相同。不过,条件必然的语义不是对所有现实实例的概括,而是基于一部分现实实例做出的规律性预测。(4b)表述气候规律,它自然有过往的现实实例"哈尔滨大前年冬天下雪,前年冬天下雪,去年冬天下雪"等特定事件为依据,但其语义不是对这多个特定事件的概括,因为没人能经历所有"哈尔滨冬天下雪"的片段性事件。(4c)也是表述一个自然规律"只要是人就会生病",它不是总结"世上每一个人都生过病"等一系列特定事件。条件必然句的惯常性在于拟定律性(lawlikeness),只要具备某种条件就必然发生某类事件,人们可通过这个规律来预测将来的时间里某个事件要在何时出现。条件必然义的预测性表明它有很强的非现实性。条件必然的表达常常要借助形式标记,如很多南方方言里条件必然句依赖助动词"会""要",北方方言里条件必然句有时用句末助词"呢""呀/也"。不过,某些条件必然句还倾向用零标记,例如,普通话的句子"哈尔滨冬天下雪"也是条件必然句。

注意,普通话的副词"往往"兼具频率惯常和条件必然的意义。根据马真(2004/2016:236—239),"往往"不仅编码了高频义,还编码了规律条件义,它所述的高频事件必须有可反复出现的前提条件,这令它有别于副词"常常"。频率惯常义和条件必然义编码到同一个词上也不足为奇,这两种惯常义存在紧密的联系,§12.2.2 将说明它们都是量化性的惯常义。

功能习性表示事物的功能或有生物的习性,普通话的例证见(5)。

(5) 功能习性句:
　　a. 老王抽烟。(＝老王是抽烟的一类人,习惯是抽烟)
　　b. 小王教中学。(＝小王是教中学的一类人,职业是中学老师)
　　c. 东北生产水稻。(＝东北是生产水稻的一类地方,功能之一是产水稻)

这种惯常义一般有多次反复出现的动态事件作现实实例,但它的语义不是对这些现实实例本身的概括,而是表示基于现实实例的状况而判断出的主语特性,其事件情状具有相当的静态性。普通话里功能习性句是零标记的,句子的谓语动词是不带时体标记的动态动词。功能习性句"S＋动态 VP"都能变换为判断句"S 是 VP 的一类事物",这个变换后的判断句也显示了功能习性句的逻辑语义。由此可见,功能习性句的谓语虽然是词汇上的动态 VP,但它在语法上实现为一个抽象的静态谓语。

静态性质表达了主语恒常的静态属性,它既是指涉一个长久存在的状态——这无关乎反复出现的特定事例,也是将该状态断定为主语的特性——这使静态性质句有别于"他看上去很高兴""他的脸红红的"等陈述临时状态的静态事况句。静态性质可以分为若干小类,如(6)所示,它包括事物的特征、有生物的心理特点或事物之间的稳定关系。

(6) 静态性质句:
　　a. [事物特征] 这朵花很好看。
　　b. [心理好恶] 老王喜欢孙子。
　　c. [稳定关系] 女儿像爸爸。

静态性质一般依赖说话人的主观判定。比如,一朵花好看或不好看是由说话人来判定的,女儿是否像爸爸也是说话人的主观印象,这些事件均非可观察的物理现象。所以,静态性质句的主观性相对较强。普通话里,静态性质句也是零标记的,它的谓语是性质形容词或静态动词。

12.2.2 四种惯常义的区别和联系

上文分出的四种惯常义所表达的惯常事件各有不同。频率惯常是将现实世界里已然发生的多次事件概括为一个模式(pattern),其目的是陈述现实世界的事件,它是惯常义中现实性较高的。条件必然是从已然发生的多次事件中概括出一个规律(law),其目的是预测可能世界的情况,它很可能是惯常义中非现实性最强的[①]。功能习性是根据说话前的多次动态事件断定出主语的性质(property),它默认有现实实例。静态性质既是描摹一个恒常存在的状态,也是断定主语的一个性质,它往往代表了说话人的一种主观判断。另外,静态性质句在真值语义上不同于前三种惯常义,静态性质句取决于主语 S 是否总是具有谓语 VP 所指的状态,如果某个阶段里主语 S 不具备谓语 VP 所指的状态,静态性质句的真值就是假的。相反,对于前三种惯常义而言,即使某个阶段里主语 S 没有执行谓语 VP 所指的行为,它们句子的真值也未必是假的。

这四种惯常义在抽象的语法意义上也有差异,这要从它们的句法差异说起。句法上,惯常句的典型谓语是非终结性(atelic)的 VP(即活动情状和静态情状),四种惯常义的表达皆可用这类谓语,(3)到(6)的句子里核心谓语都是非终结性的 VP。再看,普通话里,功能习性句和静态性质句仅允准非终结性的 VP 作谓语,而频率惯常句和条件必然句还接受终结性(telic)的 VP 作谓语,如(7)。

[①] 四种惯常义的非现实性是有差异的,但目前尚难以排列出它们的非现实性等级序列。

(7) 有些惯常句的谓语可以是终结性VP：
　　a.［频率惯常句］老王经常摔断腿。
　　b.［条件必然句］哈尔滨冬天会下几场雪。
一些条件必然句的谓语还可以带时体词"了""着"，如(8)。
(8) 有些条件必然句的谓语可以带时体词：
　　a.苹果一熟透就掉下来了。
　　b.他每次上课都穿着件白衬衫。

四种惯常句的核心谓语对于 VP 的情状类型有不同的限制，它们的谓语带时体词的状况也有不同，这些语法差异反映了四种惯常义的语义差异，准确而言，是它们的"动态性"差异。理论上，终结性 VP 和时体词对应于动态性较高的事件类型。那么，频率惯常句和条件必然句可以用终结性 VP 作谓语，表明这两种惯常义所述事件的动态性很强；条件必然句还能有条件地带时体词，这表明它所述事件的动态性是四种惯常义中最强的。再看，功能习性句和静态性质句都不能用终结性 VP 作谓语，更无法带任何时体词，这两种惯常义所述的事件是静态性很强的；静态性质句还只能以静态 VP 作谓语，它所述的事件应该是静态性最强的。总结起来，四种惯常义的动态性等级序列应该为：条件必然＞频率惯常＞功能习性＞静态性质（"＞"表示动态性高于）。我们对该序列做如下的阐释。条件必然句所述的事件依赖特别的条件来触发，这种"条件—事件"的时间先后关系显示了明显的动态性，它理应是动态性最高的惯常义。频率惯常指事件多次发生的量化模式，它有动态的反复性，这暗示了它具有一定的动态性。功能习性句虽然以动态 VP 作谓语，却是表述主语的性质，功能习性句可以变换为判断句更是表明它所述事件的动态性较弱。静态性质是恒常存在的匀质状态，自然是动态性最弱的。惯常范畴在整体上有非终结性（或曰无界性），惯常义通常被归为一种非完整体意义，但不同的惯常义在情状的动态性上存在一定差异,这是给惯常范畴分次类的重要方面。

　　我们对惯常范畴的次类划分既是基于概念的语义特点,也有一定的形式依据。普通话里,频率惯常句必用频率词;条件必然句均能变换为假设条件复句,还能用"要""会"等助动词;功能习性句和静态性质句的谓语最简单,不用任何副词或功能词,前者是动态 VP 作谓语,后者是静态 VP 作谓语。很多汉语方言用语法形式区分了这四种惯常义,详见§12.3.2。因此,这四种惯常义可以作惯常范畴语义地图的功能节点。

　　不过,这四种惯常义并非界限分明,它们的区分存在一定的模糊地带。

　　首先,频率惯常和条件必然的概念相似性就很明显,它们构成的句子在真值上均依赖大量的现实实例,它们所述的事件在情状上有较高的动态性。形式上,频率惯常句和条件必然句往往能共用一些副词或功能词。普通话的频率副词"经常"不仅用于频率惯常句,也有用于条件必然句的情况。譬如,(9a)惯常句含有副词"经常",这个句子能像条件必然句那样变为假设条件复句"如果……那么……",可见,这个句子表达了条件必然义。

　　(9)　频率词与不同的惯常句:

　　　　a. [条件必然]哈尔滨冬天经常下雪。(＝如果在冬天,那么哈尔滨经常下雪)

　　　　b. [频率惯常]哈尔滨经常在冬天下雪。(＝存在一个地方叫哈尔滨,而且它经常在冬天下雪)

因此,上文所述的每种惯常义的形式标记不全是鉴别某个惯常义的绝对标准。注意,在(9a)这种带频率副词的条件必然句中,频率副词"经常"位于表示条件的词汇"冬天"之后。如果频率副词"经常"位于表示条件的词汇之前,如(9b),这个惯常句就不能变换为假设条件复句了。

也就是说,(9b)不是表达条件必然,它只能诠释为频率惯常句。可见,带频率词的惯常句表达哪种惯常义,在很大程度上取决于频率词的句法位置。进一步看,条件必然句的状语性条件成分①其实规约了结果性事件发生的时机,它间接地表达了事件发生的频率,所以,这种状语性的条件可视为一种量化成分。那么,频率惯常句的频率词和条件必然句的状语性条件成分有相似的语法作用,它们均作状语,是核心谓语的量化成分。这样一来,普通话里惯常标记"会""要"在频率惯常句和条件必然句里处于相当的句法位置,它们在频率惯常句中是位于频率副词之后(如句子"哈尔滨经常会下雪"),在条件必然句中是位于表示特种条件的状语成分之后。简言之,普通话的"会""要"在惯常句中总是处于量化成分和核心谓语之间。综上所述,这四种惯常义就可以粗略地分为两大类:频率惯常和条件必然同属"量化性/动态性的惯常义",功能习性和静态性质同属"存在性/静态性的惯常义"。

其次,概念的相似性容易造成意义判定的不确定性。特别是,带类指性主语的惯常句究竟表达哪种惯常义往往很难判定,因为类指性主语代表一种隐性条件(参见§7.3.1),于是,带类指性主语的惯常句皆有阐释为条件必然的可能。带频率词"经常"的(10a)形似频率惯常句,带简单的动态谓语的(10b)形同功能习性句,但它们皆能阐释为表示条件必然义的假设条件复句模式"如果……那么……",(10)里句子主语的无指性也导致句子所述事件的非现实性更高(参见§12.2.3)。

(10) 类指性主语的惯常句:

  a. 北方人经常吃面条。(=如果 S 是北方人,那么他经常吃面条。)

  b. 美国人过圣诞节。(=如果 S 是美国人,那么他过圣

---

① 即句子里表时间地点的状语或表条件的假设从句,它属于"显性条件",不同于指类主语这种"隐性条件"。

诞节。)

如何界定这类惯常句的意义是一个理论难题,我们的权宜之计是:仅当有状语性的条件成分时,惯常句方可定为条件必然义;一个惯常句如果不含状语性的条件成分,它有频率词的情况[如(10a)]定为频率惯常义,它带简单谓语的情况[如(10b)]就定为功能习性义。

12.2.3 惯常义分类的难点

我们的惯常义分类方案并非完全理想,(10)就展示出某些惯常句有意义判定的难题,这是因为惯常分类存在诸多难点,主要有如下两大因素影响惯常义的语义性质和表达形式。

第一大因素是主语为类指的(kind-referring)还是特指的(object-referring)。比如,普通话里,带类指性主语的(11a)可以用助动词"会",但带特指性主语的(11b)较为排斥助动词"会"。

(11) 类指性主语、特指性主语与惯常标记的使用:

  a. [类指性主语]北方人经常(会)感冒。(非现实性很强)

  b. [特指性主语]老王经常(?会)感冒。(现实性略强)

这个现象在一定程度上提示了主语的"类指/特指"会影响惯常句的意义性质,下面对(11)两句用"会"的差异试做解释。一方面,类指性主语是无指(nonspecific)的,主语为无指 NP 的事件句是非现实的。理论上,带类指性主语的惯常句具有更强的非现实性,而带特指性主语的惯常句略微具备一些现实性。另一方面,普通话的助动词"会"是表达非现实事件的情态词,它自然更容易用在非现实性很强的惯常句[如(11a)]中,相对排斥有一定现实性的惯常句[如(11b)]。类指性主语与惯常义更相容,这有两个表现。表现之一是类指性主语句更容易获得惯常义的诠释。例如,类指性主语句(12a)必须解读为惯常义,而特指性主语句(12b)只能解读为认识情态义。

(12) 类指性主语、特指性主语与惯常义的诠释：
    a. [类指性主语] 旧电器<u>会</u>经常出问题。（客观陈述）
    b. [特指性主语] 这个电视机<u>会</u>经常出问题。（主观推测）

类指性主语句相容于惯常义的表现之二是带类指性主语的惯常句更倾向用零标记。例如，在一些闽语里，功能习性句往往要强制地用助动词"会"或"有"，但当功能习性句是带类指性主语的，它便可以不用任何惯常标记词了。

    影响惯常义语法属性的第二大因素是惯常句的真值语义是否要求有现实实例。一个惯常句所述的命题一般有现实实例作依据，它是对现实世界中大量反复出现的片段性事件的概括。但是，在某些情况下惯常句在真值上也允许无现实实例的情况，这体现在功能习性句的真值语义上。功能习性句所指的事件有可能在现实世界里出现的频率很低或长时间不出现。比如，老王是个烟鬼，但由于没钱已很久没抽过烟了，我们仍可以用句子"老王抽烟"来表述他的习性。有的功能习性句所指的事件在现实世界里可能尚未发生。比如，小王是新上任的中学老师，在他还未教过一节中学课程的时候，我们仍可以用句子"小王教中学"来陈述他的职业。因此，这类惯常句的真值并不取决于反复出现的同一类现实实例。理论上，有现实实例的功能习性和无现实实例的功能习性可分为两种惯常义：前者是现实的功能习性，它接近于频率惯常的意义，只是频率惯常义在表达上多了量化成分（即频率词）；后者的现实性较低，是非现实的功能习性，它接近于内在能力这种情态义，只是内在能力义在表达上多了非现实标记（即情态词）。这两种功能习性义在普通话及多数方言里没有形式差异，由于语料有限，我们暂不区分它们。

除上述两大因素外,还有很多语法因素会影响到惯常义的表达形式。以条件必然为例,它在普通话的表达形式就有很大的内部差异。普通话里,有的条件必然句用助动词"会""要"皆可,如(13a),有的条件必然句只能用"会",如(13b);有的条件必然句可以省略助动词"会",如(13c),有的条件必然句则强制用"会",如(13d)。

(13) 普通话里条件必然句用"会""要"的变异性:
  a. 这条河一到夏天就会/要发大水。
  b. 衣裳如果牌子不同,价格就会/(*要)有差异。
  c. 哈尔滨冬天(会)下雪。
  d. 人*(会)生病。

可见,条件必然句的句型(条件复句/单句)、主语类型(类指/特指)及谓语类型(动态/静态)都会造成句子表达上的形式差异。哪些形式差异真正反映了句子的概念差异而需要纳入惯常分类的考量中,这是一个尚待深究的问题。我们目前的分类标准是以句子的逻辑语义为主,并参考它的形式特征(即惯常标记的使用)。总之,§12.2.1 的四种惯常义仅是一个粗略的方案,更精准的惯常类型体系有待深究。

此外,还有其他类型的惯常义暂不纳入考察。比如,§7.4 说的惯常倾向义就是一种非现实性较高的惯常义。再如,普通话的惯常句"他是北京人""一加一等于二"等表达了两个事物之间的"恒常关系",恒常关系句的典型动词如"是""属于""等于",这些动词大致对应于郭锐(1993)所界定的无限结构类(Va)。恒常关系义应该是恒常性和稳定性最强的惯常义,它跟时间的相关性最差,其时间的稳定性在相当的程度上近似于静态性质,但恒常关系句比静态性质句更排斥语法标记。我们尚未发现有汉语方言表达恒常关系义用到语法标记的。

12.3 惯常标记

12.3.1 惯常标记的界定

我们认为,惯常标记可以分为两种:词汇性惯常标记和语法性惯常标记。词汇性惯常标记是词汇义较具体的词汇词,其语义指事件发生的频率性或倾向性。普通话的词汇性惯常标记有频率副词"经常""往往""总是"和表达惯常倾向的助动词"爱""好""容易"等。语法性惯常标记是语法化程度很高的功能词,它不直接表达惯常义而是仅传达语法意义,却是惯常表达式必用或常用的成分,如普通话的助动词"会""要",这种惯常标记虽然语义较为虚灵(不直接表达高频率或规律性),但在一些惯常句里是强制性成分。词汇性惯常标记的意义及来源在以往研究中已有涉及(孙克敏2011),争议不大。语法性惯常标记是性质模糊的一类功能词,将它们的功能及演变分析清楚是更有意义的。因此,下文聚焦于语法性惯常标记,不考察词汇性惯常标记。这样一来,普通话的频率惯常句"他经常生病"也可视为零标记的惯常句。

最典型的语法性惯常标记应该是这样的功能词:在惯常表达中是强制性成分,去掉后会大大地改变句子的语义、合法性或使用语境。平遥话的助词"唎呢"、晋江话的助动词"有"在多数功能习性句中即如是。但是,这种语法性惯常标记是较少见的。一方面,惯常义是最倾向用零标记表达的意义,Dahl(1995:415—416、421)指出:原型的类指句(generic sentences)(属于本书的"惯常句")具有标记最小化的特点,它或者无明显标记,或者用时体系统中最简单的标记;这种句子即使有形式标记,通常也是可选的而非强制的。另一方面,表达惯常义的形式在多数语言中语法化程度都很低。Thieroff(2000)考察欧洲语言中各种时体范畴的地理分布时,只发现 6 个语言有语法化程度较高的惯常范畴,如英语、爱尔兰语、捷克语等;其余像意大利语,虽然有 4 种标记形式,但基本上没有脱离词汇手段,它们的语法化程度很低。汉语是一种缺乏形态的语言,更难形成强制性的惯常标记。柯理思(2007)就指出,在普通话里,惯常义的范畴化不是完整的,惯常标记的标注一般不是强制性的,没有统一的、专用的标记(专化程度低)。为此,界定语法性惯常标记的标准必须放宽,本书的语法性惯常标记也包括如下两类功能词:(一)在惯常句里的强制性至少存在于部分句类,比如,闽东方言的助动词"解"在否定或疑问形式的静态性质句中就是必有成分(参见§12.3.2),它属于惯常标记;(二)在某些惯常句中虽能隐去,但其隐现不改变句子的语义、合法性及所在语境(包括完句状况),例如,普通话的助动词"要"在句子"他一闻到烟味就要打喷嚏"中就可隐去[①],该词可视为惯常标记。

按照上述标准,我们在所考察的二十余个汉语方言中界定了一些语法性惯常标记,它们均兼有其他的语义功能。这些语法性惯常标记可以依据它们其他功能的意义情况,分为如下六类:

(一)非现实的零标记:各方言的"Ø";
(二)将来时标记:吴语、粤语、西南官话的助动词"要",闽语的助动词"爱""着",晋语、关中方言的句末助动词"也/呀";
(三)能力标记:吴语、闽语和粤语的助动词"会";
(四)现实存在标记:粤语、闽语、客语、南部吴语、赣语及湘语的助动词"有";
(五)过去焦点化标记:粤语、吴语的"的"类句末助词;

[①] 有可省略性的惯常标记往往传达了微妙的语气义,但这种语气义十分淡化,不是"强调"等语气色彩明显的意义,所以,这些惯常标记的微弱语气义并不影响将它们看作惯常标记。

（六）持续体标记：粤语的动后助词"开"，北方方言的"呢""着"类句末助词。

事实上，语法性惯常标记的惯常功能主要指这种标记所在的句义环境，即这种标记能用于哪一种惯常句中。上文定义语法性惯常标记的标准是纯形式的，这样界定出来的惯常标记未必传达惯常义，它往往表达了其他的语法义。比如，吴语的"的"类句末助词因强制用于惯常句而被定为惯常标记（参见§12.3.2），但我们承认这种"的"类词主要的语义作用是表达直陈（indicative）语气（刘丹青 2008:481—482）。语法性惯常标记跟惯常义的弱相关性源于惯常句最排斥显性标记，很多惯常句强制使用某个语法形式常常源于句子的其他语法需要。因此，本书的惯常范畴只是一个概念范畴，不是语法范畴。

12.3.2 汉语方言的惯常标记

较之其他的时体态意义，惯常义最倾向用零标记，所以零形式可归为一种惯常标记。其实，汉语中一些非现实的语法意义也倾向用零标记。普通话里，主观意愿句和将来事件句往往不用任何语法标记，例句如"你抽烟不？""下个月学校放假"。很多方言也是以零标记的形式表达主观意愿、将来事件和各种惯常义的，见(14)(15)。

(14) 河北邢台话的"Ø"：

a. [主观意愿] 你抽烟还是喝酒哎？——我抽烟。

b. [将来时制] 下个月学校放假。

c. [条件必然] 人生病，神仙不生病。

d. [功能习性] 板蓝根治感冒。

e. [静态性质] 这个花儿可好看。

(15) 香港话的"Ø"：

a. [将来时制] 下月学校放假。

  b.［条件必然］水喺零度以下就结冰_{水在零度以下就会结冰}。
  c.［静态性质］呢个细路好聪明_{这个小孩儿很聪明}。

不过,将来时制义比惯常义更倾向用上显性的语法形式来标记。比如,很多晋方言里相当一部分将来事件句必须要用句末助词"也/呀",闽南方言里多数的将来事件句必须要用助动词"解""爱"等,但这些方言里功能习性句、静态性质句往往都可以用零标记。

  §8.2.2里恒常能力的语义地图(图8.1)里关联路径"条件必然—计划性将来"表明将来时制标记常用于表达惯常范畴中的条件必然义。比如,西南官话里助动词"要"跟普通话的"要"一样是将来事件句中的常用词,它也用于频率惯常句和条件必然句,见(16)。

  (16) 成都话"要":
   a.［将来时制］下个月学校<u>要</u>放假。
   b.［频率惯常］他经常<u>要</u>生病。
   c.［条件必然］哈尔滨冬天<u>要</u>下雪。｜人<u>要</u>生病。

西南官话的"要"在表达中的使用强制性要高于普通话的"要"。例如,成都话里助动词"要"在条件必然句、将来事件句中不能省略。闽语和南部吴语的助动词"爱""着"也兼用于条件必然句和将来事件句,见(17)。

  (17) 广东潮州话"爱":
   a.［将来时制］学校下个月<u>爱</u>放假_{学校下个月会放假}。
   b.［条件必然］水在零度以下<u>爱</u>结冰_{水在零度以下会结冰}。

西南官话的"要"和闽语的"着"都兼有评判必要义,这种用法也平行于普通话的助动词"要"。

  图8.1构建了语义关联"恒常能力—条件必然",这展示出惯常范畴和情态范畴的联系。很多东南方言中"会"类情态词还能用于其他的惯常句,如吴语的助动词"会"常用于频率惯常句,见(18)。

(18) 浙江乐清话"会"：

　　a. [条件必然] 哈尔滨冬天会落雪。

　　b. [频率惯常] 渠居年身体不好_{他这些年身体不好}，经常会生病。

闽语的助动词"解"还能用于静态性质句，例如，汕头话可以说"蕊花解雅_{这朵花好看}""阿公解惜孙_{爷爷喜欢孙子}"（施其生 1996），这些句子去掉"解"就不能完句，所以这种惯常句中的"解"可视为惯常标记。有些闽方言（如福清话、晋江话）的"解"表达静态性质时是限于否定式、疑问句的，见(19)(20)。注意，闽南语的"解"还能表达"临时状态"，如(20d)所示。

(19) 福建福清话"解"：

　　a. [条件必然] 水着零下解结冰_{水在零摄氏度以下会结冰}。

　　b. [静态性质（否定/疑问句）] 小明解聪明燩_{小明聪明吗}？｜猫燩惊老鼠_{猫不怕老鼠}。

(20) 福建晋江话"解"：

　　a. [频率惯常] 伊经常会破病_{他经常生病}。

　　b. [条件必然] 哈尔滨到冬咧就解落雪_{哈尔滨到冬天就会下雪}。

　　c. [静态性质（否定/疑问句；中性、消极义形容词）] 即个简仔燩戆_{这个孩子不笨}。

　　d. [临时状态（否定/疑问句；中性、消极义形容词）] 伊最近身体燩否_{他最近身体不错}。

潘秋平(2019:92)报道了新加坡华语的"会"可以在一些静态事件句里表达说话人的态度，见(21)，并且，这种"会"可以隐去。

(21) 新加坡华语"会"[例句来自潘秋平(2019:92)]：

　　a. [静态性质] 从这里去宏茂桥(会)远吗？——(会)远，(会)远噢。

b. [临时状态] 我头发(会)长吗？——你头发不(会)长啦。

依据我们的功能节点,(21)里新加坡华语"会"的语义功能可以按照其句义环境归为静态性质和临时状态。我们承认,这种"会"传达了主观性意义,但这不妨碍在语义地图的框架下主张它有惯常功能。

§11.3.1 详谈了东南方言的助动词"有",其核心功能是表示肯定存在义。但是,"有"在东南各方言中所适用的事件类型存在不同,这个词可以按照它能表达的事件类型分为多种功能,尤其是根据它能表达哪些惯常义来分出多种惯常功能。广府粤语的"有"主要功能是肯定非将来事件的存在,见(22a);它还可以用于频率惯常句,见(22b),在这种用法中"有"要位于频率副词(如"时时经常""年年")之后。

(22) 香港话"有":

a. [非将来存在] 佢有读过大学他是上过大学的。｜佢头先有喺度做功课嘅他刚才是在做功课的。

b. [频率惯常(可隐去)] 佢时时都有食烟嘅他经常抽烟。

广府粤语里"有"在频率惯常句中主要承担肯定凸显的情态义,它限于一定的语篇环境。所以,这个"有"在惯常句中只是可选性的成分,它并非典型的惯常标记。

闽语的"有"可以用于多种惯常句,(23)(24)是闽南晋江话和闽东福清话的例子。

(23) 福建晋江话"有":

a. [频率惯常(可隐去)] 伊逐日[ke]有拍太极拳他天天都打太极拳的。

b. [条件必然(可换为"解")] 恁过年有炊糕无你家过年蒸年糕不?

c. [功能习性(强制)] 东北有种水秫东北种水稻的。｜伊有点熏_{他抽烟}。

　　d. [静态性质(积极义形容词,强制)]伊<u>有</u>巧_{他是聪明的}。

(24) 福建福清话"有":

　　a. [频率惯常(可隐去)]伊野孝顺_{他很孝顺},经常<u>有</u>去看伊[le³]_{经常会去看他妈妈的}。

　　b. [条件必然(可换为"解")]汝厝做年<u>有</u>炊糖粿无_{你家过年蒸年糕不}?

闽语里"有"用于频率惯常句、条件必然句在语篇和句法上都受到一定的限制。比如,条件必然句如果是"假设从句＋结果主句"的格式,如对应于普通话句子"要是着火了,警报器就会响起来"的形式,晋江闽语、福清闽语表达这种惯常事件就不能用"有",而要用助动词"解"。这说明闽语"有""解"即使都能用于相同的惯常句,这两个词在句中传达的意义也存在差异:"有"表达肯定凸显的情态义,"解"主要来标示相对将来的时间关系。不过,一些东南方言里"有"全权承担了普通话"会"的各项功能,它们的惯常句里"有"语义上应该有别于闽语里"有"的情况。比如,路桥吴语里任何形式的条件必然句、功能习性句都只可以用"有",却从不用"会"(丁健 2020),而且,路桥话的"有"还能表达计划性将来、预测性将来,其语义应该包含了普通话"会"那样的相对将来特征。粤闽方言中,用"有"的惯常句必须有现实实例,§12.2.3 所谈的非现实的功能习性义不能用"有"表达,用"有"的条件必然句必定是指从前至今反复发生的规律习惯,这也是"有"有别于"会"的地方。因此,这些方言惯常句里的"有"编码了相对非将来时,它标示出一个习惯或一种属性已然存在。

　　很多方言里"有"是某些惯常句完句的必有成分,如闽南语的功能习性句、静态性质句往往依赖"有"完句[参见郑敏惠(2009)、陈淑环(2009)]。而且,"有"在惯常句的否定或疑问式中偏向有强制性

(Cheng 1997;笔者调查)。比如,闽南语里,静态性质句的肯定式可以不用"有",例证如晋江话的句子"阿梅野水_{小梅很漂亮}",但静态性质句的否定式必须用"有"的否定式"无",例证如晋江话的句子"阿梅无水_{小梅不漂亮}"。综合这些特点,至少闽南语的助动词"有"可以看作一种惯常标记。

吴语和粤语里,某些惯常句必须用"的"类句末助词,也就是说,这些方言里"的"类词在惯常表达中有强制性,它就可以归为一种惯常标记。具体例证见(25)(26)。

(25) 苏州话"啊_的":
　　a. [频率惯常]俚老是生毛病啊_{他经常生病}。
　　b. [条件必然]哈尔滨冷天落雪啊_{哈尔滨冬天会下雪}。
　　c. [功能习性]老王吃香烟啊_{老王抽烟}。
　　d. [静态性质]玫瑰花好看啊_{玫瑰花是好看的}。

(26) 香港话"嘅_的":
　　a. [频率惯常]佢时时都食烟嘅_{他经常抽烟}。
　　b. [功能习性]阿王食烟嘅_{老王抽烟}。

或有方家质疑将这些方言的"的"类词定为惯常标记的做法,因为吴粤方言里"的"类句末助词不仅在惯常句中是强制的,在其他事件句中也是强制的,它一般表达确认语气。但以往文献已经证实惯常标记的专化程度普遍很低,惯常标记在句子中有微妙的语气义也不影响其功能定位(参见§12.3.1)。另外,普通话句末助词"的"可用于惯常句但未被定为惯常标记,是因为普通话的惯常句用"的"不是强制的,这种用法在普通话里有很大的语篇限制,较为少见。再看,吴粤方言里"的"类词的惯常功能应该跟它的其他功能相关,因为"的"类词在各方言都有过去焦点化的功能,在很多南方方言里还有肯定存在的功能(参见§11.3.3),吴粤方言里"的"类词的惯常功能其实是表示"惯常存在",属于该词肯定存在功能的一种情况。

第十二章 惯常范畴:情态与时体的衔接

非完整体标记是很多语言里惯常句常用的语法形式(Haspelmath 1998),汉语方言也存在这种情况。广府粤语的动词词尾"开"就是一例,彭小川(2002)将广州话词尾"开"的非完整体意义分析为:表示动作在此前已经开始并持续了一段时间;其语义重心指向事件后续部分,到说话时该动作或已停止或仍在持续,如(27a)所示。广义上,这个意义属于持续进行义。彭氏指出,广州话的"开"还有标记惯常体的功能,它表示某动作在过去的一段时间经常发生,其语篇限制是说话时出现了与该惯常动作相对的事件,见(27b)。

(27) 广州话"开":

    a. [持续进行] 我做开嘢_{我正做事呢},等阵先_{先等一下}。｜佢着开件红色嘅衫_{他一直穿着那件红色的衣服}。

    b. [频率惯常] 我哋不溜食开饭_{我们向来吃米饭},忽然间叫我哋食面_{忽然叫我们吃面},点得架_{怎么行}。

广州话里,动词词尾"开"作惯常标记时表示的是哪一种惯常义呢?经调查,这种用法的"开"经常跟频率副词"不溜—向"共现于同一个句子中;这两个词即使不共现,惯常句中"不溜V"换为"V开"后一般不改变句义;广州话带词尾"开"的惯常句在普通话中的对译句要带频率词"一向""经常"。这些现象都表明"开"所标示的惯常义是频率惯常。

北方方言中句末助词"呢"[①]是高度范畴化的非完整体标记,它是表达持续进行义[②]的必有成分,其使用范围和强制性远大于普通话的"呢"。同时,西北方言里"呢"类词往往强制用于各种惯常句,见(28),该词在是非问句及其答句中强制性尤其高,柯理思(2009)将陕西方言的"呢"看作惯常标记是很有道理的。

[①] 对应于普通话"呢"的句末助词在各方言中因语音差异而被记作"呢""咧""嘞""哩""唡"等多种形式。

[②] 相当于普通话句子"他正看书呢""墙上挂着一幅画呢"的持续体意义。

(28) 西宁话"唡_呢":
 a. [将来时制] 家明早出远门唡_{他明天会出远门}。
 b. [频率惯常] 家经常迟到唡_{他经常迟到呢}。
 c. [条件必然] 一到夏天,河里就发洪水唡_{河里就会发洪水}。
 d. [功能习性] 美国人过圣诞节唡。
 e. [静态性质] 日本的苹果好吃唡。| 家像家妈妈唡_{他长得像他妈妈}。

据笔者调查,很多北方方言表达主观意愿及某些类型的将来事件(尤其是运动事件)也必须用"呢"类词,见(28a)。可以认为,这些方言的"呢"有将来时制的功能。很多西北方言里,动后助词"着"也是高度范畴化的非完整体标记(Fan 2011),它常与句末助词"呢"形成"着呢"组合,该词是很多西北方言表达持续进行义事件、惯常事件甚至将来事件的必有成分。这些方言里,"着"可用于表达多种类型的惯常事件,见(29),这些惯常句中"着"不能隐去,该词应该属于一种惯常标记。

(29) 兰州话"着(呢)":
 a. [频率惯常] 俺屋里老吃面着呢_{我家经常吃面}。| 那_他天天骑底_着自行车上学着呢。
 b. [功能习性] 老李抽烟着呢。| 云南白药止血着呢。
 c. [静态性质] 那懒着没有_{他懒不}?——懒着呢_懒。

尽管相当多数的西北方言里"着呢"组合式的凝固性很强,但同一方言内"着呢"和单独的"呢"通常存在功能差异,"着呢"和"呢"所适用的非完整体句(包括惯常句)有类型上的区别。因此,西北方言里"着"应该单独视为一种惯常标记。

12.4 惯常范畴的语义地图

基于上述考察,我们着手构建惯常范畴的语义地图。§11.3、

§12.2.1 和§12.3.2 谈及的多数语义功能都可作为语义地图的功能节点,不过,下文将闽语助动词"有"在将来事件句中表示肯定存在的功能(参见§11.3.1)跟普通话助动词"会"表达的计划性将来义、预测性将来义(参见§7.3)合并为一个功能节点"一般将来"。当然,这三种将来事件是有差异的。"有"表达的将来事件重在凸显该事件作为计划的真确性,主要承担情态功能;"会"传达类似英语 will 的将来义,主要承担时制功能。这种语义差异未必要体现在语义地图中,可将它们共同的句义环境"一般将来"定为一个功能节点。毕竟,四种惯常功能主要代表惯常标记所在的句义环境(参见§12.3.1)。一个功能词的句义环境主要是小句表达的事件类型(非将来事件、惯常事件、将来事件等),这种句义环境若作语义地图的功能节点,其间的语义关联未必代表功能词本身的语义变化模式①,而是反映功能词在各类事件句中的分布扩展模式。这种分布扩展模式也能间接体现各类事件之间的概念近似度,因为概念近似的事件类型在表达上倾向用到相同的语法形式(尤其是时体态标记)。

表 12.1　方言惯常标记的多功能模式

方言例词	频率惯常	条件必然	功能习性	静态性质	一般将来	非将来存在	过去焦点化	持续进行	临时状态	恒常能力	认识必然
普通话"要"	+	+	.								
乐清"着"		+			+						
成都"要"	+	+			+						
望江"要"			+								
潮州"爱"	+	+									
福清"着"			+								
望江"得"			+								+
普通话"会"			+		+					+	+

---

① 这是指功能词在两种事件句里或表相同的语义。例如,闽语的助动词"有"和吴语的"的"类句末助词在已然事件句和惯常事件句中都表达肯定存在义(参见§11.3.3)。

续表

	1	2	3	4	5	6	7	8	9	10
苏州"会"	+	+			+				+	+
乐清"会"	+	+			+				+	+
赣州"会"	+	+			+				+	+
香港"会"	+	+			+					+
晋江"解"	+	+		+!	+			+!	+	+
潮州"解"		+			+			−	+	
福清"解"		+		−	+			−	+	
香港"有"	+				+					
乐清"有"	+		+		+					
潮州"有"	+	+	+		+	+				
福清"有"	+	+			+	+		−		
晋江"有"	+	+	+	+!	+			+!		
香港"嘅的"	+	+	+		+	+				
苏州"啊的"	+	+	+	+	+	+				
香港"开"	+					+				
太原"嘞呢"			+	+		+				
鄂尔多斯"嘞呢"	+	+	+	+		+				
咸阳"呢"	+			+		+				
邢台"嘞呢"		+			+	+				
平遥"咧呢"		+	+			+				
永寿"呢"	+	+	+	+		+				
贺兰"呢"	+		+	+		+				
延安"哩呢"	+	+	+	+		+				
平罗"呢"	+	+	+	+		+				
兰州"呢"		+	+		+	+				
天水"哩呢"	+	+	+			+				
西宁"俩呢"	+	+		+		+				
贺兰"着"	+					+				
平罗"着"	+					+				
临夏"着"	+	+	+	+		+				
兰州"着"	+		+	+		+				
西宁"着"	+	+		+		+				

第十二章 惯常范畴:情态与时体的衔接

我们将所考察的汉语惯常标记的多功能模式总结为表12.1,它展现了两个信息:(一)四种惯常义往往使用相同的标记,这表明它们之间有紧密的语义关联,印证了它们属于同一个概念范畴;(二)这些惯常义直接联系了至少七个功能,有将来事件、非将来存在、过去焦点化、持续进行、临时状态、恒常能力、认识必然,这些功能应该是各个惯常义的来源义或衍生义。我们据此构建出惯常范畴的语义地图,即图12.1,这是一个临时性的结论。

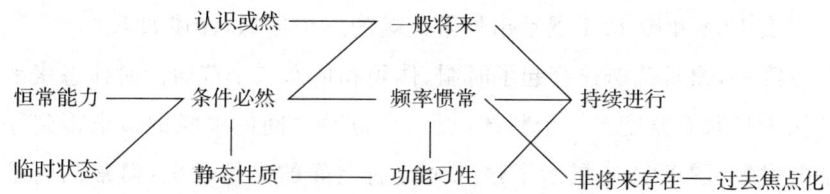

图12.1 基于汉语方言的惯常范畴的语义地图(临时的结论)

关于图12.1的材料依据,要交代两点内容。其一,图12.1的构建虽然主要依据语料,却也有基于理论推导的部分。比如,可表达静态性质的惯常标记除了能标示条件必然或功能习性的意义外,还能表示恒常能力或持续进行的意义,如潮州话的助动词"解"、太原话的句末助词"嘞哎"就是这样的情况。图12.1中的语义关联"条件必然—静态性质—功能习性"正是依据了这些多功能词。不过,这些多功能词在逻辑上也支持另一种关联路径"恒常能力—静态性质—持续进行",我们在图12.1中排除了这种逻辑可能的关联路径,是基于这样的理论猜想:各个惯常义之间有直接关联的可能性大于它们与其他意义有关联的可能性。其二,图12.1中的关联路径"过去焦点化—非将来存在"是据材料推测而来的,它主要针对吴粤方言的"的"类句末助词。我们的语料有限,目前未见有方言的"的"类词仅有过去焦点化和非将来存在两个功能的,但如§11.3.3所论,"的"类句末助词的肯定存在功能应该发起于过去事件的表达中,这就可以推理出关联路径"过去焦点化—非将来存在"。吴粤方言的"的"类词在使用上由过去事件句扩展到惯常事件句、将来事件句,这种用法扩展平行于闽语助动词"有"的发展轨迹。严格来讲,这两点未完全遵循语义地图的操作方法,不是纯粹依据语料中形式的多功能状况来归纳关联路径,而是采用"材料+推导"的权宜之计,因为现有的语料不足以归纳出这11个功能节点的全部关联模式。不过,图12.1至少能反映出惯常范畴语义关联的大致模式,为日后的研究提供一个参考。

表12.1和图12.1展示出惯常范畴的三个信息,详述如下。

第一,惯常范畴连接起了时制、体貌和情态三个范畴。时体态素来被认为是联系紧密的一个整体,但三个范畴之间的关联细节未得到仔细的发掘,图12.1正展示了这三个范畴之间的交接状况:惯常范畴是衔接时体态三个范畴的关键地带,它是过渡性的概念范畴。由此可理解普通语言学中惯常义的范畴归属为何模糊不定,很多学者认为惯常义属于体貌范畴,也有学者主张惯常义属于情态范畴。

第二,频率惯常、条件必然、功能习性、静态性质四个惯常义与其他概念的关联状况体现了这四个惯常义的语义差异。频率惯常跟持续进行体等现实性意义直接相连,这印证了频率惯常是有一定现实性的惯常义;条件必然跟将来时制、恒常能力等非现实意义直接相连,这支持了它属于非现实性较强的惯常义。图12.1显示出,惯常范畴处于"现实—非现实""客观—主观"之间的过渡状态。Givón(1994:270)就指出,惯常义在世界语言里表现出有趣的特点,它有时用属于现实范畴的形式来标注,有时用非现实范畴的形式来标注。概念上,惯常义一方面在现实世界里有大量的事件实例,另一方面却不是陈述某个事件在特定时间上发生,惯常状况还有预测将来事件的作用。而且,惯常状况既依赖实际观察到的客观事实(某种事件的频繁出现或恒久存在),又代表说话人的抽象概括及主观判断。柯理思(2007:102)引述了Comrie

(1976:28,1985:40)的论述来解释普通话用情态助动词来标注惯常义的动因,即"说话人之所以认为某一个动作或状态是某一时期、某一人物所特有的,来自他(或她)对这个时期或人物的一种认识,是基于说话人观察的一种判断"。图12.1的关联路径"非将来存在—频率惯常—条件必然—将来事件"暗示了惯常义是衔接现实范畴和非现实范畴的一个桥梁,现实事件的标记经由惯常范畴变得能用来表达非现实事件,反之亦然。典型的例证是东南方言的助动词"有"和助动词"解/会","有"本是标记现实意义的功能词,"会"属于非现实范畴的功能词,但东南方言中这两个词存在诸多的功能重合处,它们体现出"现实—非现实"的语义转换,这种语义转换很可能是由惯常义打通的。

第三,惯常标记存在情状上的动态性与静态性之分,这种情状特点制约了一个惯常标记在惯常功能上的表达范围。从支持图12.1各个关联路径的多功能词来看,"要"类惯常标记几乎没有能标示功能习性和静态性质的用法,"会""有""的""呢"一类的惯常标记皆有标示功能习性和静态性质的功能。这种表义状况有概念动因:功能词M的特定功能有怎样的语法特点往往与M的原始意义有怎样的概念特点是直接相关的——此乃语法化的滞留原则(Hopper 1991)使然。§10.4.3证明"要_{将来}VP"相当于一个词汇性的有界谓语,其语义可描述为"趋近于VP的结果",这个意义表明"要_{将来}VP"情状上有动态变化性,所以它能搭配含变化义的体貌词"了",见(30)。

(30)"要"类惯常标记与"了"类词相容:

  a.〈普通话〉春天<u>要</u>来<u>了</u>。

  b.〈普通话〉一到冬天河水就<u>要</u>结冰<u>了</u>。

相反,其他几个语义来源的惯常标记天生具有静态持续性。"会"的恒常能力义有高稳定性(参见§2.2.2),这蕴含了静态持续性。§11.3谈到,东南方言的"有"原本表示领有存在义,"的"类词的核心功能是作名词化标记,它们跟"会_能力"一样都有天然的静态持续性。北方方言中"呢"的核心功能是作非完整体标记,它有持续义。这些功能词内在的静态性或持续性意义跟"了"类词的动态变化义恰恰是相反的情状属性,两种内涵相悖的功能词自然不容易组配,所以,汉语方言中"会""有""的""呢"一类的功能词无论承担何种功能都排斥跟"了"类词共现,见(31)。

(31) 其他惯常标记排斥"了"类词:

　　a.〈普通话〉*他明天会来了。

　　b.〈晋江〉*伊有食咯_了糕。

　　c.〈苏州〉*菜切好仔_了嘚_的。

　　d.〈邢台〉*他吃咯_了早起饭嘞_呢。

(31)句子的不通正归咎于"会""有""的""呢"一类的功能词跟"了"类词存在语义冲突①。从另一角度看,"会_将来"蕴含非现实性(编码了相对将来时)(参见§7.2、§7.5.1、§10.4.2),"有"编码了存在体(所述的事件被名物化)(参见§11.3.1),这些语义特征也造成它们排斥"了₁""了₂"类的时体词:"了₁""了₂"蕴含现实性(相对非将来时)和动态变化义(戴耀晶1997:36、47;范晓蕾2021a:328),它们难以用于非现实VP和存在体VP。频率惯常和条件必然是动态变化性较强的惯常义(参见§12.2.2),它们与蕴含动态性的"要"类词没有什么语义冲突,所以,"要"类词得以标记这两种惯常义。功能习性和静态性质是静态持续性较强的惯常义,它们与"要"类词的动态性存在一定的语义冲突,与蕴含静态持续性的"会""有""的""呢"等词是语义相容的,所以,这两种惯常义只能由"会""有""的""呢"一类的功能词来标记。

不过,表12.1显示,频率惯常句和条件必然句除却用"要"类词作

---

① 吴语中,"了₁"类助词虽然有时可跟"的"类助词共现,但受到很多限制。

标记外,也能用"会""有""的""呢"等词来标记。可见,动态类的惯常事件在表达上所受的语法限制较小,这应该源于真实世界中的动态事件在概念上相对容易被阐释为抽象的静态性"状态"甚至"事物"。一个惯常句若是将多次发生的动态事件概括为一个事件类,实际上就是将动态事件阐释为稳定的"状态属性"。而真实的动态事件在特定的语法需要之下也相对容易阐释为抽象的静态事件,其重要表现是各语言中 VP 发生名物化的句法操作很常见,汉语里 VP 就能较为自由地作句子的主语或宾语——这也是一种名物化操作。名物化 VP 是将动态事件从语法上呈现为 NP 的形式,而 NP 成分默认是指称静态事物的,所以,语法上 VP 的名物化反映了动态事件在概念上的静态化,那么,这种句法操作的常见性在一定程度上表明动态事件容易实现抽象的静态化。但是,原本的静态性成分很难从概念上被解读出任何动态性的意义,一个表现是汉语 NP(指称静态事物)独自担任句子谓语的情况很少见,它只发生在"小王黄头发""今天星期天"等少数句子中,可见,一个 NP 不容易实现语法上的动词化。

我们再从另一角度看表 12.1 展示的现象。该表显示,汉语方言中,"会""有""的""呢"这几种静态性惯常标记的使用范围覆盖了四种惯常义,它们能标示的惯常义种类远多于"要"这种动态性惯常标记所能标示的惯常义种类,静态性惯常标记的惯常功能显然更发达。由此推断,概念上有静态持续性的功能词更容易变为惯常标记,毕竟,情状体貌上的静态持续性和惯常意义是高度匹配的。

图 12.1 在一定程度上得到了跨语言研究的支持,Haspelmath(1998)(见图 12.2)、Heine & Kuteva(2002)、Sergei(2005)都曾构拟过涉及惯常范畴的语义路径,展示出惯常义与持续进行体、能力义存在语义关联。

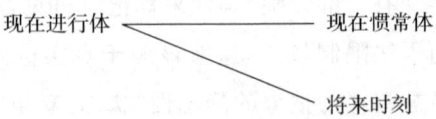

图 12.2　Haspelmath(1998)里惯常体的语义关联

Heine & Kuteva(2002:187)指出世界语言有"晓悟→能力→惯常"的语法化模式。Sergei(2005)则认为存在语义演变路径"惯常→能力",这个构拟明显有问题,它违背语法化的单向性原则,因为惯常是比能力更为虚化的意义,惯常义的表达形式最排斥使用语法标记,惯常标记应该不会衍生出标示能力义的功能。图 12.1 进一步揭示出不同的时体态意义所连接的惯常义是不同的,持续进行体连接了具有一定现实性的频率惯常,能力义连接了非现实性较强的条件必然。

我们必须强调,图 12.1 仅为惯常范畴的研究提供一个基础,属于临时结论,当中的关联路径有很大的改进空间,因为它所依赖的语料在样本数量和分析精准度上均有不足,尚需更详细的语言调查来验证或改进。比如,潘秋平(2019:92)主张新加坡华语的助动词"会"用于静态性质句的功能是由它的认识情态功能发展来的,因为静态事件句里的"会"跟认识情态词一样都表达了说话人的态度。潘氏的这一历时推测是极有可能的。但是,图 12.1 里静态性质跟认识情态之间没有直接关联,倘若日后发掘更多语料,并有更深入的语义分析,很可能会建立起语义关联"静态性质—认识情态"。总之,我们对图 12.1 的关联模式保持一个开放的态度,静待方家批评改进。

12.5　惯常义的标记度和南北汉语的类型差异

南北汉语的惯常句使用语法标记的状况归纳为表 12.2,它显示出:

条件必然句是最倾向用显性标记的惯常句,其次偏向用显性标记的惯常句是频率惯常句,而功能习性、静态性质的表达形式都倾向用零标记。那么,这四种惯常义的标记度等级大致是:条件必然＞频率惯常＞功能习性＞静态性质[①]。可见,惯常义的典型性与它的标记度是反相关的,越是典型的惯常义(如功能习性、静态性质),其标记度反而越低。

表 12.2 南北方言的惯常标记与惯常义

方言点	表达各个惯常义的词形			
	条件必然	频率惯常	功能习性	静态性质
福建晋江	会~	会~,有~,∅	有~,∅	有~,∅
广东潮州	会~,爱~	爱~,有~,∅	有~,∅	会~,∅
福建福清	会~,有~,着~	有~,∅	∅	∅
香港	会~,要~	有~,~开,~嘅	∅,~嘅	∅
江苏苏州	要~,会~,~嗰	要~,会~,~嗰	~嗰	~嗰
四川成都	要~	要~	∅,要~	∅
安徽望江	要~,得~,∅	∅	∅	∅
普通话	要~,会~,∅	∅	∅	∅
河北邢台	~嘞,∅	∅	∅	∅
山西平遥	~咧,∅	∅	~咧	~咧,∅
陕西永寿	~呢	~呢	~呢,∅	~呢,∅
甘肃兰州	~呢	~着呢	~呢,~着呢	~着呢,∅
青海西宁	~嘀,~着	~嘀,~着	~嘀	~嘀,~着

我们试从两方面分析这种概念范畴次类义的典型性和标记度之间的错配关系。一方面,惯常义紧密关涉着时体范畴,而时体标记主要表达一个事件从外部位置(时制)到内部阶段(体貌)的时间意义。事件的

[①] 平遥话的情况似乎违背这一序列:频率惯常句不用惯常标记,功能习性句却用惯常标记"咧呢"。若发现有大量方言如此,这个等级序列就需要修正和重新解释了。

时间意义若具有程度性,这种程度就包括两个方面:一是事件跟特定时间位置(相对过去、相对现在、相对将来)的关联程度,这属于时制的内容;二是事件进展到哪个内在阶段(起始点、持续段、终结点)受时间轴制约的程度,这属于情状体貌的内容。这两个方面的程度可合称为事件的"时间性"。理论上,事件的时间性决定其表达形式的标记度,<u>事件的时间性越高便越倾向用显性标记(即时体标记)表达它的时间义</u>,反之则倾向用零标记。另一方面,各类事件有动态性的梯度差异。郭锐(1993)把汉语的动词按过程结构分为十个小类,这透露出动词类型和事件类型都不是"动态\静态"的截然两分,而是存在"极高动态—极高静态"的渐变性梯度等级。事件的时间性包括事件的情状体貌意义,这就涉及事件的动态性。<u>事件的动态性越高,意味着这种事件越是容易变化,事件的时间性就越高</u>;事件的静态性越高,意味着这种事件越是恒久稳定,事件的时间性就越低。那么,事件的动态性和它在时体范畴上的标记度也应该是正相关的,事件的动态性越高,其标记度就越高。这个理论推导已得到证实,普通话里,现实的动态事件句必须用时体词,现实的静态事件句不用时体词(郭锐1997)。

有上述的理论基础,我们便能解释惯常义的标记度等级了。第一,惯常义的形式标记往往是表达事件的时间义,惯常标记应该关乎事件的时间性,而惯常事件指恒常状况,这较之特定事件而言是时间性很差的,无怪乎世界语言中惯常义在时体态范畴中是标记度最小化的概念。因此,惯常句用零标记应该是惯常义表达形式的典型情况,惯常义的表达形式用到显性标记反而是不典型的情况。第二,惯常句若用到显性标记,一般是其他语法动因触发的,而不同惯常事件的时间性差异正是一个重要动因。虽然惯常事件的绝对时间性(即整个事件在客观世界中的绝对时制义)默认是恒常持久,但它的各个次类在相对时间性(即子事件之间的时间位置关系)上并不一致。条件必然包含特种条件X

和结果性事件 Y 两个子事件,二者有先后相继的时间关系,这种惯常义的相对时间性很高;静态性质仅包含单个的匀质状态,它不涉及量化性和条件性,这种惯常义的相对时间性很低。各个惯常义的相对时间性存在不同,就体现为各个惯常义具有动态性的差异,§12.2.2 谈到四种惯常义的动态性等级为:条件必然＞频率惯常＞功能习性＞静态性质。这就解释了各个惯常义的标记度等级与各个惯常义在惯常范畴内的语义典型性为何成错配关系。制约一种惯常义有怎样的标记度的因素主要是这种惯常义所述的惯常事件在相对时间性/动态性上是怎样的,一种惯常事件的相对时间性越高,这种惯常事件所用的形式标记就越是显性。也就是说,一种惯常义在惯常范畴内的语义典型性不会制约这种惯常义有怎样的标记度。简言之,惯常义以零标记为常,其显性标记一般不是表示惯常义,而往往出于其他的语法动因(如事件的相对时间性、命题的外部主观性)。惯常标记的专化程度很低,这造成惯常义难以构成一个完备的语法范畴,仅能作为一个概念范畴来讨论。

表 12.2 也显示出惯常标记的语法类型在汉语方言中有"东南→西北"的区域性差异:东南方言的惯常标记倾向为处于谓语之前的助动词;西北方言的惯常标记倾向为处于谓语之后的句末助词;中部方言体现了这两者之间的过渡状态,它们表达惯常事件更多地使用零标记。惯常标记的这种地域类型差异应该归因于南北汉语的语序类型差异。一方面,越向南的汉语越偏向 SVO 型语序,越向北的汉语越偏向 SOV 型语序(桥本万太郎 1978/2008)。另一方面,附于 V 上的时体态标记会受到语序类型的影响,SVO 型语言的时体态标记一般在 VO 之前,SOV 型语言的时体态标记一般在 OV 之后。南北汉语时体态标记在句法位置及强制性上的倾向性差异正体现了上述趋势,偏 SVO 型的南方汉语更爱用处于谓语之前的助动词和副词,偏 SOV 型的北方汉语更爱用位于谓语之后的句末助词(Fan 2014;§10.2.2)。汉语的主流

趋势是情态标记编码为助动词,时体标记编码为动后助词。南北汉语的时体态标记在句法位置上分别朝相反的方向偏离这个主流。惯常标记来自时体态标记,所以,惯常标记在南方汉语多为助动词、在北方汉语多为句末助词的基本趋势也体现了南北汉语的语序类型差异。

值得注意的是吴语的惯常标记。吴语里"的"类句末助词高度范畴化,它的使用强制性较高,吴语的助动词"会""要"的功能也很发达,表12.2中苏州话的惯常标记就体现了这一点。吴语疑似有较强的SOV型特征,刘丹青(2001)指出吴语有较强的动词居末倾向和左分枝特征。那么,吴语爱用句末助词作惯常标记就符合上一段所论述的语序类型与惯常标记类型之间的相关性。然而,吴语同时爱用助动词、副词作时体态标记,这就不似偏SOV型的西北方言那样情况纯粹了,这是吴语在语序类型上的矛盾之处。其实,闽语也存在相似的矛盾,它也有较强的动词居末倾向,但闽语的时体态标记处于谓语之前的倾向是汉语方言中最强的。再看,尽管吴闽方言的句法有一些较强的SOV型表征,但桥本万太郎(1978/2008)、张敏(个人交流)指出,南方汉语里如"鸡公_{公鸡}、鱼生_{生鱼}、风台_{台风}"一类的"中心词+修饰语"式复合名词在闽语中数量最多,这是SVO型语言的显著特征。如此一来,单纯地将吴闽方言视为"偏SOV型"或"偏SVO型"皆有不妥。我们推测,吴闽方言所呈现的一些SOV型语序是历史晚起的表象,其底层的语序类型仍是偏SVO型的,而时体态标记的语法类型跟复合词的词法结构都代表更为底层的语序特征。刘丹青(2001,2015)指出吴闽语的动词居后倾向是话题化引起的内部发展,我们基本同意这一考量方向。总之,吴闽方言的语序问题是汉语类型学界的一大悬案。

南北汉语的惯常标记有表义特点的差异。南方方言惯常句里"要""会""有""的"一类的词并非纯粹表示惯常义,它们的可省略性说明它们含淡化的主观义。柯理思(2007)指出惯常义的"要"是表示说话人对命题的估价,是一种认识情态。吴粤方言的"的"类词用于惯常句是该词表达肯定存在、确认等情态语气义的一种情况。最典型的是闽语中静态性质句的助动词"有""解",它们的肯定存在义最明显。根据笔者的初步调查,各个闽方言里,描述静态性质的格式"有/解+形容词VP"受到相当的语篇限制,其使用自由度远不如闽方言里描述静态性质的另一格式"程度副词+形容词"(类似普通话的短语"很聪明")。曹逢甫、郑萦(1995)将"有+形容词VP"中的"有"界定为强调义,施其生(1996)认为"解+形容词VP"中的"解"表达了对客观现实的肯定。闽方言研究有这些语义认识,应该是因为格式"有/解+形容词VP"在使用时要求前文有语用预设"未确定是否VP",该格式中"有""解"用来凸显形容词VP所指的性质为真。我们认为,频率惯常句、条件必然句中的"要""会"也凸显了量化条件和事件发生之间的时间/逻辑关系。这些主观义或非现实义自然与它们原本的情态义息息相关。可见,多数南方方言将惯常范畴与情态范畴做了相同的形式编码。

相反,北方方言的惯常标记"呢"和"着"是语义客观性更强的,它们不传达肯定确认或强调感叹等主观义,在很多西北方言中"呢"和"着"是功能习性句、静态性质句的强制性标记。北方方言惯常句的这种现象应该跟"呢"和"着"原本是非完整体标记有关。也就是说,北方方言将惯常范畴与时体范畴做了相同的形式编码。依据刘丹青(2012)对语言显赫范畴的讨论,南北汉语惯常标记的语源类型展示出:南方方言是情态范畴更为显赫的汉语,北方方言是时体范畴更为显赫的汉语。南北汉语在时体态范畴上的显赫性差异还体现在南方方言的情态词远比北方方言的丰富多样。普通话用情态词"会""要"作惯常标记,应该是来自南方官话的用法,因为北方方言里助动词"会""要"没有惯常功能,这两个词的情态义也不丰富。

12.6 小结

本章的发现可总结为四点:(一)提出了惯常义的分类方案;(二)简析了汉语方言中标记惯常义的几个多功能词;(三)惯常标记的跨方言考察展示出南北汉语在语序结构及时体态范畴上的类型差异;(四)基于汉语材料的惯常范畴的语义地图细化了以往的相关研究,整理出了惯常义与时、体、态三个范畴的关联模式。其实,这四点发现是紧密相连的。惯常义的分类存在难点,是因为其语法化程度低;惯常义的语法化程度低是因为惯常事件的时间性弱,以致其表达形式用零标记为常。惯常句若用到显性的语法标记,则是因为其 VP 内部有一定的时间性或出于其他的语法需要,所以惯常标记的专化程度较低。惯常标记的语义来源既有情态范畴的,也有时体范畴的,不同的语义来源影响了惯常标记的语义表现。源自情态范畴的惯常标记往往蕴含一定的主观义,例如,闽南话的助动词"有"在功能习性句、静态性质句里可以被看作惯常标记,该词也为句子贡献了肯定凸显的情态义。惯常标记的语义来源还体现出一个惯常句若要用上显性的惯常标记会出于怎样的语法需要,同时,这些语义来源展示出惯常义兼涉时体态三大范畴。

第十三章 结语

13.1 语义地图与情态研究

一言以蔽之,本书基于汉语方言材料探讨了两个课题:情态语义分析、语义地图方法论。这两个课题的讨论相互联系,相互促进,让我们得出了一系列新认识。

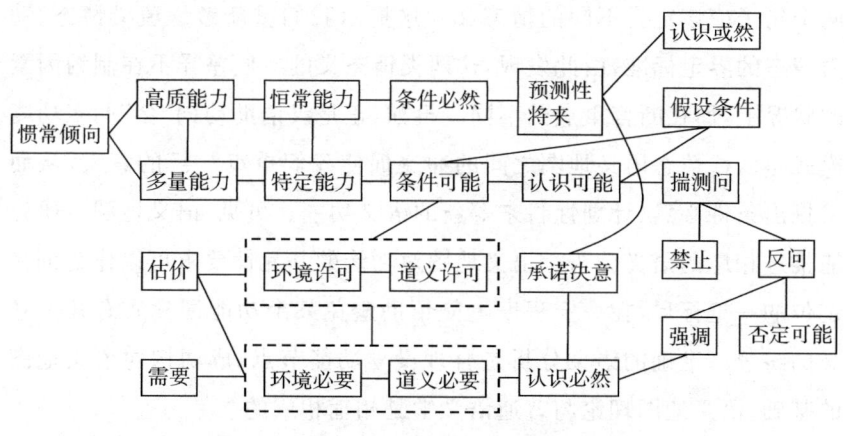

图 13.1 基于汉语方言的情态语义地图

首先,在 Palmer(1986,2001)、van der Auwera & Plungian(1998)的基础上,本书提出了一个新的情态类型体系,将传统上"认识情态、道义情态、动力情态"的格局变为"认识情态、评判情态、潜力情态"。该情态类型体系的主要特点是区分了环境情态和条件情态,将这两种情态归入不同的情态基本类型之中,环境情态跟道义情态同属评判情态,条件情态跟能力情态同属潜力情态。第三章用句法语义标准论证了这种分类的合理性,而最先启发我们产生这一假设的正是情态语义地图的研究。比如,(1a)和(1b)是两个不同的"可以"句,而它们的情态制约因素都是331路公车的运行路线与香山位置之间的关系,这种制约因素是外在于事件主语"你"的客观状况。

(1) 普通话的两种"可以"句:
　　a. 坐331路公车,你可以去香山。
　　b. 去香山,你可以坐331路公车。

按照Palmer、van der Auwera & Plungian对情态类型的定义,(1a)和(1b)的情态义应该是相同的。但是,汉语方言常常用不同的情态词表达(1)里这两个"可以"句,基于语义地图对功能节点的基元性要求,这两个句子应该定为不同的情态义。这提示我们重新考量道义情态、动力情态的界定标准,由此发现,这两类情态义的本质差异不在制约因素的状况上,而在断言重点的不同。再如,正是汉语助动词"会"的多功能模式与以往情态语义地图之间的冲突促使我们重审"会"的意义,从而发掘出条件必然、计划性将来等新的语义功能。可见,语义地图的研究能推进相应的语义分析。语义地图对功能的基元性要求可以作为词义定位的一把标尺,在一定程度上能帮助避免某个功能词到底有几个意义的纷争。准确的语义分析是合理设立功能节点、成功构建语义地图的基础,语义地图理论与普通语义学是相辅相成的。

　　上述的发现过程显示了语义地图对普通语义学的观照,语义地图为界定一个合理的概念类型系统提供了操作性较强的依据。语言学界对情态类型系统的界定尚无统一意见,Bybee et al.(1994)和Palmer(2001)就代表完全不同的两种意见。情态系统应该包含哪些具体概念,这些概念之间的相互关系是怎样的,每个概念在情态系统中的地位如何,这些问题一直缺乏有效的依据。如何建立一个有跨语言普遍性的情态类型系统成为一个难题。语义地图研究为这些问题的解决提出了一系列实证性标准。第一个实证性标准是跨语言的概念编码方式,有足够多的语言从形式上区分出的意义才有资格设为概念系统里的独立概念。所以,条件可能义可以设为独立的情态概念。第二个实证性标准是语义关联的连续性,语义地图里相互关联、组成连续区域的若干概念/功能方有资格归到同一个上位范畴中,这就是连续性原则。参照这个标准,可以推出条件可能有潜力与特定能力或环境许可归到同一个情态类型中。可见,语义地图研究为界定有跨语言普遍性的概念范畴(cross-linguistic generic categories)提供了一定的实证性依据(Boye 2010),它有助于定位概念成员在系统中的地位并揭示各个概念之间的关系,从而建构一个合理的概念类型系统。

第二,具体语言内的跨方言比较可补充丰富跨语言比较的研究结论,使之精确化。本书的情态语义地图比 van der Auwera & Plungian (1998)的情态语义地图及相关演变假设更精确,这首先源于我们对语义功能的细分,之所以能做到功能细分是因为笔者考察的主要对象是研究者熟知的汉语方言,有条件做到这一点。功能的细分要求更高的客观条件,即有充足而详细的语料和较准确的语义分析。要达到该要求,所考察的语言必须是研究者熟知且易得的,这正是具体语言内的方言考察才容易做到的。不同语种之间的跨语言比较可构建功能类型全面的大型语义地图,具体语言内的跨方言比较有助于揭示个别范畴内语义关联的细节,语言类型学研究里跨语言比较和跨方言比较是相互补充的。

本书对 van der Auwera & Plungian 情态语义地图的修正还源于我们对传统语义地图方法论的改进,本书在处理"形式"和"功能"分合的问题上与以往研究有所不同。语义地图方法论里,功能的分合原则早有成熟的提议,主要是 de Haan(2004)的基元性标准,我们认为它是一个利于操作的试验性工作准则,而它对功能"异义异形"的规定未必要做硬性要求。形式的分合原则目前尚未得到关注,我们对此做了尝试性的探索。如§5.3.2所示,我们对多功能词的语义功能设立了新的形式限制:常负载于同一词形上的两个功能 s1 和 s2 至少在一部分语言/方言中可出现在相同的句法环境下,方可建立语义关联"s1—s2"。再者,我们提出多功能词"形式分合"的基本原则:相当一批多功能词的功能 s 都受到同一个句法限制 X,这种现象具有跨语言/方言的平行性,X 就有资格纳入到多功能词的形式信息里。对语义地图理论中"形式"的这两个要求相互统一,是一枚硬币的两面。形式和功能是分是合常常要视具体课题而定。比如,在构建基于汉语的语义地图时,如果汉语方言有大量的语法形式区分意义 s1 和 s2,那么分出 s1、s2 这两个功能就是必要的;但是,如果其他语言不见有语法形式区分出意义 s1 和 s2,功能 s1、s2 的划分就不必用于世界语言的语义地图了。无论是多功能词的形式还是功能,它们的分合对语义地图研究的准确性都有很大影响。"细分"有助于排除不可靠的语义关联,揭示语义关联模式的真相和细节并提高语义地图的预测力,也有助于认识各个概念范畴的本质。同时,细分也会造成一些问题,除却带来语料考察的负担,无原则或无限制的细分会成为一个无底洞,正如分子可以分为原子,原子又可分为质子,质子还可继续分解一样。探索形式和功能细分的标准和原则是语义地图理论的发展方向之一,毕竟,语义地图模型还有诸多需要完善的地方。

第三,跨语言/方言研究和单一语言研究可以互相启发。一方面,语义地图为历时演变研究提供了新工具。它不仅可描述各个功能的共时蕴涵关系,还可判断或预测多功能词的历时演变路径,使历时研究多了实证性依据。第六章详述了通过语义地图拟测历史语义演变的方法,并展示了语义地图和诸多历史研究的相合之处。第八章基于恒常能力的语义地图为汉语的助动词"会"构拟了情态语义演变路径,所得的结论在很大程度上化解了以往历史研究的争议。另一方面,情态语义地图的研究依赖于设立合理的功能节点,这需要详细分析各类情态词的语义特征,构建一个系统性的语义分析框架。于是,第二章、第七章、第十章重审了普通话助动词"会""要""能"的用法差异,第十一章详细分析了方言里助动词"得""有"和句末助词"的"的语义功能。可以说,我们对普通话及方言里特定情态词的新发现在很大程度上归功于跨语言/方言比较的研究框架。

现有的汉语语料相对有限,而情态词的意义非常虚灵,我们所用的多数情态词都不是来自笔者的母语,所得的结论难免失之准确。因此,无论是图 9.1 还是其他的语义地图,都有很大的改进空间。理论上,任何一个语义地图都不会是研究的终点,只代表阶段性结论,需要不断的精确化,这不仅因为研究者难以穷尽世界上所有的语言,也源于很多功能节点的界定往往需要调整,功能词的语义分析是难度很高的。就笔者的经验来说,要制定一个合理的跨方言/语言的语义比较框架,前提是准确地刻画同一语言内(一般是研究者熟悉的方言)相关词的语义和用法。因此,要改进现有的语义地图,首要工作是先细致地分析若干代表性的语法形式以将语法描写精确化,而非一味地扩大语料。

13.2 从情态词看虚词研究

13.2.1 虚词的分布考察:注重细节

情态范畴的典型意义在汉语里主要编码为助动词、副词或助词等虚词,我们的情态词研究对于现代汉语虚词研究有一些方法论上的启示。本节从语法分布、语义判定和义项划分上分别予以简述。

研究虚词的第一步是穷尽性地考察虚词的语法分布状况,我们不能为追求理论模型的对称美观而忽略语言事实的细节现象。在情态范畴的分类及情态词的分析上,研究者容易为追求模型框架的对称性,惯性地假设同属一个情态基本类型的能性情态词和必然情态词是对称平行的。比如,对于普通话的三对情态词"可能_{认识}、一定_{认识}""可以_{许可}、必须_{必要}"和"能_{能力}、会_{能力}",或有方家会默认每对词里的两个词除情态强度外其他特征都相同。然而,若详细考察虚词的分布状况,会发现两个同类词在语法特征上一般不是绝对的平行。普通话里,"可能_{认识}"是典型的助动词,可形成"可能不可能"格式,但"一定_{认识}"介于副词和助动词之间,不能说"*一定不一定";"可以_{许可}"是助动词,而"必须_{必要}"是副词;"能_{能力}"是助动词,"会_{能力}"还保留了动词的特征,它可以接名词性宾语(如句子"他会英语")。这种词性差异表明,情态基本类型相同的两个词,也可能处于不同的句法层级。认识情态词的内部差异是最大的,它们数量最多,分为副词和助动词,即使同是认识情态副词,也存在很多不同(参见§9.4.3、§13.3)。那么,句法树上就应该为认识情态词画出多个层级位置,而不是像蔡维天(2010)在图1.1里那样只画出一个层级位置。理论模型的对称美观和具体词汇的复杂多样之所以会有冲突,是因为每个特定词都是独特的,其语义牵涉到多个方面,不止一个概念范畴,这会造成大体平行的格局下存在细节不对称的状况。

考察虚词的语法分布时,要多维度地综合考量,切忌单线思维。比如,§10.3.4指出,虽然两个功能词的连用顺序可以显示它们在句法树上的层级差异,但两个功能词不能连用未必证明它们的句法层级相同,因为两个词不能连用除了句法层级相同外还有其他的可能原因。因此,要准确定位两个词的句法层级,除却看连用情况,更要综合考察它们的其他语法分布(如词项搭配、句法环境)。我们正是综合考虑了普通话里各种用法的助动词"会""能""要"在搭配"了$_2$"、用于从属句、促成完句上的情况,才更精确地衡量了这些情态词的句法层级。

13.2.2　虚词的语义判定:依托语境

　　虚词意义的准确判别要依赖完整的语境,单句内判断意义往往有偏误。§4.2谈及语境信息对情态义诠释的影响效应,句子情态义的界定必须依赖于语境。§11.3.1论证东南方言助动词"有"含肯定凸显的情态义,便采用了语篇分析的方式,这种证明方式在论证有效性上要好过以往研究仅用语义标签"肯定强调"而不给形式证据的做法,这也让外方言者更清楚该词的使用条件。不仅情态义的判别,任何虚词的语料证据都是既要有完整的句子,还要有完整的语境。因为自然语言的任何句子都不是凭空出现在所谓的"零语境"里,所以,仅在词组或单句层面考察虚词的使用条件是不可靠的,虚词的语义分析必须依托于各种语境里的具体句子。

　　过往研究往往局限于单句来分析虚词的使用,有的甚至在词组层面判断合法性,这造成不少的分析偏误。其实,很多看似不合法的词组或单句如果被置于特定语境里,就变得很自然。比如,若让人限于单句判断(2)的合法性,被试者很容易认为(2a)合法,(2b)不好。

　　　(2)　限于单句判断合法性是不可靠的:
　　　　　a. 这瓶饮料的价格可能不超过五块或七块。
　　　　　b. ??这瓶饮料的价格肯定不超过五块或七块。

事实上,这两句都可以是自然的表达,差异在于(2a)适用于各种语境,(2b)适用的语境很受限。例(3)就代表两种语境,(3a)里"不超过五块或七块"是单纯地提供新信息,(3b)里"不超过五块或七块"是反驳已有观点。那么(2a)可用于这两种语境,(2b)只用于(3b)的语境。

　　　(3)　句子的合法性依赖于语境:
　　　　　a. 你觉得这瓶饮料多少钱呢?——这瓶饮料的价格可

能不超过五块或七块。[用(2a)]

b. 这瓶饮料得有十几块吧?——按我的经验,这瓶饮料的价格可能不超过五块或七块。[用(2a)]｜这瓶饮料得有十几块吧?——不可能,这瓶饮料的价格肯定不超过五块或七块。[用(2b)]

上述情况显示,在分析自然语言里"可能不 X 或不 Y"式与"肯定不 X 或不 Y"式的语义时,应该注重观察句子所适用的语境有怎样的差异,这样才会得出更完备的结论。

再如,以往研究认为,普通话里"差一点(没)_{冗余否定}＋积极义 VP""有点儿＋积极义 VP"是不合法的组合式(朱德熙 1959；马真 1989),例如"*差点儿(没)考满分""*有点儿高兴"。但是,范晓蕾(2018a,2018b)将"差一点(没)VP""有点儿 VP"的用例置于具体语境中考量,发现各种组合式都可以是自然的表达,只是它们的语境限制不同。由此,笔者的这两篇论文对普通话的副词"差一点""有点儿"做出了新的语义分析,所得的新结论能够解释更多现象。

总之,我们不能局限于单句来观察语料,必须结合语境来考量句子的合法性和语义情况,这是得出可靠结论的基础。

13.2.3　虚词的义项划分:辖域和断言优先

虚词的义项划分一直是难题,一个虚词的不同用法是一个功能还是多个功能,常常引起方家的争论。语义地图的基元性原则虽然为此提供了一个考量标准,但对于特定语言内的虚词分析,采用跨语言/方言的比较标准往往令分析结果十分繁复又不实用,理论上语义功能细分的可能性也是没有止境的。同一虚词的不同用法之间通常有历时演变关系,它们既有细微差异,也有诸多共性作为演变的衔接点,这是语义演变的渐进性规律使然。那么,共时上采取"功能从分"还是"功能从合"常常有灵活性,未必是对错之分,要视研究目标而定。也就是说,特定语言内虚词的义项划分可以采用弹性的标准,可以不遵照跨语言/方言的比较标准,但弹性标准的拿捏是需要详加界定的。对同一语言内词项 M 的两个用法 s1 和 s2,何时必须分为不同的义项,何时必须合并为一个义项,何时允许两可的分析?我们暂时提出"辖域优先"和"断言优先"两个原则。简言之,某用法 s 里的词项 M 有怎样的句法辖域和断言重点是"用法 s"是否独立为"义项 s"的首要标准,这是因为词项的句法辖域和断言重点是语义特征式里权重很高的特征项(参见§3.3.3)。下面详述这两个原则。

辖域优先原则指承担用法 s1 的 M 和承担用法 s2 的 M(分别记为"M1"和"M2")如果存在句法层级的差异,那么 s1 和 s2 理应看作 M 的不同义项;若 M1 和 M2 在句法辖域上相同或接近,才考虑将 s1 和 s2 合并为一个义项。例如,虽然§7.3 基于跨语言/方言的比较,分别设立了"会$_{条件}$""会$_{计划}$""会$_{预测}$"三个功能,但针对普通话的内部分析,这三个"会"在句法辖域上是相同的,均统辖无主语且不含时体状况的词汇性 VP,理论上这三种"会"的意义可以合并为一个义项"相对将来"。当然,这种做法忽略了这三种"会"一些细微的句法差异,比如,"会$_{条件}$""会$_{计划}$""会$_{预测}$"在隐去自由度、搭配"了$_2$"的能力、用于假设从句的情况上是不同的(参见§7.5.1)。再看,"会$_{认识}$"的句法辖域明显更大,它所辖的谓语可以编码时体意义,有时还包括主语,这种用法必须设立为一个独立义项,没有弹性处理的空间。因此在共时分析中,可以将"会$_{条件}$""会$_{计划}$""会$_{预测}$"合并为一个义项"会$_{相对将来}$",而将"会$_{认识}$"独立为另一个义项,这正是陈振宇(2020)的做法。我们认为,对于合并了词项 M 多种用法的某个义项 s,要说清楚它的具体使用条件和各种语义表现,这样才是有效的描写。比如,针对合并后的"会$_{相对将来}$",有必要说清楚它表达的事件类型包括惯常事件、可控的计划性事件和不可控的推测性事件,这三种事件均涉及参照时间,只是参照时间有特种条件和特定时间的不同,而且,事件发生的确定性有必然和或然的差异。

断言优先原则指 M1 和 M2 有相同的句法层级,但这两个 M 的断言重点很不同,那么 M1 的意义和 M2 的意义就应该分为不同的义项。§10.3.1 论证了"能_{认识}"的语义特征式是 [动作_{(−话题,−主语,−时体)},真实性;可能],它的辖域跟"能_{条件}"的一样是指涉动作的词汇性 VP,但"能_{认识}"相比于"能_{条件}"在断言重点上有改变,"能_{认识}"断言了动作的真实性,"能_{条件}"断言了动作的实现性。有鉴于此,"能_{认识}"和"能_{条件}"最好设为不同的义项。相反地,"能_{条件}"和"能_{能力}"不仅辖域相同,断言重点也都是动作的可实现性,它们只是在情态的制约因素上有差异,这两种"能"的意义可以合并为一个义项。

虚词的义项界定究竟是根据跨方言对应表达式的形式差异(或历时演变过程),还是完全基于单一方言的共时分析,这会引向不同的结论。采取哪一种方式来界定虚词的义项,在相当的程度上是研究者可以根据需要灵活选择。但无论怎样,都必须将语言事实梳理得全面又有序,并提出可操作的鉴别原则,从而有效地揭示不同用法的出现规律,这是任何理论假设的基础。

13.3 本书缺漏与未来展望

本节给情态范畴和语义地图理论提出几个待解的新问题。

第一,情态词呈现出一系列肯定、否定不对称的现象,当中的动因需要解释。§5.2.1 论述了语义演变"条件可能→认识可能""条件可能→{环境许可—道义许可}"发生在否定疑问的环境中,语义演变"{道义许可—环境许可}→评判必要"发生于肯定式,那么,这些语义演变为何需要这样的语法环境呢?以往研究给出过一定的动因解释[如贝罗贝、李明(2008)]，但仍需改进。若能将语义动因精确化到语义特征、语用特征的地步，有更形式化的分析程序，这必定会提高对语义演变方式的预测力。还有一些现象仍未得到解释，以普通话的情态词为例，"应该认识""敢认识""得(děi)评判/认识""可以能力"十分偏向用肯定式，而"敢道义""得能性""能许可"限于否定式或疑问句，这些现象在南北方言也有不少平行案例，但是，我们面对这组现象尚未找到满意的动因解释。情态词在肯定、否定不对称上的典型案例如表 13.1 所示，此类现象在南北汉语甚至外语里都有很大的普遍性，是值得探索的研究课题。

表 13.1　汉语方言情态词肯定、否定不对称的例释

	肯定式的例词	否定式的例词
普通话	331 路车可以到香山。	331 路车不能到天安门。
普通话	他应该是老王的儿子。	他不会是老王的儿子。
成都话	明天要下雨。	明天不得下雨明天不会下雨。
上海话	我一日好走三十里路我一天能走三十里路。	我一日勿能够走两里路我一天走不了两里路。
潮汕话	汝着这生做你应该这样做。	汝[mo²]["唔爱"的合音]这生做你不该这样做。
南昌话	渠他会相信我。	渠不得不会相信我。
长沙话	他会来。	他不得不会来。

特别指出，普通话的"能"和"可以"这对近义情态词大概分别来自北方汉语和南方汉语(参见§2.4.1)，它们在普通话里承担潜力情态义和评判情态义的自由度很不同。普通话的"能"表达潜力情态义会出现于肯定式、否定式、陈述句、疑问句等各种语法环境，它表达评判情态义则偏向用于否定式和疑问句，例如，肯定陈述句"老王能抽烟"的"能"一般表示能力义，它很少解读为许可义。相反，普通话的"可以"表达评判情态义能出现于各种语法环境，该词表达潜力情态义则限于肯定式(吕叔湘 1980/1999:337)，例如，否定句"老王不可以抽烟"的"可以"只能表达许

可义,它无法解读为能力义。所以,普通话里"能"主要表达潜力情态义,"可以"主要表达评判情态义,这对近义词呈现了一定的表义分工。那么,为何"能_{许可}"排斥肯定陈述句,"可以_{能力}"排斥否定式呢?至今未见到很好的解释。

我们认为,针对方言里特定情态词的用法,或许不宜用统一的方式解释,应该针对词源形式先做个案的分析。比如,汉语方言里,助动词"可以""好"与述补式"V得"两组情态表达形式虽然体现了相同的情态语义关联"条件可能—{环境许可—道义许可}",但前一组形式的各个情态义在句法限制上与后一组形式是相反的:吴语的"可以"和"好"表达许可义时没有句法限制,它们表达条件可能义时要限于肯定式;很多南方方言里,"V得"表示条件可能义时没有句法限制,它表示许可义时倾向用否定式。也就是说,汉语里"可以""好"与述补式"V得"虽然存在情态功能的平行性,但前一组情态形式和后一个情态形式在表达相同的功能义时受到了不同的句法限制。这个现象需要解释。张定(2010:146)指出,早期助动词"可"表示许可义时一般限于否定式或疑问句,后来这种句法限制消失了。张氏的这个说法提示了一种可能的动因:"可以"和"好"最初在表达各个情态义时受到的句法限制跟"V得"是一样的,这两组情态形式到后来才发生用法上的分化。不过,"可以""好"与"V得"情态义的句法限制有差异,也可能是这两组情态形式的语义演变路径或演变方式很不同,因为这两组情态形式的词源义有系统性差异,情态词"可"和"好"的实词义都有合适、适宜的意义,而"V得"没有这种意义。根据 Heine & Kuteva(2002:285),合适义不仅能衍生出能力义,还能直接衍生出道义情态义,那么,"可以""好"的条件可能义和评判许可义或许没有衍生关系,它们的许可义直接来自词汇义"合适",这导致它们的许可义没有句法限制。相反,"V得"的评判许可义来自该格式的条件可能义,在否定义的语法环境中"V得"的条件可能义衍生为评判许可义,这就造成该格式的许可义偏向出现在否定式或疑问句中。

第二,本书的几个情态语义地图有很大的改进余地,这里列举几项观察。首先,汉语的很多情态词兼有典型的语气功能。白雪(2006)为普通话的助动词"要"界定了确认义,这个功能主要指在比较句中"要"起到了肯定命题真确性的语义作用,见(4a)。我们认为,普通话"要"的这种意义接近于闽语助动词"有"、吴语"的"类句末助词的肯定存在义,其核心作用是突显性质差异的存在。闽东方言的助动词"解"还能表达强调义"确实、居然",见(4b)。

(4) 情态词的语气功能:
  a.〈普通话〉长江比黄河要长。
  b.〈福清〉小学未毕业,解_{居然}想考大学。
  c.〈香港〉我有食咗三碗饭架_{我真的吃了三碗饭啊}!你点解_{为什么}唔_不信我呢?。
  d.〈香港〉佢有时时食烟架_{他确实经常抽烟啊}!

广府粤语里,助动词"有"可以有条件地搭配完整体助词"咗"和进行体助词"紧",见(4c),而且,"有"在频率惯常句中要位于频率副词之前,见(4d)。广府粤语"有"的这些用法均限于特定语境,这种"有"不再是情态助动词,而是强调事实真确性的语气副词,其语义作用接近于普通话的副词"的确""真的"。(4)里各个情态词这些强调确认的语气义是语法化程度更高的功能,它们应该是情态词的时体态意义衍生出的后起用法。这种情况表明语气范畴与时体态范畴之间存在着紧密的关联,特别是,情态意义和语气意义由于都具有极高的主观性而被学界看作同一个大的概念范畴"情态语气范畴"。不过,本书未将这些语气义纳入到语义地图的考量中,这种处理方式不仅是因为现有语料无法厘清语气意义与情态意义之间的关联模式,更是因为当前的分析方式难以有效地界定语气功能(参见§1.4.1)。

其次,受精力之限,我们对汉语方言的必然性情态词所做的考察并不充足,所构建的必然情态语义关联(参看图9.1)相对简单,必然范畴的情态语义地图亟待扩充丰富。而且,一些同类的必然性情态词存在功能或使用上的差异,这需要辨析和解释。比如,普通话的助动词"应该"和副词"必须"都有评判必要义,见(5a),这两个词的评判必要义有哪些差异就需要刻画清楚,特别是,要厘清普通话表达评判必要义时只能用"应该"和只能用"必须"的条件分别是什么。

(5) 普通话里"应该"和"必须"的功能异同:
　　　a. [评判必要] 咱们应该/必须认真对待工作。
　　　b. [认识必然] 听说话的口音,他应该/(*必须)是广东人。
　　　c. [估价] 这本书很有价值,应该/(*必须)看看。

再者,图9.1显示评判必要义可以衍生出认识必然义和估价义,如(5b)(5c)所示,"应该"确实兼有认识必然义和估价义,而"必须"没有认识情态义和估价义,那么,这两个词在语义发展上出现差异大概有词源语义上的动因,这种动因很值得深究。

第三,认识情态范畴的研究值得深入。蔡维天(2010)将普通话的认识情态词分为副词(如"大概")和助动词(如"会"),但我们发现这种区分还不够,同一语言/方言里,认识情态词在数量上绝对多于评判情态词、潜力情态词,足见认识情态是三类情态里最复杂的类型,这体现为各个认识情态词的句法表现都不同。§9.4.3简述了认识可能义的词和认识必然义的词在句法辖域上有成系统的差异。此外,各个认识情态词还有语气义的差异,表现为它们用于肯定陈述环境和否定疑问环境有倾向性差异。普通话里,认识情态词"或许""应该$_{认识}$"排斥否定式或疑问句,见(6)[①],认识情态词"可能""一定"接受否定式和疑问句,

---

[①] "应该$_{认识}$+静态VP"尚可用副词"不"来否定,如句子"看年龄,他不应该是小明的爸爸呀"。

见(7),认识情态词"会_{认识}""能_{认识}"倾向用于否定式和疑问句,见(8)。

(6) "或许""应该_{认识}"排斥否定式、疑问句:

  a.[肯定陈述句]去年他或许上了大学了。|去年他应该上了大学了。

  b.[否定式] *去年他不或许上了大学的。| *去年他不应该上了大学的。

  c.[疑问句] *去年他或许上了大学吗?| *去年他应该上了大学吗?

(7) "可能""一定"接受否定式和疑问句:

  a.[肯定陈述句]去年他不可能上了大学了。|去年他不一定上了大学了。

  b.[否定式]去年他不可能上了大学了。|去年他不一定上了大学了。

  c.[疑问句]去年他可能上了大学吗?|去年他一定上了大学吗?

(8) "会_{认识}""能_{认识}"倾向用于否定式和疑问句:

  a.[肯定陈述句] *去年他会上了大学的。| *去年他能上了大学了。

  b.[否定式]去年他不会上了大学的。|?去年他不能_{可能}上了大学的。

  c.[疑问句]去年他会上了大学吗?|去年他能_{可能}上了大学吗?

这提示,"或许""应该_{认识}"的认识情态义还包含确认的语气义,这导致它们限于肯定陈述句;"可能""一定"没有确认的语气义,所以,这两个词可用于各种语法环境;"会_{认识}""能_{认识}"的认识情态义处于萌芽期,它们的推测义依赖于否定式、疑问句等命题真值未得确定的语法环境。

因此，蔡维天（2010）里认识情态词的句法层级（图1.1）应该继续细化。

最后，本书所论及的汉语情态词都需要更为精确的描写分析。本书虽然为很多功能词界定了适用于跨语言/方言比较的语义功能，但是，这种功能定位是较为粗略的，远远不能代替准确的语义分析。§5.1末段已谈到，语义地图研究里的一系列语义功能只是概括性的意义标签，它们适用于跨语言/方言的比较，却不是专门用来刻画特定词的意义的。比如，§11.3.3为东南方言的助动词"有"和"的"类语气词都界定了肯定存在功能，但范晓蕾（待刊）指出，"有"未编码主观性的语气义，而"的"类词编码了断言性的确认语气义，这就表明两词的肯定存在功能有差异。特定功能词的语义分析需要更为细致的特征刻画，不宜只采用概括性的功能标签。

第二章、第七章、第十章对普通话"会""能""要"的讨论是致力于精准刻画的语义分析，但遗留了很多待解的问题。§2.2对"会$_{能力}$"的技巧难度特征及类指性特征都刻画得不够精准，特别是，我们对"会$_{能力}$"所辖的VP可含有结果补语、状态补语、定语的具体条件还解释得不彻底，希望日后研究能改进或修正相应的分析。§7.3和§10.4的讨论与其说是给"会"的语义功能做细分，不如说是详细展示了"会"的各种用法之间难以清楚划界的复杂性，当中的结论存在很大的修补空间。§7.6论述了"会"的特殊用法，如普通话的句子"他竟然会做出这种事！"和"他之所以会迟到是因为路上堵车了"，当中"会"的语义特征及演变来源需要深入剖析，望引起方家关注。还有，普通话里表示特定能力义的情态词既有"能""可以"这样的助动词，也有"V得C""V得"这样的能性述补式，这两种句法属性的情态词还可搭配在一起。于是，"能+VC""V得C""能+V得C"都表示蕴含结果的客观可能，用例如"能吃饱""吃得饱""能吃得饱"，那么，这三种情态表达式存在使用区别吗？它们各自的分布条件和语义特点是什么？当前的研究未能解释好这些问题。

近年来出现一批汉语方言情态词的研究成果,展示出汉语情态词仍有巨大的发掘空间。举例来说,周红、李晨璐(2020)报道了江西玉山吴语助动词"解"和"有法"的能力义用法,粗略看来,"解"大致对应于普通话的助动词"会",见(9a),"有法"大致对应于普通话的助动词"能""可以",见(9b)。

(9) 玉山吴语"解""有法"表示能力:

a. [恒常能力] 样个细河有底西吓农个_{这样的小河有什么吓人的}?我解/(*有法)游泳_{我会游泳},游过去就是波_{游过去就是了}。(周红、李晨璐 2020:241)

b. [特定能力] 样个细河有底西吓农个_{这样的小河有什么吓人的}?我有法/(*解)蛤蟆游整百多米_{我可以游蛙泳一百多米},游过去就是波_{游过去就是了}。(周红、李晨璐 2020:242)

但"解"不局限于"会"的恒常能力义,它还承担了普通话"能"的一些生理能力义,见(10a)。按照周红的描述,对于"解"所适用的生理能力句,其主语是动作的施事,其后的动词宾语是短宾语,若生理能力句中动词宾语为长宾语,其助动词便要用"有法",见(10b)。

(10) 玉山吴语"解""有法"表示生理能力:

a. [短宾语] 渠胃口好得很_{他胃口好得很},渠一顿解/(*有法)跌三碗饭_{他一顿能吃三碗饭}。(周红、李晨璐 2020:242)

b. [长宾语] 渠胃口好得很_{他胃口好得很},渠一顿有法/(*解)跌矮家三个农个饭_{他一顿能吃咱家三个人的饭}。(周红、李晨璐 2020:243)

该文还写到"解"可以有条件地表示用途效能,例句如"〈玉山〉大蒜解杀菌_{大蒜能杀菌}",这是普通话"能"的特定能力义之一(参见§2.3.2)。玉山话的"解"表示特定能力应该是该词后起的功能,因为"解"的这种功能受到很多限制,比如,周红谈到"解"不能像"有法"那样搭配能性述补式"V 得 C"(形成类似普通话的"能+V 得 C"式)。玉山话里助动词"解""有法"的能力义用法应该代表了吴语、闽语、赣语、客语里能力情态词的语义概况。据笔者了解,很多浙江吴语的"会"、闽语的"解"所表示的能力义不局限于普通话"会"的恒常能力义,它们都有条件地承担了普通话"能""可以"的特定能力义。只不过,这些"会""解"表示特定能力义的语法条件尚不清楚,这种条件大概不像周红说的"短宾语\长宾语"那么简单,因为宾语 NP 的长短没有固定的衡量标准。譬如,(10a)的"三碗饭"较之(10b)的"矮家三个农个饭"是偏短的 NP,而它较之光杆名词"饭"又是更长的 NP。我们猜测,东南汉语的"会/解"类词表达特定能力会受制于一些语义信息条件(如宾语 NP 的定指性或量化义),这是一个需要细致描写的现象。

§11.3 虽然分析了东南汉语助动词"有"的核心用法,但该词的语义仍然需要更为精细的刻画。目前汉语方言学界对"有"的报道集中于闽南语,而赣语、客家话、湘语、南部吴语的"有"存在很多变异用法,亟待考察。§11.3.3 论及吴语里"的"类句末助词的使用范围非常之大,该词的使用条件及具体功能有待深究。尽管过往文献有不少对南方方言助词"得"的报道,但其多数用法的现象描写还不够精细。夏俐萍(2017)展示出湘语情态词"得"在结构及功能上的复杂性是超乎以往所知的,可见很多事实需要充分发掘。这些情态词的用法之所以复杂玄妙,在很大程度上是因为它们有语气义,这种意义若非母语研究者恐难以准确定位。汉语方言语法的描写工作十分复杂,却很有意义,仅希望本书的研究能够引起方家对汉语方言情态词的多方面探索,将材料和理论引向深入。

参考文献

白荃(2000)"不"、"没(有)"教学和研究上的误区——关于"不"、"没(有)"的意义和用法的探讨,《语言教学与研究》第3期,21—25页。
白雪(2006)《助动词"要"的语义分析》,北京大学硕士学位论文。
鲍厚星、崔振华、沈若云、伍云姬(1999)《长沙方言研究》,湖南教育出版社,长沙。
贝罗贝、李明(2008)语义演变理论与语义演变和句法演变研究,沈阳、冯胜利(主编)《当代语言学理论和汉语研究》,商务印书馆,北京,1—25页。
蔡维天(2002)台湾"国语"和方言中的"有"——谈语法学中的社会音源与历史意识,《清华学报》(台湾)第2期,495—528页。
蔡维天(2010)谈汉语模态词的分布与诠释之对应关系,《中国语文》第3期,208—221页。
曹逢甫(1998)台湾闽南语中与时貌有关的语词"有""Ø"和"啊"试析,《清华学报》(台湾)第3期,299—334页。
曹逢甫、郑萦(1995)谈闽南语"有"的五种用法及其间的关系,《中国语文研究》(台湾)第11期,155—167页。
曹志耘(2001)金华汤溪方言的"得",《语言研究》第2期,23—29页。
陈法今(1992)泉州方言的述补结构,《方言》第3期,181—185页。
陈晖(1999)《涟源方言研究》,湖南教育出版社,长沙。
陈曼君(2004)闽南话助动词"通"的句位功能,《语文研究》第3期,61—63页。
陈曼君(2019)闽南方言情态结构"有通"、"无通"的语义演变,《语言研究》第1期,40—51页。
陈淑环(2009)负迁移根源探讨——以惠州方言的"有"字句为例,《宜宾学院学报》第4期,101—104页。
陈淑梅(2000)谈鄂东方言的"V得得",《方言》第3期,222—227页。
陈泽平(1997)《福州方言研究》,福建人民出版社,福州。
陈泽平(2019)《闽都别记》的"会"字句,《中国语文》第2期,231—235页。
陈振宇(2020)再说"会",《世界汉语教学》第1期,13—31页。
陈正统(主编)(2007)《闽南话漳腔辞典》,中华书局,北京。

崔振华(1998)《益阳方言研究》,湖南教育出版社,长沙。
戴耀晶(1997)《现代汉语时体系统研究》,浙江教育出版社,杭州。
戴昭铭(2006)《天台方言研究》,中华书局,北京。
丁健(2020)浙江台州路桥方言多功能的"有",《方言》第 3 期,321—331 页。
丁健纯(2008)湘潭话中的"有"字句,《湘潭学院学报》第 6 期,75—79 页。
董绍克(2005)《阳谷方言研究》,齐鲁书社,济南。
董绍克、张家芝(1997)《山东方言词典》,语文出版社,北京。
董秀芳(2004)现代汉语中的助动词"有没有",《语言教学与研究》第 2 期,1—8 页。
渡边丽玲(2000)助动词"能"与"会"的句法语义分析,陆俭明(主编)《面临新世纪挑战的现代汉语语法研究》,山东教育出版社,济南,476—486 页。
段业辉(2002)《中古汉语助动词研究》,南京师范大学出版社,南京。
《法汉词典》编写组(1979)《法汉词典》,上海译文出版社,上海。
范晓蕾(2009)《从汉语方言的多义情态词看能性情态概念之语义关联》,北京大学硕士学位论文。
范晓蕾(2011)以汉语方言为本的能性情态语义地图,《语言学论丛》第四十三辑,商务印书馆,北京,55—100 页。
范晓蕾(2012a)语义演变的共时拟测与语义地图——基于"能性情态语义地图"的讨论,《语言学论丛》第四十六辑,商务印书馆,北京,45—70 页。
范晓蕾(2012b)基于汉语方言的认识情态语义地图,《语法研究和探索》(十六),商务印书馆,北京,46—72 页。
范晓蕾(2014)以"许可—认识可能"之缺失论语义地图的形式和功能之细分——兼论情态类型系统之新界定,《世界汉语教学》第 1 期,18—36 页。
范晓蕾(2015)汉语方言的能性情态语义地图之补论,李小凡、张敏、郭锐等著《汉语多功能语法形式的语义地图研究》,商务印书馆,北京,482—499 页。
范晓蕾(2016)助动词"会"情态语义演变的共时构拟,《语言暨语言学》第 2 期,195—233 页。
范晓蕾(2017a)基于汉语方言的惯常范畴研究,《当代语言学》第 2 期,561—590 页。
范晓蕾(2017b)语义地图的解析度及表征方式——以"能力义为核心的语义地图"为例,《世界汉语教学》第 2 期,194—214 页。
范晓蕾(2018a)"有点儿"的句法性质和语义功能,《语言教学与研究》第 2 期,81—90 页。
范晓蕾(2018b)再说"差一点",《中国语文》第 2 期,207—222 页。

范晓蕾(2018c)邢台话"了₁"的两个变体,《语言暨语言学》第3期,410—438页。

范晓蕾(2019a)"差一点"的语义特征及其句法后果——兼谈否定、反预期、时体的关联,《当代语言学》第2期,207—237页。

范晓蕾(2019b)再论东南方言的助动词"有",第七届现代汉语句法语义前沿研讨会,广东外语外贸大学,广州,2019年11月8—10日。

范晓蕾(2021a)《普通话"了₁""了₂"的语法异质性》,北京大学出版社,北京。

范晓蕾(2021b)"会"和"能"的能力义辨析,《语言教学与研究》第5期,90—101页。

范晓蕾(2024)香港粤语"有VP"的时体意义——兼论普通话的"没",《中国语文通讯》第1期,1—29页。

范晓蕾(待刊)香港粤语"有VP"的情态意义,《中国语言学报》(*Journal of Chinese Linguistics*)录用稿。

方松熹(1993)《舟山方言研究》,社会科学文献出版社,北京。

冯爱珍(1993)《福清方言研究》,社会科学文献出版社,北京。

冯爱珍(1998)从闽南方言看现代汉语的"敢"字,《方言》第4期,283—289页。

傅书灵、祝建军(2004)助动词"会"的起源新探,《烟台大学学报》(哲学社会科学版)第3期,357—360页。

甘甲才(2003)《中山客家话研究》,汕头大学出版社,汕头。

高葆泰、林涛(1993)《银川方言志》,语文出版社,北京。

古川裕(2006)关于"要"类词的认知解释——论"要"从动词到连词的语法化途径,《世界汉语教学》第1期,18—28页。

谷向伟(2006)河南林州方言中表可能的情态助词"咾",《殷都学刊》第4期,98—101页。

谷向伟(2007)河南林州方言的"动"和"动了",《方言》第2期,142—146页。

郭锐(1993)汉语动词的过程结构,《中国语文》第6期,410—419页。

郭锐(1997)过程和非过程——汉语谓词性成分的两种外在时间类型,《中国语文》第3期,162—175页。

郭锐(2008)语义结构和汉语虚词语义分析,《世界汉语教学》第4期,5—15页。

郭锐(2009/2012)共时语义演变和多义虚词的语义关联,台湾新竹清华大学语言研究所。又载于《山西大学学报》(哲学社会科学版)2012年第3期,151—159页。

郭锐(2015)汉语谓词性成分的时间参照及其句法后果,《世界汉语教学》第4期,435—449页。

郭锡良(1998)介词"以"的起源和发展,《古汉语研究》第1期,1—5页。

郭校珍(2008)《山西晋语语法专题研究》,华东师范大学出版社,上海。
郭昭军(2003)从"会₂"与"可能"的比较看情态动词"会₂"的句法和语义,《语法研究和探索》(十二),商务印书馆,北京,382—396页。
贺凯林(1999)《溆浦方言研究》,湖南教育出版社,长沙。
贺阳(1994)汉语完句成分试探,《语言教学与研究》第4期,26—38页。
侯精一(1985)《长治方言志》,语文出版社,北京。
侯精一(1999)《现代晋语的研究》,商务印书馆,北京。
侯瑞芬(2009)从力量与障碍看现代汉语情态动词"可以"、"能"、"会",《语言学论丛》第四十辑,商务印书馆,北京,270—298页。
胡建华、石定栩(2005)完句条件与指称特征的允准,《语言科学》第5期,42—49页。
胡利华(2008)安徽蒙城方言的"可"字句,《方言》第3期,263—267页。
胡小娟(2020)从赣语莲花方言再看"有"的时体功能,《方言》第2期,234—343页。
胡云晚(2005)洞口方言能性"得"字研究,《南昌大学学报》(人文社会科学版)第3期,144—149页。
黄伯荣(1996)《汉语方言语法类编》,青岛出版社,青岛。
黄晓雪(2010)宿松方言带"里"和带"得"的述补结构,《方言》第1期,74—79页。
黄雪贞(1993)《江永方言研究》,社会科学文献出版社,北京。
黄正德(1990)说"是"和"有",《"中央"研究院历史语言研究所集刊》第59辑,43—64页。
江蓝生(1990)疑问副词"可"探源,《古汉语研究》第3期,44—50页。
蒋绍愚(2007)从助动词"解"、"会"、"识"的形成看语义的演变,《汉语学报》第1期,2—10页。
蒋严(2002)论语用推理的逻辑属性——形式语用学初探,《外国语》第3期,18—29页。
柯理思(1995)北方官话里表示可能的动词词尾"了",《中国语文》第4期,267—278页。
柯理思(2000a)河北方言里表示可能的助词"了",钱曾怡、李行杰(主编)《首届官话方言国际学术研讨会论文集》,青岛出版社,青岛,10—15页。
柯理思(2000b)论表示说话者的主观判断的"V不了"格式及其语法化过程,《现代中国语研究》(总1期),朋友书店(日本),70—78页。
柯理思(2001)从普通话里跟"得"有关的几个格式去探讨方言类型学,《语言研究》第2期,7—18页。

柯理思(2005/2007)汉语里标注惯常动作的形式,张黎、古川裕、任鹰、下地早智子(主编)《日本现代汉语语法研究论文选》,北京语言大学出版社,北京,101—124页。初稿刊于2005年《现代中国语研究》第7期。

柯理思(2009)西北方言的惯常性行为标记"呢",《咸阳师范学院学报》第3期,39—43页。

柯理思(2016)试论汉语情态动词"会"的惯常用法及其教学,张旺熹(主编)《汉语国际教育学报》(第一辑),科学出版社,北京,111—137页。

孔令达(1994)影响汉语句子自足的语言形式,《中国语文》第6期,434—440页。

兰宾汉(2004)西安方言中非疑问用法的"呢",《庆祝〈中国语文〉创刊50周年学术论文集》,商务印书馆,北京,196—198页。

兰宾汉(2011)《西安方言语法调查研究》,中华书局,北京。

李会荣(2008)山西娄烦方言之情态动词"敢",《晋中学院学报》第6期,1—5页。

李建校(2005)《静乐方言》,山西人民出版社,太原。

李锦芳(2001)壮语汉借词的词义和语法意义变异,《中央民族大学学报》(人文社会科学版)第3期,115—121页。

李明(2001/2017)《汉语助动词的历史演变研究》,商务印书馆,北京。(原文为北京大学博士学位论文)

李命定(2018)《汉语多义助动词的情态解读及其句法表现》,北京大学博士学位论文。

李讷、安珊笛、张伯江(1998)从话语角度论证语气词"的",《中国语文》第2期,93—102页。

李启群(2002)《吉首方言研究》,民族出版社,北京。

李荣(主编)(2002)《现代汉语方言大词典》(6卷本),江苏教育出版社,南京。

李如龙(1986)闽南话的"有"和"无",《福建师范大学学报》(哲学社会科学版)第2期,76—83页。

李如龙(2007)《闽南方言语法研究》,福建人民出版社,福州。

李申(1985)《徐州方言志》,语文出版社,北京。

李树俨(1989)《中宁县方言志》,宁夏人民出版社,银川。

李泰洙、江蓝生(2000)《老乞大》语序研究,《语言研究》第3期,71—82页。

李铁根(1999)《现代汉语时制研究》。辽宁大学出版社,沈阳。

李铁根(2003)"不""没(有)"的用法及其所受的时间制约,《汉语学习》第2期,1—7页。

李小华(2006)闽西永定客家方言情态标记"可多"及其语法化,《语言学论丛》第三十四辑,商务印书馆,北京。

李小华(2009)永定客家方言"得"字能性述补结构,李如龙、邓晓华(主编)《客家方言研究》,福建人民出版社,福州。

林华东(2008)《泉州方言研究》,厦门大学出版社,厦门。

林连通(主编)(1993)《泉州市方言志》,社会科学文献出版社,北京。

林若望(2002)论现代汉语的时制意义,《语言暨语言学》第 3 期,1—25 页。

刘丹青(2001)汉语方言的语序类型比较,《现代中国语研究》创刊 2 期,日本。

刘丹青(2008)《语法调查研究手册》,上海教育出版社,上海。

刘丹青(2012)汉语的若干显赫范畴:语言库藏类型学视角,《世界汉语教学》第 3 期,291—305 页。

刘丹青(2015)吴语和西北方言受事前置语序的类型比较,《方言》第 2 期,97—110 页。

刘丽琴(2003)《情态词"会"的历史演变》,台湾静宜大学硕士学位论文。

刘利(2000)《先秦汉语助动词研究》,北京师范大学出版社,北京。

刘伶(1988)《敦煌方言志》,兰州大学出版社,兰州。

刘小梅(1997)《国闽客语的动态文法体系及动态词的上加动貌语意》,文鹤出版有限公司,台北。

刘勋宁(1985)现代汉语句尾"了"的来源,《方言》第 2 期,128—133 页。

刘莹、程工(2021)从焦点的类型看"的"字结构的语义,《中国语文》第 1 期,28—42 页。

刘月华(1980)可能补语用法的研究,《中国语文》第 4 期,246—257 页。

刘月华(1988)动态助词"过$_2$过$_1$了$_1$"用法比较,《语文研究》第 1 期,6—16 页。

龙果夫(1958)《现代汉语语法研究》(第一卷词类)(郑祖庆译)。科学出版社,北京。

卢今元(2007)《吕四方言研究》,上海辞书出版社,上海。

鲁晓琨(2004)《现代汉语基本助动词语义研究》,中国社会科学出版社,北京。

陆镜光(1999)粤语"得"字的用法,《方言》第 3 期,215—220 页。

罗荣华(2014)赣方言(上高话)"有"和"冇/有冇"情态动词用法,《语言研究集刊》第 1 期,96—105 页。

吕叔湘(主编)(1980/1999)《现代汉语八百词》(增订本),商务印书馆,北京。

马贝加(1996)"会"在温州话中的意义和来源,温端政、沈慧云(主编)《语文新论——〈语文研究〉15 周年纪念文集》,山西教育出版社,太原,297—300 页。

马希文(1983)关于动词"了"的弱化形式 / · lou/,《中国语言学报》第 1 期,1—14

页。

马晓琴(2004)绥德方言的副词,《唐都学刊》第 3 期,138—141 页。

马真(1989)说副词"有一点儿",《世界汉语教学》第 4 期,207—210 页。

马真(2004/2016)《现代汉语虚词研究方法论》(修订本),商务印书馆,北京。

梅祖麟(1998)汉语语法史中几个反复出现的演变方式,郭锡良(主编)《古汉语语法论集——第二届国际古汉语语法研讨会论文选编》,语文出版社,北京,15—30 页。

梅祖麟(1999)几个台湾闽南话常用虚词的来源,《中国语言学报》专题论文系列(Monograph Series of Journal of Chinese Linguistics)第 14 期,香港中文大学出版社,香港,1—41 页。

莫超(2004)《白龙江流域汉语方言语法研究》,中国社会科学出版社,北京。

木村英树(1983)关于补语性词尾"着/zhe/"和"了/le/",《语文研究》第 2 期,22—30 页。

木村英树(2003)"的"字句的句式语义及"的"字的功能扩展,《中国语文》第 4 期,303—314 页。

潘秋平(2019)从语义地图模型看新加坡华语的助动词"会",《华文教学与研究》第 1 期,83—95 页。

彭利贞(2007)《现代汉语情态研究》,中国社会科学出版社,北京。

彭小川(1993)广州话的结构助词"到",郑定欧(主编)《广州话研究与教学》,中山大学出版社,广州,89—100 页。

彭小川(1996)广州话的"有得([mou^{13}]得)"句,《暨南学报》(哲学社会科学)第 4 期,139—145 页。

彭小川(1998)广州话的"V 得(O)"结构,《方言》第 1 期,53—57 页。

彭小川(2002)广州话的动态助词"开",《方言》第 2 期,127—132 页。

彭泽润(1999)《衡山方言研究》,湖南教育出版社,长沙。

钱乃荣(1997)《上海话语法》,上海人民出版社,上海。

钱乃荣、许宝华、汤珍珠(2007)《上海话大词典》,上海辞书出版社,上海。

钱曾怡、太田斋、陈洪昕、杨秋泽(主编)(2005)《莱州方言志》,齐鲁书社,济南。

乔全生(1999)《洪洞方言研究》,中央文献出版社,北京。

乔全生(2000)《晋方言语法研究》,商务印书馆,北京。

桥本万太郎(1978/2008)《语言地理类型学》(余志鸿译),世界图书出版公司,北京。

屈承熹(1998/2006)《汉语篇章语法》(潘文国等译),北京语言大学出版社,北京。

阮桂君(2006)《宁波方言语法研究》,华中师范大学博士学位论文。

杉村博文(1979/1982)V 得 C、能 VC、能 V 得 C(沙野译),《汉语学习》第 6 期,23—33 页。

杉村博文(1999)"的"字结构、承指与分类,江蓝生、侯精一(主编)《汉语现状与历史研究》,中国社会科学出版社,北京,47—66 页。

邵燕梅(2005)《郯城方言志》,齐鲁书社,济南。

邵宜(2007)赣语宜丰话"得"的研究,《语文研究》第 1 期,48—52 页。

沈慧云(2003)晋城方言的助词"嘣"和"咾",《语文研究》第 4 期,54—56 页。

沈家煊(1999)《不对称和标记论》,江西教育出版社,南昌。

沈家煊(2004)语用原则、语用推理和语义演变,《外语教学与研究》第 4 期,243—251 页。

沈若云(1999)《宜章土话研究》,湖南教育出版社,长沙。

盛益民(2014)《吴语绍兴柯桥话参考语法》,南开大学博士学位论文。

施其生(1996)论"有"字句,《语言研究》第 1 期,26—31 页。

石毓智(1990)"V 得 C"和"V 不 C"使用频率差别的解释,《语言研究》第 2 期,68—74 页。

石毓智(2001)《肯定和否定的对称与不对称》,北京语言文化大学出版社,北京。

史素芬(2002)《武乡方言研究》,山西人民出版社,太原。

宋永圭(2001)《情态助动词及其否定式研究》,复旦大学硕士学位论文。

宋永圭(2007)《现代汉语情态动词否定研究》,中国社会科学出版社,北京。

苏俊波(2007)《丹江方言语法研究》,华中师范大学博士学位论文。

苏若阳(2017)论杞县话的情态词"管",《许昌学院学报》第 6 期,99—102 页。

孙克敏(2011)《汉语惯常义助动词来源研究》,南开大学硕士学位论文。

孙立新(2001)《户县方言研究》,东方出版社,北京。

孙立新(2007)《西安方言研究》,西安出版社,西安。

太田辰夫(1987)《中国语历史文法》(蒋绍愚、徐昌华译),北京大学出版社,北京。

谭邦君、李熙泰、詹龙标、纪亚木(主编)(1996)《厦门方言志》,北京语言学院出版社,北京。

汤廷池(1976/1979)助动词"会"的两种用法,《语文周刊》第 1427 期。[又载于汤廷池(1979)《国语语法研究论集》,台湾学生书局,台北,1—6 页。]

汤廷池、汤志真(1997)华语情态词序论,世界华文教育协进会(编写)《第五届世界华语文教学研讨会论文集:语文分析组》,世界华文出版社,台北,175—197 页。

汤廷池、汤志真、邱明丽(1997)闽南语的动貌词与动相词,余霭芹、远藤光晓(主编)《桥本万太郎纪念中国语学论集》,内山书店,东京,283—302 页。

汤珍珠、陈忠敏(1993)《嘉定方言研究》,社会科学文献出版社,北京。

唐爱华(2005)《宿松方言研究》,文化艺术出版社,北京。

唐正大(2008)了然于心·预料之中·出乎预料——句末"的"的语气词功能及其与"呢"之比较,《东方语言学》第 2 期,18—36 页。

唐正大(2018)关中方言的将来时间指称形式——兼谈时体情态的共生与限制,《方言》第 2 期,236—246 页。

完权(2013)事态句中的"的",《中国语文》第 1 期,51—61 页。

王贵生(主编)(2007)《黔东南方言志——黔东南苗族侗族地区汉语方言调查研究》,巴蜀书社,成都。

王洪钟(2008)《海门方言语法专题研究》,南京师范大学博士学位论文。

王锦慧(2015)时间副词"在"与"正在"的形成探究,《语言暨语言学》第 2 期,187—212 页。

王力(1947)《中国现代语法》(上册),商务印书馆,北京。

王力(1990)《汉语语法史》,《王力文集》(第十一卷),山东教育出版社,济南。

王鹏、马贝加(2011)助动词"会"的情态发展,《现代语文》第 4 期,63—66 页。

王鹏翔(2009)陕北志丹方言的"敢",《咸阳师范学院学报》第 5 期,45—47 页。

王士元(1965/1990)现代汉语中的两个体标记(袁毓林译),《国外语言学》第 1 期,25—33 页。

王伟(2003)"能"的个案:现代汉语情态研究的认知维度,赵汀阳主编《论证 3》,广西师范大学出版社,桂林,360—436 页。

王文颖(2018)"是……的"句的两种焦点结构。《语言教学与研究》第 5 期,43—54 页。

王晓凌(2002)表"可能"的"会"的使用条件,《语文学刊》第 2 期,36—38 页。

王晓凌(2007)"会"与非现实性,《语言教学与研究》第 1 期,60—67 页。

王锳(1995)古汉语中"敢"表"能"义例说,《古汉语研究》第 4 期,61—62 页。

王越(2019)沈阳方言"能"的性质和用法的多样性,《语言研究集刊》(第二十四辑),上海辞书出版社,上海,216—231 页。

温端政(1985)《忻州方言志》,语文出版社,北京。

文炼(1982)"会"的兼类问题,《汉语学习》第 6 期,5—8 页。

巫雪如(2018)《先秦情态动词研究》,中西书局,上海。

吴福祥(2002a)能性述补结构琐议,《语言教学与研究》第 5 期,19—27 页。

吴福祥(2002b)汉语能性述补结构"V 得/不 C"的语法化,《中国语文》第 1 期,29—40 页。

吴福祥(2009)从"得"义动词到补语标记——东南亚语言的一种语法化区域,《中国语文》第 3 期,195—211 页。

吴福祥(2011)多功能语素与语义图模型,《语言研究》第 1 期,25—42 页。

吴连生、骆伟里、王均熙、黄希坚、胡慧斌(1995)《吴方言词典》,汉语大词典出版社,上海。

吴芸莉(2018)《现代汉语情态语义分析》。北京大学博士学位论文。

伍永尚(2007)《原生态的西安话》,西安交通大学出版社,西安。

伍云姬(主编)(2007)《湖南方言的副词》,湖南师范大学出版社,长沙。

夏俐萍(2017)湖南益阳方言的"得"类情态式——兼论湘语"得"类情态式语义图,《语言学论丛》第五十六辑,商务印书馆,北京,306—331 页。

项梦冰(1997)《连城客家话语法研究》,语文出版社,北京。

谢佳玲(2001)国语表强调的"是"与表预断的"会",《清华学报》(台湾)第 3 期,249—300 页。

谢佳玲(2002)《汉语的情态动词》,台湾清华大学博士学位论文。

谢永昌(1994)《梅县客家方言志》,暨南大学出版社,广州。

辛永芬(2006)《浚县方言语法研究》,中华书局,北京。

邢向东(2000)神木方言的副词,《内蒙古师大学报》(哲学社会科学版)第 6 期,51—59 页。

邢向东(2002)《神木方言研究》,中华书局,北京。

邢向东(2006)《陕北晋语语法比较研究》,商务印书馆,北京。

邢向东、张永胜(1997)《内蒙古西部方言语法研究》,内蒙古人民出版社,呼和浩特。

熊仲儒(2007)"是……的"的构件分析,《中国语文》第 4 期,321—330 页。

徐慧(2001)《益阳方言语法研究》,湖南教育出版社,长沙。

徐晶凝(2008/2022)《现代汉语话语情态研究》(修订版),上海教育出版社,上海。[2008 年的初版由昆仑出版社(北京)初版]。

徐烈炯、邵敬敏(1998)《上海方言语法研究》,华东师范大学出版社,上海。

许宝华、汤珍珠(主编)(1988)《上海市区方言志》,上海教育出版社,上海。

许宝华、汤珍珠(主编)(1991)《上海方言词汇》,上海教育出版社,上海。

许和平(1993)试论"会"的语义与句法特征——兼论与"能"的异同,邢公畹(主编)《汉语研究(三)》,南开大学出版社,天津,81—96 页。

许利英(1987)"会 VP"结构初探,《安庆师范学院学报》第 4 期,111—119 页。

杨绍林(2005)《彭州方言研究》,巴蜀书社,成都。

杨蔚(1999)《沅陵乡话研究》,湖南教育出版社,长沙。

杨秀芳(1991)《台湾闽南语语法稿》,大安出版社,台北。

杨秀芳(1999)方言本字研究的探义法,载于 Alain Peyraube and Chaofen Sun (eds.), *Linguistic Essays in Honor of Mei Tsu-Lin：Studies on Chinese Historical Syntax and Morphology* 1999.02, Paris：École des Hautes Études en Sciences Sociales, Centre de Recherches Linguistiques sur l'Asie Orientale, 299—326.

杨秀芳(2001)从汉语史观点看"解"的音义和语法性质,《语言暨语言学》第 2 期,261—297 页。

杨秀明(1999)漳州方言的一种特殊句式,陈碧加(主编)《闽南方言·漳州话研究》,中国文联出版社,北京,251—260 页。

杨月蓉(2006)谈重庆方言中表示能愿的"得"类词语,《重庆社会科学》第 1 期,126—128 页。

杨子仪、马学恭(1990)《固原县方言志》,宁夏人民出版社,银川。

叶建军(2007)疑问副词"莫非"的来源及其演化——兼论"莫"等疑问副词的来源,《语言科学》第 3 期,10—20 页。

叶婧婷、陈振宇(2014)再论汉语的完句性,《语言研究集刊》(第十三辑),上海辞书出版社,上海,118—136 页。

叶述晃(2018)《偏向极性问句的意义和结构》,北京大学博士学位论文选题报告。

叶玉英(2014)"能"与"会"的主观性差异,《成都师范学院学报》第 8 期,46—51 页。

易亚新(2007)《常德方言语法研究》,学苑出版社,北京。

殷相印(2006)《微山方言语法研究》,南京师范大学博士学位论文。

英国朗文出版公司(2004)《朗文当代英语词典》(*Longman Dictionary of Contemporary English*),外语教学与研究出版社,北京。

游汝杰(1999)温州方言的"有字句"和过去时标志,伍云姬(主编)《汉语方言共时和历时语法研讨论文集》,暨南大学出版社,广州,168—192 页。

袁毓林(1999)定语顺序的认知解释及其理论蕴涵,《中国社会科学》第 2 期,185—201 页。

袁毓林(2003)从焦点理论看句尾"的"的句法语义功能,《中国语文》第 1 期,3—16 页。

远藤雅裕(2012)台湾海陆客语的"有+V",国际中国语言学会第 20 届年会(IACL20),香港理工大学,2012 年 8 月 30 日—9 月 1 日。

远藤雅裕(2018)论台湾海陆客语的情态标记"会",载于 Toru Okamura (eds.),

Language and Linguistics in Oceania（*special issue*：*languages in Taiwan*）. Japanese Association of Linguistics in Oceania，44—66.

曾光平、张启焕、许留森(1987)《洛阳方言志》,河南人民出版社,郑州。

詹伯慧、张日昇(主编)(1988)《珠江三角洲方言词汇对照》,广东人民出版社,广州。

张安生(2000)《同心方言研究》,宁夏人民出版社,银川。

张大旗(1985)长沙话"得"字研究,《方言》第1期,46—63页。

张定(2010)《汉语多功能语法形式的语义图视角》,中国社会科学院博士学位论文。

张洪年(1972/2007)《香港粤语语法的研究》(增订版),香港中文大学出版社,香港。

张鸿魁(1990)《临清方言志》,中国展望出版社,北京。

张敏(2008)空间地图和语义地图上的"常"与"变"：以汉语被动、使役、处置、工具、受益者等关系标记为例,中国社会科学院语言研究所报告,2008年1月10日。

张敏(2009)如何从一个省的汉语方言语料导出人类语言共性规律：湖南方言介词的语义地图研究,第五届汉语语法化问题国际学术讨论会论文,上海师范大学,2009年8月21日—23日。

张敏(2010)"语义地图模型"：原理、操作及在汉语多功能语法形式研究中的运用,《语言学论丛》第四十二辑,商务印书馆,北京,3—60页。

张其昀(2005)扬州方言"消极"性完成体标记"得",《中国语文》第5期,468—473页。

张树铮(1995)《寿光方言志》,语文出版社,北京。

张桃(2004)《宁化客家方言语法研究》,厦门大学博士学位论文。

张宪平、郭校珍(2005)《娄烦方言研究》,山西人民出版社,太原。

张秀(1957)汉语动词的"体"和"时制"系统。《语法论集》第1集,154—174页。北京：中华书局。

张一舟、张清源、郑英树(2001)《成都方言语法研究》,巴蜀书社,成都。

张永利(2000)现代汉语情态词"会"的多义现象,第九届国际汉语语言学会会议论文,新加坡。

张振兴(1983)《台湾闽南方言记略》,福建人民出版社,福州。

赵世开、沈家煊(1984)汉语"了"字跟英语相应的说法,《语言研究》第1期,114—126页。

郑敏惠(2009)福州方言"有＋VP"句式的语义和语用功能,《福建师范大学学报》

(哲学社会科学版)第6期,92—98页。

郑庆君(1999)《常德方言研究》,湖南教育出版社,长沙。

郑天刚(2002a)"会"与"能"的差异,郭继懋、郑天刚(主编)《似同实异——汉语近义表达方式的认知语用分析》,中国社会科学出版社,北京,137—148页。

郑天刚(2002b)用于推测时"会"与"要"的差异,郭继懋、郑天刚(主编)《似同实异——汉语近义表达方式的认知语用分析》,中国社会科学出版社,北京,113—136页。

郑萦(2000)试析闽南语情态词 kann 和 kam 的语意与词类,《台湾语言教学与研究》第2期,29—38页。

郑萦(2003)从方言比较看情态词的历史演变,《台湾语文研究》1.1期(《庆祝曹逢甫教授六十华诞论文集》),107—143页。

周红、李晨璐(2020)吴语处衢片玉山方言情态动词"解",《语言研究集刊》(第二十五辑),上海辞书出版社,上海,238—254页。

周小兵(1989)"会"和"能"及其在句中的换用,《烟台大学学报》(哲学社会科学版)第4期,73—81页。

周小兵(1996)《句法、语义、篇章——汉语语法综合研究》,广东高等教育出版社,广州。

周元琳(2006)江淮官话庐江方言中的"得V"结构,《中国语文》第1期,31—32页。

周长楫(主编)(2006)《闽南方言大词典》,福建人民出版社,福州。

周长楫、欧阳忆耘(1998)《厦门方言研究》,福建人民出版社,福州。

周韧(2015)现实性和非现实性范畴下的汉语副词研究,《世界汉语教学》第2期,167—183页。

朱德熙(1959)说"差一点",《中国语文》第9期,435页。

朱德熙(1961)说"的",《中国语文》第12期,1—15页。

朱德熙(1982)《语法讲义》,商务印书馆,北京。

朱冠明(2003a)再谈助动词"可以"的形成和发展,《汉语史研究集刊》(第六辑),51—70页。

朱冠明(2003b)汉语单音情态动词语义发展的机制,《解放军外国语学院学报》第6期,43—48页。

朱冠明(2008)《〈摩诃僧祇律〉情态动词研究》,中国戏剧出版社,北京。

Alleton, Vivane(1994)"Some remarks about the epistemic values of auxiliary verbs YINGGAI(应该) and YAO(要) in Mandarin Chinese". In Chen M.Y. & Tzeng J.L. (eds.) In honor of William S-Y. Wang: Interdisciplinary studies on language and language change. Taipei: Pyramid Press.

Bisang, Walter(2004)"Grammaticalization without coevolution of form and meaning: The case of tenseaspect in East and mainland Southeast Asia" In Walter Bisang, Nikolaus P. Himmelmann and Björn Wiemer (eds.), *What Makes Grammaticalization?: A Look from Its Fringes and its Components*, 109—138. Berlin, New York: De Gruyter Mouton.

Boye, Kasper(2010)"Semantic maps and the identification of cross-linguistic generic categories: evidentiality and its relation to epistemic modality", *Linguistic Discovery* 8.1: 4—22.

Bybee, Joan L. & Suzanne Fleischman (eds.) (1995)*Modality in Grammar and Discourse*. Amsterdam: John Benjamins.

Bybee, Joan L., Perkins, Revere D. & Pagliuca, William(1994)*The Evolution of Grammar: Tense, Aspect, and Modality in the Languages of the World*. Chicago: University of Chicago Press.

Chao, Yuen Ren(1968)*A Grammar of Spoken Chinese*. Berkeley and Los Angeles: University of California Press.

Chappell, Hilary(1992)"Towards a Typology of aspect in Sinitic languages", *Chinese Language and Linguistics* 1: 67—106.

Cheng, Robert L.(1985)"A comparison of Taiwanese, Taiwan Mandarin, and Peking Mandarin", *Language* 61(2): 352—377.

Chou, Tsai-Jung(1998)*The Evolution of Modal Verb HUI in Mandarin Chinese*. Manuscript. Hsinchu: National Tsing Hua University.

Comrie, Bernard(1976)*Aspect: An Introduction to the Study of Verbal Aspect and Related Problems*. Cambridge: Cambridge University Press.

Comrie, Bernard(1985)*Tense*. Cambridge: Cambridge University Press.

Croft, William(2003)*Typology and Universals (Second Edition)*. Cambridge: Cambridge University Press.

Dahl, Östen(1995)"The marking of the episodic/generic distinction in tense-aspect system", In G. Carlson & J. Pelletier (eds), *The Generic Book*, 412—427. Chicago: The University of Chicago Press.

Dahl, Östen(2000)"The Grammar of future time reference in European languages", In Dahl, Östen (eds), *Tense and Aspect in the Languages of Europe*, 309—328. Berlin and New York: Mouton de Gruyter.

de Haan, Ferdinand(2004)"On Representing semantic maps", (Ms). Summer 2004 EMELD workshop (Workshop on Linguistic Databases and Best Practice), Detroit, MI, July 2004.

de Haan, Ferdinand(2010)"Building a semantic map: top-down versus bottom-up approaches", *Linguistic Discovery* 8.1: 102—117.

de Schepper, Kees & Joost Zwarts(2009)"Modal geometry: Remarks on the structure of a modal map", In Lotte Hogeweg, Helen de Hoop & Andrej Malchukov (eds.), *Cross-linguistic Semantics of Tense, Aspect and Modality*, 245—269. Amsterdam/Philadelphia: John Benjamins Publishing Company.

Endo, Tomko(2005)What enables 'ability' to develop? The semantic network of Mandarin HUI,《言语情报科学》第 3 号(东京大学言语情报科学专攻).

Enfield, Nicholas James (2001) "On Genetic and areal linguistics in Mainland Southeast Asia: Parallel polyfunctionality of 'acquire'", In Alexandra Y. Aikhenvald & R. M. W. Dixon (eds.), *Areal Diffusion and Genetic Inheritance*, 255—290. Oxford: Oxford University Press.

Enfield, Nicholas James(2003)*Linguisitic Epidemiology: Semantics and Grammar in Mainland South-East Asia*. London: Routledge.

Ernst, Thomas(1995)"Negation in Mandarin Chinese", *Natural Language and Linguistic Theory* 13: 665—707.

Fan, Xiaolei(2011)*The Imperfective -ZHE in Northwestern Chinese Dialects: A Typology Study*. M. Phil dissertation, Hong Kong University of Science and Technology.

Fan, Xiaolei(2014)*Tense, Aspect and Modality in Chinese: A Typology Study*. Ph.D dissertation, Hong Kong University of Science and Technology.

Giannakidou, Anastasia & Mari Alda (2016) "Epistemic future and epistemic MUST: Nonveridicality, evidence, and partial knowledge", In Joanna Błaszczak, Anastasia Giannakidou, Dorota Klimek-Jankowska, & Krzysztof Migdalski (eds.), *Mood, Aspect, Modality Revisited: New Answers to Old Questions*, 75—124. Chicago and London: University Of Chicago Press.

Givón, Talmy(1978)"Negation in language: Pragmatics, function, ontology", In Cole, Peter (eds.), *Pragmatics*, 69—112. New York: Academic Press.

Givón, Talmy(1985/2001)*Syntax: An Introduction* (Rev. ed.) (vol.1). Amsterdam and Philadelphia: John Benjamins.

Givón, Talmy(1994)"Irrealis and the subjunctive", *Studies in Language.* 18: 265—337.

Haiman, John (eds.) (1985)*Iconicity in Syntax: Proceedings of a Symposium on Iconicity in Syntax.* Armsterdam and Philadelphia: John Benjamins.

Haspelmath, Martin (1997) *Indefinite Pronouns.* Oxford: Oxford University Press.

Haspelmath, Martin(1998)"The semantic development of old presents: New futures and subjunctives without grammaticalization", *Diachronica* XV.1: 29—62.

Haspelmath, Martin (2003) "The Geometry of grammatical meaning: semantic maps and cross-linguistic comparison", In Michael, Tomasello (eds.), *The New Psychology of Language : Cognitive and Functional Approaches to Language Structure* (vol.2), 211—243. New Jersey: Lawrence Erlbaum Associates Publishers.

Heine, Bernd(2002)On the role of context in grammaticalization. In Wischer, Ilse & Gabriele Diewald (eds.) New Reflections on Grammaticalization, 83—102. Amsterdam, Philadelphia: Benjamins.

Heine, Bernd, & Tania, Kuteva(2002)*World Lexicon of Grammaticalization.* Cambridge: Cambridge University Press.

Heine, Bernd, & Tania, Kuteva (2005) *Language Contact and Grammatical Change.* Cambridge: Cambridge University Press.

Hopper, Paul J.(1991)On some principles of grammaticization. In Elizabeth C. Traugott and Bernd Heine (eds.), *Approaches to Grammaticalization*, Vol. I, 17—35. Amsterdam/Philadelphia: John Benjamins.

Iljic, Robert(1985) HUI: propriété viztuelle et modalité du déduetibel, *Cahiers de Linguistique Aise Orientale*, Vol. VIX n.2.

Kratzer, Angelika(1981)The notional category of modality.In Hans-Jürgen Eikmeyer and Hannes Rieser (eds.), *Words, Worlds, and Contexts: New Approaches in Word Semantics*, 38—74. Berlin and New York: de Gruyter.

Kratzer, Angelika(1991)Modality. In Arnim von Stechow and Dieter Wunderlich (eds.), *Semantics: An International Handbook of Contemporary Research*, 639—650. Berlin and New York: de Gruyter.

Krifka, M., Pelletier, F.J., Carlson, G.N., ter Meulen, A., Chierchia, G. &

Link, G. (1995) "Genericity: an introduction", In Gregory Carlson & Francis Jeffry Pelletier (eds.), *The Generic Book*, 1—124. Chicago and London: The University of Chicago Press.

Li, Charles N. & Sandra A. Thompson (1981) *Mandarin Chinese: A Functional Reference Grammar*. Berkeley: University of California Press.

Li, Renzhi (2003) *Modality in English and Chinese: A Typological Perspective*. Ph.D dissertaion, University of Antwerp.

Lien, Chinfa (1997) "Aspects of the evolution of tit (得) in Taiwan Southern Min", *Journal of Chinese Linguistics* Monograph Series 10: 167—190.

Lyons, John (1977) *Semantics*. Cambridge: Cambridge University Press.

Meillet, Antoine (1912) L'évolution des formes grammaticales. Scientia 12.

Mithun, Marianne (1999) *The Languages of Native North America*. Cambridge: Cambridge University Press.

Norman, Jerry (1989) "What is a Kejia dialect?",《"中央研究院"第二届国际汉学会议论文集》(语言与文字组),"中研院"出版社,台北,323—344。

Palmer, Frank Robert (1979) Modality and the English Modals. New York: Longman.

Palmer, Frank Robert (1986) *Mood and Modality* (1st edition). Cambridge: Cambridge University Press.

Palmer, Frank Robert (2001) *Mood and Modality* (2nd edition). Cambridge: Cambridge University Press.

Paul, Waltraud & Whitman, John (2008) "Shi...de focus clefts in Mandarin Chinese", *The Linguistic Review* 25 (3—4): 413—451.

Portner, Paul. 2009. *Modality*. Oxford: Oxford University Press.

Sergei, Tatevosov (2005) "From habituals to futures: discerning the path of diachronic development", In Henk Verkuyl, Henriette de Swart & Angeliek van Hout (eds.), *Perspectives on Aspect*, 181—197. Dordrecht: Springer.

Smith, Carlota S. & Erbaugh, Mary S. (2005/2009) "Temporal interpretation in Mandarin Chinese", *Linguisitics* 43.4: 713—756. Also in Richard P. Meier, Helen Aristar-Dry, & Emilie Destruel (eds.), *Text, Time, and Context: Selected Papers of Carlota S. Smith* (Studies in Linguistics and Philosophy 87), 303—342. Dordrecht: Springer.

Smith, Carlota S. (1991/1997) *The Parameter of Aspect*. Dordrecht: Kluwer Academic Publishers.

Stimson, Hugh M.(1962)"Ancient Chinese -p, -t, -k endings in the Peking dialect", *Language* 38 (4): 376—384.

Sweetser, Eve E.(1990)*From Etymology to Pragmatics: Metaphorical and Cultural Aspects of Semantic Structure*. Cambridge: Cambridge University Press.

Sybsma, Rint(2008)"Zhuang: a Tai language with some Sinitic characterisitcs: post-verbal 'can' in Zhuang, Cantonese, Vietnamese and Lao" In Muysken, Pieter (eds.), *From Linguistic Areas to Areal Linguistics*, 2008, 221—274. Amsterdam: John Benjamins.

Tenny Carol L.(1994)*Aspectual Roles and the Syntax-Semantics Interface*. Dordrecht: Kluwer Academic Publishers.

Thieroff, Rolf(2000)"On the areal distribution of tense-aspect categories in Europe", In Dahl, Östen (eds.), *Tense and Aspect in the Languages of Europe*, 263—305. Berlin and New York: Mouton de Gruyter.

Traugott, Elizabeth Closs & Richard B. Dasher (2001)*Regularity in Semantic Change*. Cambridge University Press.

Tsai, Wei-Tien Dylan(2008)Tense anchoring in Chinese. *Lingua* 118 (5): 675—686.

Tsang, Chui Lim(1981)*A Semantic Study of Modal Auxiliary Verbs in Chinese*. Ph.D. Dissertation, Standford University.

Tsao, Fengfu(曹逢甫)(1990)Sentence and Clause Structure in Chinese: A Functional Perspective. Taipei: Student Book.

van der Auwera, Johan & Vladimir A. Plungian (1998) "Modality's semantic map", *Linguistic Typology* 2: 79—124.

van der Auwera, Johan, Peter Kehayov & A. Vittrant(2009)"Acquistive modals", In Lotte Hogeweg, Helen de Hoop & Andrej Malchukov (eds.), *Cross-linguistic Semantics of Tense, Aspect and Modality*, 271— 302. Amsterdam and Philadelphia: John Benjamins Publishing Company.

Vendler, Zeno(1957)"Verbs and times", *The Philosophical Review* 66: 143—160.

Wu, Jiun-Shiung & Jenny Yi-Chun Kuo(2010)Future and modality: a preliminary study of jiang, hui, yao and yao...le in Mandarin Chinese. In Clemens, Lauren Eby and Chi-Ming Louis Liu (eds.) *Proceedings of the 22nd North American*

Conference on Chinese Linguistics (*NACCL22*) & *the 18*th *International Conference on Chinese Linguistics* (*IACL18*), *Vol 2.*, 54—71. Cambridge, MA.: Harvard University.

Yeh, Meili Marie(2012)"From Cognition to epistemic modality and to stance marking: semantic extension of ra:am 'know' in Saisiyat", Paper in *Workshop on Epistemicity, Evidentiality and Attitude in Asian Language: Typological, Diachronic and Discourse Perspectives*, Hong Kong Polytechnic University, September 2—5, 2012.

Yeh, Meng(1996) An analysis of experiential -GUO$_{EXP}$ in Mandarin: A temporal quantifier. *Journal of East Asian Linguistics* 5.2: 151—182.

Zwarts, Joost(2010)"Semantic map geometry: two approaches", *Linguistic Discovery* 8.1, 377—395.

索 引

词例的解析

"能":80—91、142—168、347—358

"会":64—80、142—168、222—270、347—368、396—399、422—424

"要":359—369、422

"得":375—387

"V 得 C":378—387

"有":387—405、424—426

"的":399—405、426

术语的定义

语义功能:37—39

语境:49

评判情态:99—105

环境情态:101—103

潜力情态:106—109

条件情态:106—109

恒常能力:73—80

条件必然:107、230—236、409—410

认识或然:245—249

预测性将来:224—245

计划性将来:221—224

承诺决意:26、300—302

非现实/现实:47—49

高质能力:249—251

多量能力:295—296

禁止:171

否定可能:171

揣测问:171—172

估价:169—171

频率惯常:408—409

惯常倾向:252—253

功能习性:411

静态性质:411—412

肯定存在:388—390、402—404

图目

情态语义地图 van der Auwera & Plungian(1998):图 1.11、图 1.12(第 41、42 页)

基于汉语方言的能性情态语义地图:图 5.1(第 173 页)

恒常能力的语义地图:图 8.1(第 279 页)

基于汉语方言的情态语义地图(总图):图 9.1(第 305 页)

基于汉语方言的惯常范畴的语义地图(临时的结论):图 12.1(第 431 页)

[说明]"图目"部分是在图号之后补加页码,其他部分均是将小节号替换成页码。

后记(初版)

　　本书发端于我在北京大学的硕士学位论文,整合了博士期间发表的数篇期刊论文,并增加了不少近些年的新发现。从选题到成书历经十年,但所做工作非常有限,尚有多个小课题未竟其穷,只得留待日后补足。尽管难掩缺漏,本书却是我对年青岁月语言学探索的一个交代。

　　能完成这本小书,我必须感谢诸多知我、助我的师友家人,他们给我的生命增添了光彩!

　　首先要感谢香港科技大学的博士导师张敏先生,他对我的学业指导之大自不必多说,他在学术格局上的启蒙是我最为受益之处。那年我满怀新奇南下求学,张老师在首次面谈中便提出了博士生的及格线,他说道:"一个及格的汉语语言学博士,要能够在高校胜任本专业所有基础性课程的教学。从古代汉语到现代汉语,从语法学、语音学再到方言学、文字学,你都可以提供高质量的本科教学。想想看,这些你能做到多少?"我生平第一次听闻如此明确的学识标准,这让年少懵懂的我震撼至深。在此之前,我完全没想过合格的学者应该是怎样的。张老师树立的这个标杆,我至今也没达到,我深知自己的不及格,它时时鞭策着我不忘初心、取法其上。

　　张老师之博学是周遭人都知晓的,学界前辈们常谈起朱德熙先生在世时有多么欣赏这位弟子的才华。然而,张老师甚少出版论著,一旦发表文章必是长篇大论,他有篇集刊论文甚至达一百七十页。这种做法显然不合于时下学界"唯论文"的评价体系,很多人不明白他。在受教于张老师五年的岁月里,我慢慢感受到他追求著述之完美远胜于各种名利头衔。曾有一家知名学术期刊的主编请我转告他:计划出版他早年在会议上报告的一篇论文,希望得到授权。这篇论文稿其实流传于坊间多年,已颇具影响力。没想到老师竟然婉拒此项邀约,他对我讲:"这个论文当年 X 教授提了一些问题,我现在也没时间做修改,还是不出版的好,否则留在历史上,不好也是它了。"对于这个回应,我是一万个不解:不论好坏对错,出版物都会被奉为科研成果,送上门的好事何不领受呢?事实上不止这一篇论文,港科大的师友都清楚张老师还有好多"压抽屉"的文章未曾刊印,我们只在课堂或会议上见识过它们的内容。

直至博士毕业后,我回香港跟张老师闲聊,他无意间的一番话点醒了我。老师谈道:"我们做学术的有一个特别的回报,就是能用著作跟后人保持 dialogue(对话)。像朱先生(朱德熙)跟吕先生(吕叔湘),去世那么多年,我们活着的人仍要引用他们的文章、探讨他们的观点,朱先生、吕先生一直用思想跟后世的人进行 dialogue,虽死犹生,多么妙啊!"张老师讲这番话时眼睛都是闪光的,这是我听到的对学术研究这件事最唯美浪漫的描述。他在著述发表上为何苛求完美,我也能理解一二了:载入史册的作品要足够好,传于后世方有价值,这是个人与世界的长久对话,自然不可有丝毫轻率。张老师分享科研心得最常用的词眼是"好玩""妙",他还赞叹人文学科的研究十分"养生",老师从来就是在享受语言奥秘的破解过程,这关乎快乐和美妙,无关名利与成果。耳濡目染之间,今天的我也效法着张老师的作为,无论是对论著出版的谨慎耐心,还是对教学服务的事必躬亲,我皆力求不辱没师风,虽然老师学问的广博深厚,我怕难以学到万一了。

也要感谢北京大学的硕士导师郭锐先生,他是十余年来见证我成长的师长。我本科阶段不时去旁听郭老师的"现代汉语""虚词研究"等课程,并通读了他的专著《现代汉语词类研究》,这些课程及著作给我的语言学研习打下坚实的基础。后来我有幸入学燕园跟随郭老师修读汉语语法学,他在一次研讨会上的谈话最令我印象深刻:"从我的研究经验看,语言事实是人,语言学理论是人穿的衣服,不管一个人穿哪件衣服,总是这个人,本质不变。所以,研究的关键是弄清人事实上是什么样,别被他的衣服迷惑。"这一有趣的譬喻对那时的我来说十分新鲜,几年后我才领悟到这种实事求是的治学主张所指为何。人文学科的新颖学说层出不穷,年轻人容易执着于时兴理论的游戏规则,往往忘记学问起源于人类对世界本源的好奇心,治学是为不断"逼近真相"这一朴素而难及的目标。纵观学术史,很多理论不过是各领风骚三五年,最终屹立不倒的学说永远是那些在充分考察事实的基础上建构起的研究。

我赴港读博之前,郭老师还提醒我:"我们需要的人才是将汉语事实和西方理论恰当结合的人,既要熟知各种理论来推进对汉语的认识,也不能无视语料的实情将汉语附会于某个理论,更不能只是用新理论包装了汉语却没解释任何问题。"这句叮嘱恰好代表了北大中文系历代先生的治学之道,理论服务于事实,不盲从赶时髦便成为我研究汉语的恒久信条。正是有郭老师潜移默化间的正确引导,我才及早意识到语料为师的要义,在为学道路上走得相对顺遂,不至跑偏轨道。

郭老师治学之质朴求实犹如他为人的风骨,这素来是我钦佩至极的。他总是不顾一切助人于危难之际,诸多义举是北大中文人都知晓的,有些事我自认为做不到他那般仗义坦荡。我初出茅庐,不免有年少气盛之时,郭老师亦能宽容以待、谆谆教诲,若非老师对我的莽撞予以恳切点拨,我做人做事定会更加稚嫩。

还要感谢北京语言大学的启蒙恩师施春宏先生,他指导我的本科学士学位论文,是我的首位导师。当时施老师初入北语任教,很快成为颇受学生爱戴的老师,后来不少毕业生都喜欢回母校看望他。在他的陶染下,很多学生走上了汉语研究的道路,我正是其中一员。我毕业离校后,施老师照样关注我的发展,敦促我发表本科论文《汉语音节语素化现象的考察》,这个题目是施老师钟爱有加的。说来汗颜,当年我少不更事,在学业上心猿意马,最终未按老师建议去投稿论文,这也是我唯一爽约老师的事。爽约令我羞愧,可是信赖又让我常就未来规划求教于施老师,还几次叨扰他为我求学求职写推荐信。施老师毫不吝惜时间,也不怕麻烦,总会给予有效的意见和及时的帮助。若无老师的提携之恩,我一定没有过往的成绩与如今的安稳。几年前我遭逢经济困难,施老师同师母毫不犹豫地慷慨解囊,事后又拒绝了我的酬谢。我只能用电邮深表感激之情,老师简短回复道:"不用客气。报团取暖,抵御寒气,才是真生活!"先生的旷达风范真是学生我羡慕佩服又学不来的。

更要感谢已经故去的李小凡先生,他是我横遭变故之后撑立至今的精神源泉。李老师"课比天大"的名言以及他身患绝症仍耕耘于讲堂的事迹感染着北大师生。遗憾的是,我与李老师过从甚少,我既未选修过他的课程,也不曾跟他有研讨请教,李老师更是出了名的沉默讷言。我只研读过李老师的著作,他只在各项科研评议中审阅我的论文、旁听我的报告。我真正了解到李老师是他二〇一五年七月过世时,两位北大同事追忆间告诉我:李老师当初对我应聘北大是极力推荐的,评价说"此人是不可多得的人才"。我不禁惊讶又潸然,要知道,我于李老师而言仅是点头之交,我求职之时更是他罹患晚期胃癌、煎熬于治疗的时期,而他直到离世,都从未向我提及曾推荐我的事,见面也只简单寒暄着我的科研进展如何。这样默默的信任,我感愧于心。李老师往生不久,我便遭遇了人生灾难,二〇一五年九月我因右眼有轻度眼疾就诊于某医院,竟被医生注射工业产品,从此我的右眼永久伤残。这个主观故意的医疗事故让我痛苦不堪,我因视力严重受损一度考虑放弃学术事业。支撑我抗争这场不幸的重要力量正是李老师生前那句推荐语"不可多得的人才",我还没有证明这句话,便要就此倒下不做事了吗?每每想起，泪眼盈盈……先生故去，学生留在这世上，所做的一切当足以告慰他的在天之灵，不予辜负。

  一个立足未稳的青年人出版首部专著，需要感谢的人必然是不易尽述的。蒋绍愚、陆俭明、孙景涛、王韫佳、项梦冰、姚玉敏、袁毓林、詹卫东、朱晓农、朱彦等先生皆授业于我，他们传授的学识学品是我前进的助力和养分。边卫花、陈健荣、董思聪、洪英、李子鹤、梁慧婧、林晴、林文芳、罗言发、盛益民、史濛辉、孙顺、徐毅发、叶述冕、曾南逸、张静芬等同行乃多年挚友，他们是本书语料的重要提供者，我的方言考察因此变得顺利许多。北大中文系的师长同人自我蒙难以来给予我特别的同情与照拂，使我得以在安定的环境工作研究从而完成书稿。北大中文系的硕士生罗乙童、孙浩浩帮忙核实了本书的文献信息，商务印书馆的刘一玲、朱俊玄两位老师为推动本书的出版付出了汗水，而且，刘老师不计回报，悉心帮我整理文稿，这种甘于奉献的无私品格令人感动。

  最想感恩的是我的家人，他们对我的爱护和做出的牺牲是无以言表的。尤其是，母亲自我眼科事故后便舍弃安逸的退休生活，长年陪伴在侧照料着我的身体和情绪……惭愧的是，我常常将家人的爱视为理所当然，未有回报。

  从事汉语研究是我人生的一大幸事，这项事业既是我安身立命的工作，又让我在看似辛苦的探索中收获了无限的乐趣和满足。医疗致残的冤屈是我终身抹不去的阴影，由此深感太史公遭受宫刑后依然坚持"究天人之际、通古今之变、成一家之言"的信念是何其地悲壮纯粹。前路漫漫无边，岁月匆匆如风，我与师友砥砺前行。

2020 年 3 月 27 日于北京大学人文学苑

专家评审意见(一)

郭 必 之

汉语的情态范畴在过去二十年间受到学界的高度重视,先后出版了《现代汉语情态研究》(彭利贞著,2007)、《汉语助动词的历史演变研究》(李明著,2015)、《先秦情态动词研究》(巫雪如著,2018)等一系列高水平的专著,而这部《汉语情态词的语义地图研究》可谓承接了这一股浪潮。与前人的作品比较,它在框架的设定,以及材料的引述上都有一些不同的地方。现分述如下:

第一,对 Palmer(1986,2001)和 van der Auwera & Plungian(1998)的情态类型体系作出了恰当的修订。Palmer 的专书和 van der Auwera & Plungian 的论文都是研究语言情态时不能不读的经典作品。可惜由于受到时代的局限,他们都没运用到汉语的材料。作者基于大量汉语方言例子,并在语义地图的启发下,提出把传统的"认识情态"、"道义情态"和"动力情态"格局更改为"认识情态"、"评价情态"和"客观情态"。当中最关键的改动是区分了"环境情态"和"条件情态",认为前者属"评价情态",后者属"客观情态"。作者的改动比较适合解释汉语方言的情形。这对情态研究和语言类型学研究来说无疑都是一大贡献。

第二,语义地图模式的运用。语义地图是语言类型学研究中一个非常重要的工具。正如作者指出:它不单能有效描述情态词的共时蕴涵关系,还可以为历时研究提供新思路,预测和判断多功能词的演变路径。书中重新划定情态体系(见第一点),就是受到语言地义对功能节点基元要求的启发。可以说,作者巧妙地把本书的主题——"情态词"

和"语义地图"——紧密地结合在一起。

第三,汉语方言材料的引述。汉语情态体系的研究虽称得上汗牛充栋,但关注点多落在现代汉语和古代汉语上,谈及汉语方言情况的多属零篇散章,缺乏系统性。本书涵盖的方言一共七十余种,其中27种是作者亲身调查的。这大概是第一本建基于汉语方言材料,讨论情态体系的专著。从这个角度看,它弥补了前人研究的空白,因此显得特别重要。

当然,本书也有若干可以补强的地方:

第一,文献回顾方面。个别学者其实早已察觉到传统情态归类的不妥,如Enfield(2003)、Bisang(2004)、Sybesma(2008)等学者讨论壮侗语时,留意到一种前人未加详细描述的情态,他们称之为"result of prior event"(姑译为"先事结果")。"先事结果"指一个"只能因先前其他事件而产生"(can only have come about due to prior other event)的事件(Sybesma语)。这和作者提到"客观情态"中的"条件可能"类型非常相近。需要注意的是:Enfield他们都没有把"先事结果"归入传统三大情态的任何一类中。作者在回顾前人的情态研究时,不应忽略这些作品。

第二,方言材料的准确性及翻译问题。有些方言例句有别于我的理解,如第二章(8a)广州粤语的例句应该是"芳芳打得倒毛衣"而不是"芳芳打得毛衣倒";(10c)香港粤语的例句应该是"而家响室内唔食得烟啦"(道义许可,否定性环境)而不是"而家向室内冇得食烟啦"。由于方言材料是本书立论的基础,因此作者引用时应以最严格的标准加以核实。又,方言例句大多没提供普通话翻译(全句翻译或逐字翻译)。读者阅读时可能会觉得困难。

第三,语料的表述问题。本书善用表格显示不同方言情态词的特性。可是由于语料庞杂,看上去的时候不免觉得有点乱。是否可以考虑以更清晰的方式表达？举例说，表 2.4 第一栏不妨先列方言词，然后才给出方言的名称，即："'想是'：银川、中宁、宁夏固原；'敢'：台湾闽语、厦门……"等等。

　　总的来说，本书是汉语方言情态词迄今最全面的研究，贡献度非常高，我极力推荐它的出版。

评审人：

专家评审意见(二)

彭 利 贞

《汉语情态词的语义地图研究》一书借鉴和运用语义地图理论,以汉语特别是汉语方言材料为考察对象,对汉语的情态范畴进行了深入的分析和探讨,在语言事实上多有发见,并以汉语的语言事实分析的结果为根据改进并发展了情态分析中的语义地图理论,是运用语义地图理论研究汉语情态的重要成果,具有很高的学术价值。

情态是语言研究的热点,汉语情态因其表达形式和语义的复杂性而成为语言学研究的难点之一,该书以汉语情态为研究对象,选题具有重要的理论价值和实践意义。

该书在如下一些方面取得了重要的研究成果:

(一)从语义地图的功能节点出发,以不同于已有情态研究的语义特征标准,对现有的情态分类系统进行了新的审视,得出了本文的情态分类系统,为情态语义地图设立了核心的功能节点,并从多个方面论证了它的合理性。

(二)以大量汉语方言材料观察为基础,在本书的情态类型框架下得出了新的情态功能节点,对语义地图的语义关联设立了新的条件,建立了汉语"能性情态语义地图",在深化对汉语方言情态语义系统认识的同时,修正了现有的情态语义地图理论,使之更符合汉语的语言事实,使语义地图量多为具体、精确,更好地体现了形成与语义印证的语言研究原则,从而发展了语义地图理论。

(三)根据语义特征与语义关联之间的内在联系,以相似度概念解释了语义关联,用语义特征分析法验证了语义地图;根据能性情态语义地图的信息,得出了情态语义演变的共时拟测方式,即依据语义地图和语义特征分析,归纳和演绎相验证,共时研究和历史研究相结合。

(四)在深入分析情态词"会"的语义功能的基础上,建立了"恒常能力的语义地图",并通过语义地图和共时拟测,对"会"的历时语义演变路径提出新假设,体现了语义地图在历史演变研究上的解释力。

(五)以精确化为目标,进一步补充、细化了情态语义关联路径,进一步完善了以汉语方言为基础的"情态语义地图",探讨了语义地图的解析度和表征方式,从而进一步改进语义地图理论。

(六)以情态语义地图为基础,对普通话"会""能""要"等近义情态词进行了深入的辨析,揭示了它们的联系与区别;揭示了能性情态和必然情态的平行性联系和区别,并探讨了南北方言助动词"得"兼有能性情态义和必然情态义的原因。

(七)深入分析了汉语的惯常范畴,得出了四种典型的惯常语义,并揭示了它们区别和联系;界定了汉语的惯常义标记,深入分析了汉语方言惯常义标记的功能和语法表现,在此基础上得出了汉语各方言惯常标记的多功能模式,建立了惯常范畴的语义地图,并以惯常标记为根据,探讨了南北汉语时体态范畴的类型差异。

本书有如下特色:

(一)注重理论的探讨和创新。本书借鉴语义地图理论来指导情态研究,更重要的是发展、完善了情态分析的语义地图理论;本书在情态语语义的分类的重新审视、功能节点的设立、语义关联条件和路径的分析、范畴间关系及"共时分析"和"历时构拟"两个维度关系探讨等方面都充分体现了作者在理论探讨和创新上所作的努力。

(二)注重语言事实的发掘和分析。本书所用的方言材料,源于作者自己的田野调查;除此之外,还利用了方言词典提供的材料。全书对语言事实的分析,全面而深入,得出了一系列新的结论。

(三)注重研究方法的探讨。语义地图方法论贯穿本书的核心内容,而情态分类的语义特征分析、形式与语义的相互印证、共时与历时的结合,也都体现了本书作者在方法论探讨上所作的努力。尤其重要的是,本书发展了并在一定程度上完善了语义地图这一分析工具,为汉语语法研究特别是同类或相似问题的研究提供了可借鉴的研究方法。

总之,本书材料丰富,分析全面、细致、深入,论证合理,时有发现,得出了一系列的新的结论,推进了汉语情态和语义地图理论的研究。

在阅读书稿的过程中,有一些疑问或想法,提出来供作者参考:

(一)术语问题

本文用"评价情态"称"道义(deontic)情态"、以"客观情态"称"动力(dynamic)情态",汉语文本的有些读者如果按"顾名思义"的惯性,有产生误解的可能。"评价"一词在汉语里是一个意义非常的宽泛的词,只要有"标准",就可以有"评价",这种"评价",显然比语义更确切的"道义"、"责任"、"义务"概念涵盖了更多的内容;从 Lyons(1977)起就有"主观情态"与"客观情态"区别的讨论,比如,本书中的"评价情态"中的"环境评价",因为它的"客观"来源,被有的学者认为是"客观"的。考虑到情态研究的传统,则本书以"客观情态"称"动力情态",也可能会给读者造成负担。

(二)情态词的语义和功能节点问题

本书多处提到普通话的"要"没有[认识必然],如 4.2.1.2,5.1.2 的表 5.3,可再观察,比如"要下雨、要倒霉";本书把"应该"解释[道义必然],与"必须"相同;其实"应该"与"必须"的道义强度是很不一样的,比如,可以说"你应该去,但也可以不去。",而不说"*你必须去,但也可以不去。"也就是说,"应该"的道义没有达到[必要]的强度,这也就是有些汉语情态学者认为在[许可]和[必要]之间还存在一个介于二者之间的道义等级的原因。在认识情态强度中设立[盖然](高于[可能]但又不到[必然])这个等级,大概也是出于这个原因。比如,"他应该来了,但也可能没来",而"他一定来了,但也可能没来"。

正如作者强调的那样在功能节点的基础上,设立细致的语义分析。在对具体的情态词进行分析时,是同一个节点,还是分属两个节点,着眼点不同,会有不同的分析结果,如作者认为"钥匙找到了,我们可以进门了。"的"可以"是[条件可能],而"从中国去美国,你可以坐飞机,也可以坐轮船。"则是[环境许可]。其实,后者的"坐飞机""坐轮船"何尝不是一种"去美国"的"条件",如果把它们理解为使事件成真的"致能条件"(enablement),也没有问题。

如果设立的两种情态功能节点的区别在语言中得不到充分的形式体现,那就要考虑是否有必要区别不同的情态意义。在情态成分的语义解释上,语境的确是重要的因素,但正如本书作者提出的那样,"如何区分语境义和词形义,避免将语境义归为情态词的意义",这是作者对同类研究提出的要求,当然也还是本书可以继续的方向。

"禁止"、"否定可能"是可以"分解"的概念,即"否定+许可"、"否定+可能",这种"复合"概念与其他功能节点应该有所不同,形式上也有不同的表现。如果是功能节点,作者对看似有平行性的现象似乎没有作同一的分析。比如,作者认为"别(不要)"、"要是"甚至"别是"都代表功能节点,但"不敢"[禁止]、"敢是"[揣测]却不是。与此相似的情形是,本文所说"多量能力"与"高质能力"多与"很"类词同现,"多量"与"高质"是从哪儿来的,也是要考虑的。

本书对惯常范畴作了精彩的分析,但对惯常标记(如"会"、"要"等)的确定,有必要说明这些标记是与其他惯常标记同现的成分,还是其本身就是惯常标记?原因如下:(一)按作者的分析,有些标记在表惯常义时,也同时有其他意义;(二)很多情形是与其他惯常义成分同时出现;(三)该成分不出现时,惯常义并不就此消失;(四)表"惯常"的"会"等情态标记的句法位置,也可换其他情态动词。

(三)分析的过程或分析细节

作者以情态词的移位来证明不同类情态的辖域,语义上多说得过去,但语言事实中的表现比我们想象的要复杂,这种语序形式在证明语义分析时,看起来只是"有限有效"的。比如,同样的道义"评价",可以说"他们家里必须张三负责这件事。"但是,不说"??他们家里可以张三负责这件事。"又比如,"可能""要""会"都有"认识情态"义,但三者只有"可能"可以提升为"可能明天下雨。"。

6.3.1 例(6b)认为"条件必然"的"会"排斥"了₂",以此来证明"会"的稳定性。这不一定是"会"问题,去掉"会","他一闻到烟味,就打喷嚏(*了)",还是一样;倒是"他闻到烟味,就会打喷嚏(了₂)"。另外,下列句子不知道是否属于作者的此类例子,"一碰到老实的人,我就会说了。|只要眼皮一合,就会进入梦境了。|这根火柴一熄灭,你就会不见了。|你一瞧见这戒指上的宝石,就会看见我了。"

6.3.1 例(14a)以"会[预测性将来]""负责完句"来证明它的"特殊性"。其实在"负责完句"上,其他情态词如"能、要、想、可以、必须"也都有这种"完句"功能;(14d)在"相对将来"(原文为"绝对将来")中,并不是"会"就一定不能出现,例如将原例改为"去年我离开时,他本来(就)会当上市长的。"看来,这种"会"并不那么特殊。

6.3.2(18d)是在"要_{将来}"的标签下,但"要"被"没"否定后,并不表将来义,只能表"意愿"意义,即主语在过去时间里无意愿 VP。因此,也就失去了与"会"的可比性。

6.4.2 论及情态词的句法限制时,说"认识情态的'应该''得'(děi)只可用肯定式",其实"说无难",只是较少见而已。在特殊的句法环境中,被否定的"应该"与"得"也能表达认识情态,如:我认为那应该是他。|……理论上不应该有困难。|她丈夫要真是陈世美,还不得是个

大官儿啊？|他见我一来劲,不得把我劈了吗?

(四)其他细节

0.2节中关于"非现实事件"的讨论,似乎不是"研究方法"的问题,而是关于"非现实"概念在语言中的位置问题讨论。

书稿多处还以"本课题"、"本文"称本书,拟改。

有些正文出现的参考文献,在"参考文献"中未列出,请核对。

还有影响表达的打字错误,可加强校对。如第7页13行"是否必要"似这"十分必要";10页倒数2行,"世界语言理";14页第二段第4行"继续精进";30页第8行的"通途效能";2.2.3(29)"解使",但例子中是"会使";本书多处的"关照"似应为"观照"。

评审人:彭利贞